CB126922

CONSTITUIÇÃO ECONÔMICA E PRODUTIVIDADE

FÁBIO GOULART TOMKOWSKI

Prefácios
Ives Gandra da Silva Martins
Fernando Facury Scaff

Apresentação
André Ramos Tavares

CONSTITUIÇÃO ECONÔMICA E PRODUTIVIDADE

Belo Horizonte
FORUM
CONHECIMENTO JURÍDICO
2021

© 2021 Editora Fórum Ltda.

É proibida a reprodução total ou parcial desta obra, por qualquer meio eletrônico, inclusive por processos xerográficos, sem autorização expressa do Editor.

Conselho Editorial

Adilson Abreu Dallari
Alécia Paolucci Nogueira Bicalho
Alexandre Coutinho Pagliarini
André Ramos Tavares
Carlos Ayres Britto
Carlos Mário da Silva Velloso
Cármen Lúcia Antunes Rocha
Cesar Augusto Guimarães Pereira
Clovis Beznos
Cristiana Fortini
Dinorá Adelaide Musetti Grotti
Diogo de Figueiredo Moreira Neto (*in memoriam*)
Egon Bockmann Moreira
Emerson Gabardo
Fabrício Motta
Fernando Rossi
Flávio Henrique Unes Pereira
Floriano de Azevedo Marques Neto
Gustavo Justino de Oliveira
Inês Virgínia Prado Soares
Jorge Ulisses Jacoby Fernandes
Juarez Freitas
Luciano Ferraz
Lúcio Delfino
Marcia Carla Pereira Ribeiro
Márcio Cammarosano
Marcos Ehrhardt Jr.
Maria Sylvia Zanella Di Pietro
Ney José de Freitas
Oswaldo Othon de Pontes Saraiva Filho
Paulo Modesto
Romeu Felipe Bacellar Filho
Sérgio Guerra
Walber de Moura Agra

FÓRUM
CONHECIMENTO JURÍDICO

Luís Cláudio Rodrigues Ferreira
Presidente e Editor

Coordenação editorial: Leonardo Eustáquio Siqueira Araújo
Aline Sobreira de Oliveira

Av. Afonso Pena, 2770 – 15º andar – Savassi – CEP 30130-012
Belo Horizonte – Minas Gerais – Tel.: (31) 2121.4900 / 2121.4949
www.editoraforum.com.br – editoraforum@editoraforum.com.br

Técnica. Empenho. Zelo. Esses foram alguns dos cuidados aplicados na edição desta obra. No entanto, podem ocorrer erros de impressão, digitação ou mesmo restar alguma dúvida conceitual. Caso se constate algo assim, solicitamos a gentileza de nos comunicar através do *e-mail* editorial@editoraforum.com.br para que possamos esclarecer, no que couber. A sua contribuição é muito importante para mantermos a excelência editorial. A Editora Fórum agradece a sua contribuição.

Dados Internacionais de Catalogação na Publicação (CIP) de acordo com a AACR2

T658c Tomkowski, Fábio Goulart
Constituição econômica e produtividade / Fábio Goulart Tomkowski.– Belo Horizonte : Fórum, 2021.

376 p., 14,5x21,5cm.
ISBN: 978-65-5518-273-6

1. Direito Econômico. 2. Direito Constitucional. I. Título.

CDD: 341.378
CDU: 346

Elaborado por Daniela Lopes Duarte - CRB-6/3500

Informação bibliográfica deste livro, conforme a NBR 6023:2018 da Associação Brasileira de Normas Técnicas (ABNT):

TOMKOWSKI, Fábio Goulart. *Constituição econômica e produtividade*. Belo Horizonte: Fórum, 2021. 376 p. ISBN 978-65-5518-273-6.

SUMÁRIO

PREFÁCIO

O trabalho de Fábio Tomkowski sobre "Constituição Econômica e Produtividade" é, inquestionavelmente, na área da convergência entre Direito Econômico, Economia e Administração de empresas, trabalho admirável.

Muito embora, pessoalmente, tenha procurado evitar terminologia que se tornou costumeira entre constitucionalistas nos últimos tempos, ou seja, de uma Constituição Econômica ou de uma Constituição Ambiental, preferindo as clássicas denominação e divisão do direito em ramos autônomos para Constituições delineadoras de princípios, normas e regras, não posso deixar de reconhecer o brilhantismo da tese de Fábio.

Analisando do ponto de vista econômico a produtividade, à luz do tratamento jurídico no direito comparado, e transplantando sua análise para a ordem econômica na Constituição brasileira, detecta normas próprias para o que denomina de "princípio da produtividade".

Tendo participado de audiência pública na Constituinte, na Subcomissão da Ordem Econômica, presidida pelo deputado Delfim Netto, defendi, então, a autonomia do direito econômico com inclusão constitucional do título, visto que até então a expressão era utilizada na doutrina, na Academia e na Universidade – eu mesmo era responsável pela cadeira no curso de pós-graduação da Universidade Mackenzie – mas sem expressa menção no texto constitucional como outros ramos do direito.

Em começos da década de 80, em palestra conjunta com Washington Peluso Albino de Souza – na Faculdade de Direito da Universidade Federal de Minas Gerais –, lembro-me quando me disse: "Ives, você já imaginou a alegria que teremos quando o direito econômico estiver plasmado no texto supremo com nome e corpo jurídico bem definidos?"

De rigor, a separação da Ordem Econômica daquela Social, que constava do texto anterior, facilitou a abrangência da Lei Maior, em ter um Direito Econômico com horizontes muito mais amplos do que de uma mera repressão ao abuso do poder empresarial.

Eu mesmo, muito antes de 88, denominava o direito econômico como "a disciplina jurídica da macroeconomia", definição esta aceita por muitos com entusiasmo, mas igualmente atacada com não menor ênfase por outros.

No livro de Fábio Tomkowski, a relevância da tese é indiscutível para o segmento vinculado à livre iniciativa, à livre concorrência e ao planejamento facultativo do setor empresarial não público, esculpida nos artigos 173 e 174 da CF/88. A produtividade equivaleria para a iniciativa privada ao princípio da eficiência, com o mesmo intuito procurado na administração pública (artigo 37).

O exemplo, no Brasil, da Zona Franca de Manaus, que transformou, em menos de meio século, uma cidade com pouco mais que uma centena de milhares de habitantes numa megalópoles de 2.700 milhões de população (60% da população da Croácia, vice-campeã mundial de futebol), é bem citado e bem explorado no trabalho por Fábio, que, com pertinência, conforma um conjunto de soluções jurídicas para tornar mais evidente a produtividade, como desiderato maior da macroeconomia no mundo atual.

Não poucas vezes, sustentei a permanência da Zona Franca de Manaus junto à Suprema Corte, na certeza que, no momento em que se coloca brasileiros naquela vastidão que é Amazônia, reduz-se o risco da tese que ouvi no Brasil, na Alemanha e nos Estados Unidos de que a Amazônia deveria ser "universalizada".

A agropecuária brasileira, que evoluiu fantasticamente em nível de produtividade, com uma tributação menos confiscatória que no resto da economia, alcançou sua eficiência em tal nível que causa espanto para todo o mundo, gerando, infelizmente, por outro lado, políticas nem sempre elogiáveis de outros países, buscando reduzir a presença brasileira por inconsistentes acusações políticas, à falta de competitividade própria.

Quero cumprimentar o eminente autor pela originalidade da tese e pelo bem escrito estudo, que abre perspectivas enormes de pesquisas sobre a disciplina jurídica cada vez mais necessária para estimular a produtividade nacional, num mundo de globalização econômica.

Parabéns ao autor pela obra e à editora por sua veiculação.

Ives Gandra da Silva Martins

Professor Emérito das Universidades Mackenzie, UNIP, UNIFIEO, UNIFMU, do CIEE/O ESTADO DE SÃO PAULO, das Escolas de Comando e Estado-Maior do Exército (ECEME), Superior de Guerra (ESG) e da Magistratura do Tribunal Regional Federal – 1ª Região. Professor Honorário das Universidades Austral (Argentina), San Martin de Porres (Peru) e Vasili Goldis (Romênia). Doutor *Honoris Causa* das Universidades de Craiova (Romênia) e das PUCs-Paraná e RS. Catedrático da Universidade do Minho (Portugal). Presidente do Conselho Superior de Direito da Feomércio – SP. Ex-Presidente da Academia Paulista de Letras-APL e do Instituto dos Advogados de São Paulo-IASP.

PREFÁCIO

Caro leitor,

É comum se dizer que as necessidades humanas são infinitas, mas os recursos são finitos. Penso ser mais correto afirmar que os recursos são finitos, mas os *desejos* são infindáveis, pois o *homem é um ser desejante*, e isso não tem limites – felizmente.

É nesse contexto que se insere a questão da produtividade, pois trata de como o homem pode utilizar dos recursos escassos que tem à mão para obter seu máximo proveito em busca da satisfação de seus desejos.

O tema da produtividade é relevantíssimo para a análise econômica, mas também para a jurídica, em face de suas implicações com diversos princípios de nossa Constituição, tais como o da eficiência (art. 37, *caput*) e o da economicidade (art. 70, *caput*), entre vários outros que se dirigem ao Estado. Porém, não se trata apenas de um tema central ao Estado, mas à ordem econômica, que deve primar pela busca do pleno emprego (art. 170, VIII), fundada na valorização do trabalho humano e na livre iniciativa (art. 170, *caput*).

Como será visto nesta obra, a questão da produtividade não se limita a uma questão formal, procedimental.

Fábio Tomkowski se debruçou sobre o tema no pensamento econômico de diversos autores e correntes, além de o identificar em várias Constituições contemporâneas, para, após centrar sua atenção no Brasil, em especial em sua relação com o Direito Econômico e com o Direito brasileiro. A análise histórico-constitucional mereceu a atenção do autor, em especial os debates constituintes.

São apontados diversos âmbitos de sua implementação, muitos dos quais exitosos e outros não, como se vê no Fundo de Desenvolvimento da Produtividade, e no Programa *Brasil mais Produtivo*. Outro aspecto diz respeito à utilização de incentivos fiscais para ampliação da produtividade, tendo sido observado o comportamento desses mecanismos perante a Zona Franca de Manaus e os incentivos destinados à inovação tecnológica, que geraram bons resultados para o Brasil.

A interconexão e a interdependência do tema em diversas áreas sociais e econômicas também foram objeto de perquirição de Fábio

Tomkowski, que se debruçou sobre a correlação da produtividade com as áreas de Educação, Infraestrutura, Pesquisa e Desenvolvimento, Inovações tecnológicas e Agricultura. Tudo isso em busca de maior atenção ao uso adequado dos recursos disponíveis ao homem em sua trajetória sobre este planeta.

O livro bem demonstra as qualidades de Fabio Tomkowski e a orientação atenta e cuidadosa de seu orientador, o Prof. Titular André Ramos Tavares.

Fica patente que a questão da produtividade não é algo que se restrinja aos debates econômicos, e muito menos aos jurídicos, pois diz respeito a suas implicações no quotidiano de todos nós.

Esta obra demarca, portanto, um corte transversal sobre o tema, demonstrando a interdisciplinaridade própria do Direito Econômico, em especial das relações com a Constituição.

Trata-se de uma obra de referência que recomendo.

Boa leitura.

Fernando Facury Scaff
Professor Titular de Direito Financeiro da
Universidade de São Paulo

O tema da produtividade, apesar de sua reconhecida importância para o desenvolvimento nacional e do peso que assume em termos de adequada inserção do país no concerto das nações, não tem recebido a devida atenção por parte dos estudos jurídicos do Direito econômico.

É bom relembrar que a produtividade como índice é uma maneira de compreender e mensurar a "eficiência da economia", oferecendo indicadores seguros para que possam ser mapeadas tanto eventuais vantagens como deficiências do modelo produtivo, da geração de riquezas e, ainda, do nível de habilitação e capacitação de um povo.

O presente trabalho, que resultou de tese de Doutorado, defendida por Fábio Tomkowski, na USP, assume esse papel pioneiro de avançar na discussão e na verticalização do significado e alcance da "produtividade" na Constituição econômica brasileira em vigor. Para tanto, a produtividade foi resgatada no próprio contexto normativo, ínsita que é à busca do desenvolvimento, sem descurar das bases conceituais, econômicas e jurídicas, bem como de exemplos estrangeiros.

Podemos afirmar que a preocupação constitucional com a produtividade no Brasil deita raízes em nosso complexo trajeto histórico do mercado da mão de obra, desde a escravidão, passando pela conturbada chegada dos imigrantes e considerando, sobretudo, a abundância da disponibilidade de trabalhadores em níveis técnicos baixíssimos ou inexistentes. O mesmo deve ser dito a respeito do mercado de terras no Brasil, de sua alta concentração que se perpetuou desde o modelo medieval das sesmarias, incompatível com a agricultura, adicionando-se o baixo nível de produtividade dos latifúndios, porém, com nichos de elevadíssima produtividade gerados especificamente pela indústria agrário-exportadora *high-tech* existente no Brasil, capaz, inclusive, de compensar (para o mercado internacional) os enormes custos de uma infraestrutura de transporte altamente precária, abandonada e insuficiente.

Realmente, as inovações, assimiladas e incorporadas pelo setor agrário-exportador no Brasil, ocupam um papel singular no tema da produtividade geral, inclusive desde um ponto de vista de normatividade expressa sobre o tema (art. 218 da Constituição brasileira). Mas esse papel se destaca especialmente quando consideramos, como efetivamente devemos considerar, o contexto desta que vem sendo reconhecida como a Quarta Revolução Industrial, em uma marcha acelerada e implacável para um novo modelo de economia. Inovações, tecnologias de alto impacto e disruptivas constituem um novo desafio aos velhos problemas nacionais.

Produtividade relaciona-se, ainda, com competitividade. Não há como adequadamente analisar este último tema, tão caro às economias capitalistas, seja de uma perspectiva interna, entre empresas, seja daquela que ocorre entre as nações, sem partirmos de uma compreensão segura acerca do fenômeno da produtividade. A obra retoma também essa vertente.

Há uma série de fatores, porém, que podem estar presentes em um sistema econômico de maneira a desestimular o aumento da produtividade, gerando mais atraso e ampliando as deficiências socioeconômicas. Daí a preocupação constitucional com o tema, comum em diversos países. Mais do que isso, a produtividade como norma-dever, no caso brasileiro e em outros tantos exemplos estrangeiros, impõe a superação desse estado de inércia, para promover uma libertação das amarras atualmente existentes, buscando a transformação dessa realidade em benefício de nossa sociedade, como bem anota o autor. A leitura desta obra servirá não apenas de base para futuros novos desdobramentos do tema, como também de estímulo para que se promova a necessária conscientização e segurança acerca do caminho que devemos percorrer como sociedade.

André Ramos Tavares
Professor Titular da Faculdade de Direito do Largo São Francisco – USP. Presidente do Instituto Brasileiro de Estudos Constitucionais (2019-2021). Presidente da Comissão de Ética Pública da Presidência da República (2020-2021).

A busca pelo aumento de produtividade econômica é uma norma que pode ser construída como decorrência da ordem constitucional da forma preconizada pela Constituição brasileira de 1988? Provavelmente, para a maioria, a resposta a essa pergunta será negativa. Todavia, conforme será demonstrado no presente trabalho, há fortes indícios que corroboram a tese de que a busca pelo aumento da produtividade teria sido incorporada pelo ordenamento jurídico brasileiro, deixando de ser uma questão apenas econômica para receber o *status* de norma jurídica constitucional.

Um caso que poderia ajudar a ilustrar a problemática que será enfrentada seria o de uma lei tributária com regras tão complexas que ocasionassem um impacto prejudicial em termos de produtividade, em razão das dificuldades exacerbadas impostas aos contribuintes.

Situação similar, guardadas as devidas proporções, ocorreu na Alemanha, quando da declaração de inconstitucionalidade, pela Corte Fiscal Federal (*Bundesfinanzhof*), de norma tributária, em decorrência de seus efeitos nocivos para o mercado. No referido caso, tratava-se de regras do imposto de renda alemão que limitavam o aproveitamento de resultados negativos, assegurando um mínimo de tributação. Para os fins do presente trabalho, o que interessa do mencionado julgamento é, sobretudo, a razão da declaração de inconstitucionalidade em voga, que foi a violação ao que a corte denominou de "princípio da clareza das normas" (*Grundsatz der Normenklarheit*), com efeitos danosos, ainda, à concorrência, pois apenas um pequeno número de contribuintes teria condições de contratar a consultoria necessária para a compreensão das determinações legais. Na decisão, a corte afirmou que tais normas violariam princípios constitucionais, "porque elas são incompreensíveis linguisticamente, contraditórias, levam a erro, foram construídas de modo não sistemático e são, portanto, em grande medida, falíveis".[1]

---

[1] No original: "(...) denn sie sind sprachlich unverstandlich, widersprüchlich, irreführend, unsystematisch aufgebaut und damit in höchstem Maße fehleranfällig". CORTE FISCAL FEDERAL (Bundesfinanzhof), Decisão de 6 set. 2006. BFH, 06/09/2006, XI R 26/04. Disponível em: https://www.steuernetz.de/urteile/bfh/2006-09-06-xi-r-26_04. Acesso em: 5 mar. 2019.

Nesse caso, embora a questão tenha sido analisada por outro prisma, a declaração de inconstitucionalidade da norma ocorreu por afetar negativamente o mercado, o que ocorreria, de modo similar, no caso de uma norma que viesse a ferir a norma constitucional da busca pelo aumento da produtividade.

Outro exemplo, também no âmbito tributário, seria a instituição de tributo ou a majoração de alíquota de tal modo que prejudicasse gravemente a atividade empresarial, inviabilizando-a, de modo a ferir a produtividade econômica.

Ainda, uma norma que viesse a agravar as desigualdades já existentes, não obstante o fato de que a simples violação à igualdade já poderia ensejar a inconstitucionalidade da lei, também violaria a norma da busca pelo aumento da produtividade. Isso porque, conforme será amplamente demonstrado, existe uma forte relação entre a igualdade, seja ela econômica, social, educacional, de gênero, raça ou mesmo regional, e a produtividade, de maneira tal que problemas relacionados à igualdade acabam sendo um dos fatores que influenciam diretamente na baixa produtividade de uma nação.

No âmbito trabalhista, um caso de possível violação à norma da busca pelo aumento da produtividade seria o de uma determinação legal que tivesse como consequência o desestímulo à produtividade dos trabalhadores – por exemplo, uma lei que proibisse as empresas de vincular um acréscimo à remuneração dos trabalhadores de acordo com sua produtividade.

Já um exemplo da maneira como o Estado poderia agir para cumprir com a determinação constitucional da busca pelo aumento da produtividade seria um incentivo fiscal que exigisse, como um dos requisitos para que as empresas pudessem usufruir dele, um repasse de parte dos lucros para os salários dos trabalhadores, estimulando, assim, que aumentassem sua produtividade.

Também seria o caso das ações que visassem estimular, tanto direta como indiretamente, âmbitos como educação, infraestrutura, pesquisa e desenvolvimento, inovações tecnológicas, agricultura e, ainda, a já mencionada igualdade, pois será demonstrado que há uma íntima relação entre eles e a produtividade. Essa relação mútua se dá pelo fato de que o investimento em educação, por exemplo, permite ganhos de produtividade. Esses ganhos de produtividade possibilitarão um aumento na arrecadação, que, por sua vez, permitirá que sejam feitos novos investimentos em educação, ocasionando um círculo virtuoso que contribua com o desenvolvimento sustentável.

Após essa breve ilustração da problemática que será enfrentada, necessário se faz responder a três perguntas, quais sejam: i) o que é o objeto do trabalho?; ii) por que o tema tem relevância?; e iii) como o trabalho será desenvolvido? É o que será exposto a seguir.

O que se pretende no presente trabalho é, sobretudo, responder ao seguinte problema: a busca pelo aumento de produtividade econômica é uma norma que pode ser construída como decorrência da ordem constitucional da forma preconizada pela Constituição brasileira de 1988?

É claro que do aprofundamento dos estudos acerca do tema outros questionamentos surgem, tais como, em caso de resposta afirmativa ao problema mencionado: i) quais são as implicações dessa constatação?; ii) como se deu a incorporação da busca pelo aumento da produtividade pelo Direito brasileiro?; iii) a previsão da busca pelo aumento da produtividade na Constituição brasileira consiste em um caso isolado ou há exemplos de constituições que também demonstraram essa preocupação?; iv) a busca pelo aumento da produtividade já era uma preocupação do legislador constitucional na Assembleia Constituinte de 1987?; v) em quais outros dispositivos da Constituição a busca pelo aumento da produtividade está prevista e com quais outros dispositivos ou aspectos previstos na Constituição ela se relaciona?

A hipótese do presente trabalho, por sua vez, é que a busca pelo aumento da produtividade foi incorporada pela Constituição brasileira de 1988 quando tratou de desenvolvimento.

Antes de adentrar na questão relativa à relevância do tema, é importante conceituar a produtividade. A produtividade, para os fins do presente trabalho, pode ser compreendida como a quantidade de produto gerada com uma quantidade de determinado fator. Esse fator pode ser, por exemplo, mas não de maneira taxativa: trabalho, capital, insumos em geral, área de terra, entre outros. Ou seja, a produtividade do trabalho, por exemplo, consiste em um método para averiguar a quantidade de produto gerada por hora trabalhada. Trata-se, apenas, de maneiras diferentes para se mensurar a eficiência da economia, o que significa dizer que a produtividade, independentemente do modo como for medida, serve como parâmetro para verificar como está sendo utilizado o potencial produtivo de uma nação, caso o objeto de análise seja um país específico, ou de um setor, caso a análise seja de determinado segmento da economia.

Uma vez compreendido o conceito de produtividade, cumpre agora analisar a relevância do tema.

Primeiramente, importa salientar que diversas instituições internacionais vêm se manifestando acerca da importância do aumento da produtividade para o desenvolvimento dos países, em especial os da América Latina.

Nesse sentido, o vice-presidente do Banco Mundial, Jan Walliser, afirmou que o crescimento da produtividade é crítico para a aceleração do desenvolvimento, pois, segundo ele, a pobreza ao redor do mundo não diminuirá, salvo se os países mais pobres aumentarem a renda *per capita*, sendo que "parte significativa do crescimento da renda decorre do aumento da produtividade e, especificamente, das inovações que tornam o capital físico e humano mais produtivo".[2]

O Banco Mundial também alertou que "a falta de convergência dos padrões de vida de hoje está associada a um histórico deficiente no crescimento da produtividade, (...) o crescimento da produtividade é um fator crítico para o desenvolvimento em todos os países",[3] afirmando, ainda, que "o crescimento da produtividade é fundamental para gerar empregos melhores e aumentar o padrão de vida das pessoas ao reduzir preços e elevar a qualidade dos produtos".[4]

Nesse sentido, verificou-se que, atualmente, um trabalhador médio brasileiro é apenas cerca de 17% mais produtivo do que há 20 anos, ao passo que o aumento entre trabalhadores médios nos países de alta renda foi de 34%. Mesmo tendo ocorrido, desde os anos 2000, um significativo aumento da renda *per capita* e uma considerável redução da pobreza, essa melhora dificilmente será sustentável no longo prazo, pois o aumento da renda, no Brasil, baseou-se, sobretudo, no aumento da taxa de emprego, visto que um grande contingente de jovens entrou no mercado de trabalho pela primeira vez. No entanto, com o rápido envelhecimento da população, essa fonte de crescimento se esgotará.[5]

Para o referido banco, um exemplo do impacto da produtividade na vida das pessoas é o seguinte. Ao analisar o setor automobilístico, expõe que o trabalhador brasileiro necessita trabalhar mais de cinco vezes o número de horas que um trabalhador canadense trabalha para

---

[2] CIRERA, Xavier; MALONEY, William F. *The Inovation Paradox*: Developing-Country Capabilities and the Unrealized Promise of Technological Catch-Up. Washington: World Bank Group, 2017. prefácio. p. xi. Tradução livre.

[3] BANCO MUNDIAL. *Emprego e crescimento*: a agenda da produtividade. Washington D.C.: Banco Mundial, 2018. p. 7.

[4] BANCO MUNDIAL. *Emprego e crescimento*: a agenda da produtividade. Washington D.C.: Banco Mundial, 2018. p. 9.

[5] BANCO MUNDIAL. *Emprego e crescimento*: a agenda da produtividade. Washington D.C.: Banco Mundial, 2018. p. 7.

que consiga produzir um carro de tamanho médio (Toyota Corolla). Os trabalhadores produzindo mais a cada dia de trabalho, ou seja, demorando menos tempo para realizar as mesmas tarefas, fazem com que a empresa se torne mais competitiva. Tornando-se mais competitiva, ela poderá baixar os preços, vender mais produtos e contratar mais trabalhadores, além de, com o tempo, aumentar os salários. Isso pode ser averiguado ao se atestar que o trabalhador do setor no Canadá recebe, em média, 19 dólares por hora, enquanto no Brasil o trabalhador equivalente recebe apenas 6 dólares. Assim, a fábrica canadense é maior e mais eficiente, e, em termos de produção por trabalhador, a fábrica do Brasil é mais cara. Diante disso, para compensar essa diferença (sem levar em consideração os custos tributários, os *markups*[6] provenientes da falta de concorrência, assim como outros elementos do chamado Custo Brasil), o mesmo modelo de veículo é vendido no Brasil por 75% a mais do que no Canadá. Ficam, portanto, os trabalhadores canadenses do setor automobilístico em situação mais vantajosa em comparação aos brasileiros.[7]

O Banco Mundial entende que no cerne da produtividade baixa e estagnada do Brasil existe um sistema econômico que desincentiva a concorrência e estimula a ineficiência e a alocação inadequada de recursos. Isso porque as empresas no Brasil operam em um ambiente de custos elevados, que seriam o resultado de mercados financeiros ineficientes e altas taxas de juros, um sistema tributário extremamente complexo e oneroso, uma infraestrutura nacional inadequada, um conjunto extenso de regras administrativas, bem como de inúmeras regras distintas e constantemente em mutação.

Para o secretário-geral da Organização para a Cooperação e Desenvolvimento Econômico (OCDE), Angel Gurría, embora tenha havido avanços no combate à pobreza e à desigualdade na América Latina, ela continua sendo a região com maior desigualdade de renda no mundo. Apesar de os trabalhadores dedicarem muitas horas do seu dia para o trabalho, há uma incidência bastante elevada de informalidade "e a lacuna de produtividade é assustadora, quando comparada às economias mais avançadas".[8] Mesmo no Chile e na Argentina, que apresentam os

---

6 A expressão é utilizada para indicar quanto do valor do produto está acima do seu custo de produção e distribuição.

7 BANCO MUNDIAL. *Emprego e crescimento*: a agenda da produtividade. Washington D.C.: Banco Mundial, 2018. p. 9-10.

8 OECD. *Fomentando o crescimento inclusivo da produtividade na América Latina*. [S. l.]: OECD, 2014. (Série Melhores Políticas). Prefácio.

melhores resultados da região, a produtividade do trabalho equivale a somente um terço da média da OCDE.[9]

Além do mais, outro aspecto exposto pela OCDE que merece ser ressaltado é que, em razão da má alocação de recursos, bem como do lento processo de realocação para setores mais dinâmicos, as empresas mais inovadoras e produtivas acabam impedidas de alcançar a escala necessária para operar nos mercados globais e usufruírem do alto potencial de crescimento associado a ideias bem-sucedidas. Isso pode ser verificado pela presença de uma grande economia informal, assim como pela dificuldade enfrentada pelas empresas para recrutar funcionários com a qualificação necessária.[10]

Relativamente às pequenas e médias empresas, observa que o potencial de ganhos de produtividade pode ser mais elevado entre elas, pois, na América Latina, são responsáveis por cerca de 70% dos empregos, mas geram apenas 30% do produto interno bruto (PIB), o que equivale a apenas metade da média da OCDE. Isso demonstra que há uma expressiva lacuna de produtividade entre as grandes empresas e as médias e pequenas. Não obstante tal fato, estas têm uma maior tendência a operar no setor informal, devido, sobretudo, aos encargos administrativos e regulatórios e à pesada carga tributária. Com a informalidade, as ineficiências acabam sendo perpetuadas, pois as empresas optam por permanecer pequenas a fim de evitarem esses encargos.[11]

A Comissão Econômica para a América Latina e o Caribe (Cepal), por sua vez, entende, ao se referir à América Latina, que do ponto de vista macroeconômico, as políticas fiscais, monetárias e cambiais devem incentivar "maior convergência em níveis de produtividade do conjunto da economia".[12] Isso porque "uma diversificação produtiva maior, com alta incorporação de progresso técnico e menores brechas de produtividade", consiste em "um acervo fundamental para blindar a economia frente ao impacto da volatilidade própria dos ciclos e, especialmente, frente às vulnerabilidades externas exacerbadas por essa volatilidade".[13]

---

9 OECD. *Fomentando o crescimento inclusivo da produtividade na América Latina*. [S. l.]: OECD, 2014. (Série Melhores Políticas). Prefácio.

10 OECD. *Fomentando o crescimento inclusivo da produtividade na América Latina*. [S. l.]: OECD, 2014. (Série Melhores Políticas). p. 3.

11 OECD. *Fomentando o crescimento inclusivo da produtividade na América Latina*. [S. l.]: OECD, 2014. (Série Melhores Políticas). p. 3.

12 CEPAL. *A ineficiência da desigualdade*: síntese (LC/SES.37/4), Santiago: Nações Unidas, 2018. p. 7.

13 CEPAL. *A ineficiência da desigualdade*: síntese (LC/SES.37/4), Santiago: Nações Unidas, 2018. p. 7.

Essa comissão defende que as políticas industriais estejam no centro da orientação do desenvolvimento, pois, nos dias atuais, "existe crescente reconhecimento da importância destas políticas em todos os países que conseguiram reduzir as brechas tecnológicas, de produtividade e de competitividade em relação às economias na fronteira tecnológica".[14] Além disso, também defende "a urgente necessidade de promover uma produtividade maior no âmbito das micro, pequenas e médias empresas",[15] especialmente "por sua capacidade para gerar emprego e converter-se em centros de difusão do conhecimento e de apropriação da tecnologia",[16] pois "aí é onde se concentra mais da metade do mundo laboral, com baixíssimos níveis de produtividade".[17]

É unânime, portanto, entre as instituições internacionais expostas, que a busca pelo aumento da produtividade é uma das questões mais relevantes para que o desenvolvimento sustentável seja viável e para que o potencial produtivo de uma nação possa ser aproveitado plenamente.

No entanto, mesmo tendo a produtividade tamanha relevância, da análise do cenário brasileiro, verifica-se que o Brasil não foi capaz de acompanhar o crescimento da fronteira tecnológica. Um exemplo disso é o fato de que, entre 1970 e 2011, enquanto nos Estados Unidos da América (EUA) a produtividade do trabalho cresceu 85% e a produtividade total dos fatores (PTF),[18] 38%, no Brasil, durante o mesmo período, o crescimento da produtividade do trabalho cresceu 74% e a PTF caiu cerca de 10%.[19]

Conforme Menezes, Campos e Komatsu, cada vez mais a produtividade vem crescendo em relevância para a determinação do crescimento da economia. Nesse sentido, a produtividade, desde os anos 2000, respondeu por cerca de 50% do crescimento do PIB, ao passo que o segundo fator mais impactante foi o crescimento populacional, com participação de cerca de 34%.[20]

---

[14] CEPAL. *A ineficiência da desigualdade*: síntese (LC/SES.37/4), Santiago: Nações Unidas, 2018. p. 7.

[15] CEPAL. *Mudança estrutural para a igualdade*: uma visão integrada do desenvolvimento. Santiago (Chile): Nações Unidas, 2012. p. 8.

[16] CEPAL. *Mudança estrutural para a igualdade*: uma visão integrada do desenvolvimento. Santiago (Chile): Nações Unidas, 2012. p. 8.

[17] CEPAL. *Mudança estrutural para a igualdade*: uma visão integrada do desenvolvimento. Santiago (Chile): Nações Unidas, 2012. p. 8.

[18] Que consiste no total de produto dividido pelo total de insumos em um país.

[19] ELLERY JR., Roberto. Produtividade total dos fatores no Brasil no período pós-reformas: comportamento e possíveis explicações. *Economia Aplicada*, v. 21, n. 4, 2017, p. 617-633. Cap. 2.

[20] MENEZES FILHO, Naercio; CAMPOS, Gabriela; KOMATSU, Bruno. A evolução da produtividade no Brasil. *Policy Paper*, São Paulo: Insper, n. 12, ago. 2014. p. 5.

Considerando o fato de que a tendência para o futuro é a redução cada vez maior do crescimento demográfico, deixando de crescer, segundo estimativas, provavelmente, em 2048 ou 2049, "o crescimento do PIB passará a depender principalmente, e cada vez mais, dos ganhos de produtividade da mão de obra".[21]

Após compreender a relevância do tema, entendeu-se como necessário realizar um trabalho que buscasse desvendar se esse fator, que é a produtividade econômica, foi objeto de preocupação pelo ordenamento jurídico brasileiro, em especial na esfera constitucional. A presente obra, portanto, contribui para a ciência por se tratar de um trabalho inovador que busca responder a um problema extremamente importante para o desenvolvimento do país e que, até o momento, não foi objeto de análise pela doutrina brasileira.

Cumpre agora responder ao questionamento final exposto, qual seja: como o trabalho será desenvolvido?

O desenvolvimento deste trabalho ocorrerá da seguinte maneira.

No primeiro capítulo, será analisada a relação da produtividade na transição do capitalismo. Em especial, será objeto de estudo a transição do feudalismo e do mercantilismo para o capitalismo, em razão de ter a produtividade desempenhado um papel essencial para que estivessem presentes as condições que possibilitaram que essa mudança ocorresse. O papel da produtividade foi tão relevante que, muito provavelmente, acabou por influenciar o pensamento de uma parcela considerável dos economistas de boa parte das escolas econômicas, posteriormente.

No segundo capítulo, será apresentado o modo como a questão da produtividade foi abordada nas diferentes correntes de pensamento econômico, dando-se ênfase àqueles autores para os quais a produtividade teve papel relevante em suas teorias, e de que maneira isso ocorreu. O que se busca, no referido capítulo, não é trazer para o presente trabalho todos os estudos já desenvolvidos acerca da produtividade pelos economistas, mas sim demonstrar que a produtividade esteve presente, exercendo papel relevante, em grande parte das correntes do pensamento econômico.

O terceiro capítulo abordará a produtividade em constituições estrangeiras. Para tanto, foram analisadas as constituições em vigor em mais de 200 países, buscando verificar quais delas se preocuparam com

---

[21] BONELLI, Regis. Produtividade e armadilha do lento crescimento. *In:* DE NEGRI, Fernanda; CAVALCANTE, Luiz Ricardo. *Produtividade no Brasil*: desempenho e determinantes. Brasília: IPEA, 2014. v. 1. p. 115.

a produtividade e de que modo. Com isso, não se busca realizar uma análise profunda para desvendar quais constituições teriam tratado tacitamente, por meio de outros dispositivos, da produtividade. O que se busca, na verdade, é verificar quais trataram expressamente do tema, a fim de compreender se falar na busca pelo aumento da produtividade no âmbito constitucional seria algo plausível ou se afirmar que uma constituição – no caso, a brasileira – ter se preocupado com o aumento da produtividade seria algo isolado na história das constituições e, por tal razão, pouco provável.

O quarto capítulo tratará da incorporação, no Direito brasileiro, da busca pelo aumento da produtividade. Primeiramente, será abordado o que pensam alguns dos economistas brasileiros acerca da importância da produtividade para o país. A abordagem tem relevância uma vez que, frequentemente, o pensamento dominante acaba influenciando e sendo incorporado pelo Direito. Desse modo, a partir do momento em que se verifica uma certa convergência acerca da importância do aumento da produtividade para que o desenvolvimento brasileiro possa ocorrer, por parte de economistas de vertentes diversas e até mesmo conflitantes, há um forte argumento para que esse entendimento, caso ainda não tenha sido absorvido pelas normas jurídicas, passe a ser.

Após, no mesmo capítulo, será discutida a relação entre a produtividade e o direito econômico, quando será possível averiguar que este estabelece fins a serem perseguidos pelo Estado e pela sociedade, com a finalidade de transformá-la. É exatamente com esse caráter que a busca pelo aumento da produtividade acabou sendo incorporada pelo direito brasileiro.

Por fim, no capítulo quarto será também analisada tanto a legislação infraconstitucional como a constitucional para, com isso, procurar traçar o caminho trilhado da busca pelo aumento da produtividade até alcançar o *status* de norma constitucional. Procurar-se-á, ainda, entender quais foram as razões que colaboraram para a percepção sobre a importância de se buscar, por meio de normas, esse objetivo.

É importante salientar que, no referido capítulo, quando versar sobre o âmbito constitucional, será feito um corte metodológico de maneira a limitar a análise a todas as constituições anteriores a 1988, visto que esta receberá um capítulo próprio, pelo fato de se ter verificado que nela houve a consolidação da busca pelo aumento da produtividade no âmbito normativo, de tal modo que pode ser considerada como o ápice da consagração do tema em voga por uma constituição brasileira.

No quinto e último capítulo, será analisada especificamente a questão da produtividade na Constituição brasileira de 1988, em que ocorreu a consolidação da busca pelo aumento da produtividade no âmbito normativo constitucional. Para isso, serão, inicialmente, verificados integralmente os debates realizados em todas as comissões e subcomissões da Constituinte em 1987, a fim de investigar se a questão da produtividade já era uma preocupação por parte dos constituintes.

Após, será verificado que a busca pelo aumento da produtividade, na Constituição brasileira, foi prevista quando se tratou de desenvolvimento. Isso porque, conforme será demonstrado, ela consiste em um dos pilares para que o desenvolvimento possa ocorrer de maneira sustentável, de tal modo que, sem um aumento constante nos níveis de produtividade, dificilmente o desenvolvimento poderá ser concretizado. Será exposto tratar-se a busca pelo aumento da produtividade de uma norma constitucional transformadora. Uma vez estabelecida tal premissa, buscar-se-á compreender os efeitos decorrentes de tal conclusão.

Por fim, no quinto capítulo, também serão analisados os diversos aspectos consagrados pela Constituição e que estão diretamente relacionados com o aumento da produtividade, de tal maneira que é possível afirmar que há uma internormatividade entre a norma constitucional transformadora da busca pelo aumento da produtividade e esses aspectos, especificamente (mas não limitados a): educação, infraestrutura, pesquisa e desenvolvimento, inovações tecnológicas, agricultura e igualdade. Com efeito, significa dizer que a melhora em um desses âmbitos contribui para o aumento da produtividade e, como consequência, esse aumento da produtividade, por sua vez, poderá também contribuir para a melhora desses aspectos, gerando uma espécie de círculo virtuoso, corroborando o argumento de que a busca pelo aumento da produtividade é um dos pilares para que o desenvolvimento possa ocorrer e ser mantido ao longo do tempo.

É o que se pretende demonstrar adiante.

CAPÍTULO 1

O PERÍODO DE TRANSIÇÃO PARA O CAPITALISMO E A QUESTÃO DA PRODUTIVIDADE

1.1 A economia europeia pré-capitalista

Com a decadência do Império Romano do ocidente, a Europa tornou-se um território sem as leis e a proteção oferecidas por ele. Com isso, passou a surgir uma hierarquia feudal em que o servo ou camponês devia obediência aos senhores feudais como contrapartida pela proteção recebida. Estes, por sua vez, eram protegidos e deveriam ser fiéis aos senhores mais poderosos. Tal sistema seguia essa mesma lógica até chegar ao rei. Esse período ficou conhecido como feudalismo.[22]

Para que os mais fortes protegessem os mais fracos, havia uma elevada contraprestação a ser paga, que poderia se dar em moeda, alimentos, trabalho ou fidelidade militar. Como retribuição, os senhores concediam um direito hereditário ao uso da terra – o feudo – a seus vassalos. No cultivo dessas terras estavam os servos.[23]

Nesse contexto, sem as leis existentes da época do império, os costumes e as tradições vigentes no feudo tornaram-se essenciais para as relações medievais. Não havia, nessa época, uma autoridade central forte, capaz de impor o cumprimento de um sistema legal. Com isso, as relações se baseavam em um sistema de serviços e obrigações recíprocas, as quais envolviam toda a hierarquia feudal.

---

[22] Sobre o tema, vide BLOCH, Marc. *A sociedade feudal*. Tradução de Liz Silva. São Paulo; Lisboa: Edições 70, 2014.

[23] HUNT, E. K. *História do pensamento econômico*: uma perspectiva crítica. 2. ed. Rio de Janeiro: Elsevier, 2005. p. 6.

Eventuais disputas entre os servos acabavam sendo decididas na corte do senhor feudal, levando em consideração o costume daquele feudo para situações similares. Nas disputas entre os senhores e seus servos, não raras vezes o senhor decidia em benefício próprio. Todavia, mesmo nessas situações, um senhor mais poderoso poderia intervir e aplicar sanções ou punições ao seu vassalo que violasse os costumes com relação aos servos.

Conforme lembra Hunt, o "fortalecimento dessas obrigações e da capacidade dos nobres de fazê-las serem cumpridas por uma extensa hierarquia de vassalos numa região muito grande (...) acabou levando ao aparecimento dos modernos Estados-nação".[24] Esse processo se deu na transição do feudalismo para o capitalismo.

Cumpre salientar que a Europa, durante a Idade Média, não era constituída apenas por feudos, pois possuía diversas cidades, as quais eram centros manufatureiros de grande relevância. Os produtos lá elaborados acabavam sendo comercializados com os feudos e também com localidades distantes. Nas cidades medievais imperavam as guildas, que consistiam em associações artesanais, profissionais e de ofício. Elas já existiam durante o Império Romano, e era necessário que os indivíduos ingressassem em uma guilda para que pudessem produzir ou comercializar bens ou serviços.[25]

No entanto, a sociedade nessa época era, em sua maioria, agrária, baseando sua hierarquia social "nos laços do indivíduo com a terra",[26] tendo sido o aumento de produtividade na agricultura "o ímpeto original para uma série de mudanças profundas, ocorridas ao longo de vários séculos, e que resultaram na dissolução do feudalismo medieval e no início do capitalismo". O principal avanço tecnológico que contribuiu para o aumento da produtividade nesse período foi a substituição do sistema de plantio de dois campos para o sistema de três campos.[27] Essa simples mudança ocasionou um grande aumento

---

24. HUNT, E. K. *História do pensamento econômico*: uma perspectiva crítica. 2. ed. Rio de Janeiro: Elsevier, 2005. p. 7.

25. Vide também: CHAPAN, J. M.; POWERS, Eleen E. (Ed.) *The Agrarian Life of the Middle Ages*. 2nd ed. London: Cambridge University Press, 1966. (The Cambridge Economic History of Europe, v. 1).

26. HUNT, E. K. *História do pensamento econômico*: uma perspectiva crítica. 2. ed. Rio de Janeiro: Elsevier, 2005. p. 8.

27. O fato de utilizar anualmente a mesma terra para plantação acabava por esgotá-la e torná-la inútil. Com o sistema de dois campos, metade da terra sempre era deixada "ociosa", a fim de que fosse possível recuperá-la do plantio anterior. Já no sistema de três campos, a terra era dividida em três partes iguais. "No outono, no primeiro campo, cultivava-se centeio ou trigo no inverno. Plantava-se aveia, feijão ou ervilha, na primavera, no segundo

do produto agrícola,[28] possibilitando que com a mesma quantidade de terra arável fosse possível utilizar uma área cultivável 50% maior.[29]

Além disso, esse novo sistema acarretou outras mudanças que contribuíram para o aumento da produtividade e, consequentemente, para o surgimento do capitalismo. Plantar aveia e forragem durante a primavera permitia a criação de um número maior de cavalos, que acabaram gradualmente substituindo os bois como fonte de energia utilizada na agricultura. Por serem muito mais rápidos do que os bois, a área cultivável pôde ser ampliada. Com maiores áreas sendo cultivadas, foi possível que o campo alimentasse os centros urbanos com maior população. A utilização do cavalo tornou muito mais eficiente o transporte de homens, mercadorias e equipamentos. O ato de arar, que quando era realizado por uma parelha de bois exigia três homens para controlar os animais, necessitava de apenas um indivíduo quando puxado por cavalos. Já no século XII, com a substituição da carroça de duas rodas pela de quatro rodas, com eixo dianteiro móvel, o custo do transporte foi consideravelmente reduzido.

Tais aprimoramentos na agricultura e no transporte contribuíram para duas mudanças relevantes e de longo alcance.[30] A primeira foi possibilitarem um rápido aumento do crescimento da população, que entre os anos 1000 e 1300 dobrou na Europa.[31] A segunda foi o rápido aumento de concentração urbana, diretamente relacionada à expansão da população. Diferentemente do início do segundo milênio, quando a Europa era majoritariamente constituída por feudos, vilas e um número baixo de pequenas cidades, além de alguns centros comerciais, em 1300 existiam cidades grandes e com grau de prosperidade elevado.[32]

Devido ao crescimento das vilas e das cidades, o grau de especialização rural-urbana foi ampliado. Por tal razão, houve uma grande expansão na produção de bens manufaturados, com o consequente

---

campo, deixando-se o terceiro campo em repouso. Todo ano, havia uma rotação dessas posições". HUNT, E. K. *História do pensamento econômico*: uma perspectiva crítica. 2. ed. Rio de Janeiro: Elsevier, 2005. p. 8.

[28] HUNT, E. K. *História do pensamento econômico*: uma perspectiva crítica. 2. ed. Rio de Janeiro: Elsevier, 2005. p. 8.

[29] WHITE JR. Lynn. *Medieval Technology and Social Change*. Oxford: Claredon, 1962. p. 71-72.

[30] HUNT, E. K. *História do pensamento econômico*: uma perspectiva crítica. 2. ed. Rio de Janeiro: Elsevier, 2005. p. 8-9.

[31] Vide MISKIMIN, Harry A. *The Economy of Early Renaissance Europe, 1300-1460*. Englewood Cliffs, N.J.: Prentice-Hall, 1969. p. 20.

[32] HUNT, E. K. *História do pensamento econômico*: uma perspectiva crítica. 2. ed. Rio de Janeiro: Elsevier, 2005. p. 9.

rompimento de todos os laços que ligavam os trabalhadores à terra. Com efeito, ocorreu um elevado aumento na produtividade, juntamente com o comércio de longa distância e entre as diferentes regiões.

O aumento da produtividade agrícola possibilitou que o excedente de alimentos e manufaturados ficasse disponível não somente para os mercados locais, como também para o mercado internacional. Com a melhora na energia e no transporte, tornou-se possível e lucrativa a concentração dos cidadãos nas cidades e também a produção em larga escala, com a consequente venda dos bens produzidos para os mercados mais distantes. Desse modo, "esses desenvolvimentos básicos na agricultura e na indústria foram pré-requisitos necessários para a disseminação do comércio, o que, por sua vez, estimulou mais ainda a expansão urbana e incentivou a indústria".[33]

Todavia, muito embora o período de transição do feudalismo para o capitalismo corresponda ao do aumento do comércio na Europa Ocidental e tal comércio tenha contribuído para a dissolução do feudalismo, há outras razões para essa mudança. Isso porque, não obstante o aumento de produtividade, uma das grandes causas para essa dissolução foi o fato de o excedente social ter se tornado cada vez menor para sustentar a classe dominante no feudalismo.[34]

Conforme exposto, em decorrência da expansão do comércio,[35] surgiram grandes cidades industriais e comerciais. Com o crescimento dessas cidades, juntamente com o controle cada vez maior por parte de capitalistas comerciantes, ocorreram mudanças na indústria e na agricultura. Essas áreas, em especial a agricultura, acabaram tendo rompidos seus vínculos com a estrutura econômica e social do feudalismo.

Também nessas grandes cidades comerciais, no século XV, surgiram sistemas complexos de câmbio, compensação e facilidades de crédito, bem como instrumentos modernos, como letras de câmbio. Diferentemente do que ocorria no feudalismo, a lei comercial passou a ser estabelecida por um código, tornando-se o fundamento para as leis modernas capitalistas versando sobre contratos, títulos negociáveis, representação comercial e execuções em hasta.[36]

---

33 HUNT, E. K. *História do pensamento econômico*: uma perspectiva crítica. 2. ed. Rio de Janeiro: Elsevier, 2005. p. 9.

34 Sobre o tema, vide: BEITSCHER, Jane K.; HUNT, E. K. Insights into the Dissolution of the Feudal Mode of Production. *Science and Society*, v. 40, n. 1, p. 57-71, 1976.

35 Sobre o tema, vide DILLARD, Dudley. *Economic Development of the North Atlantic Community*. Englewood Cliffs, N.J.: Prentice-Hall, 1967. p. 3-17.

36 HUNT, E. K. *História do pensamento econômico*: uma perspectiva crítica. 2. ed. Rio de Janeiro: Elsevier, 2005. p. 11.

À medida que crescia o comércio, aumentava a necessidade de manufaturas, levando a uma expansão no controle do processo de produção pelo capitalista comerciante. Com efeito, a indústria artesanal, no século XVI, em que o artesão era o proprietário de sua oficina, de suas ferramentas e de suas matérias-primas, produzindo suas obras de maneira independente, acabou por ser substituída, nas indústrias de exportação, pelo sistema doméstico de trabalho.

Nesse sistema, inicialmente, o capitalista comerciante acabava por fornecer a matéria-prima ao artesão independente, pagando-lhe para transformá-la em mercadorias. Posteriormente, o capitalista comerciante passou a ser proprietário também das ferramentas e das máquinas, bem como, muitas vezes, do estabelecimento onde ocorria a produção, limitando-se a contratar os trabalhadores para elaborar os produtos. Passaram, então, os trabalhadores a não mais vender um produto acabado ao capitalista, mas apenas seu próprio trabalho.

Desse modo, a produção também passou a ser controlada pelos capitalistas. Os trabalhadores possuíam pouco ou nenhum capital, não tendo mais nada a vender a não ser sua força de trabalho. Essas duas características marcaram o surgimento do sistema econômico capitalista.[37] Com isso, o "mercado e a busca de lucro monetário substituíram os costumes e a tradição, na determinação de quem executaria certa tarefa, como seria executada essa tarefa e se os trabalhadores poderiam ou não encontrar trabalho para o seu sustento".[38]

Em decorrência das condições adversas de trabalho, ocorreram rebeliões violentas entre os trabalhadores e os capitalistas em 1379 e 1382. A dificuldade em lidar com essas questões acabou levando ao declínio da indústria têxtil de Florença e também dos Flandres. Na Inglaterra, durante o século XV, no entanto, os conflitos de classes foram resolvidos por meio da migração, para o interior, da indústria localizada nas grandes cidades. Com isso, os trabalhadores acabavam isolados em grupos pouco numerosos, o que dificultava a sua organização para fins de resistência.

Cabe salientar, também, que, desde o início, as empresas capitalistas procuravam estabelecer monopólios, por meio da criação de guildas patronais ou mesmo de associações de comerciantes empregadores, buscando instituir barreiras para manutenção do seu *status quo*.

---

[37] Sobre o tema, vide: DOBB, Maurice. *Studies in the Development of Capitalism*. London: Routledge & Kegan Paul, 1946.

[38] HUNT, E. K. *História do pensamento econômico*: uma perspectiva crítica. 2. ed. Rio de Janeiro: Elsevier, 2005. p. 12.

Consequentemente, os "privilégios especiais e isenções para os filhos dos ricos, taxas elevadas pagas pelos seus membros e outras barreiras impediam os artesãos ambiciosos, porém mais pobres, de competir com a nova classe capitalista ou dela fazer parte".[39] Tais barreiras, dessa maneira, acarretaram a "transformação dos artesãos mais pobres e seus filhos em uma nova classe trabalhadora urbana, que vivia exclusivamente de sua força de trabalho".[40]

Outro aspecto digno de ser relevado é o papel da busca pelo excedente, com a consequente acumulação de riqueza, estreitamente relacionado ao surgimento do capitalismo e à produtividade.

Com a grande concentração populacional nas cidades, os cidadãos que lá habitavam passaram a depender da agricultura para o fornecimento de alimentos e matérias-primas que seriam utilizadas na indústria de exportação. Em decorrência, houve um forte estímulo às especializações urbanas e rurais, bem como ao comércio entre o campo e as cidades. Diante disso, os camponeses perceberam que poderiam utilizar os excedentes na troca por dinheiro, o qual serviria para pagar taxas ao senhor feudal sem que fosse necessário realizar trabalho forçado. Passaram, então, os camponeses a figurar como pequenos negociantes independentes. Assim, tornou-se possível que eles arrendassem terras do senhor feudal, vendessem seus produtos para pagar o aluguel e ainda guardassem o excedente.

Conforme lembra Hunt, "esse sistema dava ao camponês maior incentivo para produzir e, portanto, aumentar seus excedentes comercializáveis, o que induzia a mais comutação, maiores vendas subsequentes e assim por diante".[41] Consequentemente, "o efeito cumulativo foi um rompimento gradual dos laços feudais, substituídos pelo mercado e pela busca do lucro como os princípios organizadores da produção".[42]

A tentativa da nobreza feudal de reestabelecer os serviços obrigatórios dos servos e camponeses, que haviam então atingido um grau considerável de independência e liberdade, acabou fracassando. E mais, como efeito, inúmeras foram as revoltas por parte dos camponeses

---

[39] HUNT, E. K. *História do pensamento econômico*: uma perspectiva crítica. 2. ed. Rio de Janeiro: Elsevier, 2005. p. 12.

[40] HUNT, E. K. *História do pensamento econômico*: uma perspectiva crítica. 2. ed. Rio de Janeiro: Elsevier, 2005. p. 12.

[41] HUNT, E. K. *História do pensamento econômico*: uma perspectiva crítica. 2. ed. Rio de Janeiro: Elsevier, 2005. p. 13.

[42] HUNT, E. K. *História do pensamento econômico*: uma perspectiva crítica. 2. ed. Rio de Janeiro: Elsevier, 2005. p. 13.

ocorridas entre o final do século XIV e o início do século XVI, ocasionando frequentemente a matança mútua entre nobres e camponeses.[43]

Disso, percebe-se que o aumento da produtividade, com a consequente geração de excedente e, assim, riqueza disponível, acabou sendo um dos fatores que possibilitaram a transição do feudalismo para o capitalismo.[44] Isso ocorreu, em especial, devido ao surgimento, no campo, das bases materiais para a indústria e, também, do comércio nas cidades, concomitante ao surgimento de uma classe de comerciantes e artesãos.

1.2 O mercantilismo e as políticas estatais para incremento da produtividade

O mercantilismo, que também foi transitório ao capitalismo e durou desde o final da Idade Média até o século XVII, foi originado durante o período em que a Europa passava por uma forte escassez de ouro e prata, de modo a não conseguir atender à demanda cada vez maior do comércio. Por tal razão, foram estabelecidas políticas com vistas a atrair ouro e prata para um país e mantê-los nele, por meio da proibição da exportação.[45]

Uma das maneiras para alcançar esse objetivo foi a criação de monopólios comerciais. Isso ocorria, por exemplo, determinando-se que apenas um mercador inglês pudesse barganhar com estrangeiros a compra de produtos provenientes do exterior. Com isso, evitava-se que diversos mercadores acabassem acarretando na elevação dos preços em razão da concorrência e facilitava a venda dos produtos ingleses no exterior por um preço mais elevado.[46]

Ao mesmo tempo, diversos governos buscaram estabelecer impérios coloniais, controlados pela metrópole, de modo a assegurar o monopólio comercial com esses locais. As atividades de exportação e importação, por sua vez, eram fortemente reguladas. Isso se dava com

---

[43] Vide GRAS, N. S. B. *A History of Agriculture in Europe and America*. New York: Appleton, 1940. p. 108.

[44] Sobre o tema, vide SEN, Asok. The Transition from Feudalism to Capitalism. *Economic and Political Weekly*, v. 19, n. 30, p. 50-66, 28 jul. 1984; e SEN, Asok. The Transition from Feudalism to Capitalism. *Economic and Political Weekly*, v. 19, n. 30, p 50-66, 28 jul. 1984.

[45] Vide WALLERSTEIN, Immanuel. *The Modern World-System II*: Mercantilism and the Consolidation of the European World-Economy, 1600-1750. Berkeley: University of California Press, 2014. v. 2.

[46] Vide MAGNUSSON, Lars. *Mercantilism*: The Shaping of an Economic Language. London: Routledge, 1994.

o fornecimento de subsídios para que os exportadores concorressem no mercado internacional, ou, em sentido contrário, por meio da tributação da exportação de uma série de matérias-primas ou mesmo por meio da proibição das exportações, a fim de que não saíssem do país (políticas adotadas principalmente pela Inglaterra).[47]

Além do mais, utilizavam-se, muitas vezes, para desestimular as importações, da cobrança de tributos alfandegários extremamente elevados, a fim de proteger as principais indústrias inglesas frente à concorrência estrangeira.

Não obstante isso, diversas eram as restrições e as normas para regular a produção interna, tais como isenções tributárias, subsídios e outros mecanismos destinados a aumentar a produção da indústria exportadora. Cabia ao Estado, também, frequentemente, estabelecer os métodos de produção a serem utilizados, bem como regular a qualidade dos produtos.

Um aspecto a ser ressaltado com relação aos autores do início do período conhecido como mercantilismo é que eles viam as trocas ou as compras como fontes de lucro, e não a produção, de modo que a questão da produtividade pode parecer ter sido deixada em segundo plano, conforme alguns autores.[48] Uma das explicações, a nosso ver, para o fato de a produtividade, no início do mercantilismo, talvez não ter recebido muita relevância, seria o fato de que, nesse período, quase toda a produção ficava a cargo dos trabalhadores, os quais eram donos dos seus próprios meios de produção, controlando-os. Os capitalistas da época eram, de maneira geral, mercadores cujo capital consistia basicamente em dinheiro e estoque de mercadorias a serem vendidas, não controlando o processo produtivo, de modo que ter uma produtividade alta ou baixa não influenciava no seu lucro, pelo menos não diretamente.[49] Ou seja, deixou-se de lado a questão da produtividade, pois, embora os lucros obtidos fossem trocados por mercadorias correspondentes à parte do excedente, a parte desse excedente que cabia ao mercador não era obtida por meio do controle do processo produtivo.

O lucro dos primeiros mercantilistas, portanto, decorria basicamente de duas fontes. A primeira era a inflação nos séculos XVI e XVII,

---

47 HUNT, E. K. *História do pensamento econômico*: uma perspectiva crítica. 2. ed. Rio de Janeiro: Elsevier, 2005. p. 13.

48 Tal como HUNT, E. K. *História do pensamento econômico*: uma perspectiva crítica. 2. ed. Rio de Janeiro: Elsevier, 2005. p. 22.

49 Vide HUNT, E. K. *História do pensamento econômico*: uma perspectiva crítica. 2. ed. Rio de Janeiro: Elsevier, 2005. p. 22.

que acarretou um aumento considerável do valor dos estoques. Com efeito, o grande aumento no valor das mercadorias entre a data em que elas haviam sido adquiridas e o momento da venda proporcionava lucros elevadíssimos. Já a segunda e principal fonte era decorrente das diferentes condições de produção em diversas regiões de um país ou do mundo, além do fato de que havia uma baixíssima mobilidade de recursos, tecnologia e mão de obra entre essas regiões, o que ocasionava uma grande variação de preços das mercadorias dependendo do local onde eram adquiridas. Diante disso, os mercadores acabavam por adquirir as mercadorias nos locais onde eram mais baratas e vender onde fossem mais caras, o que proporcionava um elevado lucro. Por conseguinte, o fato de os mercadores terem a impressão de que o valor da mercadoria se dava muito mais em razão de seu preço de mercado e não de suas condições de produção fazia sentido.[50]

Ocorre que, como será demonstrado, a produtividade passou a ser também uma preocupação por parte dos mercantilistas, em especial dos doutrinadores desse período – pelo menos os da Inglaterra.

O mercantilismo na Inglaterra se estendeu de cerca de 1500 até 1750, sendo comum utilizar a expressão tanto para se referir aos escritos econômicos do período como às suas práticas econômicas. É costume, também, descrever o mercantilismo como a antítese da doutrina econômica liberal ou clássica.[51]

Conforme observa Grampp,[52] ao raciocinarem com base nas práticas reais dos estados mercantilistas, economistas e historiadores geralmente supõem que as doutrinas do período do mercantilismo eram uma justificativa de suas instituições. É usual que o autor explique, nos estudos sobre o mercantilismo, que as restrições às importações, as leis tarifárias e a questão da balança comercial favorável, assim como os controles particulares exercidos na época, como a fixação de preços, estariam contidos na doutrina econômica daquele período. Ou seja, pensa-se que, pelo fato de os Estados mercantilistas não acreditarem no mercado como o mecanismo para desempenhar as funções econômicas da sociedade, os economistas da época tinham a mesma crença e eram a favor da forte regulação que ocorria.

---

50 HUNT, E. K. *História do pensamento econômico*: uma perspectiva crítica. 2. ed. Rio de Janeiro: Elsevier, 2005. p. 22.

51 GRAMPP, William D. The Liberal Elements in English Mercantilism. *The Quarterly Journal of Economics*, Oxford: Oxford University Press, v. 66, n. 4, p. 465-501, nov. 1952. p. 465.

52 GRAMPP, William D. The Liberal Elements in English Mercantilism. *The Quarterly Journal of Economics*, Oxford: Oxford University Press, v. 66, n. 4, p. 465-501, nov. 1952. p. 465.

Nenhuma dessas impressões acerca da doutrina mercantilista estaria correta.[53] No entanto, elas acabam sendo uma consequência lógica quando se considera a doutrina e a prática mercantilista como se fossem o mesmo. Como será demonstrado, há fortes indícios de que os mercantilistas da Inglaterra entre 1500 e 1750 acabaram antecipando muitos elementos importantes da doutrina econômica clássica, tais como a concepção clássica do autointeresse, o mecanismo de preços, a vantagem mútua do comércio e o lugar do Estado na organização econômica, preocupando-se, ainda, com o aumento da produtividade.

Provavelmente, se fosse requisitado aos autores mercantilistas que explicitassem seu objetivo, diriam que era criar uma Inglaterra forte e segura, pois o principal motivo seria o interesse nacional.[54]

Nesse sentido, os mercantilistas acreditavam que a promoção do interesse nacional exigiria uma economia próspera e crescente, bem como o pleno emprego. Entre as condições necessárias para uma economia crescente, segundo eles, estariam: comércio vigoroso, gastos domésticos adequados, estrutura adequada de salários e preços, distribuição de renda, sobreposição de exportações frente às importações, classe trabalhadora produtiva e obediente, segurança da propriedade privada, eliminação do monopólio, plena utilização das terras agrícolas, oferta monetária adequada, baixa taxa de juros e pleno emprego da força de trabalho.[55]

Segundo Grampp,[56] a maior atenção foi dada à oferta de dinheiro, gastos e emprego. Os gastos – ou, na linguagem atual, a demanda efetiva – e o emprego eram considerados como mutuamente determinados: o que mudasse em um mudaria no outro na mesma direção. A oferta de moeda, em alguns escritos, foi considerada como um determinante dos gastos, enquanto em outros não estava diretamente relacionada a eles. Para a maioria dos mercantilistas, a condição de prosperidade nacional era uma quantidade de gastos suficientes para manter o pleno emprego, e esses escritores subordinaram aos gastos a acumulação do ouro e outros métodos para aumentar a oferta de moeda. O pleno

---

[53] GRAMPP, William D. The Liberal Elements in English Mercantilism. *The Quarterly Journal of Economics*, Oxford: Oxford University Press, v. 66, n. 4, p. 465-501, nov. 1952. p. 466.

[54] GRAMPP, William D. The Liberal Elements in English Mercantilism. *The Quarterly Journal of Economics*, Oxford: Oxford University Press, v. 66, n. 4, p. 465-501, nov. 1952. p. 468.

[55] GRAMPP, William D. The Liberal Elements in English Mercantilism. *The Quarterly Journal of Economics*, Oxford: Oxford University Press, v. 66, n. 4, p. 465-501, nov. 1952. p. 468.

[56] GRAMPP, William D. The Liberal Elements in English Mercantilism. *The Quarterly Journal of Economics*, Oxford: Oxford University Press, v. 66, n. 4, p. 465-501, nov. 1952. p. 468.

emprego era o objetivo econômico da política mercantilista, distinto de seu objetivo político, que era o poder nacional.

O objetivo do pleno emprego foi expresso no início do período do mercantilismo por John Hales,[57] que escreveu que o Estado deveria adotar as medidas que assegurassem uma "grande abundância" de bens e que isso exigiria o emprego, na agricultura e nas cidades, de todos os que estivessem aptos a trabalhar. Tal objetivo mercantilista de pleno emprego e sua conexão com um comércio florescente, assim como a importância do comércio para a nação foram resumidos por Edward Misselden, em 1662, da seguinte maneira: "E o que tem mais relações com as questões de Estado do que o comércio de mercadores? Pois quando o comércio floresce, a receita do rei é aumentada; terras e aluguéis melhorados".[58] E continua: "a navegação é aumentada, os pobres, empregados. Mas, se o comércio decair, tudo isso decairá junto".[59]

A importância do emprego foi expressa por William Petty, em 1662, quando afirmou que à medida que a população da nação aumentasse, sua riqueza aumentaria em maior proporção (supondo que o emprego tinha aumentado tanto quanto a população). Ele acreditava que o Estado deveria tomar o maior cuidado possível para utilizar a força de trabalho e manter suas habilidades em ordem. De maneira radical, chegou a afirmar que, se necessário, os trabalhadores ociosos deveriam ser "empregados para construir uma pirâmide inútil sobre a planície de Salisbury, levar as pedras de Stonehenge para Towergill, ou coisas do tipo".[60] Isso porque, para ele, "na pior das hipóteses, isso manteria suas mentes em disciplina e ordem, e seus corpos prontos para quando trabalhos lucrativos surgissem".[61]

Ainda com relação ao aumento do emprego, em um documento denominado *Considerations on the East India Trade*, de autoria desconhecida, foi exposto que, se o comércio fosse livre, "todo indivíduo na Inglaterra poderia ser empregado para algum lucro do reino".[62] Petty,

[57] HALES, John. *A Discourse of the Common Weal of This Realm of England*. Cambridge: Elizabeth Lamond, 1893. p. 59 e 98.

[58] MISSELDEN, Edward. *Free Trade, or the Meanes to Make Trade Florish*. London: Legatt for S. Waterson, 1622. p. 4. Tradução livre.

[59] MISSELDEN, Edward. *Free Trade, or the Meanes to Make Trade Florish*. London: Legatt for S. Waterson, 1622. p. 4. Tradução livre.

[60] PETTY, William (Sir). *Economic Writings*. Cambridge: Charles Henry Hull, 1899. v. 1. p. 31-35. Tradução livre.

[61] PETTY, William (Sir). *Economic Writings*. Cambridge: Charles Henry Hull, 1899. v. 1. p. 31-35. Tradução livre.

[62] NORTH, Sir Dudley *et al. A Select Collection of Early English Tracts on Commerce*. London: Political Economic Club, 1856. p. 581-582. Tradução livre.

por sua vez, segundo Grampp, entendia que a maximização do produto parecia exigir a plena utilização do trabalho por qualquer meio que fosse apropriado às circunstâncias do momento.[63]

Outro aspecto extremamente relevante para os mercantilistas era o do comércio, pois um comércio vigoroso, para eles, seria capaz de assegurar o máximo de esforço produtivo, que é o que o pleno emprego também visava assegurar. Cabe lembrar, no entanto, que a expressão "comércio" (*trade*), no sentido atual, é mais restritiva, e isso pode levar a crer que os mercantilistas ignoraram a manufatura, a agricultura, a navegação e outras indústrias, o que na verdade não ocorreu, já que, para eles, o comércio incluiria toda atividade econômica.[64]

O objetivo principal, portanto, não seria o mero acúmulo de metais preciosos, uma balança comercial favorável, o avanço dos interesses privados, a subordinação da classe trabalhadora, baixas taxas de juros, a elevação do comércio à custa de outras indústrias. Esses aspectos eram desejados pelos mercantilistas, sim, porém boa parte deles era um meio visando alcançar o fim que era o pleno emprego, que, para eles, poderia garantir o máximo de esforço produtivo. Alguns mercantilistas podem ter confundido moeda com riqueza e, com isso, fizeram do bulionismo um fim. Todavia, nenhuma dessas considerações ocupou um lugar tão importante na doutrina como o pleno emprego, e nenhuma serve tão bem para unificar as medidas específicas de controle que foram propostas.[65]

Conforme ressalta Grampp,[66] a assertiva amplamente difundida de que o objetivo principal dos mercantilistas era uma balança comercial favorável não procede. Isso porque, se assim fosse, provavelmente eles não teriam dado tanta atenção a oferta monetária, emprego, gastos, comércio interno e outros assuntos que têm apenas uma relação indireta com a balança comercial. Nada obstante isso, teriam enfatizado uma restrição das importações pelo menos tanto quanto um aumento nas exportações, já que, por qualquer método, uma balança comercial favorável poderia ter sido conquistada.

---

[63] GRAMPP, William D. The Liberal Elements in English Mercantilism. *The Quarterly Journal of Economics*, Oxford: Oxford University Press, v. 66, n. 4, p. 465-501, nov. 1952. p. 469.

[64] GRAMPP, William D. The Liberal Elements in English Mercantilism. *The Quarterly Journal of Economics*, Oxford: Oxford University Press, v. 66, n. 4, p. 465-501, nov. 1952. p. 471.

[65] GRAMPP, William D. The Liberal Elements in English Mercantilism. *The Quarterly Journal of Economics*, Oxford: Oxford University Press, v. 66, n. 4, p. 465-501, nov. 1952. p. 471.

[66] GRAMPP, William D. The Liberal Elements in English Mercantilism. *The Quarterly Journal of Economics*, Oxford: Oxford University Press, v. 66, n. 4, p. 465-501, nov. 1952. p. 472.

Ocorre que esse desejo de buscar manter uma balança comercial favorável se baseou no pressuposto de que a Inglaterra poderia aumentar o emprego exportando mais do que importava, que seria uma suposição plausível, para Grampp, no curto prazo. A doutrina da balança comercial favorável, por vezes, é explicada como um dispositivo para garantir o ouro, com o intuito de aumentar a riqueza nacional. Todavia, esse não seria o pensamento da maioria dos pensadores do mercantilismo inglês.[67]

O comércio exterior é o que mais interessava aos mercantilistas; mais do que o comércio interno, por acreditarem que aquele contribuía mais para o emprego, bem como para a riqueza e o poder da nação. Conforme Grampp,[68] os escritores com obras posteriores a 1600 enfatizaram que o efeito inflacionário de um excesso de exportações teria como consequência o aumento do emprego. Seu raciocínio era baseado no fato de que, na sua visão, uma balança comercial favorável traria ouro e prata para a Inglaterra, fazendo com que a maior oferta de moeda resultasse no aumento de gastos e que esse aumento de gastos – e, consequentemente, da demanda – ocasionaria o aumento do número de empregos.[69]

Ainda, outro aspecto que merece ser salientado, conforme lembra Grampp, diante da crença comum de que os escritores mercantilistas apoiavam a prática mercantilista de fixação de preços, é o fato de que muitos deles discordavam dessas práticas, defendendo o livre comércio.[70]

Um dos argumentos para o livre mercado seria seu efeito salutar nas classes trabalhadoras. Postlethwayt acreditava que a competição entre os trabalhadores os forçava a serem produtivos, responsáveis e empreendedores, diminuindo, ainda, os salários. Os mercantilistas que defendiam essa visão associavam baixos salários à competição e altos salários à restrição de mão de obra. Nesse sentido, Petty argumentou que, conforme os salários reais ultrapassassem certa quantia, a quantidade de trabalho fornecido diminuiria e, portanto, para que

---

[67] GRAMPP, William D. The Liberal Elements in English Mercantilism. *The Quarterly Journal of Economics*, Oxford: Oxford University Press, v. 66, n. 4, p. 465-501, nov. 1952. p. 472.

[68] GRAMPP, William D. The Liberal Elements in English Mercantilism. *The Quarterly Journal of Economics*, Oxford: Oxford University Press, v. 66, n. 4, p. 465-501, nov. 1952. p. 474.

[69] GRAMPP, William D. The Liberal Elements in English Mercantilism. *The Quarterly Journal of Economics*, Oxford: Oxford University Press, v. 66, n. 4, p. 465-501, nov. 1952. p. 474.

[70] GRAMPP, William D. The Liberal Elements in English Mercantilism. *The Quarterly Journal of Economics*, Oxford: Oxford University Press, v. 66, n. 4, p. 465-501, nov. 1952. p. 478.

a quantidade máxima de esforço pudesse ser obtida, os salários reais não deveriam exceder esse valor.[71]

A maior parte da política relacionada ao trabalho defendida pelos mercantilistas veio da suposição de que o interesse próprio governa a conduta individual.[72]

A fim de aumentar a produtividade do trabalho, foi proposto que o Estado retirasse as muitas distrações que impediam os trabalhadores de serem produtivos.[73] Além disso, Tucker sugeriu que fossem criados tribunais em cada distrito para supervisionar a classe trabalhadora.[74]

Quase todos os mercantilistas entendiam que havia três fatores que direcionavam os indivíduos a serem mais produtivos, fomentando a atividade econômica, quais sejam: o estímulo dado pelo ambiente físico, o desejo dos homens de imitar seus superiores (um desejo parcialmente criado pelo ambiente social) e a ânsia por recompensas pecuniárias.[75] Acreditava-se que quanto mais difíceis fossem as condições em que os homens viviam – o clima, a fertilidade do solo, a riqueza nacional em relação à população –, mais produtivos eles eram. Quanto menos favorável o ambiente, maior a probabilidade de enriquecer.[76]

O segundo fator que tornaria os homens produtivos seria o desejo de imitar os que estavam acima deles em posição social e renda. Petty escreveu que os homens sempre buscam se sobressair e, quando colocados juntos, como nas grandes cidades, seu instinto de imitação se torna mais agudo, evocando sua dedicação, aumentando os gastos e proporcionando oportunidade para uma indústria ainda maior.[77]

O terceiro fator seria o desejo de retornos monetários. Acreditava-se que esse era o principal objetivo da indústria e que, quanto mais altos fossem os retornos financeiros de um determinado emprego, maior seria a quantidade de recursos fornecidos para aquele emprego. A ideia foi expressa muito cedo e repetida até o final do período mercantilista,

---

[71] PETTY, William (Sir). *Economic Writings*. Cambridge: Charles Henry Hull, 1899. v. 1. p. 20-21.

[72] GRAMPP, William D. The Liberal Elements in English Mercantilism. *The Quarterly Journal of Economics*, Oxford: Oxford University Press, v. 66, n. 4, p. 465-501, nov. 1952. p. 482.

[73] GRAMPP, William D. The Liberal Elements in English Mercantilism. *The Quarterly Journal of Economics*, Oxford: Oxford University Press, v. 66, n. 4, p. 465-501, nov. 1952. p. 482.

[74] GRAMPP, William D. The Liberal Elements in English Mercantilism. *The Quarterly Journal of Economics*, Oxford: Oxford University Press, v. 66, n. 4, p. 465-501, nov. 1952. p. 484.

[75] GRAMPP, William D. The Liberal Elements in English Mercantilism. *The Quarterly Journal of Economics*, Oxford: Oxford University Press, v. 66, n. 4, p. 465-501, nov. 1952. p. 485.

[76] PETTY, William (Sir). *Economic Writings*. Cambridge: Charles Henry Hull, 1899. v. 1. p. 32.

[77] PETTY, William (Sir). *Economic Writings*. Cambridge: Charles Henry Hull, 1899. v. 1. p. 32.

quando foi levada adiante pelos economistas clássicos em sua doutrina do interesse próprio.[78] Segundo Defoe, "o lucro é a vida do comerciante, a essência de seu ser". Em seu entendimento, a conveniência e o suprimento de coisas necessárias para a vida "foram as primeiras causas do comércio; mas a razão e o fim do comerciante é conseguir dinheiro; é o norte e o guia, o objetivo e o desígnio de todas as suas noções; é o centro e o ponto para o qual todas as suas ações tendem".[79] E continua, afirmando que a busca pelo lucro seria "a alma dos negócios, o estímulo da indústria, a roda que gira dentro de todas as rodas de todo o seu negócio e dá movimento ao resto".[80]

Com essas concepções dos mercantilistas sobre a motivação individual, os escritores acabaram antecipando a psicologia econômica da doutrina clássica.

Conforme Grampp,[81] de acordo com a visão clássica, o interesse próprio, operando em um mercado competitivo, direcionava recursos para seus empregos mais eficientes e permitia que os indivíduos gastassem sua renda de uma maneira que maximizasse a sua satisfação como consumidores. O que quer que interferisse na operação do interesse próprio, ao direcionar as escolhas dos indivíduos em sua capacidade de produtores ou consumidores, acabava geralmente por reduzir a eficiência da economia.

Ainda segundo Grampp,[82] a concepção mercantilista de livre comércio tinha tanto um aspecto político como econômico, e antecipou as ideias dos economistas clássicos. Embora os mercantilistas diferissem quanto à origem do governo, eles concordavam com a extensão de seus poderes – que, segundo eles, deveriam ser limitados por lei – e com a ideia de que a consequente liberdade econômica seria favorável ao crescimento da economia.

---

78 GRAMPP, William D. The Liberal Elements in English Mercantilism. *The Quarterly Journal of Economics*, Oxford: Oxford University Press, v. 66, n. 4, p. 465-501, nov. 1952. p. 485.

79 DEFOE, Daniel. *The Complete English Tradesman, etc.* Edinburgh: William and Robert Chambers, 1839. v. 2. p. 79-80. Tradução livre.

80 DEFOE, Daniel. *The Complete English Tradesman, etc.* Edinburgh: William and Robert Chambers, 1839. v. 2. p. 79-80. Tradução livre.

81 GRAMPP, William D. The Liberal Elements in English Mercantilism. *The Quarterly Journal of Economics*, Oxford: Oxford University Press, v. 66, n. 4, p. 465-501, nov. 1952. p. 487-488.

82 GRAMPP, William D. The Liberal Elements in English Mercantilism. *The Quarterly Journal of Economics*, Oxford: Oxford University Press, v. 66, n. 4, p. 465-501, nov. 1952. p. 487-488.

Os mercantilistas, comenta o referido autor,[83] sabiam, no entanto, que algumas de suas medidas de política reduziriam a liberdade econômica. Um dos motivos seria que o livre mercado não seria totalmente favorável, por vezes, ao aumento de riqueza de um país. Uma das hipóteses seria que a liberdade ilimitada poderia levar à criação de monopólios. Quando os mercantilistas afirmavam que um indivíduo não deveria ser livre para privar o outro de sua liberdade, não estipularam nenhuma exceção para o livre mercado. Com relação ao pleno emprego, todavia, insistiram que não se poderia confiar no mercado para garanti-lo. Isso porque, segundo eles, caso a economia fosse dirigida pelo mercado, mesmo que pautada pela competição, nem sempre os gastos seriam suficientes, podendo ocorrer importações excessivas, oferta de moeda inadequada, taxas de juros muito altas e força de trabalho pequena e insuficientemente produtiva, ou seja, com baixa produtividade.

Havia, portanto, essa diferença de meios entre os mercantilistas e os classicistas: os primeiros propunham um mercado relativamente controlado, e os segundos, um relativamente incontrolado. No entanto, essas diferenças sobre os meios não era fundamental. Os mercantilistas não acreditavam em uma economia total ou majoritariamente dirigida pelo Estado, e os classicistas não acreditavam em uma economia totalmente controlada por um mercado competitivo.[84]

Além disso, ainda conforme Grampp, a diferença nos fins imediatos – pleno emprego *versus* eficiência no emprego – também não é fundamental. Isso porque é muito provável que nem os mercantilistas, nem os classicistas teriam admitido tal distinção. Os primeiros teriam insistido que sua política alcançou uma maior produção e uma maior produtividade. Os classicistas, por sua vez, provavelmente insistiriam que, se o mercado fosse competitivo e as condições fossem estabilizadas para um uso eficiente dos recursos, não haveria problema com o pleno emprego nem com a produtividade.[85]

Diante disso, conforme demonstrado, no início do período mercantilista a preocupação com a produtividade parece ter sido deixada de lado. Isso ocorreu, especialmente, pelo fato de que o lucro, na época,

---

[83] GRAMPP, William D. The Liberal Elements in English Mercantilism. *The Quarterly Journal of Economics*, Oxford: Oxford University Press, v. 66, n. 4, p. 465-501, nov. 1952. p. 494.

[84] GRAMPP, William D. The Liberal Elements in English Mercantilism. *The Quarterly Journal of Economics*, Oxford: Oxford University Press, v. 66, n. 4, p. 465-501, nov. 1952. p. 495.

[85] GRAMPP, William D. The Liberal Elements in English Mercantilism. *The Quarterly Journal of Economics*, Oxford: Oxford University Press, v. 66, n. 4, p. 465-501, nov. 1952. p. 495-496.

era obtido por meio não do controle do processo produtivo, mas sim, sobretudo, da inflação e da grande variação de preços das mercadorias entre uma região e outra, permitindo que se adquirisse na região mais barata e vendesse na mais cara. No entanto, da análise dos doutrinadores mercantilistas ingleses verificou-se que, não obstante o fato de que possuíam diversos elementos em comum com os doutrinadores do período clássico, ainda demonstraram preocupação com o aumento da produtividade.

Além do mais, cumpre salientar que, com o desenvolvimento do capitalismo, dois fatores acabaram fazendo com que as políticas mercantilistas utilizadas pelos Estados, da maneira como ocorriam, não fossem mais suficientes para as necessidades do capitalismo e da maior parte dos capitalistas daquele período. O primeiro foi que, mesmo com os esforços das grandes companhias de comércio para manterem seus monopólios, as diferenças de preços antes mencionadas entre as regiões foram desaparecendo, em razão da difusão de comércio e do aumento da concorrência. Com isso, ocorreu uma considerável redução nos lucros auferidos.

O segundo fator, diretamente relacionado ao primeiro, foi que, conforme os lucros auferidos em razão das diferenças de preços foram sendo reduzidos, foi havendo uma crescente integração do controle capitalista, não somente nos processos de produção, como também no comércio, fato que acabou por contribuir para o aumento da preocupação acerca da produtividade.

Diante desses fatos, começou a haver uma mudança no pensamento econômico, passando a ter viés mais individualista, entendendo-se que as diversas medidas adotadas pelo Estado acabavam, em grande parte das vezes, beneficiando alguns poucos em detrimento dos demais, conforme será demonstrado a seguir.

1.3 As mudanças no pensamento econômico na transição para o capitalismo

A mentalidade individualista foi ganhando cada vez mais força. Já no mercantilismo alguns autores entendiam que os monopólios e os privilégios concedidos pelo Estado por meio da escolha de alguns poucos beneficiados eram danosos. Manifestavam-se, assim, no sentido de que em um mercado de livre concorrência, com o preço flutuando livremente, a população seria a maior beneficiada, pois o mercado encontraria automaticamente o seu equilíbrio.

Nesse sentido, entendia-se que a produtividade agrícola, por exemplo, poderia crescer se os produtores conseguissem aumentar seus lucros por meio de maior liberdade para vender sua produção para onde bem entendessem. Isso acabaria acarretando um aumento nos preços dos alimentos, o que faria com que um maior número de indivíduos tivesse interesse em produzir esses alimentos e, como consequência, seus preços alcançariam um equilíbrio, gerando mais riqueza e bem-estar geral para a população.[86]

Na medida em que a produção e o comércio foram se tornando cada vez mais integrados e a dificuldade na obtenção de lucro por meio da exploração das diferenças de preço aumentou, o pensamento acerca dos preços e dos lucros sofreu mudanças. Passou, então, a haver uma preocupação cada vez maior com os custos de produção.[87]

Isso porque, conforme foi crescendo o número de produtores que não tinham mais o controle sobre os meios de produção, vendo-se obrigados a vender sua força de trabalho, percebeu-se que ter o controle sobre esses produtores era de suma importância para obter lucro. Os indivíduos, então, tornaram-se a principal mercadoria para a obtenção de riqueza.[88]

Por meio da divisão do trabalho, em torno do século XVIII, a indústria capitalista obteve consideráveis aumentos na produtividade. Para isso, os diferentes trabalhadores acabavam se especializando em apenas uma ou poucas funções. Diante desses fatos, pensadores da época perceberam dois aspectos que teriam influenciado no aumento da produtividade. O primeiro, que os recursos naturais somente seriam mercadorias com valor de troca após os trabalhadores os terem transformado em produtos com valor de uso. Além do mais, a troca de mercadorias poderia ser considerada como uma "troca dos diferentes trabalhos especializados incorporados nessas mercadorias".[89]

O trabalho, portanto, passou a ser visto como o fator mais importante para a determinação dos preços, sendo a principal fonte dos lucros. Por consequência, uma vez que os lucros passaram a ser auferidos por meio do controle do processo de produção, eles deveriam

86 GRAMPP, William D. *Economic Liberalism*. New York: Random House, 1965. v. 1. p. 78.

87 MEEK, Ronald L. *Studies in the Labour Theory of Value*. Revised edition. New York: Monthly Review, 1976. p. 18.

88 Sobre o tema, vide FURNISS, Edgar S. *The Position of the Laborer in a System of Nationalism*. New York: Augustus M. Kelly, 1965. p.16-17.

89 HUNT, E. K. *História do pensamento econômico*: uma perspectiva crítica. 2. ed. Rio de Janeiro: Elsevier, 2005. p. 31.

corresponder à diferença entre o valor gasto com os insumos utilizados na produção e a quantidade elaborada. Nessa época, havia autores que entendiam que as mercadorias dariam mais ou menos lucro conforme o trabalho incorporado ao seu valor. Essa fonte de lucro foi chamada de "excedente de produção sobre as necessidades de consumo dos trabalhadores", e, conforme será visto, esse excedente, que pode ser compreendido como riqueza disponível após a dedução dos custos de produção, está diretamente relacionado à produtividade, motivo pelo qual esta passou a ter uma grande relevância para pensadores econômicos das mais variadas correntes.[90]

Feitas essas considerações iniciais, a seguir será apresentado o modo como a questão da produtividade foi abordada nas diferentes correntes de pensamento econômico, dando-se ênfase àqueles autores para cujas teorias a produtividade teve papel relevante. Não se busca, contudo, trazer para o presente trabalho todos os estudos já desenvolvidos acerca da produtividade entre os economistas, mas sim demonstrar que a produtividade esteve presente, com papel relevante, em grande parte das correntes do pensamento econômico. Da análise, será possível verificar que o aumento da produtividade, mesmo sob a perspectiva de enfoques diversos, no pensamento econômico, está relacionada à geração de mais excedente – e, portanto, mais riqueza – com a mesma quantidade de determinado fator.

---

90 HUNT, E. K. *História do pensamento econômico*: uma perspectiva crítica. 2. ed. Rio de Janeiro: Elsevier, 2005. p. 32.

CAPÍTULO 2

A PRODUTIVIDADE NO PENSAMENTO ECONÔMICO

2.1 Fisiocracia

A escola fisiocrata[91] ficou conhecida como a primeira escola econômica. Representada por alguns pensadores franceses, procurou elaborar uma explicação geral acerca da vida econômica. Suas obras foram publicadas entre 1756 e 1778.

O pensamento dos fisiocratas gravitava em torno de duas ordens, quais sejam: a natural e a providencial. Com relação à primeira delas, entendiam que os fenômenos econômicos ocorreriam de maneira livre e independente de qualquer coação exterior, movidos por uma ordem proveniente da natureza e das leis naturais.

Para Quesnay, principal expoente entre os fisiocratas, a base da ordem social estaria fundada na ordem econômica, de modo que compreender as leis e a ordem que governam a vida econômica parecia ser uma necessidade primária para resolver os problemas da sociedade.[92]

Os fisiocratas entendiam, assim, que o sistema de trocas de mercado, que era o principal objeto de suas análises, estaria sujeito a determinadas leis econômicas objetivas, que operariam independentemente da vontade dos homens e que seriam descobertas à luz da razão. Tais leis governariam a maneira e o movimento da ordem econômica e também a ordem social como um todo.[93]

---

91 Sobre o tema, vide: HUGON, Paul. *História das doutrinas econômicas*. São Paulo: Atlas, 1970. p. 90.

92 MEEK, Ronald. *The Economics of Physiocracy*: Essays and Translations. London: Routledge, 2003. p. 18.

93 MEEK, Ronald. *The Economics of Physiocracy*: Essays and Translations. London: Routledge, 2003. p. 18.

Na construção de seu modelo teórico, o objetivo principal dos fisiocratas era desvendar as causas básicas que determinariam o nível geral de atividade econômica. Para esse propósito, acreditavam que seria útil conceber a atividade econômica como se fosse uma espécie de ciclo. Nesse ciclo de atividade econômica, tanto a produção como o consumo apareceram como variáveis dependentes uma da outra, cuja ação e interação em qualquer período econômico, conforme algumas leis socialmente determinadas, lançavam as bases para a repetição do processo nos mesmos moldes no período econômico seguinte.[94]

Nesse "ciclo", os fisiocratas buscaram descobrir quais as variáveis que poderiam ser consideradas como o fator básico que ocasionaria a expansão ou a contração no nível de atividade econômica. A variável encontrada acabou sendo a capacidade da agricultura para produzir o denominado "produto líquido", ou, em outras palavras, o excedente disponível acima do custo necessário. Qualquer coisa que aumentasse o excedente resultaria na expansão da atividade econômica, e qualquer coisa que o reduzisse ocasionaria a contração da atividade econômica.[95] Desse modo, nas palavras de Mirabeau, "a descoberta do excedente (...) um dia mudará a face do mundo (...) Toda vantagem moral e física das sociedades (...) pode ser resumida em um ponto, no aumento do excedente".[96] E continua: "todo dano a uma sociedade é determinado por esse fato, a redução do excedente. É nessas duas escalas desse equilíbrio que você poderá reconhecer e pesar as leis, as maneiras, os costumes, os vícios e as virtudes".[97]

Nada obstante isso, a principal assertiva do sistema teórico dos fisiocratas era que esse excedente seria produzido somente pela agricultura. Essa seria a ocupação suprema, não apenas porque seria moral e politicamente superior às demais, nem somente porque sua produção seria primária na escala de desejos e sempre em demanda, mas também – e especialmente – porque somente ela seria capaz de produzir excedente e, consequentemente, riqueza disponível. Esse foi o objeto principal dos estudos dos fisiocratas em seu sistema teórico e, principalmente, na definição da palavra "produtivo". Produtivo,

---

94 Cf. SCHUMPETER, Joseph. *Economic Doctrine and Method*: An Historical Sketch. New York: Oxford University Press, 1954. p. 43.

95 MEEK, Ronald. *The Economics of Physiocracy*: Essays and Translations. London: Routledge, 2003. p. 19.

96 MIRABEAU, Honoré Gabriel Riqueti de. *Correspondance générale de J.-J. Rousseau*. Paris: Armand Colin, 1924. v. 17. p. 171-172. Tradução livre.

97 MIRABEAU, Honoré Gabriel Riqueti de. *Correspondance générale de J.-J. Rousseau*. Paris: Armand Colin, 1924. v. 17. p. 171-172. Tradução livre.

para os fisiocratas, significava, essencialmente, capaz de produzir excedente. De modo diverso, tanto as manufaturas como o comércio seriam "improdutivas" ou "estéreis", pois, na sua visão, seriam mais precárias do que a agricultura, sendo não somente "secundárias", por dependerem do suprimento de alimentos e matérias-primas, mas também, principalmente, incapazes, na ausência de monopólio, de gerar excedente disponível sobre o custo necessário. Em outras palavras, os termos "estéreis" ou "improdutivos", para os fisiocratas, significariam "incapazes de produzir excedente".[98]

Tamanha era a relevância do "excedente" para os fisiocratas que a classificação dos grupos sociais básicos em seu modelo foi elaborada com referência direta à relação que cada grupo tinha com o excedente. O principal critério para distinção por eles foi entre a "classe produtiva", que seria a daqueles ocupados com a produção agrícola, e a "classe estéril", formada pelos ocupados com atividades não agrícolas. Os proprietários de terras, por sua vez, localizavam-se entre as duas classes, sendo classificados como "ociosos", visto que suas rendas vinham de parte do excedente proveniente da produção nacional, pago pelos agricultores arrendatários. Essa classe era composta pelos arrendadores, pelos reis e pelo clero.

O mencionado "ciclo econômico" dos fisiocratas ocorreria por meio de transações entre as três classes sociais no decorrer de um ano. Em outras palavras, o "ciclo" teria início com as despesas dos latifundiários – cuja renda era paga pela classe produtiva, com o excedente, pelo arrendamento das terras no ano anterior. Essa renda seria gasta pelos proprietários adquirindo, em parte, os produtos da classe produtiva e, em parte, os produtos manufaturados da classe estéril. Além do mais, ocorreriam trocas de produtos agrícolas e produtos manufaturados, por meio de dinheiro, entre a classe produtiva e a classe estéril. Desse modo, a produção acabaria por determinar o consumo, e o consumo, por determinar a produção do ano seguinte.[99]

No caso de as receitas agregadas acumuladas para as classes produtivas e estéreis terem como resultado de todas as transações apenas o suficiente para cobrir os custos de produção pagos e permitir que a classe produtiva pagasse o aluguel, o nível da atividade econômica no ano seguinte, na teoria dos fisiocratas, permaneceria o mesmo do ano

---

[98] Vide QUESNAY, François. *Tableau economique*. Londres: H. Higgs, 1894.

[99] MEEK, Ronald. *The Economics of Physiocracy*: Essays and Translations. London: Routledge, 2003. p. 20.

presente. Caso as receitas agregadas fossem mais do que suficientes para isso, as dimensões do "ciclo" seriam aumentadas no ano seguinte e, se fossem insuficientes para tanto, seriam reduzidas.

Com efeito, o nível geral de atividade econômica, para os fisiocratas, seria amplamente determinado pelo nível de produção agrícola, sendo este determinado pela quantidade de excedente gerado. Se o excedente aumentasse anualmente, o nível de produção agrícola – e, portanto, o nível geral da atividade econômica – aumentaria. Um excedente cada vez maior – ou seja, cada vez mais riqueza disponível –, portanto, significaria, primeiramente, que os proprietários de terras gastariam mais em produtos agrícolas. Além disso, gastariam mais em produtos manufaturados, e os produtores desses bens, cujos rendimentos aumentariam, gastariam mais em produtos agrícolas, o que ocasionaria o aumento da demanda agregada de produtos agrícolas, estimulando a produção e, consequentemente, aumentando o excedente ainda mais, bem como o nível geral de atividade econômica, progressivamente, ano a ano.

Não obstante isso, um excedente em constante crescimento significaria, em segundo lugar, que uma quantidade maior de riqueza estaria disponível para investimento. Os proprietários de terras teriam um montante maior para investir na melhoria de suas terras. Os empresários agrícolas, por sua vez, teriam mais para gastar na manutenção e na expansão de seus capitais fixo e de trabalho. Desse modo, o investimento agregado na agricultura aumentaria e, mais uma vez, a produção seria estimulada, aumentando o excedente gerado. Ademais, o nível geral de atividade econômica aumentaria progressivamente ano a ano, tendo como resultado final a obtenção do nível máximo de produção possível com os recursos do país e as técnicas de produção existentes. De modo diverso, caso o excedente diminuísse anualmente, ocorreria uma diminuição no nível de atividade econômica, ocasionando uma destruição completa ou a ocorrência de uma espécie de equilíbrio abaixo do ideal.[100]

Entenderam, portanto, os fisiocratas, que a variável estratégica seria a quantidade de excedente gerado. Por esse motivo, descobrir maneiras de aumentar o excedente deveria ser o principal foco das políticas de governo por parte do Estado. Caberia a ele adotar todas as medidas possíveis para aumentar o excedente, por meio de ações como

---

[100] MEEK, Ronald. *The Economics of Physiocracy*: Essays and Translations. London: Routledge, 2003. p. 20-21.

o incentivo ao investimento na agricultura e o estímulo à demanda por produtos agrícolas.

Diante dos ideais que pautavam o pensamento dos fisiocratas, cumpre questionar se a doutrina que defendia a produtividade como sendo proveniente de modo exclusivo da agricultura seria um equívoco ou se estaria adequada para o período e o contexto da época.

Conforme exposto, a doutrina dos fisiocratas foi desenvolvida na França. A França, nesse período, era um país majoritariamente agrário, cuja agricultura era composta, basicamente, por pequenos proprietários camponeses e tinha uma baixa produtividade.[101]

Uma pequena parte desses camponeses, especialmente aqueles que possuíam pedaços maiores de terra, vivia de maneira confortável do cultivo de suas propriedades. No entanto, a maior parte deles possuía pedaços de terras muito pequenos, cultivando-os com o auxílio de métodos primitivos, vivendo na miséria e, frequentemente, tendo que trabalhar como empregados de outros na indústria rural.

As classes privilegiadas, por sua vez, que eram constituídas pela nobreza e pelo clero, não somente tinham direitos sobre a propriedade camponesa, o que os autorizava a receber as dívidas senhoriais e os dízimos, como também possuíam diretamente porções consideráveis de terras. A maioria de suas terras, no entanto, era cultivada por pequenos arrendatários (*metayers*), os quais normalmente os pagavam com o equivalente à metade da colheita.[102]

A maior parte desses arrendatários, os quais possuíam pouco capital, geralmente se utilizava de métodos de cultivo que não eram muito melhores que os dos camponeses mais pobres. Algumas terras ao norte da França, no entanto, pertencentes às classes privilegiadas, foram arrendadas para os *farmiers*, fazendeiros com quantias consideráveis de capital e cujos métodos de cultivo eram muito superiores aos dos camponeses pobres, e dos *metayers*. Por fim, havia uma quantidade significante e crescente de terras, próximas às grandes cidades, que eram propriedade dos burgueses, nas quais eram utilizados métodos de cultivo similares aos utilizados nas terras cultivadas pelos agricultores mais capitalizados.

Diante desse contexto, os fisiocratas estavam inseridos em um cenário cuja agricultura era preponderantemente pobre e pouco produtiva,

---

101. MEEK, Ronald. *The Economics of Physiocracy*: Essays and Translations. London: Routledge, 2003. p. 23.

102. MEEK, Ronald. *The Economics of Physiocracy*: Essays and Translations. London: Routledge, 2003. p. 24.

em que os grandes proprietários de terras pouco se preocupavam com o bom gerenciamento de suas propriedades, em que os pequenos proprietários se sentiam pouco motivados a produzir, em razão do elevado peso das dívidas senhoriais e do seu pouco capital. Poucas eram as empresas agrícolas de grande escala, as quais estavam localizadas quase exclusivamente nas províncias no norte e cujos métodos de cultivo não eram muito superiores aos utilizados durante a Idade Média. Por tais razões, os fisiocratas acreditavam que a reabilitação e o desenvolvimento da agricultura eram precondições para o avanço econômico geral.

Em face disso, elencaram os principais entraves, segundo eles, a esse desenvolvimento.[103] O primeiro deles seria a prevalência da agricultura de subsistência de pequena escala e a falta de capital. Para eles, o que seria exigido no campo, acima de tudo, não seriam homens, mas capital. Diversos seriam os fatores que impediriam o fluxo de capital para a agricultura, e as principais medidas sugeridas pelos fisiocratas visavam retirar essas barreiras. Quanto a esse ponto, eles concentravam grande parte de suas esperanças nos *farmiers*, os quais já nessa época estavam garantindo que as províncias do norte fossem mais prósperas que as demais. Por isso, entendiam que eles seriam os principais agentes da reforma agrícola, devendo a política governamental ter como objetivo estimulá-los e encorajá-los.

O segundo fator que estaria impedindo o progresso agrícola seria decorrente do antigo regime (*ancient régime*), que consistiria na elevada e arbitrária carga tributária, que atingia especialmente os que menos tinham condições de arcar com ela. Isso porque não somente a agricultura estava sujeita a dívidas e dízimos senhoriais elevados, mas também a uma carga tributária cada vez maior, decorrente da política fiscal da Coroa. Tais medidas eram decorrentes de uma série de guerras, cumuladas à extravagância da corte, que levou o Tesouro nacional à beira da falência e forçou a adoção de cada vez mais medidas voltadas para a obtenção de recursos para os cofres públicos, que muitas vezes acabavam não aumentando a arrecadação, mas sim diminuindo.

Por esse motivo, os fisiocratas entendiam que a solução passaria, necessariamente, por atender as necessidades do Tesouro, ao mesmo tempo que acabasse com os obstáculos ao desenvolvimento agrícola existentes. Eles estavam preocupados, sobretudo, com os efeitos da

---

[103] MEEK, Ronald. *The Economics of Physiocracy*: Essays and Translations. London: Routledge, 2003. p. 24.

tributação incidente sobre os produtores agrícolas em geral, bem como sobre os *farmiers*, os quais acabavam sendo desincentivados a produzir. Propuseram, assim, um imposto único, incidente sobre o arrendamento de terras, que foi elaborado não somente para resolver os problemas financeiros do Estado, mas também – e, especialmente – para ajudar na recuperação da agricultura. Afirmavam que qualquer desvantagem financeira inicial para os proprietários de terra seria muito mais do que equilibrada em virtude dos constantes aumentos nos investimentos e na produtividade agrícola – e, consequentemente, no aumento da riqueza – proporcionados por essa medida.[104]

Além das duas características da realidade francesa na época, anteriormente expostas, que prejudicavam a agricultura, na visão dos fisiocratas, havia uma terceira. Ela consistia em uma série de políticas e instituições remanescentes do período mercantilista. Dentre elas, destacavam-se relevantes restrições ao comércio interno e externo de produtos agrícolas, que acabavam prejudicando os investimentos no setor agrícola e a geração de excedente, pois tornavam os preços desnecessariamente baixos e variáveis. Também foram relevantes os privilégios exclusivos de todos os tipos oferecidos a determinados estabelecimentos, especialmente às indústrias de luxo. Tais privilégios, para os fisiocratas, resultavam em um desvio artificial dos investimentos da agricultura para as fábricas, desincentivando a demanda interna de produtos agrícolas e, consequentemente, impactando negativamente no preço desses produtos.

O principal objetivo das propostas políticas dos fisiocratas, portanto, era aumentar o excedente e, consequentemente, a riqueza disponível, estimulando tanto a produção como os preços dos produtos. No âmbito da produção, os principais meios consistiam em incentivar de todas as formas possíveis o investimento na agricultura, parte pelos proprietários de terras, parte – e, especialmente – pelos *farmiers*, cujas atividades acabariam ocasionando a substituição dos métodos utilizados, mudando da agricultura de pequena escala e com métodos primitivos para a de larga escala. Desse modo, todos os obstáculos à exploração lucrativa da terra pelos *farmiers* deveriam ser removidos, especialmente os existentes no âmbito da tributação. Além disso, da mesma maneira deveriam ser removidas todas as políticas e instituições que resultavam no desvio artificial do capital da agricultura para o

[104] MEEK, Ronald. *The Economics of Physiocracy*: Essays and Translations. London: Routledge, 2003. p. 25.

comércio, a indústria e a especulação e, via de regra, todas as restrições à liberdade e à imunidade do produtor deveriam ser retiradas. No âmbito do preço, as principais medidas deveriam ser a remoção de todas as restrições físicas e legais ao comércio interno e externo e o estímulo à demanda interna, por meio de ações como a abolição dos privilégios exclusivos à indústria, a condenação dos gastos excessivos com bens de luxo, o fim de todos os incentivos para a formação de fortunas monetárias e a criação de um padrão geral de vida das pessoas comuns. Em síntese, tratava-se de propostas que, de maneira geral, exigiam o *laissez-faire*, por entenderem que seria uma precondição essencial para a reabilitação da agricultura francesa.[105]

Dessa breve análise acerca da escola dos fisiocratas, chama a atenção o papel fundamental que teve a produtividade para eles. O conceito de produtividade, para os fisiocratas, conforme o exposto, pode ser compreendido como a quantidade de produto gerada com uma determinada quantidade de terra. O aumento da produtividade, portanto, era desejado pelos fisiocratas por permitir que mais excedente fosse gerado e, desse modo, houvesse um aumento na riqueza geral da nação. Para que esse aumento fosse possível, entendiam que caberia ao Estado a adoção de diversas medidas com esse intuito, especialmente no sentido de acabar com os desvios que consideravam como "artificiais" do capital, do setor agrário para o industrial, além de incentivar o investimento no setor agrícola por parte daqueles que possuíam capital e a readequação das regulações no comércio interno e externo e na tributação, de modo a não desincentivar o "setor produtivo".

É interessante salientar que logo na primeira escola econômica a produtividade tenha desempenhado um papel tão relevante para os economistas da época. É compreensível o fato, no entanto, de os fisiocratas terem se preocupado somente com a produtividade da terra, não sendo nem mesmo razoável afirmar que o conceito de produtividade dos fisiocratas estaria equivocado, visto que a França, na época em que o pensamento foi desenvolvido, era sobretudo um país rural. Logo, a visão dos fisiocratas parece estar de acordo com a realidade na qual estavam inseridos, bastante diversa daquela na qual o pensamento classicista, que será abordado a seguir, foi desenvolvido.

---

105 MEEK, Ronald. *The Economics of Physiocracy*: Essays and Translations. London: Routledge, 2003. p. 26-27.

2.2 Classicismo

2.2.1 Adam Smith

Adam Smith foi um dos principais autores da chamada Escola Clássica, juntamente com Malthus, Ricardo e Stuart Mill, seus sucessores.

Assim como os fisiocratas, Adam Smith procurou estabelecer as leis naturais capazes de explicar o fenômeno econômico. Diferenciou-se dos fisiocratas, no entanto, pois, enquanto estes tinham como preocupação central a produtividade agrícola, Smith se preocupava com a atividade produtiva do trabalho. Com efeito, por compreender que o trabalho era a principal fonte de riqueza, acabou se opondo à concepção metalista dos mercantilistas e ao pensamento exageradamente agrário dos fisiocratas. Em outras palavras, "enquanto os mercantilistas faziam depender a riqueza do ouro e os fisiocratas da terra, vê Smith a sua origem no trabalho do homem".[106]

A produtividade do trabalho, portanto, serviria para explicar a riqueza das nações. Para Adam Smith, a produtividade do trabalho, com relação ao rendimento, era mais importante do que a quantidade de trabalho empregada. Entendia, desse modo, que a produtividade do trabalho era maior entre os povos civilizados do que entre os primitivos, uma vez que necessitavam de um número muito menor de pessoas trabalhando com um grau de produtividade maior. Com efeito, observou que nas nações mais civilizadas, mesmo quando havia um elevado número de indivíduos ociosos, a quantidade de mercadorias para consumo era suficiente para todos, podendo os cidadãos disporem de bens de consumo em uma escala muito maior do que nos países menos desenvolvidos.[107]

Essa elevada produtividade presente nos países desenvolvidos provinha, para Smith, especialmente da divisão do trabalho. Citou, para isso, o seguinte exemplo: enquanto um único operário, mesmo que com grandes habilidades, desempenhando todas as funções na elaboração, conseguia produzir sozinho um alfinete por dia, dez operários, cada um responsável por uma tarefa na fabricação, conseguiriam produzir 48 mil alfinetes no mesmo período.[108]

---

[106] HUGON, Paul. *História das doutrinas econômicas*. São Paulo: Atlas, 1970. p. 103.

[107] SMITH, Adam. *An Inquiry into the Nature and Causes of the Wealth of Nations*. New York: Modern Library, 2000. p. 6.

[108] SMITH, Adam. *An Inquiry into the Nature and Causes of the Wealth of Nations*. New York: Modern Library, 2000. p. 6.

É por tal motivo que Smith, ampliando a divisão do trabalho para todas as nações, entendia que as coisas deveriam ser produzidas onde houvesse maiores facilidades para sua criação, a fim de maximizar a produtividade.

Desse modo, no plano nacional, a divisão do trabalho proporcionaria altos rendimentos, sendo fator de bem-estar para o indivíduo e de riqueza para a nação. No plano internacional, por sua vez, proporcionava que o mundo se transformasse em "uma grande oficina", em que o trabalho seria executado onde se exigisse menos disponibilidade de tempo e de esforço, em decorrência da contribuição da natureza e do aproveitamento das habilidades humanas.[109]

Com efeito, essa divisão do trabalho seria eficaz, para Smith, não somente pelas qualidades econômicas inerentes a ela, mas também pela tendência natural dos homens de serem egoístas e movidos por seus interesses pessoais, tendo em vista apenas seu próprio lucro. Ao buscarem seus interesses individuais, os indivíduos acabariam por atender aos interesses da sociedade de maneira muito mais eficaz do que se tentassem defendê-los.

Todavia, a divisão do trabalho exposta por Adam Smith não poderia ser aplicada em qualquer lugar ou qualquer tempo, pois deveriam estar presentes duas condições necessárias para seu sucesso. A primeira delas diz respeito à necessidade de haver mercados suficientes disponíveis para que fosse possível uma elevada produtividade, pois a produção de uma determinada nação dependeria da extensão de seus mercados. Sendo assim, para ele, a política ideal para a ampliação dos mercados seria a liberdade de comércio.

Além do mais, deveria haver capitais acumulados de modo crescente e contínuo. Isso porque seria necessária a existência de capital circulante para que fosse possível o pagamento do salário dos operários sem que fosse preciso aguardar a comercialização dos produtos. Nada obstante tal fato, deveria haver capitais fixos, para que fosse possível a aquisição dos instrumentos, das máquinas etc., ou seja, do "capital indireto de produção capitalista".[110]

Para ele, a poupança seria a principal causa para o aumento de capital. Isso porque a economia proveniente de uma indústria seria advinda, sobretudo, da diferença entre o valor do bem produzido e o valor consumido na sua produção. Desse modo, para que se conseguisse

---

109 HUGON, Paul. *História das doutrinas econômicas*. São Paulo: Atlas, 1970. p. 105.

110 HUGON, Paul. *História das doutrinas econômicas*. São Paulo: Atlas, 1970. p. 105.

o máximo de economia possível, deveriam ser canalizados os capitais para as produções em que houvesse os lucros mais elevados. Com efeito, quanto maior a produtividade, maior seria o lucro, pois seria possível produzir uma maior quantidade com o mesmo "valor" a ser gasto.

Para que se possa aprofundar o entendimento acerca do pensamento de Adam Smith sobre a produtividade, primeiramente é necessário questionar o que seria a "produção" de uma nação. Segundo ele, a economia maximizada da nação seria a soma anual das "necessidades e conveniências da vida".[111] A relação entre a "produção anual" total e o número de habitantes, então, determinaria o padrão de vida por indivíduo.[112]

Essa medida agregada, portanto, seria regulada por duas circunstâncias diferentes: "pela habilidade, pela destreza e pelo julgamento com o qual seu trabalho é geralmente aplicado" e "pela proporção entre o número daqueles que estão empregados em 'trabalhos úteis' e daqueles que não estão empregados".[113]

Nota-se, desde já, que, assim como os fisiocratas, Adam Smith também classificava os tipos de atividade como úteis e inúteis. Vejamos o que levava Smith a elencar os diferentes trabalhos dessa maneira e o que ele buscava expor com isso.

Smith argumentava que o incremento ou a diminuição do "produto anual" do ano seguinte dependeria da fração do que foi economizado e investido em vez de consumido. Em suas palavras "tanto os trabalhadores, produtivos e improdutivos, quanto aqueles que não trabalham são igualmente mantidos pela produção anual da terra e pelo trabalho no país (...)"; além do mais, "todo o produto anual, exceto as produções espontâneas da terra, são o efeito do trabalho produtivo".[114]

Em outras palavras, o produto anual *per capita* dependeria da "tecnologia" ou do "conhecimento", de um lado, e, do outro, do "esforço" ou do "trabalho produtivo".[115] O bom desempenho dos "trabalhadores" ao realizarem a produção anual estaria diretamente relacionado

---

[111] SMITH, Adam. *An Inquiry into the Nature and Causes of the Wealth of Nations*. New York: Modern Library, 2000. p. lvii. Tradução livre.

[112] BOSS, Helen. Division of Labour and Unproductive Labour in a System of Natural Liberty: Adam Smith's Dilemma. *Historical Reflections*, v. 15, n. 2, p.417-442, summer 1988. p. 418.

[113] SMITH, Adam. *An Inquiry into the Nature and Causes of the Wealth of Nations*. New York: Modern Library, 2000. p. lvii. Tradução livre.

[114] SMITH, Adam. *An Inquiry into the Nature and Causes of the Wealth of Nations*. New York: Modern Library, 2000. p. 315. Tradução livre.

[115] BOSS, Helen. Division of Labour and Unproductive Labour in a System of Natural Liberty: Adam Smith's Dilemma. *Historical Reflections*, v. 15, n. 2, p.417-442, summer 1988. p. 419.

a eles possuírem "estoque de capital" para trabalhar. "O número de trabalhadores úteis e produtivos (...) é proporcional, em todo lugar, à quantidade de estoque de capital que é empregada no trabalho".[116]

No entanto, primeiramente, é importante definir como, na visão de Adam Smith, esse estoque poderia ser aumentado e, além disso, quem seriam os trabalhadores produtivos.

Inicialmente, cumpre destacar que parece haver duas versões de trabalho produtivo e improdutivo para Adam Smith. Conforme John Hicks,[117] "pode haver uma pequena dúvida a respeito do que Smith entendia como sendo a peça central do seu trabalho". De acordo com sua primeira versão, denominada de versão do "lucro do dinheiro" (*money-profit*) ou "versão do valor" (*value version*),[118] trabalhadores são "produtivos" se seus produtos à venda no mercado geram lucros para além dos "custos reais" de produção,[119] ou seja, se seus produtos são capazes de gerar excedente e, portanto, riqueza disponível, assemelhando-se, aqui, à denominação de "classe produtiva" dos fisiocratas antes exposta. Nas palavras de Smith, "o trabalho dos manufatureiros adiciona, geralmente, ao valor (em dinheiro) dos materiais sobre os quais eles trabalham, o da sua própria manutenção e o do lucro do seu chefe".[120]

Um aspecto a ser salientado é que, diferentemente de Marx, autor que será abordado posteriormente, Adam Smith não restringiu a lógica da acumulação dos lucros do dinheiro aos empreendimentos (capitalistas) empregando especificamente "trabalho assalariado".[121] Isso porque, para Smith, o profissional autônomo, cujos bens são vendidos nos mercados, não são inferiores, economicamente falando, aos proprietários com capital suficiente para colocar muitos indivíduos não relacionados para trabalhar. Em sua obra, os profissionais liberais pequenos proprietários economizavam, acumulavam e trocavam da

[116] SMITH, Adam. *An Inquiry into the Nature and Causes of the Wealth of Nations*. New York: Modern Library, 2000. p. lviii. Tradução livre.

[117] HICKS, John. *Capital and Growth*. Oxford: Oxford University Press, 1965. p. 36. Tradução livre.

[118] MYINT, HLA. *Theories of Welfare Economics*. Cambridge: Cambridge University Press, 1948. cap. 5.

[119] BOSS, Helen. Division of Labour and Unproductive Labour in a System of Natural Liberty: Adam Smith's Dilemma. *Historical Reflections*, v. 15, n. 2, p.417-442, summer 1988. p. 419-420.

[120] SMITH, Adam. *An Inquiry into the Nature and Causes of the Wealth of Nations*. New York: Modern Library, 2000. p. 314. Tradução livre.

[121] BOSS, Helen. Unproductiveness Fallacy and Materialist Fallacy in the Economics of Das Kapital. *Department of Economics working paper*. Montreal: Université du Québec à Montréal, 1984.

mesma maneira que os proprietários das grandes manufaturas, mesmo empregando somente seu próprio trabalho ou o de seus familiares.[122] A acumulação de pequenos excedentes, seja em dinheiro, seja em espécie, é, de fato, junto com as melhorias técnicas, a fonte do progresso da sociedade, passando de um "estado inicial e rude" para a "opulência".[123]

Smith chega a permitir até mesmo que as atividades de produção autônomas de serviços comercializados sejam "reguladas pelos mesmos princípios que regulam qualquer outro tipo de trabalho";[124] o que os diferencia é que a renda dos profissionais autônomos é simplesmente menos facilmente divisível em salários, lucros e aluguéis.[125]

Adam Smith ainda avançou em uma segunda definição de trabalho "produtivo" e "improdutivo", que tinha implicações e ramificações bem diferentes da primeira, denominada de versão "materialista".[126] Afirmava Smith que "o trabalho de manufatura se realiza de uma maneira particular ou em uma mercadoria comerciável, que dura por algum tempo depois que o trabalho se torna passado".[127] E continuava, afirmando que a mercadoria consistiria, portanto, em "uma certa quantidade de trabalho estocado e armazenado para ser empregado, se necessário, em alguma outra ocasião",[128] distinguindo, ainda, do trabalho realizado pelo funcionário doméstico (*menial servant*), cujos serviços, pelo contrário, "geralmente perecem no próprio instante de sua realização e, raramente, deixam qualquer rastro ou valor para trás (...)".[129]

Desse modo, de acordo com a versão "materialista", certa durabilidade seria requerida dos bens econômicos para que eles permanecessem por tempo suficiente para comandar "uma quantidade de trabalho" em algum tempo futuro. Sugere, portanto, Smith, que

---

122 SMITH, Adam. *An Inquiry into the Nature and Causes of the Wealth of Nations*. New York: Modern Library, 2000. p. 359.

123 BOSS, Helen. Division of Labour and Unproductive Labour in a System of Natural Liberty: Adam Smith's Dilemma. *Historical Reflections*, v. 15, n. 2, p.417-442, summer 1988. p. 420-421. Tradução livre.

124 SMITH, Adam. *An Inquiry into the Nature and Causes of the Wealth of Nations*. New York: Modern Library, 2000. p. 315. Tradução livre.

125 SMITH, Adam. *An Inquiry into the Nature and Causes of the Wealth of Nations*. New York: Modern Library, 2000. p. 53-54.

126 BOSS, Helen. Division of Labour and Unproductive Labour in a System of Natural Liberty: Adam Smith's Dilemma. *Historical Reflections*, v. 15, n. 2, p.417-442, summer 1988. p. 422.

127 SMITH, Adam. *An Inquiry into the Nature and Causes of the Wealth of Nations*. New York: Modern Library, 2000. p. 314-315. Tradução livre.

128 SMITH, Adam. *An Inquiry into the Nature and Causes of the Wealth of Nations*. New York: Modern Library, 2000. p. 314-315. Tradução livre.

129 SMITH, Adam. *An Inquiry into the Nature and Causes of the Wealth of Nations*. New York: Modern Library, 2000. p. 314-315. Tradução livre.

somente bens "materiais" poderiam ser negociados contra os "bens salariais" que sustentariam os trabalhadores enquanto eles fizessem itens de capital fixo ou circulante.[130]

As duas versões de trabalho, "produtivo e improdutivo" – quais sejam, a do "valor" e a "materialista" – parecem indicar que tanto as atividades de manufatura como as de agricultura seriam "produtivas", de acordo com ambos os critérios, e que os serviços domésticos seriam "improdutivos".[131]

Outro aspecto do pensamento de Adam Smith que merece ser ressaltado é a sua análise a respeito dos fisiocratas, que acabou por fornecer a chave para a sua própria dificuldade com atividades que fossem simultaneamente improdutivas e necessárias. O exemplo da fábrica de alfinetes ilustrou como o aumento da produção por hora poderia ser derivado da divisão da mão de obra dentro de uma empresa com várias pessoas.[132]

O autor utiliza o referido exemplo – acerca dos benefícios que advêm para as sociedades que dividem o trabalho ocupacionalmente e o transformam em um dispositivo – para refutar a teoria dos fisiocratas sobre a esterilidade das trocas e das manufaturas. Desse modo, artesãos, manufatureiros e comerciantes, a quem os fisiocratas classificavam como membros da "classe improdutiva", são descritos por Smith como mesmo assim "muito úteis para as outras duas classes", pois, "por meio da classe improdutiva, os produtores rurais são libertos de muitos cuidados que, de outra maneira, distrairiam sua atenção do cultivo de terras".[133]

Nas palavras de Smith, "a superioridade do produto, que, em consequência dessa desnecessidade de distração, eles são capazes de aumentar, é completamente suficiente para suprir toda a despesa de manutenção e empregos da classe improdutiva".[134] E continua, afirmando que "a indústria de comerciantes, artesãos e manufatureiros (...) contribui de maneira indireta para aumentar a produção da terra.

[130] BOSS, Helen. Division of Labour and Unproductive Labour in a System of Natural Liberty: Adam Smith's Dilemma. *Historical Reflections*, v. 15, n. 2, p.417-442, summer 1988. p. 422.

[131] BOSS, Helen. Division of Labour and Unproductive Labour in a System of Natural Liberty: Adam Smith's Dilemma. *Historical Reflections*, v. 15, n. 2, p.417-442, summer 1988. p. 422.

[132] BOSS, Helen. Division of Labour and Unproductive Labour in a System of Natural Liberty: Adam Smith's Dilemma. *Historical Reflections*, v. 15, n. 2, p.417-442, summer 1988. p. 434.

[133] SMITH, Adam. *An Inquiry into the Nature and Causes of the Wealth of Nations*. New York: Modern Library, 2000. p. 628-633. Tradução livre.

[134] SMITH, Adam. *An Inquiry into the Nature and Causes of the Wealth of Nations*. New York: Modern Library, 2000. p. 633-634. Tradução livre.

Isso aumenta os poderes produtivos do trabalho produtivo, deixando os trabalhadores rurais livres para se dedicarem à sua atividade (...)".[135]

A visão implícita no relato de Smith sobre a produção intermediária na fisiocracia sugere uma maneira de impedir sua própria teoria da improdutividade de fracassar do mesmo modo. Isso porque o critério da materialidade para o produto final não exclui a possibilidade de serviços "imateriais" servirem como bens intermediários. Em uma dada economia, os tipos e as quantidades de bens intermediários "necessários" para a produção de uma determinada quantidade de bens dependerão da "tecnologia". Trabalhadores "necessários" ou "úteis", mas ainda "improdutivos" com relação ao produto material final[136] poderão fornecer insumos intermediários necessários para sua produção.[137]

Com isso, "produtores indiretos" não são "improdutivos" em geral, mas simplesmente não produzem os bens finais. De modo similar, inventores e fabricantes de bens de capital acumuláveis, que "facilitam e aumentam a produtividade do trabalho", aumentando o resultado por indivíduo, são produtores indiretos daqueles bens finais cujo consumo é o "único fim e propósito de toda a produção".[138]

Sobre alguns fatores que poderiam ser benéficos e impactar na produtividade de maneira geral, que seriam qualificações do *laissez-faire* ideal, para Smith, destacam-se alguns serviços públicos por parte do Estado.[139] Para Smith, por exemplo, "a manutenção de boas estradas e comunicações" afetaria "toda a sociedade" e, por isso, mereceria ser bancada pela sociedade com os tributos arrecadados pelo Estado.[140] Além das questões relacionadas à defesa, dos tribunais etc., haveria, também, bens públicos cujos benefícios atingiriam seções mais restritas da população, como a proteção oferecida pela polícia aos cidadãos de uma cidade em particular. Assim, quando os benefícios fossem puramente locais, apenas os moradores locais deveriam pagar por eles.[141]

---

135 SMITH, Adam. *An Inquiry into the Nature and Causes of the Wealth of Nations*. New York: Modern Library, 2000. p. 633-634. Tradução livre.

136 SMITH, Adam. *An Inquiry into the Nature and Causes of the Wealth of Nations*. New York: Modern Library, 2000. p. 315.

137 BOSS, Helen. Division of Labour and Unproductive Labour in a System of Natural Liberty: Adam Smith's Dilemma. *Historical Reflections*, v. 15, n. 2, p.417-442, summer 1988. p. 435.

138 SMITH, Adam. *An Inquiry into the Nature and Causes of the Wealth of Nations*. New York: Modern Library, 2000. p. 625. Tradução livre.

139 BOSS, Helen. Division of Labour and Unproductive Labour in a System of Natural Liberty: Adam Smith's Dilemma. *Historical Reflections*, v. 15, n. 2, p.417-442, summer 1988. p. 435.

140 SMITH, Adam. *An Inquiry into the Nature and Causes of the Wealth of Nations*. New York: Modern Library, 2000. p. 767. Tradução livre.

141 SMITH, Adam. *An Inquiry into the Nature and Causes of the Wealth of Nations*. New York: Modern Library, 2000. p. 767.

Nesse sentido, Smith recomendava, por exemplo, que a manutenção de estradas e canais fosse paga pelos vendedores de produtos transportados e indiretamente por seus compradores, a fim de "liberar a arrecadação geral da sociedade de um fardo muito considerável".[142]

Do mesmo modo, um certo nível de educação seria, "sem dúvida, benéfico para toda a sociedade, e pode, portanto, sem injustiça, ser financiado pela contribuição geral de toda a sociedade", por meio dos tributos.[143] Houve algumas discussões a respeito do modo como Adam Smith esperava que os vários tipos de educação – por exemplo, a educação primária subsidiada pelo Estado – influenciassem no aumento da taxa da produção anual.[144]

Nas palavras de Smith, "embora o Estado não obtivesse nenhuma vantagem da instrução das classes inferiores de pessoas, estas ainda assim mereceriam sua atenção, pois não deveriam ser completamente desinstruídas". Entendia que "um povo inteligente e instruído (...) é sempre mais decente e ordenado do que um ignorante (...)".[145]

Conforme lembra Boss,[146] Mark Blaug[147] argumentou que Smith, assim como muitos dos seus sucessores do século XIX, apoiou a educação por parte do Estado mais em razão de sua utilidade em garantir a lei e a ordem do que em razão de qualquer efeito positivo nas invenções tecnológicas ou aquisição de habilidades que ocasionassem um benefício econômico imediato. A interpretação política de Blaug, no entanto, teria deixado de lado a análise de Smith acerca dos recursos decorrentes das melhorias técnicas. Além de melhorias organizacionais, as máquinas permitiriam que "a mesma quantidade de indústria produza uma quantidade muito maior de trabalho".[148] As responsabilidades dos empresários seriam, portanto, duplas: "tornar a distribuição

---

142 SMITH, Adam. *An Inquiry into the Nature and Causes of the Wealth of Nations.* New York: Modern Library, 2000. p. 768. Tradução livre.

143 SMITH, Adam. *An Inquiry into the Nature and Causes of the Wealth of Nations.* New York: Modern Library, 2000. p. 768. Tradução livre.

144 BOSS, Helen. Division of Labour and Unproductive Labour in a System of Natural Liberty: Adam Smith's Dilemma. *Historical Reflections*, v. 15, n. 2, p.417-442, summer 1988. p. 437.

145 SMITH, Adam. *An Inquiry into the Nature and Causes of the Wealth of Nations.* New York: Modern Library, 2000. p. 740. Tradução livre.

146 BOSS, Helen. Division of Labour and Unproductive Labour in a System of Natural Liberty: Adam Smith's Dilemma. *Historical Reflections*, v. 15, n. 2, p.417-442, summer 1988. p. 438.

147 BLAUG, Mark. The Economics of Education in English Classical Political Economy. *In:* SKINNER, A. S.; WILSON, T. (Ed.). *Essays on Adam Smith.* Oxford: Claredon Press, 1975. p. 568-599. p. 592-594.

148 SMITH, Adam. *An Inquiry into the Nature and Causes of the Wealth of Nations.* New York: Modern Library, 2000. p. 260. Tradução livre.

do trabalho entre os trabalhadores mais adequada, e fornecer-lhes as melhores máquinas que se possa adquirir".[149]

Cumpre questionar, ainda, quem seriam os inventores dessas tecnologias mais avançadas, visto que isso poderia ajudar a solucionar a questão da importância da educação para a evolução tecnológica e consequentemente aumentar a produtividade, na visão de Smith.[150] Um primeiro grupo seria o do próprio capitalista empresário. Um segundo seria o do "filósofo ou homem de especulação", cuja superioridade sobre o "porteiro de rua comum" surgiria "não tanto da natureza, mas sim do hábito, do costume e da educação".[151] Filósofos, que se especializaram em "combinar os poderes dos objetos mais distantes e diferentes", são responsáveis por algumas das melhorias no maquinário.[152] Outras melhorias foram feitas por artesãos para quem "a fabricação de bens de capital se tornou um comércio especial – divisão do trabalho funcionando aqui como em outros lugares".[153] No entanto, a maior fonte de melhorias nos maquinários seriam "os trabalhadores comuns", pois uma "grande parte das máquinas usadas naqueles produtos nos quais o serviço é mais subdivido são originalmente suas invenções".[154]

Uma sociedade na qual as pessoas comuns fossem "instruídas com relação às partes elementares de geometria e mecânica" usufruiria, portanto, na lógica de Adam Smith, de um crescimento mais rápido nos avanços tecnológicos em relação a outra na qual isso não ocorresse.[155]

Conforme visto, a produtividade teve papel central para Adam Smith, pois, para ele, o produto anual dependeria tanto da tecnologia ou do conhecimento como do esforço ou do trabalho produtivo. Preocupava-se com o aumento da produtividade, em razão do seu potencial para gerar mais excedente – e, consequentemente, mais riqueza – com

---

149 SMITH, Adam. *An Inquiry into the Nature and Causes of the Wealth of Nations*. New York: Modern Library, 2000. p. 260. Tradução livre.

150 BOSS, Helen. Division of Labour and Unproductive Labour in a System of Natural Liberty: Adam Smith's Dilemma. *Historical Reflections*, v. 15, n. 2, p.417-442, summer 1988. p. 438-439.

151 SMITH, Adam. *An Inquiry into the Nature and Causes of the Wealth of Nations*. New York: Modern Library, 2000. p. 15. Tradução livre.

152 SMITH, Adam. *An Inquiry into the Nature and Causes of the Wealth of Nations*. New York: Modern Library, 2000. p. 15. Tradução livre.

153 SMITH, Adam. *An Inquiry into the Nature and Causes of the Wealth of Nations*. New York: Modern Library, 2000. p. 10. Tradução livre.

154 SMITH, Adam. *An Inquiry into the Nature and Causes of the Wealth of Nations*. New York: Modern Library, 2000. p. 9. Tradução livre.

155 SMITH, Adam. *An Inquiry into the Nature and Causes of the Wealth of Nations*. New York: Modern Library, 2000. p. 734-737. Tradução livre.

a mesma quantidade de determinado fator. Classe produtiva, por sua vez, na visão do referido autor, seria aquela cujos produtos fossem capazes de gerar excedente, o que se assemelha, em parte, à visão dos fisiocratas acerca do conceito de classe produtiva. No entanto, enquanto os fisiocratas estavam preocupados somente com a produtividade da agricultura, para Smith tanto as atividades de manufatura como as da agricultura estariam inseridas no conceito de trabalho produtivo. Adam Smith entendia como trabalho produtivo aquele que "acrescenta, em geral, ao valor dos materiais sobre os quais ele trabalha o da sua própria manutenção e do lucro do seu senhor".[156] Por fim, é possível, do exposto, concluir que o conceito de produtividade, para Smith, consistia na quantidade de produto gerado com determinada quantidade de um fator, que, no caso dele, era, sobretudo, o trabalho.

2.2.2 Thomas Malthus

Primeiramente, é essencial entender o contexto no qual Thomas Malthus estava inserido quando desenvolveu suas ideias, visto que esse ambiente foi de grande influência em suas obras.

Dois eram os principais conflitos nesse período: a Revolução Industrial e a luta entre a antiga classe proprietária de terras e a nova classe capitalista industrial.[157]

A Revolução Industrial somente pôde ocorrer em razão de grandes sacrifícios e sofrimentos por parte da classe operária. Esses operários muitas vezes não aceitavam essas condições, o que acarretava uma forte opressão legislativa e política contra eles.

Já o segundo conflito, entre a antiga classe proprietária de terras e a nova classe capitalista industrial, ocorreu entre o final do século XVIII e o início do século XIX e buscava o controle do Parlamento inglês. Visava-se, com isso, em última instância, decidir os rumos da Inglaterra: se ela continuaria baseando sua economia na agricultura ou se seria transformada em um local dedicado quase exclusivamente à produção industrial.

Com a Revolução Industrial, o nível de produtividade humana chegou a patamares nunca antes vistos, em decorrência, sobretudo, da disseminação de novas fábricas e da utilização de máquinas na produção.

---

[156] SMITH, Adam. *An Inquiry into the Nature and Causes of the Wealth of Nations*. New York: Modern Library, 2000. p. 360. Tradução livre.

[157] HUNT, E. K. *História do pensamento econômico*: uma perspectiva crítica. 2. ed. Rio de Janeiro: Elsevier, 2005. p. 61.

Todavia, para que fosse possível conduzir a capacidade produtiva da economia para a criação de bens de capital, era necessário reservar uma parte consideravelmente menor dessa capacidade para a produção de bens de consumo. A compra de bens de capital, no entanto, ocorria a um custo social muito elevado, acarretando privações em massa. Assim, mesmo que esses avanços tecnológicos tenham ocasionado um grande aumento de produtividade, o que acabava por diminuir em parte esse custo social, os efeitos desse aumento não foram o bastante com relação ao volume de capital acumulado, que era cada vez maior.[158]

O custo desse aumento de produtividade, portanto, foi elevado, e quem acabou arcando com ele foi a classe dos trabalhadores. Ela chegou, durante a Revolução Industrial, às piores condições de vida possíveis, enquanto a classe média possuía cada vez mais riqueza, proveniente do excedente gerado, investindo em estradas de ferro, mobiliário e artigos domésticos, bem como na construção de grandes cidades.[159]

O pior de todos os custos para os trabalhadores, com a Revolução Industrial, no entanto, conforme Hunt, talvez tenha sido a destruição completa de seu modo de vida tradicional, pois foram lançados para um mundo de pesadelos para os quais não estavam preparados. Perderam o orgulho que tinham de suas habilidades pessoais no trabalho, bem como a proximidade das relações pessoais existentes nas indústrias artesanais. Nesse novo sistema, a única relação que passaram a ter com o empregador era por meio do mercado impessoal, ou, em outras palavras, "o elo do dinheiro". Os trabalhadores perderam o acesso direto aos meios de produção, tendo sido reduzidos a meros vendedores da força de trabalho, dependendo completamente das condições do mercado para poderem sobreviver.[160]

Além do mais, tiveram que arcar com a monótona e mecânica regularidade exigida do empregado pelo sistema fabril. Isso porque a produção era mecanizada e era necessária regularidade absoluta para que fosse possível coordenar a complexa interação dos processos, maximizando a utilização da nova e cara maquinaria. Desse modo, o ritmo do trabalho passou a ser ditado não mais pelo indivíduo, mas pela máquina. Esta, que anteriormente era apenas um apêndice do homem,

---

158 HUNT, E. K. *História do pensamento econômico*: uma perspectiva crítica. 2. ed. Rio de Janeiro: Elsevier, 2005. p. 61.

159 HOBSBAWN, E. J. *Industry and Empire*: An Economic History of Britain since 1750. London: Weidenfeld & Nicolson, 1968. p. 72.

160 HUNT, E. K. *História do pensamento econômico*: uma perspectiva crítica. 2. ed. Rio de Janeiro: Elsevier, 2005. p. 62.

passou a ser o centro do processo produtivo. O homem, por sua vez, tornou-se apenas um mero apêndice da máquina.

Esses fatos acarretaram, no final do século XVIII e início do século XIX, uma grande revolta contra o novo sistema de produção, na qual grupos de trabalhadores acabaram por destruir máquinas e fábricas, o que ficou conhecido como a revolta dos ludditas. A revolta se encerrou em 1813, com muitos desses trabalhadores sendo enforcados ou deportados do país.[161]

O fato de o trabalho, pela extensa divisão na fábrica, ter se tornado extremamente rotineiro fez com que fosse possível que mulheres e crianças sem preparo algum pudessem trabalhar tão bem quanto os homens. Assim, como era necessário que famílias inteiras trabalhassem para conseguirem subsistir, e, sendo possível empregar mulheres e crianças com salários mais baixos que os dos homens, os primeiros eram a preferência de muitos donos de fábricas.

Sem receberem praticamente nada em troca, e vivendo nas piores condições possíveis, as crianças poderiam ser contratadas para trabalhar nas fábricas por meio de contratos de aprendizado, com duração de sete anos ou até atingirem 21 anos. Por vezes, eram levadas tal como gado, em grupos de oitenta ou cem, para trabalhar nas fábricas, onde ficavam por vários anos, vivendo na mais cruel servidão.[162]

Essas crianças, com uma jornada de trabalho que durava de 14 a 18 horas, eram supervisionadas por capatazes que recebiam de acordo com o volume de produção delas. Logo, a fim de torná-las as mais produtivas possíveis, não havia misericórdia alguma, tornando-as meras mercadorias à mercê dos capitalistas e de seus gerentes, cuja única preocupação era a concorrência das demais fábricas. Não é demais lembrar que os acidentes ocorriam a todo momento, especialmente no final do expediente, quando as crianças praticamente dormiam por sobre as máquinas, o que frequentemente resultava em dedos cortados e membros esmagados pelas rodas.[163]

Com relação às mulheres, a crueldade era a mesma. Trabalhavam de 14 a 16 horas por dia nas minas, despidas até a cintura, juntamente com homens, e realizando o mesmo trabalho que eles, havendo casos

---

161 HUNT, E. K. *História do pensamento econômico*: uma perspectiva crítica. 2. ed. Rio de Janeiro: Elsevier, 2005. p. 63.

162 MANTOUX, Paul. *The Industrial Revolution in the Eighteenth Century*. New York: Harcourt Brace Jovanovich, 1927. p. 410-411.

163 HUNT, E. K. *História do pensamento econômico*: uma perspectiva crítica. 2. ed. Rio de Janeiro: Elsevier, 2005. p. 63.

relatados em que mulheres grávidas saíam para ter o filho e voltavam dias depois ao trabalho.[164]

As condições de vida nas cidades também eram precárias. Conforme descrito por Engels, citando como exemplo um distrito de Glasgow, na Escócia, esse local era formado por ruas imundas e estreitas. As moradias dos trabalhadores estavam em condições sub-humanas, onde muitas vezes havia de quinze a vinte homens e mulheres amontoados em quartos pequenos e sem mobília, sendo o roubo e a prostituição, regularmente, a principal fonte de renda de muitos deles.[165]

Diante disso, surge aqui uma observação importante para o presente trabalho: muito embora a busca pelo aumento da produtividade seja um dos pilares para o desenvolvimento econômico sustentável, caso não haja limites a ela, tornando-se um fim em si mesma, corre-se um grande risco de obter resultados desastrosos para a população, tais como os verificados durante a Revolução Industrial. De fato, os ganhos de produtividade dessa época foram os maiores já registrados até então; todavia, o preço pago pela população, especialmente pelos trabalhadores, foi altíssimo.

A partir da década de 1790, diversas organizações trabalhistas foram ganhando força e se difundindo rapidamente. Consequentemente, por esse motivo e também pelo crescente descontentamento social e econômico dos trabalhadores, os integrantes das classes altas começaram a se preocupar, visto que pouco tempo antes havia ocorrido a Revolução Francesa, que acabou sendo catastrófica para a aristocracia. Assim, procuraram resolver o problema por meio da criação da Lei do Conluio, em 1799, tornando ilegal qualquer combinação entre trabalhadores que visasse obter salários mais altos, jornadas menos extenuantes ou qualquer regulamentação que viesse a restringir a liberdade de ação dos empregadores. Conforme Hunt,[166] o argumento utilizado para tanto era o da necessidade de livre concorrência e do combate ao monopólio, embora eles não mencionassem que havia "conluios" entre empregadores e práticas de monopólio.

Voltando à questão da disputa entre as classes mais altas, que influenciou no pensamento de Malthus acerca da produtividade, na

---

164 HUNT, E. K. *História do pensamento econômico*: uma perspectiva crítica. 2. ed. Rio de Janeiro: Elsevier, 2005. p. 63.

165 ENGELS, Friedrich. *The Condition of the Working Class in England in 1844*. New York: Macmilan, 1958. p. 46.

166 HUNT, E. K. *História do pensamento econômico*: uma perspectiva crítica. 2. ed. Rio de Janeiro: Elsevier, 2005. p. 65.

última década do século XVIII as condições de vida dos trabalhadores tiveram uma piora ainda maior. Isso porque a Inglaterra, em virtude das guerras, havia diminuído a importação de alimentos, acarretando o aumento de preços dos cereais.[167]

Após o término das guerras, em 1815, um dos principais problemas a ser resolvido pelo Parlamento inglês foi o das chamadas "leis dos cereais". Utilizando-se de sua influência, os proprietários de terras buscavam conseguir preços mais elevados para os seus produtos agrícolas, inviabilizando, por meio de altas tarifas, a importação de cereais estrangeiros, que na época podiam ser adquiridos por um preço muito abaixo dos valores dos cereais ingleses. Com essas medidas, visavam os produtores agrícolas manter suas rendas elevadas.

No entanto, a outra classe da aristocracia inglesa, em conflito com a primeira, era a dos capitalistas industriais, que se insurgiam contra as leis dos cereais por dois motivos. Primeiro, porque os cereais e os produtos provenientes deles eram a principal alimentação dos trabalhadores, de modo que quanto mais alto fosse o preço dos cereais, mais alto seria o salário a ser pago para os trabalhadores, ocasionando um custo mais elevado para os industriais e, consequentemente, menos lucro. Os preços elevados, portanto, acabavam por transferir, dos lucros dos capitalistas para os proprietários de terras, a "mais-valia" produzida pelos trabalhadores. Segundo, porque a indústria britânica, no início do século XIX, estava à frente de suas concorrentes do continente europeu em termos de produtividade. Por essa razão, o preço de seus produtos manufaturados era muito mais baixo, em comparação com os dos demais países europeus. Assim, caso os capitalistas britânicos conseguissem eliminar as barreiras alfandegárias, estabelecendo a liberdade de comércio no mercado internacional, teriam uma enorme vantagem frente a seus concorrentes nas vendas. No entanto, para que isso fosse possível, a Grã-Bretanha teria de importar algumas mercadorias da Europa continental, de modo a fazer com que os europeus recebessem em libras esterlinas e pudessem, então, adquirir os produtos britânicos.

A batalha aqui, entre as duas classes, era para ver quem se tornaria a classe dominante. Os proprietários de terra, que eram o último vestígio da nobreza feudal e cujo poder decorria do controle de terras, buscavam manter a Grã-Bretanha como uma economia predominantemente agrícola. Os capitalistas industriais, por sua vez, cujo poder advinha do controle sobre o trabalho e o processo produtivo, pretendiam

---

[167] HUNT, E. K. *História do pensamento econômico*: uma perspectiva crítica. 2. ed. Rio de Janeiro: Elsevier, 2005. p. 66.

que a Grã-Bretanha se dirigisse para a especialização na indústria, a fim de aumentar seu poder e renda, diminuindo, ainda, a transferência de parte da mais-valia para os proprietários de terras.

Embora em 1815 tenha sido aprovada uma lei dos cereais que acabou por proibir todas as importações de cereais até que o preço interno atingisse um nível elevado, o que resultou na vitória dos produtores agrícolas, esse cenário mudou. Como bem se sabe, determinada classe econômica frequentemente acaba por incorporar seu domínio econômico ao domínio político.[168] Foi o que ocorreu nesse caso. Isso porque, apesar de os proprietários de terras ainda controlarem o Parlamento, os capitalistas industriais tinham o domínio econômico, o que mais uma vez confirmou a premissa antes exposta, quando, em 1846, o Parlamento acabou por abolir totalmente as leis dos cereais. Com isso, o domínio político passou definitivamente para as mãos dos capitalistas industriais.[169]

Era nesse contexto que Malthus estava inserido.

No início de seus escritos, entre 1790 e 1800, a preocupação de Malthus era centrada nas inconformidades dos trabalhadores, bem como em teorias defendidas por intelectuais voltadas para a reestruturação da sociedade para promover o bem-estar dos trabalhadores. Ele era um defensor das classes altas (capitalistas e proprietários de terras) e elaborou a sua teoria da população justamente em benefício desses.

A partir de 1814, Malthus passou a ter como centro de suas preocupações as leis dos cereais e a disputa entre os proprietários de terras e os capitalistas, antes descrita.[170]

Sua teoria da população, em essência, pode ser resumida em um problema relativo à falta de concordância entre o poder de reprodução da espécie humana e outro relativo à produtividade dos meios para sua subsistência. Para ele, pelo fato de que o crescimento da população se daria em progressão geométrica, enquanto o aumento da produtividade dos meios de subsistência se daria em progressão aritmética, tais meios seriam insuficientes para a subsistência da população.

Entendia que para resolver o problema seria necessário adotar medidas tais como o controle de natalidade e a esterilização, pois, caso contrário, seria inevitável que a taxa de mortalidade em decorrência de fome, miséria, pragas e guerras acabasse por efetuar esse controle.[171]

---

[168] Vide TIGAR, Michael E.; LEVY, Madeleine R. *O direito e a ascenção do capitalismo*. Tradução de Ruy Jungmann. Rio de Janeiro: Zahar, 1977.

[169] HUNT, E. K. *História do pensamento econômico*: uma perspectiva crítica. 2. ed. Rio de Janeiro: Elsevier, 2005. p. 67.

[170] Vide MALTHUS, T. R. *Principles of Political Economy*. New York: Augustus M. Kelley, 1964.

[171] MALTHUS, T. R. *An Essay on the Principle of Population and a Sumarry View of the Principles of Population*. Baltimore: Penguin, 1970. p. 19.

Sua ideia referente ao não crescimento proporcional da produtividade, chamado de "rendimento decrescente", consistia no seguinte exemplo: em determinado espaço de terra, caso fossem aplicadas quantidades de trabalho e de capital, poderia ser obtido, talvez, o dobro de produtos na colheita. Todavia, caso se repetisse a referida operação, duplicando-se a quantidade de trabalho e capital, não seria possível obter novamente o dobro do rendimento. Em outras palavras, o aumento de produtividade em função do aumento da quantidade de trabalho e capital seria cada vez menor.[172]

Entendia que todo o dinheiro que recebessem acima de seu nível de subsistência os indivíduos gastariam em bebidas e jogos e que teriam um maior número de filhos, especialmente os mais pobres, os quais, segundo ele, tinham um baixo nível moral, pois "mesmo quando eles têm oportunidade de economizar, raramente o fazem; pelo contrário, tudo o que ganham além de suas necessidades do momento é gasto, de modo geral, em bares".[173]

Era contrário, portanto, a todas as tentativas que visassem à diminuição do sofrimento dos trabalhadores, pois isso aumentaria "a população sem aumentar a quantidade de alimentos de que ela precisa", além de acreditar que "a quantidade de alimentos consumidos nos asilos para pobres [*workhouses*] por uma parte da sociedade que não pode, em geral, ser considerada a parte mais útil, diminui o que de outra forma iria para os membros mais produtivos e mais úteis".[174]

Mostrou-se, Malthus, portanto, um pessimista com relação à capacidade do aumento da produtividade dos meios de subsistência, o que, vale frisar, acabou não se confirmando.

Cabe lembrar que outros autores, como Carey, nos Estados Unidos, e List, na Alemanha, entendiam que era vantajoso ter uma população numerosa, pois isso favoreceria a divisão do trabalho e, consequentemente, a produtividade, tornando mais rentáveis os investimentos públicos e privados, ampliando o mercado – utilizando-se de medidas protecionistas.[175]

---

172 MALTHUS, T. R. *An Essay on the Principle of Population and a Sumarry View of the Principles of Population*. Baltimore: Penguin, 1970. p. 19.

173 MALTHUS, T. R. *An Essay on the Principle of Population and a Sumarry View of the Principles of Population*. Baltimore: Penguin, 1970. p. 98. Tradução livre.

174 MALTHUS, T. R. *An Essay on the Principle of Population and a Sumarry View of the Principles of Population*. Baltimore: Penguin, 1970. p. 97. Tradução livre.

175 HUGON, Paul. *História das doutrinas econômicas*. São Paulo: Atlas, 1970. p. 118.

Por fim, é necessário abordar, também, brevemente, a teoria da superprodução e as observações de Malthus acerca do trabalho que têm relação com a produtividade.

Conforme exposto, a preocupação de Malthus, durante a segunda década do século XIX, e também posteriormente, passou do conflito entre trabalhadores e proprietários para o conflito entre as duas classes dominantes, quais sejam: a dos capitalistas e a dos proprietários de terras.

Primeiramente, é importante salientar que, diferentemente de Adam Smith, que entendia a riqueza como sendo o produto do trabalho, Malthus definia a riqueza como sendo "os objetos materiais, necessários, úteis ou agradáveis para o homem, de que se apossam voluntariamente os indivíduos ou as nações".[176] Entendia, no entanto, assim como Smith, que a quantidade de trabalho contida em um produto seria a melhor medida do valor deste, aceitando, também, a teoria do valor que tinha como base o custo de produção.[177]

No entanto, havia duas distinções entre a sua teoria do valor e à de Smith. Primeiramente, Smith considerava o trabalho o único custo social indispensável, enquanto Malthus entendia que os salários, os aluguéis e os lucros também seriam. Em segundo lugar, Malthus não entendia que, necessariamente, as forças de mercado de oferta e demanda levariam o preço de mercado ao preço natural.[178]

Smith considerava qualquer modo de produção como a consequência, no tempo, de atividades focadas na transformação de recursos naturais em produtos úteis. Foi por tal razão que concluiu que o trabalho seria o único custo de produção socialmente necessário.[179]

Malthus, por sua vez, enxergando sob o ponto de vista da troca, via a produção como uma troca de mercadorias produtivas, sendo que cada classe possuía insumos diferentes, porém igualmente necessários.[180]

Desse modo, diferentemente de Smith, para quem os instrumentos e as máquinas eram somente a representação, no presente, de

---

[176] MALTHUS, T. R. *Principles of Political Economy*. New York: Augustus M. Kelley, 1964. p. 33. Tradução livre.

[177] MALTHUS, T. R. *Principles of Political Economy*. New York: Augustus M. Kelley, 1964. p. 33.

[178] HUNT, E. K. *História do pensamento econômico*: uma perspectiva crítica. 2. ed. Rio de Janeiro: Elsevier, 2005. p. 75.

[179] HUNT, E. K. *História do pensamento econômico*: uma perspectiva crítica. 2. ed. Rio de Janeiro: Elsevier, 2005. p. 75.

[180] HUNT, E. K. *História do pensamento econômico*: uma perspectiva crítica. 2. ed. Rio de Janeiro: Elsevier, 2005. p. 76.

trabalho passado, Malthus entendia que produtividade dos trabalhadores aumentaria mais quando tivessem instrumentos e máquinas do que quando não tivessem. Desse modo, os capitalistas, ao permitirem a utilização desses instrumentos, acabariam, sim, contribuindo também para a produção.[181]

Outro aspecto a ser observado com relação ao pensamento de Malthus é o fato de que ele entendia a renda como sendo "o resultado natural de uma qualidade inteiramente inestimável do solo que Deus concedeu ao Homem – a qualidade de poder manter mais pessoas do que as que são necessárias para nele trabalhar".[182]

Preocupava-se ele, no entanto, com os efeitos que o aumento de produtividade – e, consequentemente, o aumento dos lucros – poderia acarretar.

Na visão de Malthus, para que o valor natural de todas as mercadorias produzidas se desse por meio da troca monetária, deveria haver uma demanda monetária efetiva total dessas mercadorias, igual, em valor, ao valor natural das mercadorias. Os custos que formavam o valor natural de todas as mercadorias representavam as rendas das três classes da sociedade, de modo que, em qualquer período analisado, os custos totais que formavam o valor natural agregado de todas as mercadorias produzidas teriam de ser iguais à renda agregada recebida pelas três classes no mesmo período. Logo, para que a demanda efetiva fosse igual ao valor de todas as mercadorias produzidas, era essencial que as três classes, juntamente, estivessem dispostas a gastar, e efetivamente gastassem, o total de sua renda nas mercadorias produzidas naquele período.[183]

Duas eram as maneiras como a renda poderia ser gasta: comprando mercadorias para o consumo; ou comprando mercadorias para serem acumuladas como capital.

Por meio da análise do padrão de gastos das três classes, concluiu que todas elas acabavam por gastar toda a sua renda, porém, enquanto os trabalhadores gastavam sua renda com a sua subsistência e os proprietários de terras com bens de consumo ou luxo, os capitalistas acabavam por gastar sua renda na compra de novo capital.[184]

---

[181] HUNT, E. K. *História do pensamento econômico*: uma perspectiva crítica. 2. ed. Rio de Janeiro: Elsevier, 2005. p. 76.

[182] MALTHUS, T. R. *Principles of Political Economy*. New York: Augustus M. Kelley, 1964. p. 148. Tradução livre.

[183] HUNT, E. K. *História do pensamento econômico*: uma perspectiva crítica. 2. ed. Rio de Janeiro: Elsevier, 2005. p. 78.

[184] MALTHUS, T. R. *Principles of Political Economy*. New York: Augustus M. Kelley, 1964. p. 400.

Uma das consequências dos gastos por parte dos capitalistas, para Malthus, seria a implementação de novas tecnologias, que acabavam por aumentar a produtividade do trabalho. Isso poderia acarretar um afastamento do número de empregados, visto que com menos trabalho se poderia produzir a mesma quantidade de itens. Esse afastamento de trabalho levaria a uma diminuição da demanda, gerando um desequilíbrio na circulação da moeda.

Malthus concluiu que a única maneira de resolver o problema seria a adoção de políticas que alterassem a distribuição de renda, de modo a fazer com que os capitalistas tivessem menos lucros e outra classe tivesse mais renda para gastar em consumo.[185]

Da análise do pensamento de Malthus, percebe-se que a produtividade consistiria na quantidade de produto gerado com determinada quantidade de um fator específico. Além disso, duas são as principais implicações da produtividade para o seu trabalho. A primeira seria que o aumento da produtividade no campo não seria proporcional e suficiente ao crescimento da população, o que ocasionaria sérios problemas para a sociedade, pois não haveria alimentos suficientes para sua subsistência. Sob esse primeiro enfoque, portanto, a preocupação com a produtividade, para Malthus, parece não estar relacionada à geração de mais riqueza, mas sim ao fato de que, na visão do autor, o aumento da produtividade agrícola não seria suficiente para a subsistência dos cidadãos. A segunda implicação seria que, embora a implementação de novas máquinas pudesse proporcionar um aumento da produtividade, gerando mais riqueza para os capitalistas, isso poderia levar a um aumento nas demissões de trabalhadores, o que poderia implicar um problema relacionado à demanda. Além disso, alguns pontos relevantes serão abordados no próximo subcapítulo, quando as diferenças entre seu pensamento e o de David Ricardo forem abordadas. Relativamente ao pensamento de Adam Smith, Malthus não parecia divergir quanto ao conceito de produtividade na indústria, utilizando-se da chamada "produtividade do trabalho". Todavia, enquanto Smith tinha uma visão otimista com relação à produtividade, Malthus pensava de modo diverso. No entanto, quando se refere à produtividade do campo, parece utilizar o conceito de produtividade como relativo à quantidade de alimentos produzida em um determinado espaço de terra com uma determinada quantidade de insumos. Por fim, salienta-se que o mais relevante acerca do pensamento de Malthus, para o presente

---

185 MALTHUS, T. R. *Principles of Political Economy*. New York: Augustus M. Kelley, 1964. p. 400.

trabalho, é o fato de que ele não parece ter levado em conta os aspectos positivos decorrentes do aumento da riqueza gerada pelo aumento da produtividade.

2.2.3 David Ricardo

David Ricardo foi contemporâneo de Malthus, tendo vivido no mesmo período turbulento em que eclodiam os inconformismos dos trabalhadores, bem como a disputa entre capitalistas e proprietários de terras na Inglaterra. Seu pensamento sofreu, assim como o de Malthus, forte influência da Revolução Francesa e da Revolução Industrial.

Para ele, o problema central da economia, como pode ser verificado em sua obra *Principles of Political Economy and Taxation*, era determinar quais as leis que regeriam a distribuição do produto proveniente da terra.[186]

Suas ideias estavam diretamente ligadas à busca por uma maior produtividade da terra, que geraria mais excedente e, consequentemente, mais lucro para os produtores.[187]

Isso porque a chamada "teoria da renda da terra", de autoria de Ricardo, definia a renda como sendo a porção do produto da terra que seria paga ao proprietário pelo uso do solo. Essa teoria estava alicerçada em dois fundamentos: primeiramente, que as terras possuiriam variações de fertilidade, podendo ser ordenadas da mais fértil para a menos fértil; em segundo lugar, a concorrência sempre acarretaria igual taxa de lucro dos fazendeiros capitalistas que arrendassem terras dos proprietários.[188]

Para ele, o chamado "produto líquido", ou excedente, consistia na quantidade total produzida, descontados todos os custos de produção necessários, inclusive a reposição do capital utilizado na produção, bem como o salário dos empregados. Em outras palavras, era o valor excedente criado pelo trabalho que poderia ser destinado aos lucros ou à renda da terra.[189]

---

186 RICARDO, David. *The Principles of Political Economy and Taxation*. London: Dent, 1962. p. 272.

187 Vide DILLARD, Dudley. Ricardo in Retrospect. *The Journal of Economic History*, v. 13, n. 1, p. 94-101, winter 1953. p. 94-101.

188 HUNT, E. K. *História do pensamento econômico*: uma perspectiva crítica. 2. ed. Rio de Janeiro: Elsevier, 2005. p. 87.

189 HUNT, E. K. *História do pensamento econômico*: uma perspectiva crítica. 2. ed. Rio de Janeiro: Elsevier, 2005. p. 87.

Ricardo[190] entendia que a terra não seria ilimitada em sua quantidade nem uniforme em sua qualidade. Conforme a população fosse aumentando, seria necessário utilizar terras de qualidades inferiores, pagando um valor pela sua utilização. A partir do momento que, em decorrência do progresso da sociedade, fossem cultivadas terras de segundo grau de fertilidade, as terras de primeira qualidade começariam a dar renda, cujo volume dependeria da diferença de qualidade das duas terras.

Já quando começasse o cultivo das terras de terceira categoria, a terra de segunda categoria começaria a dar renda, a qual seria determinada também pela diferença de sua capacidade produtiva. Com efeito, a renda das primeiras terras (e mais produtivas) aumentaria, visto que teria de ser sempre superior à renda das segundas, em um montante que equivalesse à diferença entre seus produtos e determinada quantidade de capital e de trabalho. Desse modo, sempre que a população aumentasse, o país seria impelido a utilizar terras de pior qualidade, a fim de aumentar a oferta de alimentos, gerando um aumento da renda proveniente das terras mais férteis.

Em outras palavras, por entender que o homem pode optar inicialmente por aquelas terras mais férteis, escolheu-as. O preço de custo por essas terras teria sido único para qualquer de seus proprietários. Eles venderiam os produtos delas provenientes, de mesma qualidade, pelo mesmo preço, realizando um lucro igual para todos.

Todavia, conforme previsto por Malthus e seguido por Ricardo, a população aumentaria, acarretando a necessidade de cultivo de novas terras para alimentá-la. Como as primeiras terras seriam melhores e limitadas, as novas terras seriam de qualidade inferior, menos produtivas. Essa renda proveniente da diferença entre os preços dos custos para as terras menos produtivas ficou conhecida como renda diferencial.[191]

Para essas segundas terras, o preço de custo dos produtos seria mais elevado. Esse preço acabaria por regular os preços de venda, visto que, em decorrência da lei da unidade de preço, em um mesmo mercado não poderia haver, em um determinado período, preços diferentes para mercadorias semelhantes. Isso porque, caso o preço de venda fosse menor que o custo dos produtos provenientes das segundas terras, não haveria cultivo nestas, o que seria ilógico, visto que o cultivo nelas decorreu da demanda em razão do aumento populacional.

---

190 RICARDO, David. *The Principles of Political Economy and Taxation*. London: Dent, 1962. p. 35-36.

191 HUGON, Paul. *História das doutrinas econômicas*. São Paulo: Atlas, 1970. p. 121.

Com efeito, os proprietários das primeiras terras venderiam seus produtos pelo mesmo valor dos das segundas, obtendo, assim, um lucro suplementar, independentemente do trabalho e do capital empregado na produção. Como o aumento da população seria, conforme expôs Malthus e aceitou Ricardo, constante, esse processo continuaria a ocorrer, havendo o cultivo de alimentos em terras com cada vez menor produtividade, o que acarretaria o aumento de preços dos produtos e, consequentemente, mais excedente para os produtores de terras mais produtivas.

Outro aspecto analisado por Ricardo foi, em consonância com o que defendera Malthus, que a introdução de novas maquinarias poderia ser prejudicial aos trabalhadores. Entendia, inicialmente, que isso acabaria por diminuir os custos de produção do capitalista, aumentando a produtividade, levando a uma maior produção e, consequentemente, a preços mais baixos das mercadorias produzidas, o que seria benéfico a toda a sociedade. Entendia, também, que, mesmo que pudessem ser causados transtornos para os trabalhadores, o trabalho seria realocado em pouco tempo a fim de aumentar a produção.[192]

Todavia, posteriormente acabou por rever em parte seus pressupostos. Isso porque concluiu que a mudança na tecnologia de produção poderia ser muito prejudicial para os trabalhadores, em virtude de eles deixarem de produzir bens de subsistência para produzir bens de capital. Em seguida, haveria menos bens de consumo e uma diminuição na demanda por trabalho, pois a demanda por trabalho acabaria sendo limitada pela disponibilidade de bens de subsistência. Por conseguinte, quando fossem colocadas em uso as novas máquinas, embora se fizessem necessários alguns trabalhadores, nem todos os demitidos voltariam ao trabalho, em razão da maior produtividade das máquinas e da necessidade de um número menor de trabalhadores para operá-las. Com isso, os custos de salários pagos pelos capitalistas seriam diminuídos e seus lucros, aumentados.[193] Surgiria, assim, um "excedente de trabalhadores", o que acarretaria, consequentemente, a diminuição dos salários.[194]

Quanto a esse ponto, cumpre ressaltar as diferenças entre o pensamento de Ricardo e o de Malthus, visto haver algumas divergências e, talvez, algumas incompreensões entre ambos.[195]

---

192 RICARDO, David. *The Principles of Political Economy and Taxation*. London: Dent, 1962. p. 26.

193 HUNT, E. K. *História do pensamento econômico*: uma perspectiva crítica. 2. ed. Rio de Janeiro: Elsevier, 2005. p. 111.

194 RICARDO, David. *The Principles of Political Economy and Taxation*. London: Dent, 1962. p. 266.

195 Conforme bem exposto no artigo CURRERI, Giuseppe. The Debate on Machinery: Why Ricardo Misunderstood Malthus. *History of Economic Ideas*, v. 14, n. 2, p. 33-52, 2006.

Ricardo, ao se referir à diferença entre seu pensamento a respeito do emprego de novas máquinas e o de Malthus, afirmou que "a objeção de Malthus à maquinaria é que ela acrescenta tanto à produção bruta do país que as mercadorias não podem ser consumidas – que não haverá demanda para elas".[196] E continuou, afirmando que a sua, "ao contrário, é que o uso de maquinário frequentemente diminui a quantidade de produto bruto e, embora a inclinação para consumir seja ilimitada, a demanda será diminuída, pela falta de meios de compra".[197]

Sempre que o sistema econômico enfrentasse uma demanda crescente por bens, a adoção de novos instrumentos acabaria, segundo Malthus, tornando o mercado maior, resultando em um aumento na demanda por mão de obra.[198] Desse modo, com referência a toda a economia, o investimento em uma quantidade maior de capital fixo acabaria por aumentar o número de trabalhadores empregados. Na opinião de Malthus, no entanto, algumas condições seriam necessárias para que isso acontecesse, quais sejam: o desenvolvimento da nova capacidade produtiva ser gradual e ser impulsionado por um mercado de bens em expansão. Caso contrário, haveria excesso de oferta em relação à demanda, resultando em redução de preço; o valor dos bens diminuiria e, na estrutura de Malthus, também a demanda por mão de obra.[199]

Na primeira edição de sua obra *Principles*, Malthus[200] expôs sua opinião, de modo geral favorável à introdução de novas máquinas, pois a diminuição do preço resultaria, principalmente, em um aumento mais do que proporcional na demanda de bens, de modo que o valor da produção seria aumentado. Para ele, as consequências de uma inovação em um setor no qual a demanda final fosse inelástica seriam muito mais incertas, devido à diminuição do valor da produção. Nesse caso, a mecanização do processo de produção permitiria apenas o emprego de menos mão de obra para a produção da quantidade de bens solicitada

---

196 RICARDO, David. *The Works and Correspondence of David Ricardo*. Indianapolis: Liberty Fund, 2005. p. 387. Tradução livre.

197 RICARDO, David. *The Works and Correspondence of David Ricardo*. Indianapolis: Liberty Fund, 2005. p. 387. Tradução livre.

198 MALTHUS, Thomas. Principles of Political Economy (1820). *In:* WRIGLEY, E. A.; SOUDEN, David. *The Works of Thomas Robert Malthus*. London: Willian Pickering, 1986. v. 5. p. 192.

199 See MALTHUS, Thomas. Principles of Political Economy (1820). *In:* WRIGLEY, E. A.; SOUDEN, David. *The Works of Thomas Robert Malthus*. London: Willian Pickering, 1986. v. 5. p. 193-194.

200 MALTHUS, Thomas. Principles of Political Economy (1820). *In:* WRIGLEY, E. A.; SOUDEN, David. *The Works of Thomas Robert Malthus*. London: Willian Pickering, 1986. v. 5. p. 282.

pelo mercado. Quando isso acontecesse, deveria ser encontrado algum outro setor no qual a produção pudesse ser ampliada e os fatores abundantes pudessem ser realocados. Se isso não fosse possível, haveria um excesso geral, mas, mesmo que a produção geral fosse aumentada, as consequências poderiam ser negativas no todo.[201]

Tal eventualidade foi analisada por Malthus por meio de um exemplo. O mencionado autor não se refere a qualquer tipo de bens agrícolas, uma vez que isso seria contrário à sua lei da população. Ele supõe que, no setor em que o novo maquinário fosse inserido, se permitiria que certo número de capitalistas produzisse a mesma quantidade de bens de antes, cortando pela metade o capital previamente investido (de 20 mil para 10 mil libras). Considerando que de acordo com a edição da obra de Malthus de 1820 a demanda de mão de obra dependeria apenas da taxa de crescimento da produção geral (e não, como em 1836, dos recursos empregados na manutenção dos trabalhadores), haveria três consequências da implementação de novo maquinário: i) cada capitalista teria à sua disposição um excedente de 10 mil libras de capital, devido a um aumento de produtividade na presença de uma demanda inalterada; ii) os trabalhadores empregados, em virtude do investimento desse capital, seriam expulsos de seus empregos; iii) os consumidores pagariam um preço mais baixo pelos bens produzidos no setor inovador, mantendo um poder de compra potencialmente disponível para despesas adicionais.[202]

Desse modo, havendo capital e trabalho "desempregados", assim como os excedentes não utilizados, essas circunstâncias implicariam que um bem novo e diferente (ou quantidades adicionais de um bem existente) poderia ser produzido no mercado e comprado por consumidores; essa nova atividade produtiva poderia permitir que a renda economizada pelos consumidores se tornasse demanda e os recursos temporariamente inativos voltassem a encontrar um lugar no sistema econômico. Tal ajuste seria teoricamente possível, mas Malthus duvidava que esse processo pudesse acontecer sem nenhum obstáculo. De fato, na primeira edição de *Principles*, ele afirmava que, "ao retirar capital de um setor ou estabelecimento e empregar em outro, sempre haverá uma perda considerável".[203]

---

[201] CURRERI, Giuseppe. The Debate on Machinery: Why Ricardo Misunderstood Malthus. *History of Economic Ideas*, v. 14, n. 2, p. 33-52, 2006. p. 38.

[202] CURRERI, Giuseppe. The Debate on Machinery: Why Ricardo Misunderstood Malthus. *History of Economic Ideas*, v. 14, n. 2, p. 33-52, 2006. p. 39.

[203] MALTHUS, Thomas. Principles of Political Economy (1820). *In:* WRIGLEY, E. A.; SOUDEN, David. *The Works of Thomas Robert Malthus*. London: Willian Pickering, 1986. v. 5. p. 282. Tradução livre.

Em 1820, como bem observado por Curreri,[204] quando Ricardo iniciou a análise de *Principles*, de Malthus, por meio de sua obra *Notes*, ele era, sem dúvida alguma, favorável à mecanização dos processos produtivos. Ao avaliar o trabalho de Malthus, Ricardo analisou o exemplo do autor que supunha uma redução proporcional do capital investido por cada capitalista que opera no setor inovador. Ricardo não entendia Malthus nesse ponto, pois considerava que a metade dos capitalistas (que não inovavam) abandonava o mercado e a outra metade (os produtores que introduziam máquinas) mantinha todo o capital. Ricardo supunha que o capital de 20 mil libras investido pelos capitalistas forçados a deixar o setor era composto metade por capital circulante e metade por capital fixo (ou seja, equipamentos então obsoletos com a introdução de novo maquinário), enquanto no exemplo de Malthus não havia essa distinção.

Segundo Ricardo, no pior dos casos, o capital fixo perderia todo o seu valor devido à impossibilidade de retirar as máquinas antigas. Neste caso, apenas as 10 mil libras de capital circulante poderiam ser retiradas, portanto cada capitalista sofreria uma perda notável. No pensamento de Ricardo, o emprego dependeria apenas do capital circulante, que ainda existe, mas que é empregado em um setor diferente. Como resultado, o número de trabalhadores permaneceria constante. Ricardo, ainda segundo Curreri, não explicou como esse capital circulante poderia ser facilmente reutilizado fora do setor inovador, em particular; ele não disse nada sobre os instrumentos que os trabalhadores transferidos de setor adotariam. Em sua visão, a única consequência negativa era representada pela perda do antigo capital fixo (e lucros e interesses ganhos por ele) pelo empreendedor forçado a transferir sua atividade.

Com efeito, no cenário descrito por Ricardo, a perda proveniente da retirada diz respeito exclusivamente ao antigo capital fixo, e não à parte circulante. Ricardo, então, enfatizou que a perda seria considerável apenas se os instrumentos antigos supostamente perdessem todo o seu valor. Porém, caso a nova tecnologia não fosse muito mais eficiente que a antiga, elas manteriam seu valor. De qualquer modo, essa perda não seria uma circunstância essencial no pensamento de Ricardo em 1820, porque a demanda de trabalho não seria influenciada por ela. Além do mais, ele afirmava que não haveria desemprego, mesmo que o

---

204 CURRERI, Giuseppe. The Debate on Machinery: Why Ricardo Misunderstood Malthus. *History of Economic Ideas*, v. 14, n. 2, p. 33-52, 2006. p. 41.

maquinário antigo perdesse algum valor.[205] À época, Ricardo defendia o seguinte: i) a introdução de máquinas determinaria um aumento inquestionável da produção bruta do sistema econômico (conforme Curreri, não estava claro por que ele estava absolutamente certo dessa afirmação, pois mudou de ideia em 1821); ii) qualquer quantidade de bens produzidos estaria atrelada a uma demanda correspondente, estabelecendo um equilíbrio no mercado de bens (ideia prevista na Lei de Say); iii) a procura de mão de obra estaria estritamente relacionada ao nível de produção bruta.

Em 1821, Ricardo abandonou completamente o primeiro argumento, enquanto ele sempre considerou a Lei de Say verdadeira. Com referência ao terceiro ponto, continuou pensando da mesma maneira.[206]

Com relação à posição de Ricardo em 1820, o resultado das três proposições é que, uma vez que o maquinário geraria um aumento na produção, ele também deveria determinar uma demanda de mão de obra maior, e não menor, como no argumento de Malthus. Ricardo afirmava, de maneira enfática, que o valor do capital após a introdução de maquinário não importaria e que a única questão seria a sua produtividade, que teria aumentado. Pelo contrário, ele estava disposto a admitir que os capitalistas individuais poderiam sofrer perdas como consequência da diminuição do valor do antigo capital fixo (ou de sua completa inutilidade), mas, se o sistema econômico passasse a ser capaz de apresentar uma produção bruta crescente – como Malthus afirmava[207] –, não haveria outras implicações negativas.[208]

Portanto, Ricardo mostrou que, se o número de trabalhadores empregados era influenciado principalmente pela quantidade da produção bruta e se esta havia crescido, não haveria diminuição no nível de emprego. Pelo contrário, se a crescente demanda de trabalho resultasse em salários reais mais altos, a sociedade como um todo e os trabalhadores, em particular, se beneficiariam da adoção de máquinas.[209]

Nas duas primeiras edições de *Principles*, Ricardo não dedicou um espaço específico à questão das máquinas. Antes de 1821, ele

---

[205] CURRERI, Giuseppe. The Debate on Machinery: Why Ricardo Misunderstood Malthus. *History of Economic Ideas*, v. 14, n. 2, p. 33-52, 2006. p. 41.

[206] CURRERI, Giuseppe. The Debate on Machinery: Why Ricardo Misunderstood Malthus. *History of Economic Ideas*, v. 14, n. 2, p. 33-52, 2006. p. 42.

[207] "(...) nesse ponto, eu não necessito utilizar mais nenhum argumento para satisfazer o Sr. Malthus, pois ele admite que o capital ocasionará uma maior produção". RICARDO, David. *Notes on Malthus (1820)*. Indianapolis: Liberty Fund, 2005. p. 353. Tradução livre.

[208] RICARDO, David. *Notes on Malthus (1820)*. Indianapolis: Liberty Fund, 2005. p. 353.

[209] CURRERI, Giuseppe. The Debate on Machinery: Why Ricardo Misunderstood Malthus. *History of Economic Ideas*, v. 14, n. 2, p. 33-52, 2006. p. 42-43.

não publicou nada sobre esse assunto, e suas ideias sobre máquinas surgiram apenas na obra *Notes*, sobre Malthus, e em algumas menções casuais em outras ocasiões.[210]

A questão das máquinas foi abordada somente em 1821,[211] em um capítulo próprio. Nesse capítulo, ele afirmou que se sentia obrigado a enfrentar o problema porque, apesar de não ter lidado com isso em seus escritos anteriores, manifestou suas crenças sobre essa questão, que passaram a ser então profundamente diversas. Antes de escrever seu novo modo de raciocínio, Ricardo ilustrou de maneira sintética o que ele pensava anteriormente. Ele reafirmou que a sua ideia era que, independentemente da possível necessidade de transferir o capital para outro setor, um aumento no produto bruto resultaria em vantagem geral para todas as classes sociais. Ricardo supunha que uma inovação no mercado de estocagem permitiria um aumento na produção que seria mais do que proporcional à demanda, forçando uma retirada de capital.[212]

Com a publicação de *Principles*, Ricardo simplesmente afirmou que o maquinário nem sempre determinaria um aumento no produto bruto e que uma redução também seria possível, seguida por uma diminuição na demanda de mão de obra. Segundo ele, o equívoco de seu pensamento anterior se deveu à "suposição de que sempre que o excedente em uma sociedade aumentasse, o produto bruto também aumentaria".[213]

De qualquer maneira, segundo observa Curreri,[214] o desemprego descrito por Ricardo em nada se assemelhava ao imaginado por Malthus. Este afirmava que, embora a demanda não pudesse aumentar no setor de introdução de maquinário, o sistema econômico ainda poderia produzir bens capazes de encontrar espaço no mercado, mas o capital que deveria ser mudado teria seu valor reduzido. Ambos os economistas concordavam que a transferência de capital de um setor para o outro resultaria em uma diminuição em seu valor.

---

210 CURRERI, Giuseppe. The Debate on Machinery: Why Ricardo Misunderstood Malthus. *History of Economic Ideas*, v. 14, n. 2, p. 33-52, 2006. p. 44.

211 RICARDO, David. *Principles of Political Economy and Taxation*. Indianapolis: Liberty Fund, 2005. p. 387.

212 CURRERI, Giuseppe. The Debate on Machinery: Why Ricardo Misunderstood Malthus. *History of Economic Ideas*, v. 14, n. 2, p. 33-52, 2006. p. 44.

213 RICARDO, David. *Principles of Political Economy and Taxation*. Indianapolis: Liberty Fund, 2005. p. 388. Tradução livre.

214 CURRERI, Giuseppe. The Debate on Machinery: Why Ricardo Misunderstood Malthus. *History of Economic Ideas*, v. 14, n. 2, p. 33-52, 2006. p. 44.

Na terceira edição de sua obra *Principles*, Ricardo percebeu que nem sempre seria possível produzir máquinas sem diminuir a produção de bens salariais. Para demonstrar isso, ele considerou um sistema econômico bastante simplificado. No início, apenas "alimentos e bens necessários" (bens salariais) seriam produzidos e o produto total seria dividido em salários e lucros (não se considerava aluguel). Com a introdução de novas máquinas, parte dos trabalhadores ficaria desempregada no ano seguinte.[215]

A persistência de tal desemprego dependeria do que acontecesse com a adoção do novo capital fixo. Como resultado da mecanização da produção que possibilitaria o uso de uma quantidade menor de mão de obra, o preço do alimento cairia. A vantagem para os capitalistas seria que eles obteriam como lucro uma quantidade maior de produção, mesmo que seu valor monetário e a taxa de retorno do capital não fossem alterados. Os trabalhadores que ainda estivessem empregados seriam beneficiados recebendo um salário real mais alto do que antes. Como os trabalhadores desempregados estariam no sistema econômico, os salários reais provavelmente cairiam e retornariam ao nível de subsistência anterior, permitindo uma recuperação parcial do emprego, visto que mais deles poderiam ser contratados.[216]

Não obstante isso, Ricardo afirmava que a decisão de produzir alguns bens em vez de outros (particularmente bens de luxo em vez de bens de subsistência) tinha implicações diferentes no nível de emprego. Os bens salariais, assim como os bens de luxo, exigiriam que algum trabalho fosse produzido. Todavia, uma mesma produção bruta poderia manter um número diferente de trabalhadores, de acordo com sua composição e sua destinação. Isso porque um aumento de bens de luxo, ou de qualquer produto que os trabalhadores não compravam, nunca resultaria em aumento da demanda de mão de obra. Esse raciocínio decorre do fato de que a introdução de maquinário na produção de bens salariais resultaria em salários reais mais altos para os trabalhadores empregados ou em um aumento do emprego com salários reais inalterados. Caso a mecanização ocorresse em um setor de bens de luxo, no entanto, os trabalhadores não obteriam benefícios. Eles poderiam comprar uma quantidade maior de bens de luxo com seus salários em

[215] CURRERI, Giuseppe. The Debate on Machinery: Why Ricardo Misunderstood Malthus. *History of Economic Ideas*, v. 14, n. 2, p. 33-52, 2006. p. 45.

[216] CURRERI, Giuseppe. The Debate on Machinery: Why Ricardo Misunderstood Malthus. *History of Economic Ideas*, v. 14, n. 2, p. 33-52, 2006. p. 46.

dinheiro, mas como eles não estariam interessados nesses produtos e o preço dos bens salariais estaria estável, seu salário real não mudaria.[217]

Com efeito, conforme Curreri, no capítulo dedicado ao progresso da riqueza, no qual Malthus lida com as consequências do maquinário no emprego, ele se preocupava com o problema da transferência de capital e trabalho de um setor para outro. Em sua estrutura, tal realocação ocasionaria uma redução na demanda de trabalho devido à perda de capital. Esse ponto é relevante no debate com Ricardo. Conforme exposto, na estrutura proposta por este, a transferência resultaria em uma diminuição do valor apenas para o capital fixo, e não para o capital circulante, que poderia ser movido quase sem danos. Em qualquer caso, ele afirmava que, se o processo de mecanização causasse um aumento no produto bruto, eventual impacto negativo poderia ser evitado. Em 1820, Malthus afirmava que o maquinário determinaria um aumento de produção, mas ele especificava que estava lidando com um bem manufaturado cujo consumo era limitado. Ricardo não entendia Malthus nesse ponto e não percebia que no trabalho de Malthus, o aumento da produção tinha que se relacionar com os bens de salário para aumentar o emprego. Além disso, Ricardo frequentemente parecia estar preocupado com um sistema econômico simplificado, em que os trabalhadores consumiam apenas bens salariais e apenas bens salariais eram produzidos. Nesse caso, sempre que a produção aumentasse, qualquer impacto ocupacional negativo seria definitivamente evitado.[218]

Por fim, é importante ressaltar a teoria de Ricardo que ficou conhecida como teoria das vantagens comparativas, pois está intimamente relacionada com a produtividade.[219]

Para Ricardo, não seria necessário que um país tivesse uma vantagem produtiva absoluta na produção de todas as mercadorias, ou seja, não seria necessário que sua produtividade fosse superior em comparação com a de outro país, em todos os produtos, para que fosse benéfico a ambos o comércio entre eles.[220] Isso porque bastava que esses

[217] CURRERI, Giuseppe. The Debate on Machinery: Why Ricardo Misunderstood Malthus. *History of Economic Ideas*, v. 14, n. 2, p. 33-52, 2006. p. 48.

[218] CURRERI, Giuseppe. The Debate on Machinery: Why Ricardo Misunderstood Malthus. *History of Economic Ideas*, v. 14, n. 2, p. 33-52, 2006. p. 50-51.

[219] Vide MANESCHI, Andrea. How Would David Ricardo Have Taught the Principle of Comparative Advantage?. *Southern Economic Journal*, v. 74, n. 4, p. 1167-1176, Apr. 2008; e MASON, Edward. The Doctrine of Comparative Cost. *The Quarterly Journal of Economics*, v. 41, n. 1, p. 63-93, nov. 1926.

[220] Vide DIMAND, Robert W. Ricardo and International Trade Theory. *History of Economic Ideas*, v. 8, n. 3, p. 7-24, 2000.

países tivessem uma vantagem relativa em sua produção. Em outras palavras, essa vantagem relativa significaria que, para que ambos os países fossem beneficiados pelo comércio, bastava que cada um deles tivesse uma mercadoria elaborada com uma produtividade maior do que o outro.[221]

Para ilustrar o raciocínio, é possível utilizar o seguinte exemplo: suponha-se que em Portugal fossem necessárias 90 horas para produzir uma unidade de tecido. Já para produzir uma unidade de vinho, seriam necessárias 80 horas. Far-se-ia necessário, portanto, para a produção de vinho, apenas 88% do trabalho necessário para o tecido, sendo que o preço do vinho equivaleria a 88% do preço do tecido. Na Inglaterra, por sua vez, o trabalho incorporado ao vinho e seu preço seriam equivalentes a 120% do trabalho e do preço do tecido. Significa dizer que, em Portugal, seria utilizado menos trabalho para a produção do vinho e o preço desse item seria relativamente mais baixo. Sob outro ponto de vista, Portugal utilizaria 112% do trabalho incorporado na produção de vinho se quisesse produzir tecido, sendo que o preço do tecido equivaleria a apenas 83% do preço do vinho. Assim, a Inglaterra acabaria por utilizar relativamente menos trabalho para produzir tecido, mesmo utilizando mais trabalho, em termos absolutos. Logo, a Inglaterra possuiria uma vantagem relativa com relação à produção de tecido.[222]

Por outro lado, caso os portugueses produzissem somente vinho e decidissem adquirir tecido, ou teriam de deslocar parte do trabalho da produção de vinho para a produção de tecido, ou teriam de trocar vinho por tecido com a Inglaterra. Na hipótese de, ocorrendo um comércio entre as nações, este ser realizado levando em consideração a razão de preços na Inglaterra, significaria dizer que Portugal, por necessitar de 90 horas-homem para produzir uma unidade de tecido, teria de interromper a produção de 1,12 unidade de vinho para cada unidade de tecido a ser produzida. Já se optasse por efetuar trocas com a Inglaterra, só precisaria abrir mão de 0,83 unidade de vinho para cada unidade de tecido, ou seja, significaria dizer que os portugueses acabariam com uma quantidade total maior de vinho e também de tecido do que se produzissem ambas as mercadorias.

Por tal razão, afirmava Ricardo que o melhor para as nações seria o livre comércio, pois a ampliação dele acabaria por contribuir para

---

221 HUNT, E. K. *História do pensamento econômico*: uma perspectiva crítica. 2. ed. Rio de Janeiro: Elsevier, 2005. p. 112.

222 HUNT, E. K. *História do pensamento econômico*: uma perspectiva crítica. 2. ed. Rio de Janeiro: Elsevier, 2005. p. 113.

aumentar o volume de mercadorias e os benefícios totais, devendo, ainda, cada país produzir aqueles itens em que obtivessem uma maior produtividade, ou seja, que tivesse maior aptidão para produzir.[223]

Do exposto, verifica-se que a produtividade foi extremamente relevante para o trabalho de Ricardo, estando diretamente relacionada à geração de excedente e, consequentemente, de riqueza, como pôde ser observado no exemplo acerca da produtividade decrescente da terra. Ele acabou por analisar o papel que a introdução de novas máquinas, com o consequente aumento de produtividade, teria nos empregos, nos salários e na economia como um todo. Teve importantes debates com Malthus sobre os possíveis aspectos positivos ou negativos que isso acarretaria. Embora tenha mudado de opinião em alguns pontos com o passar do tempo, Ricardo entendia, em síntese, que sempre que a produção aumentasse, qualquer impacto negativo decorrente do aumento da produtividade ocasionado pela introdução de novos maquinários seria evitado. De modo similar a Malthus, Ricardo, em sua teoria da renda da terra, entendia que a produtividade da terra seria decrescente, de tal maneira que, à medida que a população aumentasse, seria necessário começar a utilizar terras de qualidade inferior, o que faria com que as terras mais férteis passassem a gerar uma renda mais alta para os proprietários, em razão de sua elevada produtividade. Para Ricardo, o trabalho produtivo estaria fortemente vinculado à produção de mercadorias, pois, para ele, "o valor de um serviço produtivo nada mais é do que o valor da mercadoria, que é o resultado".[224] Por fim, em sua teoria das vantagens comparativas, Ricardo defendeu que os países deveriam se especializar nas áreas em que fossem produtivamente superiores aos demais, o que tornaria o comércio entre eles sempre benéfico. Com relação ao conceito de produtividade do trabalho para Ricardo, quando se refere à produção industrial, entendemos que o autor utiliza muito o conceito já apresentado por Smith e Malthus. Quando se refere à produtividade do campo, todavia, o conceito que utiliza parece ser o de quantidade de alimentos produzida em um determinado espaço de terra com uma determinada quantidade de insumos, assemelhando-se ao encontrado na obra de Malthus quando este tratou desse mesmo setor.

---

223 Vide SRAFFA, Piero; EINAUDI, L. An Alleged Correction of Ricardo. *The Quarterly Journal of Economics*, v. 44, n. 3, p. 539-545, May 1930.

224 RICARDO, David. *The Principles of Political Economy and Taxation*. Homewood, IL: Richard D. Irwin, Inc, 1963. p. 160 e 162. Tradução livre.

2.2.4 John Stuart Mill

John Stuart Mill buscou integrar a teoria do valor-trabalho à perspectiva utilitarista. Ele, no entanto, contrapôs-se aos dois axiomas básicos do utilitarismo de Bentham, quais sejam: que todos os motivos podem ser reduzidos à busca do prazer, baseado no interesse próprio; e que cada indivíduo seria o único juiz de seus próprios prazeres, motivo pelo qual não seria possível comparar o prazer entre as pessoas.[225] Para Mill, nem todos os atos seriam motivados pelo interesse próprio; apenas a maior parte dos indivíduos, influenciados pela cultura capitalista concorrencial, agiriam baseando-se nisso.

Para ele, a produção de riqueza não seria arbitrária, ou seja, as leis da matéria e as consequências materiais de técnicas físicas específicas de produção seriam as mesmas, independentemente da sociedade.[226] Já as leis da distribuição, por sua vez, diferentemente das leis da produção, seriam em boa parte uma construção humana, pois a maneira como ocorre a distribuição de riqueza, em qualquer sociedade, estaria sujeita aos regulamentos ou aos usos vigentes nela.[227]

Para o presente trabalho, interessa expor a teoria do valor, de Mill. Ele defendia que a produção consistia apenas no trabalho transformando os recursos naturais.[228] O custo de produção de determinada mercadoria seria o trabalho empregado em sua produção, e o valor das mercadorias dependeria, principalmente, da quantidade de trabalho necessária para sua produção.[229]

A causa do lucro, por sua vez, seria o excedente produzido pelo trabalho, ou seja, o que o trabalho produz mais do que o necessário para a sua manutenção. Nas palavras de Mill, "podemos dizer que a razão pela qual o capital gera um lucro é que os alimentos, as roupas, os materiais e os instrumentos duram mais do que o tempo necessário para a sua produção".[230] Por isso,

---

[225] HUNT, E. K. *História do pensamento econômico*: uma perspectiva crítica. 2. ed. Rio de Janeiro: Elsevier, 2005. p. 177.

[226] MILL, John Stuart. *Principles of Political Economy*. New York: Augustus M. Kelley, 1965. p. 21.

[227] MILL, John Stuart. *Principles of Political Economy*. New York: Augustus M. Kelley, 1965. p. 21.

[228] MILL, John Stuart. *Utilitarism, Liberty, and Representative Government*. New York: Dutton, 1951. p. 10.

[229] MILL, John Stuart. *Utilitarism, Liberty, and Representative Government*. New York: Dutton, 1951. p. 457-458.

[230] MILL, John Stuart. *Utilitarism, Liberty, and Representative Government*. New York: Dutton, 1951. p. 416-417. Tradução livre.

> se um capitalista fornecer essas coisas a um grupo de trabalhadores, com a condição de receber tudo o que eles produzirem, eles, além de reproduzirem suas próprias necessidades e seus próprios instrumentos, ficarão com parte de seu tempo sobrando para trabalhar para o capitalista.[231]

Por esse motivo, entendia que o lucro não surgia do fenômeno da troca, mas sim da capacidade de produção do trabalho.[232] Em outras palavras, quanto maior a produtividade, maior seria o excedente gerado e, consequentemente, maior a riqueza disponível.

Como resultado dessa teoria de Mill, que entendia o custo de produção com base na soma, o preço de mercado seria determinado pela oferta e pela demanda, de modo que ele, com o passar do tempo, tenderia a se aproximar do preço natural, que consistiria no somatório dos três componentes do custo: preço da terra, preço do trabalho e preço do capital.[233]

Para Mill, o salário do trabalhador seria a remuneração do trabalho, enquanto os lucros do capitalista seriam a "remuneração da abstinência", assim entendida como "o que ele ganha por deixar de consumir seu capital para seus próprios usos e por permitir que ele seja consumido por trabalhadores produtivos, para seu uso. Em troca, ele exige uma recompensa".[234]

Entendia, também, que os lucros brutos do capital deveriam permitir uma compensação equivalente pela citada abstinência, indenizar pelo risco e remunerar pelo trabalho e pela habilidade necessária para supervisionar. Deveria existir sempre uma taxa mínima de lucro apta a remunerar a "abstinência, o risco e o esforço implícitos no emprego do capital".[235]

Ainda no que se refere à produtividade, Mill a utilizava para fundamentar sua crítica aos ordenamentos sociais na Europa. Para ele, a distribuição da propriedade nesse continente deu-se não somente

---

231 MILL, John Stuart. *Utilitarism, Liberty, and Representative Government*. New York: Dutton, 1951. p. 416-417. Tradução livre.

232 MILL, John Stuart. *Utilitarism, Liberty, and Representative Government*. New York: Dutton, 1951. p. 416-417.

233 HUNT, E. K. *História do pensamento econômico*: uma perspectiva crítica. 2. ed. Rio de Janeiro: Elsevier, 2005. p. 180.

234 MILL, John Stuart. *Utilitarism, Liberty, and Representative Government*. New York: Dutton, 1951. p. 404. Tradução livre.

235 MILL, John Stuart. *Principles of Political Economy*. New York: Augustus M. Kelley, 1965. p. 406-407. Tradução livre.

como resultado de uma divisão justa ou da aquisição pela iniciativa própria, mas também pela violência.[236]

Nada obstante isso, criticava os efeitos da concentração da propriedade, bem como o fato de que quase todos os meios de produção estavam na mão de poucos pertencentes à classe capitalista. Verificou que esse fato acabava por criar uma classe parasita, a qual vivia de maneira luxuosa e cuja renda não tinha nenhuma relação com a sua produtividade.[237]

Nas palavras de Mill, não era justo ou saudável "um estado da sociedade em que exista uma 'classe' que não trabalhe, formada por seres humanos isentos de fazer sua parte no trabalho necessário para a vida humana".[238]

Criticava, no entanto, que, para a maioria da população, progresso econômico estivesse relacionado ao mero aumento de produtividade e da acumulação, mesmo reconhecendo que, ainda assim, a "luta por riquezas" seria melhor do que a estagnação.[239] Segundo ele, "enquanto as mentes são rudes, precisam de estímulos rudes, e é bom que os tenhamos".[240] Entendia, no entanto, que aqueles que não aceitavam o estágio bastante inicial do progresso humano "como sua forma final podem ser desculpados por ficarem relativamente indiferentes diante do tipo de progresso econômico que merece os elogios dos políticos comuns: o mero aumento da produção e a acumulação".[241]

Ainda com relação aos trabalhos de Mill sobre a produtividade, é importante aprofundar o estudo acerca do que ele entendia por trabalho produtivo, compreendendo as diferenças de seu conceito em relação aos dos demais pensadores e também os impactos das inovações tecnológicas na produtividade, para ele.

Hirschmann[242] observa que a definição mais básica de "trabalho produtivo", para Mill, é o trabalho que termina na produção de um

---

[236] MILL, John Stuart. *Principles of Political Economy*. New York: Augustus M. Kelley, 1965. p. 208.

[237] HUNT, E. K. *História do pensamento econômico*: uma perspectiva crítica. 2. ed. Rio de Janeiro: Elsevier, 2005. p. 185.

[238] MILL, John Stuart. *Principles of Political Economy*. New York: Augustus M. Kelley, 1965. p. 752-753. Tradução livre.

[239] MILL, John Stuart. *Principles of Political Economy*. New York: Augustus M. Kelley, 1965. p. 749.

[240] MILL, John Stuart. *Principles of Political Economy*. New York: Augustus M. Kelley, 1965. p. 749. Tradução livre.

[241] MILL, John Stuart. *Principles of Political Economy*. New York: Augustus M. Kelley, 1965. p. 749. Tradução livre.

[242] HIRSCHMANN, Nancy T. Mill, Political Economy, and Women's Work. *The American Political Science Review*, v. 102, n. 2, p. 199-203, May 2008. p. 204. Tradução livre.

artigo adequado para algum uso humano, seja diretamente (como um padeiro assando pão), seja indiretamente (como o indivíduo que fabrica a farinha que será utilizada para fazer o pão). Nisso ele está de acordo com outros economistas políticos, como Smith, Malthus e Ricardo. Smith afirmou que o trabalho produtivo, sintetizado pelo fabricante, "acrescenta, em geral, ao valor dos materiais sobre os quais ele trabalha, o da sua própria manutenção e o do lucro do seu senhor".[243] Ricardo vinculava ainda mais fortemente o trabalho produtivo com a produção de mercadorias, afirmando que "o valor de um serviço produtivo nada mais é do que o valor da mercadoria, que é o resultado".[244] E Malthus definia o trabalho produtivo como aquele "cujo objeto é passível de transferência sem a presença do produtor".[245]

Conforme lembra Hirschmann,[246] embora o trabalho produtivo na visão de Mill se referisse a "apenas aqueles tipos de esforços que produzem utilidades incorporadas em objetos materiais", Mill acrescentava: "não recusarei a denominação 'produtiva' ao trabalho que não produz nenhum produto material como resultado direto, desde que um aumento de produtos materiais seja a sua consequência final". E continuava: "pode-se dizer que esse trabalho é produtivo indireta ou mediatamente, em oposição ao trabalho do lavrador ou do produtor de algodão, que são produtivos imediatamente".[247] A noção de "produção mediata" permitiu a Mill engajar uma percepção mais generosa sobre trabalho produtivo do que a oferecida por outros economistas políticos e incluir nela o trabalho doméstico.

No seu trabalho *Essays*, Mill contou três tipos de trabalho como sendo "sempre produtivos". O primeiro ecoaria sua definição básica acerca de criação de mercadorias. O segundo seria o trabalho e os gastos cujo efeito e objeto diretos são dotar os seres humanos ou outros seres com faculdades ou qualidades úteis ou agradáveis à humanidade e que

---

243 SMITH, Adam. *An Inquiry into the Nature and Causes of the Wealth of Nations*. New York: Modern Library, 2000. p. 360. Tradução livre.

244 RICARDO, David. *The Principles of Political Economy and Taxation*. Homewood, IL: Richard D. Irwin, Inc, 1963. p. 160. Tradução livre.

245 MALTHUS, Thomas. Principles of Political Economy (1820). *In:* WRIGLEY, E. A.; SOUDEN, David. *The Works of Thomas Robert Malthus*. London: Willian Pickering, 1986. v. 5. p. 35. Tradução livre.

246 HIRSCHMANN, Nancy T. Mill, Political Economy, and Women's Work. *The American Political Science Review*, v. 102, n. 2, p. 199-203, May 2008. p. 204. Tradução livre.

247 MILL, John Stuart. The Principles of Political Economy: Part I. *In:* ROBSON, John M. (Ed.) *Collected Works of John Stuart Mill*. London: Routledge & Kegan Paul, 1965. v. 2. p. 3-1024. p. 49-50. Tradução livre.

possuam algum valor comerciável o que incluiria treinamento técnico e educação. Por fim, o terceiro seria

> trabalhos e gastos que têm por objeto direto a criação de qualquer produto material útil ou faculdade ou qualidade corporal ou mental, mas tendem indiretamente a promover um ou outro desses fins, e são exercidos ou incorridos somente para esse propósito.[248]

Essas passagens indicam que o trabalho produtivo, para Mill, não seria somente a produção de mercadorias, mas um empreendimento maior dentro do quadro econômico para produção de riqueza: "O trabalho produtivo significa trabalho produtivo de riqueza".[249] No entanto, ao definir riqueza, ele questionava "se apenas os produtos materiais ou todos os produtos úteis deve[ria]m ser incluídos".[250] Ao responder a essa pergunta, salienta Hirschmann,[251] Mill vinculava a riqueza à utilidade, ao afirmar que o trabalho não era criativo de objetos, mas sim de utilidades, pois se deveria "considerar como produtivo todo trabalho (...) empregado na criação de utilidades permanentes, incorporadas em seres humanos ou em quaisquer outros objetos animados ou inanimados".[252]

Salienta Hirschman[253] que Mill diferenciava três tipos de utilidades. O primeiro tipo incluiria "as utilidades fixas e incorporadas em objetos externos" e envolveria o "trabalho que produz tais objetos". O segundo se referiria às "utilidades fixas e incorporadas nos seres humanos" e seria uma definição mais abstrata, incluindo o trabalho da educação, tanto técnica como geral, o trabalho dos médicos, "na medida do instrumental para preservar a vida e a eficiência física ou mental", e até mesmo o trabalho despendido pelos "funcionários do governo",

---

[248] MILL, John Stuart. Essays on Some Unsettled Questions of Political Economy. *In:* ROBSON, John M. (Ed.) *Collected Works of John Stuart Mill.* London: Routledge & Kegan Paul, 1967. v. 4. p. 229-340. p. 84. Tradução livre.

[249] MILL, John Stuart. The Principles of Political Economy: Part I. *In:* ROBSON, John M. (Ed.) *Collected Works of John Stuart Mill.* London: Routledge & Kegan Paul, 1965. v. 2. p. 3-1024. p. 46. Tradução livre.

[250] HIRSCHMANN, Nancy T. Mill, Political Economy, and Women's Work. *The American Political Science Review*, v. 102, n. 2, p. 199-203, May 2008. p. 205.

[251] HIRSCHMANN, Nancy T. Mill, Political Economy, and Women's Work. *The American Political Science Review*, v. 102, n. 2, p. 199-203, May 2008. p. 205.

[252] MILL, John Stuart. The Principles of Political Economy: Part I. *In:* ROBSON, John M. (Ed.) *Collected Works of John Stuart Mill.* London: Routledge & Kegan Paul, 1965. v. 2. p. 3-1024. p. 46. Tradução livre.

[253] HIRSCHMANN, Nancy T. Mill, Political Economy, and Women's Work. *The American Political Science Review*, v. 102, n. 2, p. 199-203, May 2008. p. 205. Tradução livre.

na medida em que "visam à melhoria das pessoas".[254] Aqui, Mill criticava a visão de que o trabalho produtivo somente produziria "coisas materiais", pois o trabalho gasto em aprender a construir produtos seria uma etapa necessária da produção e, portanto, seria ele mesmo produtivo. Caso contrário, quando um carpinteiro construísse uma peça de mobília ou uma casa, ele se envolveria em trabalho produtivo, mas o conhecimento prévio de seu ofício teria que ser considerado improdutivo, o que Mill chamava de "uma divisão arbitrária".[255] Essa segunda interpretação estaria, no entanto, sujeita à análise para determinar os fios que ligam o trabalho realizado para "melhorar o conhecimento ou cultivar as faculdades mentais ou corporais de si mesmo ou dos outros".[256] Como tal, os vínculos entre essa "melhoria" e essa "produção" seriam um tanto ambíguos, visto que algumas melhorias aumentam diretamente a produção, outras indiretamente e outras não aumentam. A terceira utilidade consistiria em "um mero serviço prestado". Seus exemplos desse tipo de trabalho frequentemente se referem ao trabalho de músicos e artistas, que não aumentam ou produzem riqueza, mas apenas a transferem dos compradores de ingressos para os artistas e para o proprietário do teatro.[257] O fato de que eles produzem utilidade, mas não riqueza, enfatiza o ponto de vista de Mill de que o trabalho produtivo não seria simplesmente "trabalho que serve para qualquer propósito útil".[258] Embora essa definição fosse comumente encontrada, Mill depreciativamente observava, tornava "as palavras produtivas e improdutivas (...) supérfluas".[259]

---

[254] MILL, John Stuart. The Principles of Political Economy: Part I. *In:* ROBSON, John M. (Ed.) *Collected Works of John Stuart Mill*. London: Routledge & Kegan Paul, 1965. v. 2. p. 3-1024. p. 46. Tradução livre.

[255] MILL, John Stuart. Essays on Some Unsettled Questions of Political Economy. *In:* ROBSON, John M. (Ed.) *Collected Works of John Stuart Mill*. London: Routledge & Kegan Paul, 1967. v. 4. p. 229-340. p. 77. Tradução livre.

[256] MILL, John Stuart. Essays on Some Unsettled Questions of Political Economy. *In:* ROBSON, John M. (Ed.) *Collected Works of John Stuart Mill*. London: Routledge & Kegan Paul, 1967. v. 4. p. 229-340. p. 47. Tradução livre.

[257] MILL, John Stuart. The Principles of Political Economy: Part I. *In:* ROBSON, John M. (Ed.) *Collected Works of John Stuart Mill*. London: Routledge & Kegan Paul, 1965. v. 2. p. 3-1024. p. 51.

[258] MILL, John Stuart. Essays on Some Unsettled Questions of Political Economy. *In:* ROBSON, John M. (Ed.) *Collected Works of John Stuart Mill*. London: Routledge & Kegan Paul, 1967. v. 4. p. 229-340. p. 76. Tradução livre.

[259] MILL, John Stuart. Essays on Some Unsettled Questions of Political Economy. *In:* ROBSON, John M. (Ed.) *Collected Works of John Stuart Mill*. London: Routledge & Kegan Paul, 1967. v. 4. p. 229-340. p. 76. Tradução livre.

Assim, Hirschmann questiona se Mill faria distinção entre bens (violinos) e serviços (desempenho).[260] Entende a referida autora que não, e isso ficaria claro quando ele fez a afirmação ainda mais notável de que, mesmo que o desempenho do músico seja trabalho improdutivo, seu trabalho na aquisição de habilidades musicais é produtivo. No relato de Mill, habilidade musical seria, portanto, algo que alguém "acumula". O desempenho envolve trabalho improdutivo porque o prazer que produz é imediato e fugaz.[261]

Nesse ponto, Mill seguia Smith,[262] que considerava cantores de ópera e dançarinos de ópera como improdutivos. No entanto, Mill, ao considerar o estudo da música produtivo, acabou tendo um entendimento diverso do de Smith. Terminou sendo difícil determinar, por exemplo, se a *performance* musical a que um trabalhador assistira no dia anterior não o tornava mais eficiente no dia seguinte. Isso porque, de acordo com Mill, o trabalho que direta ou indiretamente aumenta a produtividade de pessoas que produzirão objetos que aumentam a riqueza seria um trabalho produtivo. Mill, de fato, percebia essa possibilidade quando afirmava que "algum bem pode, sem dúvida, ser produzido (...) além do momento, de acordo com os sentimentos, a disposição ou o estado geral de prazer dos espectadores". No entanto, continua ele, "nem um, nem o outro é o efeito pretendido, é simplesmente o resultado pelo qual o expositor trabalha e o espectador paga, nada além do prazer imediato".[263] Não é possível, contudo, compreender por que a intenção deve ser relevante para o *status* "produtivo" do trabalho.[264]

Após a breve análise do conceito de trabalho produtivo para Mill, é importante ressaltar outros aspectos relacionados à produtividade abordados pelo mencionado autor.

Para Mill, no nível da empresa, as oportunidades de especialização dependeriam do tamanho delas, mas, mesmo quando a especialização tivesse atingido o seu limite técnico, a expansão do capital

---

260 HIRSCHMANN, Nancy T. Mill, Political Economy, and Women's Work. *The American Political Science Review*, v. 102, n. 2, p. 199-203, May 2008. p. 205.

261 MILL, John Stuart. Essays on Some Unsettled Questions of Political Economy. *In:* ROBSON, John M. (Ed.) *Collected Works of John Stuart Mill*. London: Routledge & Kegan Paul, 1967. v. 4. p. 229-340. p. 50.

262 SMITH, Adam. *An Inquiry into the Nature and Causes of the Wealth of Nations*. New York: Modern Library, 2000. p. 361. Tradução livre.

263 MILL, John Stuart. The Principles of Political Economy: Part I. *In:* ROBSON, John M. (Ed.) *Collected Works of John Stuart Mill*. London: Routledge & Kegan Paul, 1965. v. 2. p. 3-1024. p. 47. Tradução livre.

264 HIRSCHMANN, Nancy T. Mill, Political Economy, and Women's Work. *The American Political Science Review*, v. 102, n. 2, p. 199-203, May 2008. p. 206.

produtivo poderia levar a uma maior produtividade, já que a força de trabalho ficaria mais capacitada. No que se refere à atividade agrícola, a produção em pequena escala, todavia, não seria prejudicial, salvo em casos extremos, como a da França, na época.[265]

Mill, ainda, deu prioridade à qualidade da mão de obra em face das vantagens naturais (incluindo a localização). Áreas com "melhor clima e solo" tinham "poucos incentivos" para o trabalho.[266] Para ele, a predominância industrial britânica seria atribuída em parte à energia de sua força de trabalho – que seria mais uma consequência das condições climáticas do que do temperamento do povo. Essa "energia" consistiria não nos esforços de que as pessoas são capazes e que estão "dispostas a fazer sob fortes incentivos imediatos", pois nisso haveria relativamente pouca distinção entre as nações, mas na "capacidade do esforço atual para um objeto distante; e (...) a minuciosidade da (...) dedicação para trabalhar em ocasiões comuns".[267]

Para Mill, o impacto de variáveis endógenas era extenso. Em relação ao nível geral de inteligência, "dificilmente há uma fonte da qual uma quantidade mais indefinida de melhorias pode ser procurada no poder produtivo do que abastecer-se de cérebros daqueles que possuem mãos".[268] A confiabilidade do trabalho e as relações de trabalho amistosas, que, por sua vez, teriam fontes sociológicas, eram comparadas com a inteligência que afetava a qualidade do trabalho.[269]

Havia, também, para o autor, um impacto exógeno peculiar na qualidade da mão de obra no que dizia respeito às economias subdesenvolvidas, que seria o estímulo potencial ao esforço proporcionado por "novas necessidades e desejos",[270] em contraste com as sociedades

---

[265] HOLLANDER, Samuel. *John Stuart Mill on Economic Theory and Method*: Collected Essays III. London: Routlege, 2003. p. 172.

[266] MILL, John Stuart. The Principles of Political Economy: Part I. *In:* ROBSON, John M. (Ed.) *Collected Works of John Stuart Mill*. London: Routledge & Kegan Paul, 1965. v. 2. p. 3-1024. p. 102-103. Tradução livre.

[267] MILL, John Stuart. The Principles of Political Economy: Part I. *In:* ROBSON, John M. (Ed.) *Collected Works of John Stuart Mill*. London: Routledge & Kegan Paul, 1965. v. 2. p. 3-1024. p. 103-104. Tradução livre.

[268] MILL, John Stuart. The Principles of Political Economy: Part I. *In:* ROBSON, John M. (Ed.) *Collected Works of John Stuart Mill*. London: Routledge & Kegan Paul, 1965. v. 2. p. 3-1024. p. 105.

[269] MILL, John Stuart. The Principles of Political Economy: Part I. *In:* ROBSON, John M. (Ed.) *Collected Works of John Stuart Mill*. London: Routledge & Kegan Paul, 1965. v. 2. p. 3-1024. p. 183.

[270] MILL, John Stuart. The Principles of Political Economy: Part I. *In:* ROBSON, John M. (Ed.) *Collected Works of John Stuart Mill*. London: Routledge & Kegan Paul, 1965. v. 2. p. 3-1024. p. 104. Tradução livre.

avançadas, nas quais "a indulgência tende a empobrecer".[271] A abertura do comércio exterior, por exemplo, tenderia a "fazer com que as pessoas se familiarizassem com novos objetos, ou fossem tentadas pela aquisição mais fácil de coisas em que elas não haviam pensado anteriormente",[272] o que, "às vezes, funciona como uma revolução industrial em um país cujos recursos eram anteriormente subdesenvolvidos por falta de energia e ambição nas pessoas".[273] Isso porque acabavam "induzindo aqueles que estavam satisfeitos com escassos confortos e pouco trabalho a trabalhar mais para a satisfação de seus novos gostos".[274]

Na ausência de tais estímulos, Mill sugeria que a pressão dos números ajudava a quebrar o hábito da indolência.[275] A suposição de "insaciabilidade dos desejos humanos" foi usada para apoiar a visão de que não poderia haver uma deficiência no longo prazo da demanda agregada, que é dada como certa na construção do modelo de crescimento de Mill. Mas a hipótese não era universalmente válida: somente em países desenvolvidos como a Inglaterra "não seria necessário que (...) novos gostos e novas necessidades fossem gerados – os antigos gostos são suficientes para esse propósito".[276] Mesmo nas economias desenvolvidas, no entanto, a "saciedade" poderia, em princípio, representar um problema para o futuro.[277]

Conforme observado por John Hicks,[278] as noções de Mill sobre o estado estagnado acabaram influenciando toda a estrutura de seu

---

[271] MILL, John Stuart. The Principles of Political Economy: Part I. *In:* ROBSON, John M. (Ed.) *Collected Works of John Stuart Mill*. London: Routledge & Kegan Paul, 1965. v. 2. p. 3-1024. p. 104. Tradução livre.

[272] MILL, John Stuart. The Principles of Political Economy: Part I. *In:* ROBSON, John M. (Ed.) *Collected Works of John Stuart Mill*. London: Routledge & Kegan Paul, 1965. v. 2. p. 3-1024. p. 593-594. Tradução livre.

[273] MILL, John Stuart. The Principles of Political Economy: Part I. *In:* ROBSON, John M. (Ed.) *Collected Works of John Stuart Mill*. London: Routledge & Kegan Paul, 1965. v. 2. p. 3-1024. p. 593-594. Tradução livre.

[274] MILL, John Stuart. The Principles of Political Economy: Part I. *In:* ROBSON, John M. (Ed.) *Collected Works of John Stuart Mill*. London: Routledge & Kegan Paul, 1965. v. 2. p. 3-1024. p. 593-594. Tradução livre.

[275] MILL, John Stuart. The Principles of Political Economy: Part I. *In:* ROBSON, John M. (Ed.) *Collected Works of John Stuart Mill*. London: Routledge & Kegan Paul, 1965. v. 2. p. 3-1024. p. 102.

[276] RICARDO, David. *Phamplets and Papers 1815-1823* (1815). Indianapolis: Liberty Fund, 2005. p. 344.

[277] MILL, John Stuart. The Principles of Political Economy: Part I. *In:* ROBSON, John M. (Ed.) *Collected Works of John Stuart Mill*. London: Routledge & Kegan Paul, 1965. v. 2. p. 3-1024. p. 574.

[278] HICKS, John. Sraffa and Ricardo: a Critical View. *In:* CARAVALE, G. (Ed.) *The Legacy of Ricardo*. Oxford: Blackwell, 1985, p. 305-319.

trabalho. Mill estava plenamente consciente de que tanto o progresso tecnológico quanto o aumento do "desejo efetivo de acumulação" estavam, na prática, avançando rapidamente, de modo que a estagnação não estava perto de ocorrer, de fato, na Grã-Bretanha naquela época. Os salários estáveis eram possíveis mesmo sem controle populacional, devido à taxa extremamente alta de acumulação de capital permitida pela nova tecnologia. Conforme ressalta Holland,[279] Mill reconhecia que a nova tecnologia industrial e de transporte era responsável por sustentar a expansão agregada contínua sem pressionar as taxas de salários e lucros, em parte pelo seu impacto na agricultura. Ele temia, no entanto, que as novas tecnologias ficassem escassas antes que o controle populacional adequado fosse alcançado.

Mill, embora não tenha estabelecido uma lei relativa ao aumento da produtividade industrial, descreveu uma tendência ascendente para novas tecnologias.[280] Para Mill, uma queda na taxa de lucro atuaria como estímulo tanto ao investimento quanto à inovação. Isso porque a redução do lucro, e a consequente dificuldade de ganhar fortunas, poderia agir como um estímulo às invenções e ao uso adequado delas quando realizadas.[281]

Mill considerava como característica dos países "civilizados" o "progresso da riqueza", no sentido de "crescente prosperidade material",[282] e explicitava três "tendências" que caracterizariam o "movimento do progresso econômico",[283] que eram: os avanços na tecnologia, na segurança e na cooperação. Esses avanços eram tratados como fenômenos causais responsáveis (direta ou indiretamente) pela expansão da produção agregada e, em especial, pelo crescimento econômico.

Conforme verificado, a produtividade também teve um papel bastante relevante para Mill, estando diretamente relacionada à geração de mais excedente – e, consequentemente, mais riqueza – com a mesma

---

[279] HOLLANDER, Samuel. *John Stuart Mill on Economic Theory and Method*: Collected Essays III. London: Routlege, 2003. p. 178.

[280] MILL, John Stuart. The Principles of Political Economy: Part I. *In:* ROBSON, John M. (Ed.) *Collected Works of John Stuart Mill*. London: Routledge & Kegan Paul, 1965. v. 2. p. 3-1024. p. 713.

[281] MILL, John Stuart. The Principles of Political Economy: Part I. *In:* ROBSON, John M. (Ed.) *Collected Works of John Stuart Mill*. London: Routledge & Kegan Paul, 1965. v. 2. p. 3-1024. p. 827.

[282] MILL, John Stuart. The Principles of Political Economy: Part I. *In:* ROBSON, John M. (Ed.) *Collected Works of John Stuart Mill*. London: Routledge & Kegan Paul, 1965. v. 2. p. 3-1024. p. 705-706. Tradução livre.

[283] HOLLANDER, Samuel. *John Stuart Mill on Economic Theory and Method*: Collected Essays III. London: Routlege, 2003. p. 180. Tradução livre.

quantidade de determinado fator, em especial o trabalho. Ela foi utilizada pelo autor, especialmente, para medir o valor das mercadorias, o qual seria determinado, principalmente, pela quantidade de trabalho necessária para sua produção. O lucro, por sua vez, também estaria ligado à produtividade, visto que seria decorrente do excedente gerado pelo trabalho. Com um enfoque mais crítico, afirmava Mill que, para a maior parte da população, o progresso econômico estaria relacionado ao aumento de produtividade e da acumulação. Quanto à definição de trabalho produtivo, Mill entendia que seria aquele que direta ou indiretamente aumentava a produtividade de pessoas que produziriam objetos que aumentariam a riqueza. Relacionou o trabalho produtivo, ainda, à utilidade, criticando também a visão de que trabalho produtivo somente produziria "coisas materiais", apresentando um conceito de trabalho produtivo diverso do de Ricardo, Malthus e Smith. Por fim, verifica-se que Mill tratou, também, dos estímulos provenientes da especialização e do fomento às inovações tecnológicas para o aumento da produtividade.

2.3 Marxismo

Karl Marx defendia que a produção consistia em uma atividade social, passível de assumir diversas formas, a depender da maneira de organização social que esteja em vigor e das técnicas de produção correspondentes. Segundo ele, "todas as épocas de produção têm certos traços comuns, certas características comuns".[284]

Marx entendia que o capital possuía uma característica universal em toda a produção, acompanhada de uma característica própria no capitalismo. Além disso, o capital seria também um trabalho passado materializado, consistindo em uma relação geral e eterna da natureza, apta a gerar lucros para uma classe social específica.[285] Em outras palavras, somente no capitalismo os instrumentos de produção, assim como o trabalho acumulado, serviam de fonte de riqueza e poder para a classe social dominante.[286]

O autor, ao contrário da maioria dos demais economistas da época e dos anteriores, não acreditava que a propriedade era sagrada

[284] MARX, Karl. *Grundrisse*. New York: Vintage Books, 1973. p. 85. Tradução livre.

[285] MARX, Karl. *Grundrisse*. New York: Vintage Books, 1973. p. 85-86.

[286] HUNT, E. K. *História do pensamento econômico*: uma perspectiva crítica. 2. ed. Rio de Janeiro: Elsevier, 2005. p. 195.

nem que a propriedade seria somente a propriedade privada capitalista; esta seria apenas um tipo de propriedade.[287]

Para ele, toda produção consistiria em uma apropriação da natureza por parte de um indivíduo que habita uma sociedade específica, a qual permite essa apropriação. Desse modo, a propriedade seria uma precondição para a produção. Analisando a história, defendia que a propriedade comum seria a forma mais original. Além do mais, toda forma de produção acabaria criando suas próprias relações legais (tipos de propriedade), bem como sua própria forma de governo.[288]

Por entenderem que os direitos de propriedade capitalistas eram universais, eternos e sagrados, e enxergarem o capital como sendo comum a toda produção, os economistas (os quais Marx denominava de "economistas burgueses"), ao tentarem entender o capitalismo, limitavam-se a analisar a troca. Reduziam todos os fenômenos econômicos a troca e venda de mercadorias, de modo que o centro de todos os esforços era a troca ou a circulação da moeda e das mercadorias.[289]

Sob esse ponto de vista, haveria uma espécie de igualdade abstrata, pois eventuais distinções econômicas, sociais e políticas entre os indivíduos eram deixadas de lado. Na troca, os indivíduos simplesmente começavam com as mercadorias que possuíam, sendo que essas mercadorias seriam consideradas apenas como a incorporação de um determinado valor na troca.[290] Era o mesmo que ocorria com relação ao trabalho, que era considerado como uma simples mercadoria, cujo valor de troca era igual ao de qualquer outra mercadoria.[291]

Desse modo, essa economia de troca levaria a crer que nela a liberdade humana prevaleceria, pois na relação de troca, mesmo que um indivíduo tivesse vontade de ter a mercadoria de outro, ele não se apropriaria dela à força, mas cada um reconhecendo o outro como proprietário, acabaria se desfazendo de maneira voluntária de sua mercadoria.[292]

Além do mais, enxergando sob essa ótica, na economia de troca os atos motivados pelo autointeresse egoísta acabariam sendo conduzidos

---

[287] HUNT, E. K. *História do pensamento econômico*: uma perspectiva crítica. 2. ed. Rio de Janeiro: Elsevier, 2005. p. 195.

[288] MARX, Karl. *Grundrisse*. New York: Vintage Books, 1973. p. 87-88.

[289] HUNT, E. K. *História do pensamento econômico*: uma perspectiva crítica. 2. ed. Rio de Janeiro: Elsevier, 2005. p. 196.

[290] MARX, Karl. *Grundrisse*. New York: Vintage Books, 1973. p. 241.

[291] MARX, Karl. *Grundrisse*. New York: Vintage Books, 1973. p. 246.

[292] MARX, Karl. *Grundrisse*. New York: Vintage Books, 1973. p. 243.

para uma relação harmoniosa. Se determinado indivíduo buscasse trocar sua mercadoria pela do outro, isso ocorreria porque ele não seria capaz de produzir nem possuiria as mercadorias de que necessitava.[293] Por esse motivo, somente se fosse considerada a troca como a única relação econômica é que a harmonia econômica seria visível.[294]

Buscando explicar a natureza da relação social entre capitalistas e trabalhadores, que significa a relação entre salários e lucros, Marx iniciou, no primeiro volume de sua obra *O capital*, uma análise acerca das mercadorias e da esfera de circulação. Tudo isso por entender que, se o campo de averiguação continuasse apenas limitado às relações de troca ou circulação, os salários e os lucros aparentariam ser uma mera consequência da troca de mercadorias.[295]

Assim, o capitalismo seria um sistema em que a riqueza consistiria em uma grande acumulação de mercadorias, com apenas uma mercadoria como unidade.[296] Duas seriam as características essenciais, para Marx, de uma mercadoria: a primeira era ser uma "coisa" que, em razão de suas propriedades, satisfazia às necessidades do ser humano.[297] Suas qualidades físicas próprias, que a tornavam útil para os indivíduos – e que para Marx não tinham nenhuma ligação com a quantidade de trabalho necessário para que essas qualidades fossem apropriadas[298] –, faziam com que uma mercadoria tivesse um determinado valor de uso. A segunda característica era ser um depositário material do valor de troca.[299] Esse valor de troca de uma mercadoria consistiria na relação entre as quantidades necessárias de cada uma das mercadorias para se realizar uma troca entre elas. Além disso, duas seriam as suas características: todas tinham valor de uso e todas eram produzidas somente pelo trabalho humano.[300] Para Marx, o único elemento comum constante em todas as mercadorias, e que seria diretamente comparável quantitativamente, seria o tempo de trabalho necessário para sua produção.[301] Isso porque o trabalho seria um elemento

---

293 MARX, Karl. *Grundrisse*. New York: Vintage Books, 1973. p. 243-244.

294 MARX, Karl. *Grundrisse*. New York: Vintage Books, 1973. p. 249.

295 HUNT, E. K. *História do pensamento econômico*: uma perspectiva crítica. 2. ed. Rio de Janeiro: Elsevier, 2005. p. 197.

296 MARX, Karl. *O Capital*. Moscou: Editora de Línguas Estrangeiras, 1961. v. 1. p. 35.

297 MARX, Karl. *O Capital*. Moscou: Editora de Línguas Estrangeiras, 1961. v. 1. p. 35.

298 MARX, Karl. *O Capital*. Moscou: Editora de Línguas Estrangeiras, 1961. v. 1. p. 36.

299 MARX, Karl. *O Capital*. Moscou: Editora de Línguas Estrangeiras, 1961. v. 1. p. 36.

300 HUNT, E. K. *História do pensamento econômico*: uma perspectiva crítica. 2. ed. Rio de Janeiro: Elsevier, 2005. p. 197.

301 MARX, Karl. *O Capital*. Moscou: Editora de Línguas Estrangeiras, 1961. v. 1. p. 37.

universal de toda produção, não apenas especificamente das relações sociais capitalistas. O trabalho seria o responsável pela criação do valor de troca das mercadorias, embora existissem aspectos relacionados à qualidade que eram consequências presentes especificamente nas relações sociais capitalistas. Marx acabou desconsiderando as diferenças e as peculiaridades das mercadorias, reduzindo-as meramente a incorporações materiais do trabalho empregado quando produzidas.[302] Definiu-as, portanto, como valores.[303]

Como valor, Marx denominava uma relação social qualitativa com uma dimensão quantitativa. Ele existiria apenas historicamente quando o trabalho produtivo não fosse imediatamente social. Em outras palavras, significa dizer que, mesmo que o que tivesse sido produzido acabasse sendo consumido, sendo estabelecida, assim, uma interdependência mútua, não haveria a percepção da existência de uma relação social entre as partes, pois o trabalho social de determinado indivíduo só existiria sob a forma de mercadorias, às quais esse trabalho acabaria sendo incorporado, como valor, portanto, de modo que a dimensão qualitativa do valor seria a referida relação social específica.[304] Nas palavras de Marx, o "valor de um bem está para o valor de qualquer outro como o tempo de trabalho necessário para a produção do outro".[305] Cabe salientar, no entanto, que o trabalho objeto de quantificação não era o trabalho que poderia ser observado de maneira empírica, mas sim o trabalho abstrato, que deve ser diferenciado do que Marx denominou de "trabalho útil".

Ao expor que o trabalho acabava por determinar os valores de troca, estabeleceu que o tempo de trabalho consistiria no trabalho simples e homogêneo, de modo a abstrair qualquer diferença específica entre os diversos tipos de processo de trabalho.[306] Assim, salientou que haveria dois diferentes modos de enxergar o trabalho, bem como o processo de trabalhar. Ao se verificarem as características particulares dos processos específicos de trabalho, percebia-se que suas qualidades diferenciadoras peculiares eram necessárias para gerar os valores de uso individuais das diferentes mercadorias em questão. A isso chamou de

---

302 HUNT, E. K. *História do pensamento econômico*: uma perspectiva crítica. 2. ed. Rio de Janeiro: Elsevier, 2005. p. 198.

303 MARX, Karl. *O Capital*. Moscou: Editora de Línguas Estrangeiras, 1961. v. 1. p. 38.

304 HUNT, E. K. *História do pensamento econômico*: uma perspectiva crítica. 2. ed. Rio de Janeiro: Elsevier, 2005. p. 198.

305 MARX, Karl. *O Capital*. Moscou: Editora de Línguas Estrangeiras, 1961. v. 1. p. 39-40.

306 MARX, Karl. *O Capital*. Moscou: Editora de Línguas Estrangeiras, 1961. v. 1. p. 39.

"trabalho útil", o qual acabava por produzir os valores de uso particulares das diferentes mercadorias, sendo causa do valor de uso destas.[307]

Diferentemente, o trabalho por ele denominado de "abstrato", que era o que criava valor de troca, era aquele no qual as diferenças referentes à qualidade dos tipos de trabalho útil eram deixadas de lado, ou seja, era o "gasto de força de trabalho humana".[308]

Cumpre salientar que Marx, ao expor que o trabalho abstrato, acabava por determinar o valor da troca, ressaltou que somente deveria ser levado em consideração o tempo de trabalho socialmente necessário para "produzir um artigo em condições normais de produção e com grau médio de habilidade e intensidade existente na época".[309] Além do mais, tinha conhecimento de que alguns tipos de produção acabavam exigindo um considerável período de qualificação dos trabalhadores para que pudessem adquirir as habilidades essenciais para desempenhar suas tarefas, que foi denominado de "trabalho qualificado". Para ele, o trabalho qualificado seria considerado apenas como um "trabalho simples intensificado ou como trabalho simples multiplicado quando se considera uma determinada quantidade de trabalho qualificado igual a uma quantidade maior de trabalho simples".[310]

Para Marx, "o modo de produção no qual o produto toma forma de uma mercadoria ou é produzido diretamente para a troca é o modo mais embrionário de produção burguesa".[311] No entanto, seria necessário que houvesse condições históricas definidas para que um produto estivesse apto a se transformar em uma mercadoria, não podendo ele ser produzido imediatamente como um meio de subsistência do próprio produtor.[312] Isso porque, para que determinada sociedade fosse, sobretudo, uma sociedade produtora de mercadorias, ou seja, dominada pelo valor de troca, três seriam os requisitos necessários:[313] i) deveria haver um elevado grau de especialização, em que cada produtor, de maneira individual, produzisse sempre o mesmo produto ou parte dele; e ii) que tal especialização exigisse uma total separação entre o valor de uso e o valor de troca. Em outras palavras, levando em consideração

---

[307] HUNT, E. K. *História do pensamento econômico*: uma perspectiva crítica. 2. ed. Rio de Janeiro: Elsevier, 2005. p. 199.

[308] MARX, Karl. *O Capital*. Moscou: Editora de Línguas Estrangeiras, 1961. v. 1. p. 44.

[309] MARX, Karl. *O Capital*. Moscou: Editora de Línguas Estrangeiras, 1961. v. 1. p. 39.

[310] MARX, Karl. *O Capital*. Moscou: Editora de Línguas Estrangeiras, 1961. v. 1. p. 44.

[311] MARX, Karl. *O Capital*. Moscou: Editora de Línguas Estrangeiras, 1961. v. 1. p. 82.

[312] MARX, Karl. *O Capital*. Moscou: Editora de Línguas Estrangeiras, 1961. v. 1. p. 169-170.

[313] HUNT, E. K. *História do pensamento econômico*: uma perspectiva crítica. 2. ed. Rio de Janeiro: Elsevier, 2005. p. 201.

o fato de que há certos valores de uso cujo consumo é essencial para a subsistência dos indivíduos, o produtor poderia relacionar-se com o seu próprio produto somente como valor de troca, apenas podendo adquirir seus valores de uso necessários dos produtos provenientes de outros produtores. Por fim, seria essencial para uma sociedade produtora de mercadorias iii) um mercado amplo, desenvolvido, em que fosse preciso o uso da moeda de maneira generalizada, como valor universal, de modo a mediar todas as trocas.

Assim, nessa sociedade produtora de mercadorias os produtores trabalhariam isoladamente dos demais. Haveria, sim, relações sociais e econômicas indispensáveis entre os produtores, visto que, se não houvesse outros indivíduos produzindo as mercadorias que seriam consumidas pelos outros produtores, não seria possível permanecer com os padrões de consumo cotidiano.[314]

No entanto, o que ocorria era que os produtores produziam somente para comercializar no mercado, possibilitando que com o resultado da venda adquirissem as mercadorias das quais necessitavam. Por esses motivos, Marx afirmou que "as relações que ligavam o trabalho de um indivíduo ao dos demais aparecem não como relações sociais diretas entre indivíduos no trabalho, mas relações como objetos".[315]

Além do mais, alegava Marx que as condições históricas da existência do capital não seriam, de maneira alguma, determinadas pela mera circulação da moeda e de mercadorias.[316] Isso porque, em um sistema não capitalista, a produção de mercadorias visava à venda para fins de aquisição de outras mercadorias para uso.[317] Em um sistema capitalista, no entanto, o processo seria bastante diverso, pois ocorreria "a transformação de dinheiro em mercadorias e a transformação de mercadorias novamente em dinheiro, ou seja, comprar para vender. O dinheiro que circula dessa última forma transforma-se, então, em capital, e já é, potencialmente, capital".[318] Em outras palavras, no capitalismo o capitalista não buscaria uma simples troca de duas somas iguais de dinheiro, mas sim comprar para vender mais caro, com a finalidade de obter lucro, de modo que ao final do ciclo ele terminaria com um capital maior do que no início.[319]

---

314 HUNT, E. K. *História do pensamento econômico*: uma perspectiva crítica. 2. ed. Rio de Janeiro: Elsevier, 2005. p. 201.

315 MARX, Karl. *O Capital*. Moscou: Editora de Línguas Estrangeiras, 1961. v. 1. p. 73.

316 MARX, Karl. *O Capital*. Moscou: Editora de Línguas Estrangeiras, 1961. v. 1. p. 170.

317 MARX, Karl. *O Capital*. Moscou: Editora de Línguas Estrangeiras, 1961. v. 1. p. 75.

318 MARX, Karl. *O Capital*. Moscou: Editora de Línguas Estrangeiras, 1961. v. 1. p. 146-147.

319 MARX, Karl. *O Capital*. Moscou: Editora de Línguas Estrangeiras, 1961. v. 1. p. 155.

Buscam-se no capitalismo, segundo Marx, quantidades cada vez maiores de mais-valia, que consistia na "força motora que impulsionava todo o sistema capitalista".[320] Havia, portanto, uma busca incessante por aumentos na produtividade, a fim de gerar um excedente cada vez maior, que, por sua vez, possibilitaria ao capitalista aumentar ainda mais seu capital, gerando cada vez mais riqueza.

Para Marx, por conseguinte, a principal característica do capitalismo que daria origem à mais-valia, ou lucro, não estaria na esfera da circulação, mas sim na da produção. No entanto, nem o capital comercial, nem o capital monetário (que recebia juros) estavam envolvidos no processo da verdadeira mais-valia, pois seriam apenas formas derivadas e que apareciam no curso da história antes da forma tradicional do capital, como no feudalismo.[321] Seriam elas, sobretudo, substancialmente parasitárias, podendo ser relacionadas com qualquer mecanismo a ser utilizado na expropriação de um excedente econômico, possibilitando que os comerciantes e os agiotas, mesmo sem terem o seu capital diretamente envolvido na criação desse excedente, obtivessem uma participação nele.[322]

A forma mais representativa de capital do modo de produção capitalista, na verdade, seria o capital industrial, pois era por meio dele que a mais-valia seria criada e expropriada no capitalismo. Ele seria composto por três estágios.[323] O primeiro seria a presença do capitalista como comprador, tendo seu dinheiro transformado em mercadorias. O segundo seria o consumo produtivo das mercadorias compradas pelos capitalistas, ou seja, seu capital passaria pelo processo de produção, agindo como produtor de mercadorias, resultando em uma mercadoria de valor superior ao dos elementos que ingressaram em sua produção. Por fim, no terceiro estágio o capitalista voltaria ao mercado, agora como vendedor, tendo suas mercadorias transformadas em dinheiro.

Assim, o capitalista, para que pudesse extrair um valor de consumo de uma determinada mercadoria, teria de encontrar, dentro da esfera de circulação no mercado, uma mercadoria que tivesse um valor de uso cuja propriedade peculiar fosse uma fonte de valor, ou seja, cujo consumo fosse, em si mesmo, uma incorporação de trabalho e tivesse

---

320 HUNT, E. K. *História do pensamento econômico*: uma perspectiva crítica. 2. ed. Rio de Janeiro: Elsevier, 2005. p. 203.

321 MARX, Karl. *O Capital*. Moscou: Editora de Línguas Estrangeiras, 1961. v. 1. p. 165.

322 HUNT, E. K. *História do pensamento econômico*: uma perspectiva crítica. 2. ed. Rio de Janeiro: Elsevier, 2005. p. 203.

323 MARX, Karl. *O Capital*. Moscou: Editora de Línguas Estrangeiras, 1961. v. 1. p. 167.

como consequência uma criação de valor. Essa mercadoria especial seria encontrada sob a forma de capacidade, também denominada de "força de trabalho", que consistiria no "agregado de capacidades mentais e físicas existentes em uma pessoa, que ela exerce sempre que produz qualquer espécie de valor de uso".[324]

Desse modo, a força de trabalho consistiria na capacidade de trabalhar ou no trabalho potencial, de tal maneira que, quando a força de trabalho fosse comercializada como mercadoria, seu valor de uso seria apenas a execução de trabalho, ou seja, a concretização do trabalho potencial. Ao ser executado, o trabalho seria incorporado à mercadoria, atribuindo-lhe um determinado valor. Com isso, a única fonte possível de mais-valia seria "a diferença entre o valor da força de trabalho como mercadoria (ou trabalho potencial) e o valor da mercadoria produzida, que incorporava o trabalho concretizado (ou o valor de uso consumido da força de trabalho)".[325] Percebe-se que a força de trabalho seria uma mercadoria singular, pois seu uso ou seu consumo gerava novo valor, o qual não somente reporia o seu valor original, mas também geraria mais-valia.

Duas seriam as condições necessárias para a existência da força de trabalho.[326] A primeira seria que a força do trabalho pudesse aparecer no mercado como mercadoria se – e na medida em que – o indivíduo que a possuísse a oferecesse como mercadoria à venda. Para que esse indivíduo pudesse fazer isso, teria de ser o dono de sua capacidade de trabalho, vendendo-a somente por certo tempo, pois se vendesse por tempo indeterminado estaria vendendo a si próprio, tornando-se um escravo. A segunda condição necessária seria que o trabalhador não pudesse vender as mercadorias nas quais o seu trabalho fosse incorporado, permanecendo obrigado a oferecer à venda sua força de trabalho, como se uma mercadoria fosse. Isso porque, para que ele pudesse vender mercadorias que não sua força de trabalho, teria de possuir os meios de produção, tais como matérias-primas, máquinas etc. Com isso, para que o dinheiro pudesse ser transformado em capital, o proprietário do dinheiro teria de encontrar no mercado trabalhadores livres que dispusessem de sua força de trabalho como mercadoria e que não possuíssem outra mercadoria para vender, faltando-lhes tudo que fosse essencial para que pudessem realizar sua força de trabalho.

---

[324] MARX, Karl. *O Capital*. Moscou: Editora de Línguas Estrangeiras, 1961. v. 1. p. 167.
[325] MARX, Karl. *O Capital*. Moscou: Editora de Línguas Estrangeiras, 1961. v. 1. p. 155.
[326] MARX, Karl. *O Capital*. Moscou: Editora de Línguas Estrangeiras, 1961. v. 1. p. 168-169.

Conforme exposto, para Marx a fonte da mais-valia seria a diferença entre o valor da força de trabalho e o valor da mercadoria produzida quando a força de trabalho fosse concretizada. Para ele, o valor da força de trabalho seria determinado, tal como em todas as outras mercadorias, pelo tempo necessário para a produção.[327] Esse valor seria equivalente ao valor de subsistência da família de um operário, sendo, portanto, o trabalho incorporado à força de trabalho, o mesmo que o trabalho incorporado às mercadorias necessárias para sua subsistência. Assim, se os trabalhadores, ao produzirem alimentos, roupas e moradias, despendessem, coletivamente, em média, quatro horas diárias para produzir as mercadorias para sua subsistência, o uso da força de trabalho de um indivíduo em um dia seria de quatro horas. Ocorre que, se um trabalhador trabalhasse somente essas quatro horas diárias, a produção total serviria apenas para a sua subsistência, não havendo excedente, ou seja, não geraria riqueza para o capitalista.[328]

Denominava Marx como "tempo de trabalho necessário" a parte da jornada de trabalho durante a qual era produzido o valor da força de trabalho. No entanto, no capitalismo a jornada de trabalho sempre tinha uma duração muito maior do que o tempo de trabalho necessário. O trabalho realizado nesse período superior ao "tempo de trabalho necessário" era denominado de "trabalho excedente", que gerava a mais-valia.[329] A mais-valia, portanto, era "a cristalização do tempo de trabalho excedente".[330]

O processo de circulação do capital industrial, logo, consistia no seguinte: o capitalista iniciava com capital em dinheiro e adquiria três diferentes tipos de mercadorias: matérias-primas, instrumentos e força de trabalho. Então, iniciava-se o processo de produção. Durante esse processo, o capital era transformado em mercadorias acabadas, cujo valor provinha das três mercadorias adquiridas (matérias-primas, instrumentos e força de trabalho). Quanto maior fosse a produção excedente ao trabalho necessário, maior seria a mais-valia gerada e, portanto, maior o lucro do capitalista. Assim, o capitalista iniciava o processo com uma determinada quantidade de capital e, ao final, possuía uma quantidade maior, gerada pelo excedente. Quanto maior fosse a produtividade, maior seria o excedente e maiores os lucros do

---

[327] MARX, Karl. *O Capital*. Moscou: Editora de Línguas Estrangeiras, 1961. v. 1. p. 170-172.

[328] HUNT, E. K. *História do pensamento econômico*: uma perspectiva crítica. 2. ed. Rio de Janeiro: Elsevier, 2005. p. 208.

[329] MARX, Karl. *O Capital*. Moscou: Editora de Línguas Estrangeiras, 1961. v. 1. p. 217.

[330] MARX, Karl. *O Capital*. Moscou: Editora de Línguas Estrangeiras, 1961. v. 1. p. 217.

capitalista, que permitiriam investir ainda mais em capital produtivo e, consequentemente, possibilitariam uma acumulação de capital cada vez maior. Por esse motivo Marx afirmou que a força de trabalho seria a única fonte de mais-valia, pois era ela que permitia a geração de excedente e, consequentemente, de riqueza. Assim, o capital geraria mais-valia, que por sua vez seria fonte de mais capital, que geraria uma mais-valia ainda maior, em um processo contínuo que acumulação de capital.[331]

Além do mais, o poder dos capitalistas, segundo Marx, acabaria sendo assegurado pelas novas leis de propriedade privada, visto que, como classe dominante, eles se tornaram os advogados defensores das leis de proteção da propriedade privada e do modo de produção e circulação capitalista, de maneira a perpetuarem seus poderes. Suas leis, portanto, seriam uma forma de assegurar suas ânsias incessantes por acumulação de capital.[332]

Marx observou que, à medida que o capitalismo se desenvolvia, aumentava a concentração econômica na mão de um número cada vez menor de capitalistas. Na prática, isso ocorria em razão da concorrência acirrada, que acarretava a ruína dos capitalistas menores, cujo capital acabava sendo incorporado pelos grandes.[333]

Além do mais, com o avanço da tecnologia, fazia-se necessário um aumento constante no volume mínimo de capital para que uma empresa funcionasse normalmente.[334] Isso acabava exigindo, para possibilitar que uma empresa estivesse apta a concorrer com as demais, que a produtividade dos trabalhadores aumentasse incessantemente, o que gerava uma tendência de tornar as empresas cada vez maiores e que um número cada vez menor de capitalistas as possuísse.[335]

Com relação ao lucro, entendia que o aumento da taxa de mais-valia sempre acabaria elevando a taxa de lucro. Por esse motivo, o capitalista sempre buscaria aumentar ao máximo a jornada de trabalho. Para ele, no entanto, haveria certos limites práticos para o aumento da taxa de mais-valia, o que, em razão do aumento da composição orgânica do capital (que consistia no aumento da proporção da extensão física dos meios de produção em relação a uma quantidade de trabalho empregada), acarretaria a diminuição na taxa de lucro. No entanto,

331 MARX, Karl. *O Capital*. Moscou: Editora de Línguas Estrangeiras, 1961. v. 1. p. 595.

332 MARX, Karl. *O Capital*. Moscou: Editora de Línguas Estrangeiras, 1961. v. 1. p. 714.

333 MARX, Karl. *O Capital*. Moscou: Editora de Línguas Estrangeiras, 1961. v. 1. p. 626.

334 HUNT, E. K. *História do pensamento econômico*: uma perspectiva crítica. 2. ed. Rio de Janeiro: Elsevier, 2005. p. 224.

335 MARX, Karl. *O Capital*. Moscou: Editora de Línguas Estrangeiras, 1961. v. 1. p. 626.

para Marx, mesmo quando a taxa de lucro diminuísse, o lucro total, de maneira geral, aumentaria, pois os capitalistas buscariam medidas para anular a tendência de queda dos lucros.[336]

Em especial, Marx listou quatro tendências compensatórias:[337] i) seria possível aos capitalistas aumentarem a jornada de trabalho e intensificarem o trabalho, aumentando, assim, a produtividade, e, consequentemente, a mais-valia;[338] ii) poderiam usar sua influência política e econômica de modo a contribuir para uma "superpopulação relativa" de operários, o que geraria mais lucros em razão da grande oferta de trabalhadores, os quais teriam seus salários diminuídos;[339] iii) em razão da evolução tecnológica, os custos do capital constante diminuiriam, ou seja, mesmo que fosse necessária uma despesa cada vez maior com capital constante (capital investido em máquinas, equipamentos, instalações, matérias-primas etc.),[340] o aumento da produtividade em razão dos avanços tecnológicos a compensaria;[341] iv) o mercado poderia se expandir com o comércio exterior.[342]

Além do mais, conforme lembra Hunt, Marx parece ter desconsiderado que um aumento na composição orgânica do capital poderia significar que estavam em curso mudanças tecnológicas, permitindo mais produtividade na produção das mercadorias consumidas pelos operários, o que levaria ao aumento do salário real destes, bem como ao aumento da taxa de mais-valia. Em outras palavras, a variação da composição orgânica do capital poderia criar sua própria medida compensatória. Com isso, haveria o chamado "barateamento dos elementos do capital constante", em razão dessas inovações "poupadoras de capital".[343]

É importante ressaltar, também, que Marx afirmava que os salários tinham a tendência de se manterem próximos ao nível de subsistência, que, por sua vez, seria determinado por razões culturais, e não biológicas.[344] Argumentava que a população excedente de operários

---

336 MARX, Karl. *O Capital*. Moscou: Editora de Línguas Estrangeiras, 1961. v. 1. p. 209.

337 HUNT, E. K. *História do pensamento econômico*: uma perspectiva crítica. 2. ed. Rio de Janeiro: Elsevier, 2005. p. 226.

338 MARX, Karl. *O Capital*. Moscou: Editora de Línguas Estrangeiras, 1961. v. 1. p. 227.

339 MARX, Karl. *O Capital*. Moscou: Editora de Línguas Estrangeiras, 1961. v. 1. p. 230.

340 Capital variável, por sua vez, consistiria na parte do capital investido em salários.

341 MARX, Karl. *O Capital*. Moscou: Editora de Línguas Estrangeiras, 1961. v. 1. p. 231.

342 MARX, Karl. *O Capital*. Moscou: Editora de Línguas Estrangeiras, 1961. v. 1. p. 232.

343 HUNT, E. K. *História do pensamento econômico*: uma perspectiva crítica. 2. ed. Rio de Janeiro: Elsevier, 2005. p. 227.

344 MARX, Karl. *O Capital*. Moscou: Editora de Línguas Estrangeiras, 1961. v. 1. p. 632.

seria um produto necessário para a acumulação no capitalismo, pois ocasionava um "exército industrial de reserva descartável", criando uma "massa de material humano sempre pronta a ser explorada".[345]

Em razão dessa grande massa de trabalhadores ociosa, havia uma elevada concorrência entre os operários, o que acabaria por manter sempre os salários próximos aos níveis de subsistência, visto que aqueles desempregados estariam dispostos a aceitar salários que servissem somente para sua sobrevivência. Apesar disso, conforme a acumulação ocorresse, haveria tamanha demanda por trabalho que acabaria com o "exército industrial de reserva", levando os capitalistas a pagar salários mais altos para conseguirem trabalhadores suficientes.[346]

Ainda segundo Hunt, considerando o fato de que cada capitalista não teria como controlar o nível de salários nessas situações, teria como alternativa a melhora nas técnicas de produção, aumentando a produtividade, de modo que cada operário trabalhasse com um maior capital e sua produtividade pudesse ser aumentada. Com isso, a produção, com o mesmo número de funcionários ou menos, poderia ser expandida. Com essa implementação de maquinário mais produtivo, o problema dos salários elevados seria resolvido, pois haveria a substituição de operários por máquinas, gerando uma nova reserva de desempregados dispostos a trabalhar por salários mais baixos.

Ocorre que o aumento de produtividade, que acabava gerando desemprego, também permitiria o aumento da produção total sem aumento de salários, o que acarretaria novos problemas. Isso porque, com um grande volume de mercadorias no mercado e com trabalhadores trabalhando por salários mais baixos (e, consequentemente, tendo menos poder de compra), haveria um problema de demanda. Mesmo com os operários gerando mais-valia incorporada às mercadorias, os capitalistas se veriam impossibilitados de transformá-las em dinheiro e obter lucro com a venda destas.[347]

Para explicar esse processo, Marx dividiu a economia capitalista em dois setores: o de produção de bens de consumo e o de produção de bens de capital. Para que não houvesse crises, seria essencial que existisse uma troca equilibrada entre os referidos setores, de modo que os bens de consumo utilizados pelos trabalhadores e pelos capitalistas

---

[345] MARX, Karl. *O Capital*. Moscou: Editora de Línguas Estrangeiras, 1961. v. 1. p. 632.

[346] HUNT, E. K. *História do pensamento econômico*: uma perspectiva crítica. 2. ed. Rio de Janeiro: Elsevier, 2005. p. 228.

[347] HUNT, E. K. *História do pensamento econômico*: uma perspectiva crítica. 2. ed. Rio de Janeiro: Elsevier, 2005. p. 229.

do setor que produzia os bens de capital deveriam estar em equilíbrio com a demanda de bens de capital pelos capitalistas do setor que produzia bens de consumo. Caso contrário, ocorreria um problema de desequilíbrio entre a oferta e a demanda entre os setores.

Conforme lembra Hunt,[348] as capacidades produtivas de ambos os setores foram determinadas até então, majoritariamente, pela introdução de novas tecnologias que aumentassem a produtividade. Por isso, o aumento da produtividade acabava não significando que os salários dos operários seriam elevados nem que ocorreria uma nova redistribuição de renda entre salários e lucros. Como consequência, o setor responsável pela produção de bens de consumo teria um excesso de capacidade, ou, em outras palavras, um problema de demanda.

Ainda, não haveria interesse por parte dos capitalistas em ampliar as instalações produtivas, nem em aumentar o estoque de capital, causando uma diminuição na produção de bens de capital. Com isso, ocorreriam demissões, acompanhadas da baixa de salários e de demanda dos consumidores, o que acarretaria menor produção na indústria de bens de consumo, em um ciclo contínuo que levaria a um problema de superprodução e colapso econômico, fomentando cada vez mais o chamado "exército de reserva".[349]

Para Marx, no sistema capitalista todos os meios para aumento da produtividade acabavam sendo empregados à custa dos trabalhadores, transformando-se em meios de dominação e de exploração por parte dos produtores e levando aqueles a se tornarem meros apêndices de máquinas. Não obstante isso, todos os métodos para a produção de mais-valia seriam ao mesmo tempo métodos de acumulação, a qual, por sua vez, seria transformada novamente em um novo meio para o desenvolvimento dos referidos métodos.[350]

Conforme exposto, a produtividade também teve papel bastante relevante para o pensamento de Karl Marx, estando também relacionada à geração de excedente e, consequentemente, de maior riqueza, com a mesma quantidade de determinado fator. O mencionado autor parece ter utilizado, sobretudo, o conceito de produtividade do trabalho, afirmando que o único elemento comum constante em todas as mercadorias e comparável quantitativamente seria o tempo de trabalho

---

[348] HUNT, E. K. *História do pensamento econômico*: uma perspectiva crítica. 2. ed. Rio de Janeiro: Elsevier, 2005. p. 229.

[349] MARX, Karl. *O Capital*. Moscou: Editora de Línguas Estrangeiras, 1961. v. 1. p. 532-533.

[350] MARX, Karl. *O Capital*. Moscou: Editora de Línguas Estrangeiras, 1961. v. 1. p. 645.

necessário para sua produção.[351] Nada obstante tal fato, outro aspecto observado por Marx relativo ao tema foi que a principal característica do capitalismo, que daria origem à mais-valia, não estaria na esfera da circulação, mas sim da produção, sendo a forma mais representativa do modo de produção capitalista o capital industrial, visto que seria por meio dele que a mais-valia seria criada e expropriada. Entendia o trabalho como sendo a única fonte de mais-valia, que consistiria na diferença entre o valor da força de trabalho como mercadoria e o valor da mercadoria produzida.[352] Desse modo, quanto maior a produtividade, para Marx, maior seria o excedente gerado e maiores os lucros, a riqueza, do capitalista, o que permitiria que este investisse ainda mais em capital produtivo e, como consequência, possibilitaria um acumulo de capital cada vez maior. Além do mais, observou Marx que o excesso de produtividade poderia gerar um elevado número de demissões, com um consequente problema de demanda, visto que, de tal maneira, seria permitido um aumento da produção total sem aumento de salários, acarretando um grande volume de mercadorias no mercado, mas, ao mesmo tempo, haveria uma perda muito grande do poder de compra por parte dos trabalhadores. Por fim, como possíveis compensações para esse problema, Marx afirmou que os capitalistas tenderiam a adotar algumas medidas, dentre as quais o aumento ainda maior na produtividade, por meio de maior exigência sobre os trabalhadores,[353] bem como por meio dos avanços tecnológicos.[354]

2.4 Neoclassicismo

Com relação ao pensamento neoclássico, que englobou diversas escolas, interessa-nos, para os fins do presente trabalho, sobretudo, o pensamento acerca da chamada "teoria da produtividade marginal da distribuição".

Conforme Marshall,[355] as firmas buscavam maximizar a diferença entre a renda monetária auferida com o comércio de mercadorias e os custos monetários pagos por ela para que pudessem adquirir os serviços dos fatores de produção que produziam essas mercadorias, ou

[351] MARX, Karl. *O Capital*. Moscou: Editora de Línguas Estrangeiras, 1961. v. 1. p. 37.

[352] MARX, Karl. *O Capital*. Moscou: Editora de Línguas Estrangeiras, 1961. v. 1. p. 155.

[353] MARX, Karl. *O Capital*. Moscou: Editora de Línguas Estrangeiras, 1961. v. 1. p. 227.

[354] MARX, Karl. *O Capital*. Moscou: Editora de Línguas Estrangeiras, 1961. v. 1. p. 231.

[355] HUNT, E. K. *História do pensamento econômico*: uma perspectiva crítica. 2. ed. Rio de Janeiro: Elsevier, 2005. p. 276.

seja, buscavam maximizar os lucros. Desse modo, Marshall entendia que os empresários sempre buscariam reduzir os custos de produção substituindo um fator por outro, ou seja, estão "sempre tentando obter uma noção quanto à eficiência relativa de todo agente de produção por ele empregado, bem como de outros que possam ser substituídos por alguns desses agentes".[356] Em outras palavras, a soma dos preços pagos pelo empresário pelos fatores por ele utilizados "é, em regra, menor do que a soma dos preços que teria de pagar por qualquer outro conjunto de fatores que pudessem ser empregados como substitutos".[357]

Além disso, Marshall entendia que, quando uma firma aumentava a quantidade utilizada de um determinado fator, tal como o trabalho, relativamente à quantidade utilizada de outro, como o capital, o incremento marginal que acabaria sendo acrescido à produção total em cada aumento adicional equivalente ao primeiro fator começaria a diminuir a partir de determinado momento, ou seja, haveria uma tendência de retorno decrescente no emprego marginal de qualquer agente de produção.[358]

A teoria da produtividade marginal da distribuição, de autoria de Marshall, consiste no seguinte: considerando-se que, no curto prazo, o tamanho das instalações utilizadas na produção da empresa é fixo, ela somente poderia expandir ou contratar serviços de produção com um maior número de funcionários. Todavia, a fábrica teria sido elaborada com uma determinada tecnologia, o que significa que a produtividade média por funcionário seria maximizada no momento em que a empresa contratasse o número de funcionários para o qual a fábrica teria sido projetada. Poderia, portanto, "a empresa modificar as proporções de trabalho com relação ao capital (ou o número de funcionários da fábrica), mas essa alteração afetaria a produtividade média por funcionário".[359] Em outras palavras, conforme o capitalista contratasse mais operários, em determinado momento a produção alcançaria a produtividade máxima para a qual a fábrica tivesse sido projetada (maximização da produção por operário). A partir daí, haveria uma diminuição na produção por operário, na medida em que fossem sendo contratados mais empregados.

---

356 MARSHALL, Alfred. *Principles of Economics*. London: Macmillan, 1961. p. 336-337. Tradução livre.

357 MARSHALL, Alfred. *Principles of Economics*. London: Macmillan, 1961. p. 335. Tradução livre.

358 MARSHALL, Alfred. *Principles of Economics*. London: Macmillan, 1961. p. 337.

359 HUNT, E. K. *História do pensamento econômico*: uma perspectiva crítica. 2. ed. Rio de Janeiro: Elsevier, 2005. p. 280.

Para Marshall, ocorreria um equilíbrio no longo prazo – assim como entendiam os defensores da "mão invisível" desde Adam Smith –, decorrente da concorrência, que não somente igualaria a taxa de lucro de todas as empresas, mas também minimizaria os custos de produção, ou seja, maximizaria a eficiência produtiva, possibilitando que os consumidores comprassem as mercadorias pelo menor preço possível.[360]

Para ele, duas eram a fontes responsáveis pela produtividade crescente das empresas de maior porte. Primeiramente, decorria do que Marshall chamava de "economias internas de escala", que ocasionavam uma melhor organização da empresa. Em outras palavras, o aumento do trabalho e do capital levaria, na maioria das vezes, à melhor organização, que acabaria proporcionando um aumento da produtividade do trabalho e do capital.[361]

Em segundo lugar, decorria das chamadas "economias externas de escala", provenientes de benefícios obtidos pela empresa (ou pelo setor) com escolhas de produção e de preços das demais empresas (ou setores) – por exemplo, os benefícios na localização da indústria e de setores secundários e terciários diretamente relacionados.[362] Em suas palavras, "o aumento agregado de produção de qualquer coisa geralmente aumenta o tamanho da firma e, portanto, suas economias internas, bem como as economias externas a que a firma tenha acesso".[363] Isso permitiria, segundo ele, que "a firma fabricasse seus produtos a um custo de trabalho menos proporcional e com menos sacrifício do que anteriormente".[364]

A visão proveniente da teoria neoclássica da distribuição fundamentada na produtividade marginal indicava uma relação entre as quantidades físicas de trabalho e capital utilizados na produção e as quantidades físicas equivalentes de produtos marginais passíveis de serem atribuídos a esses fatores.[365]

Para Böhm-Bawerk, a utilização de métodos capitalistas de produção tinha duas consequências igualmente características e

---

360 HUNT, E. K. *História do pensamento econômico*: uma perspectiva crítica. 2. ed. Rio de Janeiro: Elsevier, 2005. p. 280.

361 MARSHALL, Alfred. *Principles of Economics*. London: Macmillan, 1961. p. 265.

362 MARSHALL, Alfred. *Principles of Economics*. London: Macmillan, 1961. p. 222-231.

363 MARSHALL, Alfred. *Principles of Economics*. London: Macmillan, 1961. p. 265. Tradução livre.

364 MARSHALL, Alfred. *Principles of Economics*. London: Macmillan, 1961. p. 265. Tradução livre.

365 HUNT, E. K. *História do pensamento econômico*: uma perspectiva crítica. 2. ed. Rio de Janeiro: Elsevier, 2005. p. 294.

significativas, uma vantajosa e outra desvantajosa. A vantajosa consistia "na maior produtividade técnica daqueles métodos". A desvantajosa seria o sacrifício de tempo, visto que as maneiras utilizadas pelo capital, apesar de frutíferas, demoravam. Nas suas palavras, "na esmagadora maioria dos casos, temos de trilhar os caminhos tortuosos da produção capitalista em condições técnicas de natureza tal que temos de esperar – e, muitas vezes, esperar muito tempo – para podermos ter o produto final acabado". Além do mais, "na perda de tempo associada ao processo capitalista reside a única base da tão falada e deplorável dependência do trabalhador em relação ao capitalista";[366] isso porque "os trabalhadores só ficam dependentes economicamente dos capitalistas porque não podem esperar que esse processo indireto (...) lhes entregue seus produtos prontos para o consumo".[367]

Böhm-Bawerk entendia que o que diferenciava os trabalhadores dos capitalistas era que eles tinham diferentes preferências quanto ao tempo. Enquanto os trabalhadores buscavam sua recompensa no presente, os capitalistas, em decorrência de seu caráter moral, estariam dispostos a esperar.[368]

Marshall, por sua vez, resumindo o pensamento neoclássico acerca da teoria da produtividade marginal da distribuição, afirmou que "a maioria dos homens ganha mais ou menos o que vale".[369] Conforme Hunt,[370] outra citação, dessa vez de Clark, poderia resumir a preocupação dos pensadores neoclássicos de que "o bem-estar das classes trabalhadoras depende de se determinar se elas ganham muito ou pouco".[371] Todavia, sua atitude diante das outras classes dependeria, "principalmente, da questão de se determinar se o que elas ganham é muito ou pouco em relação ao que produzem".[372]

---

[366] BÖHM-BAWERK, Eugen von. *The Positive Theory of Capital*. New York: Strechert, 1923. p. 82-83. Tradução livre.

[367] BÖHM-BAWERK, Eugen von. *The Positive Theory of Capital*. New York: Strechert, 1923. p. 82-83. Tradução livre.

[368] HUNT, E. K. *História do pensamento econômico*: uma perspectiva crítica. 2. ed. Rio de Janeiro: Elsevier, 2005. p. 299.

[369] MARSHALL, Alfred. *Principles of Economics*. London: Macmillan, 1961. p. 335. Tradução livre.

[370] HUNT, E. K. *História do pensamento econômico*: uma perspectiva crítica. 2. ed. Rio de Janeiro: Elsevier, 2005. p. 300.

[371] CLARK, John Bates. *The Distribution of Wealth*. New York: Augustus M. Kelley, 1963. p. 4. Tradução livre.

[372] CLARK, John Bates. *The Distribution of Wealth*. New York: Augustus M. Kelley, 1963. p. 4. Tradução livre.

Do exposto, percebe-se que a produtividade também teve papel relevante para o pensamento neoclássico, estando relacionada à geração de mais excedente – e, consequentemente, mais riqueza – com a mesma quantidade de determinado fator. Para alguns dos seus principais expoentes, os empresários sempre buscariam reduzir seus custos de produção, havendo, contudo, um retorno decrescente no emprego marginal de qualquer agente de produção. Além disso, segundo a teoria da produtividade marginal da distribuição, a produtividade média por funcionário seria maximizada quando determinada empresa alcançasse o número de funcionários para o qual ela havia sido planejada. A partir desse ponto, quanto mais funcionários fossem contratados, menor seria a produtividade do trabalho destes. Nada obstante isso, entendiam também que, no longo prazo, não somente a taxa de lucro de todas as empresas seriam igualadas, como também os custos de produção seriam minimizados, de modo a maximizar a eficiência produtiva, o que seria benéfico para toda a sociedade. Os trabalhadores, por sua vez, deveriam receber salários proporcionais à sua produtividade. Nota-se, por fim, que, para os neoclássicos estudados, tanto o conceito de produtividade do trabalho como o de produtividade do capital acabaram sendo frequentemente utilizados.

2.5 Keynesianismo

No presente subcapítulo, será abordado, brevemente, o papel da produtividade no pensamento de John Maynard Keynes, que foi um dos economistas mais influentes do século XX, tendo ainda elevada influência atualmente.

John Maynard Keynes concordava com quase todos os princípios do pensamento neoclássico, em especial com a teoria da distribuição fundamentada na produtividade marginal.

Iniciou sua obra tendo como premissa que a "teoria do emprego" neoclássica se baseava em "dois postulados fundamentais". O primeiro deles seria que "o salário é igual ao produto marginal do trabalho".[373] O referido autor, quando afirmou que discordava da economia neoclássica, deixou claro que concordava com o postulado de que os trabalhadores receberiam o valor de seu produto marginal. Em suas palavras, "com determinada organização, com determinados equipamentos e

[373] KEYNES, John Maynard. *The General Theory of Employment, Interest, and Money*. New York: Harcourt, Brace & World, 1936. p. 5.

com determinada técnica, os salários reais e o volume de produção (e, portanto, o emprego) estão correlacionados de modo singular".[374] Isso porque, "de modo geral, o aumento do emprego só pode ocorrer acompanhado de uma queda dos salários reais".[375] E concluiu afirmando que, "assim, se o emprego aumentar, então a remuneração por unidade de trabalho, em termos de mercadoria-salário, terá, no curto prazo e de modo geral, que baixar e os lucros terão que aumentar".[376]

Conforme observa Hunt,[377] se os trabalhadores que estavam empregados em 1929, pouco antes do começo da grande crise, estivessem recebendo o valor de seu produto marginal do modo como Keynes acreditava que estavam, a elevada e abrupta queda de empregos de 1930, mantendo praticamente o mesmo capital físico, deveria ter tido como resultado o aumento substancial da produtividade marginal do trabalho, nos termos da lógica da distribuição segundo a produtividade marginal.

Na análise de Keynes acerca da lucratividade e de sua evolução, o investimento (produtivo) seria o componente mais volátil de sua teoria da demanda efetiva e dependeria da produtividade marginal do capital conjuntamente com a taxa de juros de longo prazo. De maneira específica, Keynes argumentava que, quando um empreendedor comprava bens de investimento, na realidade ele comprava o direito a uma série de rendimentos futuros que ele esperava ganhar (durante a vida útil do bem de capital) vendendo o produto, após a subtração das despesas correntes. De modo ainda mais específico, Keynes definia a produtividade marginal do capital (Keynes chamava de "eficiência marginal do capital") como "sendo igual à taxa de desconto que tornará o valor presente das séries de anuidades dadas pelos retornos esperados do bem de capital durante a sua vida igual ao seu preço de oferta".[378] Ele ainda observava que o preço de oferta do bem de capital não deveria ser confundido com seu preço atual, mas sim entendido como o "preço que apenas induziria o fabricante a produzir uma unidade adicional de

374 KEYNES, John Maynard. *The General Theory of Employment, Interest, and Money*. New York: Harcourt, Brace & World, 1936. p. 17. Tradução livre.

375 KEYNES, John Maynard. *The General Theory of Employment, Interest, and Money*. New York: Harcourt, Brace & World, 1936. p. 17. Tradução livre.

376 KEYNES, John Maynard. *The General Theory of Employment, Interest, and Money*. New York: Harcourt, Brace & World, 1936. p. 17. Tradução livre.

377 HUNT, E. K. *História do pensamento econômico*: uma perspectiva crítica. 2. ed. Rio de Janeiro: Elsevier, 2005. p. 390.

378 KEYNES, John Maynard. *The General Theory of Employment, Interest, and Money*. New York: Harcourt, Brace & World, 1936. p. 135. Tradução livre.

tais ativos, ou seja, o que às vezes é chamado de custo de substituição [*replacement cost*]".[379] Claramente, como observa Tsoulfidis,[380] a definição da produtividade marginal do capital, para Keynes, "depende da taxa de retorno que se esperaria obter sobre o dinheiro se ele fosse investido em um ativo recém-produzido, não do resultado histórico do que um investimento rendeu (...) se olharmos para trás em seu registro depois que sua vida acabar".[381]

A respeito do argumento de Keynes sobre a queda na produtividade marginal do capital, afirmou o referido autor que, "se houver um aumento do investimento em qualquer tipo de capital durante qualquer período de tempo, a eficiência marginal desse tipo de capital diminuirá à medida que o investimento nele for aumentado".[382] E continuou, justificando que isso se daria "em parte porque o rendimento prospectivo cairá à medida que a oferta desse tipo de capital for aumentada e em parte porque, como regra, a pressão sobre as instalações para produzir esse tipo de capital faz o seu preço de reposição aumentar".[383]

Conforme observa Tsoulfidis,[384] há, no mencionado trecho, dois argumentos a respeito da lucratividade. O primeiro se refere ao curto prazo e ao lado da oferta de mercado, em que os gastos de investimento de uma empresa implicariam a intensificação da competição com outras empresas sobre os recursos. No entanto, a oferta de recursos seria dada no curto prazo. Como consequência, os seus preços aumentariam e os lucros diminuiriam para cada uma das empresas concorrentes. Assim, Keynes assumia que, à medida que a concorrência se tornasse mais intensa, as empresas seriam obrigadas a operar com um custo unitário cada vez maior. Keynes observava que, "no curto prazo, o preço da oferta geralmente aumenta com o aumento da produção, seja pelo fato físico de retornos decrescentes, seja pela tendência do custo da unidade aumentar quando a produção aumenta".[385] Como observava

---

379 KEYNES, John Maynard. *The General Theory of Employment, Interest, and Money*. New York: Harcourt, Brace & World, 1936. p. 135. Tradução livre.

380 TSOULFIDIS, Lefteris. Keynes on the Marginal Efficiency of Capital and the Great Depression. *History of Economic Ideas*, v. 16, n. 3, p. 65-78, 2008. p. 66.

381 KEYNES, John Maynard. *The General Theory of Employment, Interest, and Money*. New York: Harcourt, Brace & World, 1936. p. 135. Tradução livre.

382 KEYNES, John Maynard. *The General Theory of Employment, Interest, and Money*. New York: Harcourt, Brace & World, 1936. p. 136.

383 KEYNES, John Maynard. *The General Theory of Employment, Interest, and Money*. New York: Harcourt, Brace & World, 1936. p. 136.

384 TSOULFIDIS, Lefteris. Keynes on the Marginal Efficiency of Capital and the Great Depression. *History of Economic Ideas*, v. 16, n. 3, p. 65-78, 2008. p. 67.

385 KEYNES, John Maynard. *The General Theory of Employment, Interest, and Money*. New York: Harcourt, Brace & World, 1936. p. 328. Tradução livre.

Keynes, esse argumento funcionava mais efetivamente no curto prazo e enfraquecia com a passagem do tempo, à medida que o investimento expandia a capacidade de produção.[386]

O argumento de longo prazo se referia ao lado da demanda da economia. Assim, a ideia de Keynes era que, à medida que a empresa aumentasse seu investimento e expandisse sua produção, seria extremamente difícil manter suas vendas crescendo ao preço do momento. Suas vendas poderiam crescer no mesmo ritmo de sua capacidade produtiva somente se a empresa reduzisse seu preço de venda. Como consequência, os lucros esperados cairiam, assim como a produtividade marginal do capital.

Com relação ao total da economia, bastaria, simplesmente, adicionar o comportamento de empresas individuais. Uma vez que para cada firma particular existiria uma relação inversa com a produtividade marginal do capital e o investimento, o mesmo ocorreria para a economia como um todo. Vale ressaltar que, para Keynes, a queda da produtividade marginal do capital, por si só, não implicava automaticamente uma redução nas despesas de investimento. Tudo dependeria de a taxa de juros ser ou não menor do que a produtividade marginal do capital. Se por alguma razão a taxa de juros fosse mantida abaixo da produtividade marginal do capital, então sempre haveria motivo para o investimento, mesmo com a queda da produtividade marginal do capital. Por esse motivo Keynes defendeu a "eutanásia dos rentistas", que poderia ser alcançada à medida que a taxa de juros se aproximasse de zero.[387]

A produtividade, conforme demonstrado, também teve importante papel na teoria de Keynes, estando relacionada à geração de mais excedente e, consequentemente, de mais riqueza. Ele tratou, sobretudo, da produtividade marginal do capital. Para o mencionado autor, assim como para os neoclássicos, os trabalhadores receberiam seu salário de acordo com sua produtividade marginal. Além do mais, entendia que, conforme aumentasse o investimento em um determinado tipo de capital durante qualquer período de tempo, a produtividade marginal diminuiria. Ou seja, o capital tende a ter uma produtividade decrescente à medida que mais investimentos forem feitos nele. Do mesmo modo que isso ocorreria nas empresas, ocorreria, também, na economia como um todo.

---

[386] TSOULFIDIS, Lefteris. Keynes on the Marginal Efficiency of Capital and the Great Depression. *History of Economic Ideas*, v. 16, n. 3, p. 65-78, 2008. p. 67.

[387] TSOULFIDIS, Lefteris. Keynes on the Marginal Efficiency of Capital and the Great Depression. *History of Economic Ideas*, v. 16, n. 3, p. 65-78, 2008. p. 68-69.

2.6 A produtividade na visão das instituições internacionais

Após analisar as diferentes correntes de pensamento econômico no que diz respeito à produtividade, pretende-se abordar, no presente subcapítulo, a visão de algumas das principais instituições internacionais acerca da produtividade e sua relação com o desenvolvimento, especialmente no que se refere aos países periféricos. Não se busca, no entanto, tratar de uma vertente de pensamento específica nem esgotar a análise do pensamento das instituições internacionais existentes, mas sim demonstrar que algumas de grande relevância convergem relativamente à importância do aumento da produtividade para o desenvolvimento dos países, em especial os da América Latina.

Conforme o vice-presidente do Banco Mundial, Jan Walliser, o crescimento da produtividade é crítico para a aceleração do desenvolvimento. Isso porque, segundo ele, a pobreza ao redor do mundo não diminuirá a não ser que os países mais pobres aumentem a renda *per capita*. Alguns desses aumentos no crescimento serão provenientes do investimento em melhor capital físico e humano. No entanto, "parte significativa do crescimento da renda decorre do aumento da produtividade e, especificamente, das inovações que tornam o capital físico e humano mais produtivo".[388]

Em estudo realizado pelo Banco Mundial,[389] argumentou-se que o Brasil passou por diversas mudanças estruturais relacionadas ao rápido crescimento e à convergência em direção às economias de alta renda. Dentre elas estão as transformações do setor agrícola, a contínua urbanização, os investimentos expressivos em educação, bem como o bônus demográfico com a entrada dos *baby boomers* das décadas de 1970 e 1980 no mercado de trabalho do país. Todavia, a situação dos brasileiros de hoje, em comparação com a dos norte-americanos, está ruim, pois a renda *per capita* dos brasileiros atualmente, em termos de paridade de poder de compra, é de cerca de somente 25% dos níveis dos Estados Unidos.

Para o Banco Mundial, "a falta de convergência dos padrões de vida de hoje está associada a um histórico deficiente no crescimento da produtividade, (...) o crescimento da produtividade é um fator crítico

[388] CIRERA, Xavier; MALONEY, William F. *The Inovation Paradox*: Developing-Country Capabilities and the Unrealized Promise of Technological Catch-Up. Washington: World Bank Group, 2017. Prefácio. p. xi. Tradução livre.

[389] BANCO MUNDIAL. *Emprego e crescimento*: a agenda da produtividade. Washington D.C.: Banco Mundial, 2018. p. 7.

para o desenvolvimento em todos os países"[390] e, ainda, "o crescimento da produtividade é fundamental para gerar empregos melhores e aumentar o padrão de vida das pessoas ao reduzir preços e elevar a qualidade dos produtos".[391] Nesse sentido, hoje um trabalhador médio brasileiro é somente cerca de 17% mais produtivo do que há 20 anos, ao passo que o aumento entre trabalhadores médios nos países de alta renda foi de 34%. Mesmo que tenha havido, desde os anos 2000, um aumento significativo da renda *per capita* e uma considerável redução da pobreza, essa melhora dificilmente será sustentável. Isso se dá em decorrência de que o aumento da renda no Brasil se baseou, sobretudo, no aumento da taxa de emprego, com a entrada de um grande contingente de jovens no mercado de trabalho pela primeira vez. Contudo, com o rápido envelhecimento da população, essa fonte de crescimento se esgotará em breve. Nada obstante isso, os preços elevados das *commodities* e as políticas fiscais mais flexíveis teriam incentivado um modelo de crescimento baseado no consumo nos anos 2000, causando uma rápida elevação na taxa de emprego. Todavia, nos últimos anos, tais fatores se inverteram, ocasionando a pior recessão do Brasil em mais de um século. Com isso, percebe-se que "nem os preços das *commodities* nem os gastos do governo podem ser fontes sustentáveis de crescimento a longo prazo".[392]

Como já mencionado anteriormente, o Banco Mundial exemplifica um dos meios pelos quais a produtividade impacta a vida das pessoas. Analisando o setor automobilístico, expõe que o trabalhador brasileiro necessita trabalhar mais de cinco vezes o número de horas que um trabalhador canadense trabalha para que consiga produzir um carro de tamanho médio (Toyota Corolla). Quando os trabalhadores produzem mais a cada dia de trabalho (ou demoram menos tempo para realizar as mesmas tarefas), a empresa se torna mais competitiva. Isso significa que ela poderá baixar os preços, vender mais produtos e contratar mais trabalhadores e, com o tempo, aumentar os salários. Nesse sentido, o trabalhador do setor no Canadá recebe, em média, 19 dólares por hora, enquanto no Brasil o trabalhador equivalente recebe apenas 6 dólares. A produção na fábrica canadense é maior e mais eficiente e, em termos de produção por trabalhador, a fábrica no Brasil

---

[390] BANCO MUNDIAL. *Emprego e crescimento*: a agenda da produtividade. Washington D.C.: Banco Mundial, 2018. p. 7.

[391] BANCO MUNDIAL. *Emprego e crescimento*: a agenda da produtividade. Washington D.C.: Banco Mundial, 2018. p. 9.

[392] BANCO MUNDIAL. *Emprego e crescimento*: a agenda da produtividade. Washington D.C.: Banco Mundial, 2018. p. 7.

é mais cara. Para conseguir compensar essa diferença (além dos custos tributários, os *markups* provenientes da falta de concorrência, assim como outros elementos do chamado Custo Brasil), o mesmo modelo de veículo é vendido no Brasil por 75% a mais do que no Canadá. Com isso, os salários mais altos e os preços mais baixos fazem com que os trabalhadores canadenses do setor automobilístico fiquem em situação mais vantajosa.[393]

Para o Banco Mundial, no cerne da produtividade baixa e estagnada do país há um sistema econômico que desincentiva a concorrência e estimula a ineficiência e a alocação inadequada de recursos. As empresas no Brasil operam em um ambiente de custos elevados, que seriam o resultado de mercados financeiros ineficientes e taxas de juros altas, um sistema tributário extremamente complexo e oneroso, uma infraestrutura nacional inadequada, um conjunto extenso de regras administrativas, assim como inúmeras regras distintas e constantemente em mutação. Observa que o governo, a fim de solucionar esses problemas e compensar os custos elevados, recorreu a uma série de intervenções no funcionamento dos mercados de produtos, financeiro e de trabalho. Tais medidas acabaram por reduzir ainda mais a concorrência, por meio da introdução de barreiras onerosas à importação, requisitos de conteúdo local, alíquotas diferenciadas e incentivos fiscais,[394] subsídios de crédito, bem como outras medidas para beneficiar indústrias específicas, regiões e, frequentemente, empresas particulares, denominadas de "campeões nacionais". Todos esses benefícios fizeram muito pouco para estimular a produtividade nos setores ou nas empresas que os receberam. Pelo contrário, acabaram distorcendo o mercado, desestimulando a entrada de novos participantes e gerando incentivos para que essas empresas já estabelecidas buscassem apoio do governo. Tudo isso, para a referida instituição, teve como resultado a má alocação de recursos no país e o enfraquecimento do crescimento do emprego e da renda e levou os consumidores a pagar preços elevados por produtos de baixa qualidade.[395]

Diante disso, o Banco Mundial entende que a produtividade poderia aumentar drasticamente por meio da introdução de um novo conjunto de políticas voltadas para abrir os mercados brasileiros

---

393 BANCO MUNDIAL. *Emprego e crescimento*: a agenda da produtividade. Washington D.C.: Banco Mundial, 2018. p. 9-10.

394 Sobre o tema dos incentivos fiscais, vide SCAFF, Fernando Facury. Incentivos fiscais na federação brasileira. *In:* MACHADO, Hugo de Brito. *Regime jurídico dos incentivos fiscais.* São Paulo: Malheiros, 2015. p. 19-53.

395 BANCO MUNDIAL. *Emprego e crescimento*: a agenda da produtividade. Washington D.C.: Banco Mundial, 2018. p. 10.

à concorrência, reduzir os custos para fazer negócios, eliminar as distorções induzidas pelo governo e canalizar as despesas públicas para o apoio à inovação e aos ganhos de eficiência. Com o fomento à maior concorrência nos mercados de produtos nacionais, o poder das empresas seria reduzido, forçando uma redução dos *markups*, aumentando, assim, a produtividade. A aceleração da integração comercial, por sua vez, também ajudaria a aumentar a concorrência e a fortalecer a eficiência e a produtividade, o que, por sua vez, possibilitaria ao país tirar proveito dos mercados globais dinâmicos.[396]

Observa, ainda, que há uma preocupação crescente de que as mudanças tecnológicas recentes possam prejudicar as perspectivas econômicas dos menos qualificados e também de que os avanços da globalização tenham agravado a desigualdade econômica. Isso porque o aumento da automação nos processos de produção tem sido associado à perda de empregos, sobretudo entre os trabalhadores que realizam tarefas repetitivas que exigem habilidades menos sofisticadas, a não ser que ocorra a criação suficientemente forte de novos empregos com mão de obra intensiva.[397] Contudo, entende que, no Brasil, esse cenário negativo não deve se concretizar, porque o Brasil utiliza seus ativos (capital e mão de obra) de maneira tão ineficiente que o potencial de aumento da produção decorrente de maior produtividade excederá com folga quaisquer eventuais prejuízos a indústrias, regiões ou empresas específicas. Os ganhos de produção e produtividade, para o Banco Mundial,[398] gerarão empregos, rendimentos mais altos e produtos mais baratos, o que acarretará novas oportunidades econômicas também para os menos qualificados.[399]

Para o secretário-geral da OCDE, Angel Gurría,[400] no século XXI a América Latina alcançou grandes progressos em termos de desenvolvimento econômico e social, mantendo um crescimento

---

[396] BANCO MUNDIAL. *Emprego e crescimento*: a agenda da produtividade. Washington D.C.: Banco Mundial, 2018. p. 11.

[397] Vide ACEMOGLU, Daron; RESTREPO, Pascual. Robots and Jobs: Evidence from US Labor Markets. *National Bureau of Economic Research Working Paper*, n. 23.285, Mar. 2017; e ACEMOGLU, Daron; RESTREPO, Pascual. Artificial Intelligence, Automation and Work. *National Bureau of Economic Research Working Paper*, n. 24196, jan. 2018.

[398] BANCO MUNDIAL. *Emprego e crescimento*: a agenda da produtividade. Washington D.C.: Banco Mundial, 2018. p. 13.

[399] Vide DUTZ, Mark; ALMEIDA, Rita; PACKARD, Truman. *The Jobs of Tomorrow:* Technology, Productivity and Prosperity in Latin America and the Caribbean. Directions in Development. Washington, D.C.: World Bank, 2018.

[400] OECD. *Fomentando o crescimento inclusivo da produtividade na América Latina*. [S. l.]: OECD, 2014. (Série Melhores Políticas). Prefácio.

consideravelmente estável. Tudo isso foi obtido com a combinação de um crescimento do PIB relativamente forte e de inovações nas políticas de combate à pobreza e à desigualdade, produzindo grandes melhorias nos padrões de vida.

No entanto, observa Angel que, embora tenha havido esses avanços, a América Latina continua sendo a região com a renda mais desigual no mundo. Apesar de o nível de desemprego ser relativamente baixo e os trabalhadores dedicarem muitas horas do seu dia para o trabalho, há uma incidência bastante elevada de informalidade "e a lacuna de produtividade é assustadora, quando comparada às economias mais avançadas".[401] Mesmo no caso do Chile e da Argentina, que apresentam os melhores resultados na região, a produtividade do trabalho é equivalente a somente um terço da média da OCDE. Além disso, por ter o ambiente econômico se tornado recentemente mais desafiador, "as fragilidades estruturais de muitas das economias da região tornaram-se mais visíveis, com alguns países experimentando um crescimento muito abaixo, ou mesmo um crescimento negativo do PIB real".[402]

Para combater os problemas de grandes lacunas de produtividade e de inclusão, entende que devem ser tomadas medidas urgentes por meio de reformas estruturais amplas, a fim de colocar as economias da região em uma trajetória de crescimento mais sólido, mais justo e sustentável, acelerar o crescimento da produtividade e melhorar a coesão social. Dentre as medidas tidas como essenciais para alcançar esses objetivos destacam-se algumas: i) investir em educação, capacitação e aprendizado contínuo para que a produtividade do trabalho seja impulsionada e que as oportunidades econômicas sejam distribuídas; ii) incluir mais empresas e trabalhadores na economia formal, pois isso pode melhorar os salários e as condições de trabalho e, ao mesmo tempo, diminuir as enormes lacunas de produtividade entre as pequenas e médias empresas (PMEs) e as grandes empresas; iii) garantir um ambiente empresarial aberto e competitivo, que estimulará o comércio exterior e o investimento, fomentando a alocação eficiente dos recursos; iv) melhorar as estruturas de inovação, pois isso incentivará o desenvolvimento e a difusão de novas tecnologias; v) investir nas redes de transportes e comunicações domésticas e inter-regionais, o que ajudará

---

[401] OECD. *Fomentando o crescimento inclusivo da produtividade na América Latina*. [S. l.]: OECD, 2014. (Série Melhores Políticas). Prefácio.

[402] OECD. *Fomentando o crescimento inclusivo da produtividade na América Latina*. [S. l.]: OECD, 2014. (Série Melhores Políticas). Prefácio.

as empresas a aproveitarem as oportunidades de comércio e as mudanças tecnológicas, estimulando a conectividade social.

Para a OCDE, "a economia se torna mais próspera quando o produto por trabalhador aumenta".[403] A produtividade, contudo, vem diminuindo, até mesmo nos países avançados. Essa diminuição se deu durante o período em que a desigualdade aumentou em muitas economias. Nesse sentido, "nunca nos últimos 30 anos a produtividade cresceu a um nível tão baixo desde a crise financeira global, e nunca a desigualdade de renda foi tão alta quanto atualmente".[404] Esses dois fatores impactaram o bem-estar de muitos trabalhadores e suas famílias. A redução no crescimento da produtividade e o aumento da desigualdade vêm prejudicando o progresso nos padrões de vida, a sustentabilidade fiscal e a coesão social.[405]

Em outro estudo da OCDE, observou-se que nas décadas recentes tem ocorrido uma persistente e preocupante diminuição no crescimento da produtividade. "Os ganhos de produtividade (...) são um propulsor central na melhora dos padrões de vida em longo prazo",[406] e a diminuição no crescimento da produtividade vem afetando não somente as economias desenvolvidas, mas também as economias emergentes. "Esse crescimento mais lento da produtividade está alimentando preocupações de crescimento global persistentemente baixo com o envelhecimento da população em várias economias",[407] e isso acaba tornando "a produtividade e o investimento as principais fontes potenciais de crescimento da renda nas próximas décadas".[408]

Para a organização, o crescimento mais lento da produtividade reflete um conjunto de fatores cíclicos e estruturais, os quais acabam impedindo uma rápida mudança tecnológica apta a impulsionar o crescimento da produtividade agregada, como ocorreu no passado. Além disso, por trás da desaceleração do crescimento da produtividade agregada tem havido uma crescente dispersão do desempenho da produtividade dentro dos países, entre empresas e regiões, com alguns deles desfrutando de ganhos rápidos de produtividade possibilitados

---

[403] OECD. *Promoting Productivity and Equality: A Twin Challenge*. Paris: OCDE Economic Outlook, 2016. p. 61. Tradução livre.

[404] OECD. *Promoting Productivity and Equality: A Twin Challenge*. Paris: OCDE Economic Outlook, 2016. p. 61. Tradução livre.

[405] OECD. *Promoting Productivity and Equality: A Twin Challenge*. Paris: OCDE Economic Outlook, 2016. p. 61.

[406] OECD. *The Productivity-Inclusiveness Nexus*. Paris: OECD, 2016. p. 10. Tradução livre.

[407] OECD. *The Productivity-Inclusiveness Nexus*. Paris: OECD, 2016. p. 10. Tradução livre.

[408] OECD. *The Productivity-Inclusiveness Nexus*. Paris: OECD, 2016. p. 10. Tradução livre.

pelo célere progresso tecnológico, e outros ficando para trás. Diante desses fatos, será necessária a adoção de políticas com vistas a superar os obstáculos à difusão de conhecimento e tecnologia e que continuem a apoiar o progresso tecnológico e a inovação de fronteira, pois, atualmente, "enquanto a fronteira da produtividade continua avançando, esses ganhos não se difundiram pelo resto da economia".[409]

Especialmente com relação à América Latina, observa que é fundamental aumentar o crescimento da produtividade a fim de diminuir a grande lacuna de qualidade de vida em relação às economias avançadas e, desse modo, "fugir da armadilha da renda média".[410] Foi verificado que, apesar de, em média, os latino-americanos passarem mais tempo em atividades laborais do que a média da OCDE, essa utilização relativamente elevada de recursos laborais não contribui proporcionalmente para o PIB, devido ao "enorme fosso em níveis de produtividade".[411]

Nesse sentido, os governos têm enfrentado dificuldades para solucionar as profundas fragilidades estruturais presentes. Por isso, entende a OCDE que os formuladores de políticas públicas precisam adotar iniciativas orientadas por um conceito mais abrangente de crescimento da produtividade, permitindo que todas as pessoas e as empresas aumentem e operem em seu pleno potencial produtivo, de maneira a gerar um crescimento da produtividade agregada, juntamente com uma distribuição mais equitativa de rendimentos. Tais medidas podem ocasionar um círculo virtuoso, pois, conforme se verifica em experiências passadas, os avanços tecnológicos e as inovações nos processos e nos modelos de negócios a eles relacionadas não são capazes de ser difundidos automaticamente pela economia de maneira a produzir um crescimento sustentável em bases amplas e nem mesmo o compartilhamento dos ganhos de bem-estar. É por isso que o aumento de produtividade para crescimento inclusivo exige que se levem em conta as interações entre bem-estar, desigualdades e produtividade.[412]

Entende a OCDE que, caso as habilidades existentes na população sejam mais bem utilizadas, a produtividade no curto prazo aumentará; porém, se não houver uma profunda melhoria na escolaridade

---

[409] OECD. *The Productivity-Inclusiveness Nexus*. Paris: OECD, 2016. p. 10. Tradução livre.

[410] OECD. *Fomentando o crescimento inclusivo da produtividade na América Latina*. [S. l.]: OECD, 2014. (Série Melhores Políticas). p. 2.

[411] OECD. *Fomentando o crescimento inclusivo da produtividade na América Latina*. [S. l.]: OECD, 2014. (Série Melhores Políticas). p. 2.

[412] OECD. *Fomentando o crescimento inclusivo da produtividade na América Latina*. [S. l.]: OECD, 2014. (Série Melhores Políticas). p. 2.

com vistas a aumentar os níveis de capacitação, ela dificilmente será sustentável. Nada obstante isso, as desigualdades no acesso à educação de qualidade e a oportunidades para capacitação ocasionam um grande desperdício de talentos potenciais, contribuindo para o elevado grau de desigualdade de renda da região. Outro fator agravante é o baixo grau de redistribuição de renda, que amplia mais ainda as desigualdades.[413]

A OCDE considera que o potencial de ganhos de produtividade inclusiva associado às reformas de política pode ser mais elevado entre as PMEs, pois na América Latina são responsáveis por cerca de 70% dos empregos, mas geram apenas 30% do PIB, o que corresponde a somente metade da média da OCDE. Esse cenário demonstra as lacunas de produtividade existentes entre as grandes empresas e as PMEs. Com relação às exportações, a participação das PMEs é equivalente a apenas metade da participação registrada no Leste Europeu e um terço mais baixa do que na Ásia Oriental, demonstrando que há, na integração às cadeias regionais e globais de valor, uma grande margem para ganhos pelas PMEs. Todavia, há alguns desafios específicos enfrentados pelas PMEs quanto à sua capacidade de participar de atividades internacionais, em especial nas áreas de inovação, cumprimento de normas e habilidades. Essas empresas têm também uma maior tendência a operar no setor informal, devido, sobretudo, aos encargos administrativos e regulatórios, além da pesada carga tributária. Com a informalidade, as ineficiências acabam sendo perpetuadas, pois as empresas optam por permanecer pequenas para evitar esses encargos.[414]

Além disso, observa que a má alocação de recursos, com o aprisionamento dos recursos laborais e de capital em empresas e setores de baixa produtividade, assim como o lento processo de realocação para empresas e setores mais dinâmicos, também contribui para o fraco desempenho da produtividade. Com isso, as empresas mais inovadoras e produtivas são impedidas de alcançarem a escala necessária para operar nos mercados globais e usufruírem do alto potencial de crescimento associado às ideias bem-sucedidas. Esse fator pode ser verificado pela presença de uma grande economia informal, bem como pela dificuldade enfrentada pelas empresas para recrutar funcionários com a qualificação necessária.[415]

---

[413] OECD. *Fomentando o crescimento inclusivo da produtividade na América Latina.* [S. l.]: OECD, 2014. (Série Melhores Políticas). p. 2.

[414] OECD. *Fomentando o crescimento inclusivo da produtividade na América Latina.* [S. l.]: OECD, 2014. (Série Melhores Políticas). p. 3.

[415] OECD. *Fomentando o crescimento inclusivo da produtividade na América Latina.* [S. l.]: OECD, 2014. (Série Melhores Políticas). p. 3.

A Cepal, em documento recente, frisou o papel da igualdade para aumentar a produtividade das economias latino-americanas e do Caribe, para com isso impulsionar o desenvolvimento da região. Busca a referida comissão discutir o papel da igualdade como força impulsionadora da eficiência econômica. Esta é definida, "sob uma perspectiva dinâmica, como a velocidade com que se pode inovar, absorver as inovações geradas em outras partes do mundo"[416] e, dessa forma, "reduzir a lacuna tecnológica, difundir as inovações no tecido produtivo e, por meio delas, elevar a produtividade".[417] Refere-se, portanto, a "trajetórias de aumento do produto e da produtividade baseadas no pleno aproveitamento dos recursos e no máximo potencial de aprendizado tecnológico".[418]

Ainda, a Cepal, em outro documento versando sobre as mudanças estruturais necessárias para o desenvolvimento, entende que, "numa visão integrada do desenvolvimento, a igualdade vai se forjando em uma dinâmica virtuosa de crescimento econômico e aumento sustentado da produtividade com inclusão social e sustentabilidade ambiental".[419] Para essa comissão, do ponto de vista da macroeconomia, as políticas fiscais, monetárias e cambiais devem "incentivar o investimento de longo prazo, a diversificação da estrutura produtiva e, muito especialmente, a maior convergência em níveis de produtividade do conjunto da economia".[420] Nada obstante isso, entende que uma "diversificação produtiva maior, com alta incorporação de progresso técnico e menores brechas de produtividade, bem como maior eficiência energética e ambiental"[421] é "um acervo fundamental para blindar a economia frente ao impacto da volatilidade própria dos ciclos e, especialmente, frente às vulnerabilidades externas exacerbadas por essa volatilidade".[422]

---

[416] CEPAL. *A ineficiência da desigualdade*: síntese (LC/SES.37/4), Santiago: Nações Unidas, 2018. p. 6.

[417] CEPAL. *A ineficiência da desigualdade*: síntese (LC/SES.37/4), Santiago: Nações Unidas, 2018. p. 6.

[418] CEPAL. *A ineficiência da desigualdade*: síntese (LC/SES.37/4), Santiago: Nações Unidas, 2018. p. 6.

[419] CEPAL. *Mudança estrutural para a igualdade*: uma visão integrada do desenvolvimento. Santiago (Chile): Nações Unidas, 2012. p. 6.

[420] CEPAL. *A ineficiência da desigualdade*: síntese (LC/SES.37/4), Santiago: Nações Unidas, 2018. p. 7.

[421] CEPAL. *A ineficiência da desigualdade*: síntese (LC/SES.37/4), Santiago: Nações Unidas, 2018. p. 7.

[422] CEPAL. *A ineficiência da desigualdade*: síntese (LC/SES.37/4), Santiago: Nações Unidas, 2018. p. 7.

A comissão considera que as políticas industriais devem estar no centro da orientação do desenvolvimento, pois, atualmente, "existe crescente reconhecimento da importância destas políticas em todos os países que conseguiram reduzir as brechas tecnológicas, de produtividade e de competitividade em relação às economias na fronteira tecnológica".[423] Tudo isso porque a inércia dos padrões de especialização e das trajetórias tecnológicas fundadas nas vantagens comparativas estáticas impõe que sejam reformulados os incentivos a fim de reorientar o investimento e transformar a estrutura produtiva, de modo a incorporar maior valor agregado, ocorrendo uma seleção setorial "em função de saltos de produtividade que irradiem ao conjunto da sociedade, promovendo setores, atividades e trajetórias tecnológicas ambientalmente sustentáveis e difundindo, de maneira mais acelerada e sistêmica, a inovação tecnológica".[424]

Além disso, defende a Cepal "a urgente necessidade de promover uma produtividade maior no âmbito das micro, pequenas e médias empresas"[425] especialmente "por sua capacidade para gerar emprego e converter-se em centros de difusão do conhecimento e de apropriação da tecnologia",[426] pois "aí é onde se concentra mais da metade do mundo laboral, com baixíssimos níveis de produtividade".[427]

Observa a comissão que a política industrial nos dias atuais está situada no contexto de uma revolução industrial, que engloba as novas tecnologias da informação e das comunicações, a biotecnologia e a nanotecnologia. Assim, a política industrial deve estar inserida em plena interação com a fronteira técnico-científica, "onde os novos paradigmas do conhecimento se traduzem, em ritmo vertiginoso, em novas formas de produzir".[428] Por tais razões, "a importância de investir em pesquisa e desenvolvimento não pode ser evadida, ninguém pode se dar ao luxo de ver passar esses novos modos de conhecer e produzir",[429]

---

[423] CEPAL. *A ineficiência da desigualdade*: síntese (LC/SES.37/4), Santiago: Nações Unidas, 2018 p. 7.

[424] CEPAL. *Mudança estrutural para a igualdade*: uma visão integrada do desenvolvimento. Santiago (Chile): Nações Unidas, 2012. p. 7.

[425] CEPAL. *Mudança estrutural para a igualdade*: uma visão integrada do desenvolvimento. Santiago (Chile): Nações Unidas, 2012. p. 8.

[426] CEPAL. *Mudança estrutural para a igualdade*: uma visão integrada do desenvolvimento. Santiago (Chile): Nações Unidas, 2012. p. 8.

[427] CEPAL. *Mudança estrutural para a igualdade*: uma visão integrada do desenvolvimento. Santiago (Chile): Nações Unidas, 2012. p. 8.

[428] CEPAL. *Mudança estrutural para a igualdade*: uma visão integrada do desenvolvimento. Santiago (Chile): Nações Unidas, 2012. p. 8.

[429] CEPAL. *Mudança estrutural para a igualdade*: uma visão integrada do desenvolvimento. Santiago (Chile): Nações Unidas, 2012. p. 8.

pois "a velocidade de geração do conhecimento vai interconectada à velocidade de sua tradução à tecnologia e produtividade".[430] E é por isso que "hoje falar de mudança estrutural implica assumir estas novas maneiras em que o conhecimento se articula com a produção (...) e implica, também, contar com estratégias seletivas na apropriação deste novo paradigma".[431]

Verifica que é importante fortalecer o papel do Estado no âmbito social, não só para imprimir ao desenvolvimento um viés mais igualitário, mas porque esse investimento "é mais consistente com uma economia dinâmica, que permite elevar a produtividade média da sociedade mediante capacitação e educação".[432] Tudo isso porque, "quando a mudança estrutural resulta em redução de brechas de produtividade, diversificação da estrutura produtiva e incremento agregado da produtividade, o mundo do trabalho se beneficia em termos de igualdade",[433] visto que são reduzidas "as brechas salariais; se amplia o alcance da proteção social via contribuições a distintos setores da sociedade já que o emprego de qualidade se torna muito mais estendido; melhora a fiscalidade graças a um crescimento mais sustentado e dinâmico",[434] o que possibilitará o reforço da ação redistributiva do Estado, estendendo-se "o acesso a serviços diversos por efeito do melhoramento da infraestrutura".[435]

Por fim, entende que "uma economia mais integrada em torno a uma matriz produtiva com maior diversificação e intensidade de conhecimento implica, também, uma sociedade na qual é politicamente mais viável estabelecer pactos entre atores diversos",[436] com o intuito de "tornar mais igualitária a apropriação da riqueza que se deriva dos saltos em produtividade"[437] e, também, "na medida em que o emprego

[430] CEPAL. *Mudança estrutural para a igualdade*: uma visão integrada do desenvolvimento. Santiago (Chile): Nações Unidas, 2012. p. 8.

[431] CEPAL. *Mudança estrutural para a igualdade*: uma visão integrada do desenvolvimento. Santiago (Chile): Nações Unidas, 2012. p. 8.

[432] CEPAL. *Mudança estrutural para a igualdade*: uma visão integrada do desenvolvimento. Santiago (Chile): Nações Unidas, 2012. p. 10.

[433] CEPAL. *Mudança estrutural para a igualdade*: uma visão integrada do desenvolvimento. Santiago (Chile): Nações Unidas, 2012. p. 10-11.

[434] CEPAL. *Mudança estrutural para a igualdade*: uma visão integrada do desenvolvimento. Santiago (Chile): Nações Unidas, 2012. p. 10-11.

[435] CEPAL. *Mudança estrutural para a igualdade*: uma visão integrada do desenvolvimento. Santiago (Chile): Nações Unidas, 2012. p. 10-11.

[436] CEPAL. *Mudança estrutural para a igualdade*: uma visão integrada do desenvolvimento. Santiago (Chile): Nações Unidas, 2012. p. 11.

[437] CEPAL. *Mudança estrutural para a igualdade*: uma visão integrada do desenvolvimento. Santiago (Chile): Nações Unidas, 2012. p. 11.

se formaliza e se torna mais produtivo, facilita diálogos entre os atores do mundo laboral, o que constitui um suporte institucional básico para avançar na plena titularidade de direitos sociais".[438]

O documento destaca o caráter articulador do desenvolvimento da mudança estrutural, identificando padrões de mudança estrutural, em especial o padrão "virtuoso" que se deve aspirar, que é o que conjuga o crescimento do "emprego, do produto e da produtividade do trabalho, e que se orienta a aproveitar as complementaridades entre a mudança estrutural e a sustentabilidade ambiental, sobretudo mediante a incorporação da revolução tecnológica".[439]

A Cepal entende que a mudança estrutural ideal é a que fortalece os setores com eficiência dinâmica, não havendo mudança estrutural virtuosa se simplesmente forem multiplicados enclaves de alta tecnologia ou se apenas for modificada a ponta mais eficiente do sistema produtivo. Nesse sentido, a difusão de tecnologia e a expansão da demanda deverão impulsionar não somente um pequeno grupo de empresas, mas sim o conjunto da economia. Desse processo resultará uma distribuição mais homogênea das atividades de média e alta produtividade, surgindo novos agentes e ocorrendo o deslocamento da mão de obra dos setores de baixa produtividade aos novos setores que preenchem o espaço existente entre as atividades de ponta e as de subsistência.[440]

Nesse cenário, a dinâmica do emprego é um elemento central em todo o processo de mudança estrutural. Isso porque as economias em desenvolvimento se caracterizam por apresentar uma heterogeneidade elevada, com uma parte considerável da força de trabalho em condições de informalidade ou em atividades de subsistência. Esses trabalhadores têm uma baixíssima produtividade, o que afeta negativamente a distribuição da renda e a renda média da economia. Caso essa mudança estrutural virtuosa seja implementada, acredita a Cepal que serão criados novos setores e atividades que absorvam a reserva de trabalhadores "em empregos mais produtivos, de maior qualidade e mais bem remunerados".[441]

---

[438] CEPAL. *Mudança estrutural para a igualdade*: uma visão integrada do desenvolvimento. Santiago (Chile): Nações Unidas, 2012. p. 11.

[439] CEPAL. *Mudança estrutural para a igualdade*: uma visão integrada do desenvolvimento. Santiago (Chile): Nações Unidas, 2012. p. 11.

[440] Vide CEPAL. *Progreso técnico y cambio estructural en América Latina*: documentos de proyecto, No 136 (LG/W. 136), Santiago (Chile): Cepal, 2007.

[441] CEPAL. *Mudança estrutural para a igualdade*: uma visão integrada do desenvolvimento. Santiago (Chile): Nações Unidas, 2012. p. 14.

Conforme a Cepal,[442] para que se possa saber se uma mudança estrutural favorecerá o desenvolvimento, é preciso analisar como os níveis de produtividade e de emprego mudam com o tempo. Em um processo de crescimento virtuoso, a produtividade e o emprego crescem ao mesmo tempo (não necessariamente na mesma velocidade). Ao mesmo tempo que se observava nos países fora da região e bem-sucedidos a continuidade dos empregos e da produtividade, na América Latina e no Caribe houve períodos em que predominou a criação de emprego (com atraso ou queda da produtividade) e outros em que se verificou o aumento da produtividade concomitantemente com uma geração de empregos extremamente baixa. De tal maneira, faz-se necessário combinar padrões de crescimento em longo prazo que consigam um elevado crescimento econômico (essencial para a redução da brecha interna de renda e da pobreza) cumulado com o aumento da produtividade (essencial para diminuição da brecha de produtividade frente a um mundo em plena revolução tecnológica).

Com efeito, em um padrão de crescimento que gere um "círculo virtuoso", a eficiência dinâmica da estrutura acarreta "altas taxas de crescimento e a redução da brecha tecnológica; a estrutura se transforma para redefinir a inserção interna e externa e a natureza do emprego, à medida que aumenta o número de empregos de qualidade na economia".[443] Já o oposto pode ser observado em um padrão de tipo "círculo vicioso", em que a baixa expansão do produto se traduz em um "lento crescimento do emprego, com a estagnação ou redução da produtividade, enquanto a queda do investimento aprofunda as diferenças tecnológicas e de renda frente ao resto do mundo".[444] Os demais padrões, por sua vez, correspondem a ajustes em que somente algumas atividades se modernizam e competem, excluindo, frequentemente, o emprego e a economia dos benefícios da difusão da tecnologia. Correspondem, também, a um modelo de "absorção de emprego", no qual a mudança estrutural é "débil, e a expansão de atividades de baixa produtividade (...) depende de um período favorável das exportações de recursos naturais".[445]

---

[442] CEPAL. *Mudança estrutural para a igualdade*: uma visão integrada do desenvolvimento. Santiago (Chile): Nações Unidas, 2012. p. 15.

[443] CEPAL. *Mudança estrutural para a igualdade*: uma visão integrada do desenvolvimento. Santiago (Chile): Nações Unidas, 2012. p. 15.

[444] CEPAL. *Mudança estrutural para a igualdade*: uma visão integrada do desenvolvimento. Santiago (Chile): Nações Unidas, 2012. p. 15.

[445] CEPAL. *Mudança estrutural para a igualdade*: uma visão integrada do desenvolvimento. Santiago (Chile): Nações Unidas, 2012. p. 15.

Foram ainda analisadas algumas das economias na região (Argentina, Brasil, Chile e México), entre 1960 e 2010, e foi feita uma comparação com a República da Coreia, que foi considerada como a referência, por ter sido um dos casos de maior sucesso em convergência tecnológica, produtiva e de renda no período pós-guerra. Verificou-se que os países da América Latina, embora tenham tido alguns períodos de crescimento virtuoso, não conseguiram manter o padrão de modo contínuo, pois nos anos de 1980 demonstraram queda ou estagnação na produtividade, juntamente com a perda de empregos nos setores de maior produtividade e com a migração de trabalhadores para atividades de subsistência e subemprego, o que acarretou tendência à diminuição da produtividade média da economia. De maneira contrária, na República da Coreia, as mudanças no padrão de especialização asseguraram a expansão da demanda e também do produto que gerou emprego em atividades de alta produtividade. "Estas absorvem trabalhadores antes ocupados em atividades de menor produtividade, processo que reduz a heterogeneidade e melhora a distribuição de renda".[446] [447]

Após os anos 1990, o crescimento da República da Coreia foi mais na produtividade do que no emprego, "como era de se esperar em uma economia que já absorveu a maior parte do emprego de subsistência, elevando significativamente os salários reais, e que compete cada vez mais em qualidade".[448] Esses acontecimentos não foram observados na América Latina, mesmo no auge verificado após 2004.

Conforme se pode observar, as diferentes instituições internacionais, embora muitas vezes tenham influências econômicas distintas, convergem quanto à relevância da produtividade para o desenvolvimento sustentável. Atualmente, todas as analisadas salientam que, especialmente para os países da América Latina, adotar políticas com vistas ao aumento da produtividade é essencial para que possam crescer economicamente e oferecer melhores condições de vida aos seus cidadãos.

---

[446] CEPAL. *Mudança estrutural para a igualdade*: uma visão integrada do desenvolvimento. Santiago (Chile): Nações Unidas, 2012. p. 16.

[447] Sobre o tema, vide CEPAL. *Progreso técnico y cambio estructural en América Latina*: documentos de proyecto, No 136 (LG/W. 136), Santiago (Chile): Cepal, 2007; CIMOLI, M.; ROVIRA, S. Elites and Structural Inertia in Latin America: An Introductory Note on the Political Economy of Development. *Journal of Economic Issues*, v. 42, n. 2, p. 327-347, 2008; MCMILLAN, M.; RODRIK, D. *Globalization, Structural Change and Productivity Growth*. International Labour Organization; World Trade Organization, 2011.

[448] CEPAL. *Mudança estrutural para a igualdade*: uma visão integrada do desenvolvimento. Santiago (Chile): Nações Unidas, 2012. p. 18.

CAPÍTULO 3

A PRODUTIVIDADE EM CONSTITUIÇÕES ESTRANGEIRAS

No presente capítulo foram analisadas as constituições em vigor de mais de 200 países, a fim de verificar quais delas trataram da produtividade e de qual maneira isso ocorreu.

Não se busca uma análise profunda para desvendar quais constituições teriam tratado tacitamente, por meio de outros dispositivos, da produtividade, pois foge do escopo do presente trabalho, mas sim identificar aquelas que o fizeram de modo expresso, a fim de compreender se falar, por meio da constituição, na busca pelo aumento da produtividade seria algo plausível ou se a alegação de que uma constituição – no caso, a brasileira – ter se preocupado com o aumento de produtividade seria um fato isolado na história das constituições e, portanto, pouco provável.

3.1 Constituições da América

A Constituição da Argentina,[449] de 1853, no capítulo em que trata dos poderes do Congresso, determina, em seu artigo 75, que ele tem poderes para proporcionar o que for necessário ao desenvolvimento humano, à justiça social, à produtividade da economia nacional, à geração de emprego, ao desenvolvimento profissional dos trabalhadores, à proteção do valor do dinheiro, à pesquisa e ao desenvolvimento científico e tecnológico, inclusive a sua disseminação e utilização:

---

[449] ARGENTINA. *Constituição (1853)*. Disponível em: https://www.constituteproject.org/constitution/Argentina_1994?lang=en. Acesso em: 17 set. 2018. Tradução livre.

> *Constituição da Argentina (1853)*
> Artigo 75
> O Congresso terá poder:
> (...)
> 19. Proporcionar tudo que conduza ao desenvolvimento humano, ao progresso econômico com justiça social, à produtividade da economia nacional, à geração de emprego, ao desenvolvimento profissional dos trabalhadores, à proteção do valor do dinheiro, à pesquisa e à pesquisa científica e ao desenvolvimento tecnológico, incluindo sua disseminação e sua utilização.

A Constituição da Colômbia,[450] de 1991, determina, em seu artigo 65, que o Estado deverá promover a pesquisa e a transferência de tecnologia para a produção de culturas alimentares e recursos primários de origem agrícola a fim de aumentar a produtividade:

> *Constituição da Colômbia (1991)*
> Artigo 65
> A produção de culturas alimentares se beneficiará da proteção especial do Estado. Para tanto, será dada prioridade ao desenvolvimento integral das atividades agropecuárias, pesqueiras, florestais e agroindustriais, bem como à construção de projetos físicos de infraestrutura e ao melhoramento fundiário.
> Da mesma forma, o Estado deve promover a pesquisa e a transferência de tecnologia para a produção de culturas alimentares e recursos primários de origem agrícola com o objetivo de aumentar a produtividade.

A mesma Constituição, no artigo 334, determina que a gestão geral da economia é de responsabilidade do Estado, devendo este intervir, de modo especial, em prol do pleno emprego, bem como para promover a produtividade, a competitividade e o desenvolvimento harmonioso das regiões:

> Artigo 334
> A gestão geral da economia é de responsabilidade do Estado. Por mandato de uma Lei, o Estado deve intervir na exploração dos recursos naturais, uso da terra, produção, distribuição, uso e consumo de bens, e nos serviços públicos e privados, a fim de racionalizar a economia com a finalidade de alcançar, a nível nacional e regional e no quadro

---

450 COLOMBIA. *Constituição (1991)*. Disponível em: https://www.constituteproject.org/constitution/Colombia_2015?lang=en. Acesso em 17 set. 2018. Tradução livre.

da sustentabilidade fiscal, a melhoria da qualidade de vida dos habitantes, a distribuição equitativa de oportunidades e os benefícios do desenvolvimento e conservação de um ambiente saudável. O quadro de sustentabilidade fiscal acima mencionado deve funcionar como um instrumento para alcançar progressivamente os objetivos de um Estado social baseado no Estado de Direito. Em todos os casos, os gastos públicos para fins sociais terão prioridade.
De maneira especial, o Estado deve intervir em prol do pleno emprego dos recursos humanos e assegurar que todos os indivíduos, especialmente os de baixa renda, tenham acesso efetivo a todos os bens e serviços básicos. Também intervirá para promover a produtividade e a competitividade e o desenvolvimento harmonioso das regiões.

A Constituição de El Salvador,[451] de 1983, em capítulo versando sobre a ordem econômica, estabelece, no artigo 101, que a ordem econômica deve, essencialmente, pautar-se pelos princípios da justiça social, que tendem a garantir a todos os habitantes do país uma existência digna do ser humano. Além disso, está previsto que o Estado promoverá o desenvolvimento econômico e social por meio do aumento da produção, da produtividade e da utilização racional dos recursos, bem como do fomento dos diversos setores de produção e da defesa dos interesses dos consumidores:

> *Constituição de El Salvador (1983)*
> Artigo 101
> A ordem econômica deve responder essencialmente aos princípios de justiça social que tendem a garantir a todos os habitantes do país uma existência digna do ser humano.
> O Estado promoverá o desenvolvimento econômico e social por meio do aumento da produção, da produtividade e da utilização racional dos recursos. Com o mesmo fim, fomentará os diversos setores de produção e defenderá o interesse dos consumidores.

A Constituição do Equador,[452] de 2008, quando trata da soberania econômica e da política econômica, em seu artigo 284, estabelece que a política econômica deverá seguir alguns princípios, entre os quais o de encorajar a produção nacional, a produtividade sistêmica e a

[451] EL SALVADOR. *Constituição (1983)*. Disponível em: https://www.constituteproject.org/constitution/El_Salvador_2014?lang=en. Acesso em: 17 set. 2018. Tradução livre.

[452] EQUADOR. *Constituição (2008)*. Disponível em: https://www.constituteproject.org/constitution/Ecuador_2015?lang=en. Acesso em: 17 set. 2018. Tradução livre.

competitividade, assim como a acumulação do conhecimento científico e tecnológico e a inserção estratégica do país na economia mundial:

> *Constituição do Equador (2008)*
> Artigo 284
> A política econômica terá os seguintes objetivos:
> (...)
> 2. Incentivar a produção nacional, a produtividade sistêmica e a competitividade, o acúmulo de conhecimentos científicos e tecnológicos, a inserção estratégica na economia mundial e atividades produtivas complementares dentro da integração regional.

A mesma Constituição, em seção tratando do sistema financeiro, prevê, em seu artigo 310, que o objetivo do setor financeiro é a prestação sustentável, eficiente, acessível e equitativa de serviços públicos, devendo ser concedido crédito preferencialmente destinado a aumentar a produtividade e a competitividade dos setores produtivos – de modo a permitir o cumprimento dos objetivos do Plano de Desenvolvimento –, bem como dos grupos desfavorecidos, impulsionando a inserção ativa destes na economia:

> Artigo 310
> O objetivo do setor financeiro público é a prestação sustentável, eficiente, acessível e equitativa de serviços financeiros. O crédito concedido será, de preferência, destinado a aumentar a produtividade e a competitividade dos setores produtivos, permitindo o cumprimento dos objetivos do Plano de Desenvolvimento e dos grupos desfavorecidos, de modo a impulsionar sua inclusão ativa na economia.

Em capítulo tratando do trabalho e da produção, na seção que aborda as formas de organização da produção e sua administração, a Constituição equatoriana prevê, no artigo 320, que a produção, sob qualquer forma, será regida por princípios e padrões de qualidade, sustentabilidade, produtividade sistêmica, alta estima pelo trabalho e eficiência econômica e social:

> Artigo 320
> Entre as várias formas de organizar os processos de produção, deve-se fomentar uma gestão participativa, transparente e eficiente.
> A produção, sob qualquer forma, será regida por princípios e padrões de qualidade, sustentabilidade, produtividade sistêmica, alta estima pelo trabalho e eficiência econômica e social.

A referida Constituição determina que o sistema nacional de ciência, tecnologia e inovação terá como uma de suas finalidades desenvolver tecnologias e inovações que promovam a produção nacional e aumentem a eficiência e a produtividade, melhorando a qualidade de vida da população:

> Artigo 385
> O sistema nacional de ciência, tecnologia, inovação e sabedoria ancestral, no marco do respeito ao meio ambiente, à natureza, à vida, às culturas e à soberania, terá como finalidade o seguinte:
> (...)
> 3. Desenvolver tecnologias e inovações que promovam a produção nacional, aumentem a eficiência e a produtividade, melhorem a qualidade de vida e contribuam para a realização do bom modo de viver.

A Constituição de 1980 da Guiana,[453] quando trata da cooperação nacional para o desenvolvimento da economia, estabelece, em seu artigo 38, que é dever do Estado, das cooperativas, dos sindicatos, de outras organizações socioeconômicas e das pessoas, por meio de comportamentos sustentáveis e disciplinados, atingir os níveis mais altos possíveis de produção e produtividade e desenvolver a economia:

> *Constituição da Guiana (1980)*
> Artigo 38
> É dever do Estado, das cooperativas, dos sindicatos, de outras organizações socioeconômicas e das pessoas, por meio de esforços sustentados e disciplinados, atingir os níveis mais elevados possíveis de produção e produtividade e desenvolver a economia, a fim de assegurar a realização dos direitos estabelecidos neste capítulo.

A Constituição do Haiti,[454] de 1987, em seu capítulo 248, sobre a economia e a agricultura do país, determina que a agência denominada de Instituto Nacional de Reforma Agrária organizará a reforma agrária a fim de beneficiar os que realmente trabalham na terra e de otimizar a produtividade, por meio da construção de infraestrutura voltada para a proteção e o manejo da terra:

---

[453] GUIANA. *Constituição (1980)*. Disponível em: https://www.constituteproject.org/constitution/Guyana_2016?lang=en. Acesso em 17 set. 2018. Tradução livre.

[454] HAITI. *Constituição (1987)*. Disponível em: https://www.constituteproject.org/constitution/Haiti_2012?lang=en. Acesso em: 17 set. 2018. Tradução livre.

> *Constituição do Haiti (1987)*
> Artigo 248
> Uma agência especial para ser conhecida como INSTITUTO NACIONAL DA REFORMA AGRÁRIA será estabelecida para organizar a revisão das estruturas de propriedade real e implementar uma reforma agrária para beneficiar aqueles que realmente trabalham na terra. Este instituto elaborará uma política agrária voltada para a otimização da produtividade, mediante a construção de infraestrutura voltada para a proteção e o manejo da terra.

A referida Constituição, em seu artigo 249 do mesmo capítulo, determina, ainda, que o Estado tem a obrigação de estabelecer as estruturas necessárias para assegurar a máxima produtividade da terra e o mercado interno de alimentos, devendo ser providenciadas unidades de gestão técnica e financeira para ajudar os agricultores:

> Artigo 249
> O Estado tem a obrigação de estabelecer as estruturas necessárias para garantir a máxima produtividade da terra e a comercialização interna de alimentos. Unidades de gestão técnica e financeira devem ser estabelecidas para ajudar os agricultores no nível de cada seção comum.

A Constituição de Honduras,[455] de 1982, em capítulo versando sobre a reforma agrária, estabelece, no artigo 344, que a reforma agrária é um processo amplo – e também um instrumento para a transformação da estrutura do país – que visa à substituição do latifúndio e do minifúndio por um sistema de propriedade, posse e uso da terra que garanta a justiça social nas áreas rurais e que aumente a produção e a produtividade do setor agrícola:

> *Constituição de Honduras (1982)*
> Artigo 344
> A reforma agrária é um processo abrangente e um instrumento para a transformação da estrutura agrária do país, com vistas a substituir o latifúndio e o minifúndio por um sistema de propriedade, posse e uso da terra que garanta a justiça social nas áreas rurais e aumente a produção e a produtividade do setor agrícola.
> A implementação da reforma agrária é declarada de interesse e necessidade pública.

---

[455] HONDURAS. *Constituição (1982)*. Disponível em: https://www.constituteproject.org/constitution/Honduras_2013?lang=en. Acesso em: 17 set. 2018. Tradução livre.

A Constituição mexicana[456] determina, em seu artigo 25, quando se refere ao setor público, que uma lei deverá estabelecer as regras relativas a administração, organização, funcionamento, licitações e demais atos legais a serem executados pelas empresas estatais, bem como o regime de remuneração do pessoal, a fim de garantir eficiência, eficácia, honestidade, produtividade, transparência e prestação de contas, de acordo com as melhores práticas:

> *Constituição do México (1917)*
> Artigo 25
> (...)
> O setor público será exclusivamente responsável pelas áreas estratégicas estabelecidas no Artigo 28, parágrafo quarto da Constituição. O Governo Federal deve sempre manter a propriedade e o controle sobre as agências e as empresas públicas produtivas que foram estabelecidas. No caso de planejamento e controle do sistema energético nacional, dos sistemas públicos de transmissão e distribuição de energia, bem como da exploração e do aproveitamento de petróleo e outros hidrocarbonetos, a nação terá o poder de exercer essas atividades de acordo com os parágrafos sexto e sétimo do artigo 27 desta Constituição. Nos casos acima mencionados, uma lei estabelecerá as regras relativas à administração, organização, funcionamento, licitações e demais atos legais a serem executados pelas empresas estatais, bem como o regime de remuneração do pessoal, para garantir eficiência, eficácia, honestidade, produtividade, transparência e prestação de contas de acordo com as melhores práticas; a lei também determinará outras atividades que eles possam realizar.

Além disso, o mesmo artigo prevê que o Estado deverá, sozinho ou com os setores social e privado, estimular e organizar essas áreas, que são uma prioridade para o desenvolvimento, nos termos da lei, devendo ser tanto as empresas do setor privado como do social fomentadas segundo critérios de equidade social, produtividade e sustentabilidade:

> Art. 25
> As empresas do setor social e privado devem ser apoiadas e fomentadas segundo critérios de equidade social, produtividade e sustentabilidade, sujeitas ao interesse público e ao uso dos recursos produtivos para o bem geral, preservando-os e o meio ambiente.

[456] MÉXICO. *Constituição (1917)*. Disponível em: https://www.constituteproject.org/constitution/Mexico_2015?lang=en. Acesso em; 13 mar. 2019. Tradução livre.

A Constituição do Panamá,[457] de 1972, em capítulo versando sobre o sistema agrário, estabelece, no artigo 122, que o Estado dará especial atenção a todos os aspectos do desenvolvimento da pecuária e da agropecuária, promovendo o melhor aproveitamento da terra, a fim de que seja mantida em condições produtivas. Além disso, no artigo 123 consta que o Estado não permitirá a existência de terras não cultivadas, improdutivas ou ociosas e regulará as relações de trabalho nas fazendas, de modo a promover a máxima produtividade, bem como a distribuição justa dos benefícios destas:

> *Constituição do Panamá (1972)*
> Artigo 122
> O Estado dará especial atenção a todos os aspectos do desenvolvimento da pecuária e agropecuária, promovendo o melhor aproveitamento da terra, tendo em vista sua razoável distribuição e seu uso e conservação adequados, para que esta possa ser mantida em condições produtivas. O Estado garante a cada agricultor o direito de viver com dignidade.
> Artigo 123
> O Estado não permitirá a existência de terras não cultivadas, improdutivas ou ociosas e regulará as relações de trabalho nas fazendas, promovendo a máxima produtividade e a distribuição justa dos benefícios destas.

A Constituição da República Dominicana,[458] de 2015, no artigo 54, que trata sobre a segurança alimentar, determina que o Estado não permitirá a existência de terras não cultivadas, improdutivas ou ociosas, e regulará as relações de trabalho nas fazendas, para promover a máxima produtividade, bem como a distribuição justa dos benefícios destas:

> *Constituição da República Dominicana (2015)*
> Artigo 54
> O Estado não permitirá a existência de terras não cultivadas, improdutivas ou ociosas e regulará as relações de trabalho nas fazendas, promovendo a máxima produtividade e a distribuição justa dos benefícios destas.

[457] PANAMÁ. *Constituição (1972)*. Disponível em: https://www.constituteproject.org/constitution/Panama_2004?lang=en. Acesso em; 17 set. 2018. Tradução livre.

[458] REPÚBLICA DOMINICANA. *Constituição (2015)*. Disponível em: https://www.constituteproject.org/constitution/Dominican_Republic_2015?lang=en. Acesso em: 17 set. 2018. Tradução livre.

A Constituição da Venezuela,[459] de 1999, quando trata do sistema socioeconômico e do papel do Estado na economia, no artigo 299, determina que o regime econômico do país é baseado em diversos princípios, entre os quais o da produtividade e da eficiência, a fim de assegurar o desenvolvimento humano geral, a existência digna e útil para toda a sociedade e também a soberania nacional:

> *Constituição da Venezuela (1999)*
> Artigo 299
> O regime econômico da República Bolivariana da Venezuela é baseado nos princípios de justiça social, democratização, eficiência, livre concorrência, proteção do meio ambiente, produtividade e solidariedade, com vistas a assegurar o desenvolvimento humano geral e uma existência digna e útil para o comunidade. O Estado, em conjunto com a iniciativa privada, promoverá o desenvolvimento harmonioso da economia nacional, a fim de gerar fontes de emprego, uma alta taxa de valor agregado doméstico, elevando o padrão de vida da população e fortalecendo a soberania econômica do país, garantindo a confiabilidade da lei; o crescimento sólido, dinâmico, sustentável, contínuo e equitativo da economia para garantir uma distribuição justa da riqueza por meio do planejamento estratégico democrático participativo com consulta aberta.

A referida Constituição, em seu artigo 300, prevê que a legislação do país estabeleça as condições para a criação de entidades que realizem atividades sociais ou empresariais, a fim de assegurar a razoável produtividade econômica e social dos recursos públicos investidos:

> Artigo 300
> A legislação nacional deve estabelecer as condições para a criação de entidades funcionalmente descentralizadas para a realização de atividades sociais ou empresariais, com vistas a assegurar a razoável produtividade econômica e social dos recursos públicos investidos em tais atividades.

O artigo 307 prevê que, em casos excepcionais, serão criadas contribuições para fornecer fundos para financiamento, pesquisa, assistência técnica, transferência de tecnologia e outras atividades que promovam a produtividade e a competitividade do setor agrícola:

---

[459] VENEZUELA. *Constituição (1999)*. Disponível em: https://www.constituteproject.org/constitution/Venezuela_2009?lang=en. Acesso em: 17 set. 2018. Tradução livre.

Artigo 307
Em casos excepcionais, as contribuições parafiscais serão criadas para fornecer fundos para financiamento, pesquisa, assistência técnica, transferência de tecnologia e outras atividades que promovam a produtividade e a competitividade do setor agrícola. Essas questões devem ser adequadamente regulamentadas por lei.

Conforme visto, diversas constituições latino-americanas se preocuparam em assegurar que fosse buscado o aumento da produtividade, em diversos âmbitos. As que trataram da busca pelo aumento da produtividade econômica em geral foram: Argentina, Colômbia, El Salvador, Equador, Guiana, México e Venezuela. As que trataram especificamente acerca da busca pelo aumento da produtividade agrícola, por sua vez, foram: Colômbia, Haiti, Honduras, Panamá, República Dominicana e Venezuela. Chama-se a atenção para o fato de que a Constituição do Equador demonstrou uma peculiaridade: estabeleceu que o setor financeiro deve destinar crédito preferencialmente para aumentar a produtividade dos setores produtivos e que devem ser desenvolvidas tecnologias que promovam a produtividade.

3.2 Constituições da Europa

A Constituição da União Europeia,[460] de 2004, estabelece dentre os objetivos da política agrícola o aumento da produtividade, por meio da promoção do progresso técnico e do desenvolvimento racional da produção agrícola, bem como da utilização ótima dos fatores de produção, especialmente o trabalho.

Constituição da União Europeia (2004)
<u>Agricultura e pesca</u>
Artigo III-227
1. Os objetivos da política agrícola devem ser:
a) aumentar a produtividade agrícola promovendo o progresso técnico e assegurando o desenvolvimento racional da produção agrícola e a utilização ótima dos fatores de produção, em particular o trabalho;

A referida constituição estabelece, como um requisito necessário para que o Banco Europeu de Investimento possa realizar operações

---

460 UNIÃO EUROPEIA. *Constituição (2004)*. Disponível em: https://europa.eu/european-union/sites/europaeu/files/docs/body/treaty_establishing_a_constitution_for_europe_en.pdf. Acesso em: 17 set. 2018. Tradução livre.

de empréstimos ou garantias, que a execução desse investimento contribua para o aumento da produtividade econômica em geral. Aqui se nota uma forte imposição por parte do Estado no que se refere aos investimentos realizados pelo Banco Europeu de Investimento, desempenhando o papel de planejador do desenvolvimento econômico:

> Protocolo relativo ao estatuto do Banco Europeu de Investimento
> Artigo 18
> Em suas operações de financiamento, o Banco observará os seguintes princípios:
> 1. Deve garantir que seus fundos serão utilizados da forma mais racional, no interesse da União:
> (...)
> Pode conceder empréstimos ou garantias apenas nas hipóteses:
> (...)
> b) em que a execução do investimento contribui para um aumento da produtividade econômica em geral e promove o estabelecimento ou o funcionamento do mercado interno.

Verifica-se, também, que a Constituição da União Europeia estabelece diretrizes claras e diretas para segmentos específicos de Estados-membros, a fim de que diminua a distância dos Estados mais avançados. Dentre elas, prevê metas concretas de aumento de produtividade a serem alcançadas pelas indústrias da República Checa e da Polônia, determinando, inclusive, que haverá fiscalização, a fim de averiguar se as metas de produtividade foram alcançadas:

> Disposições relativas à reestruturação da indústria do aço da República Checa
> Artigo 42
> (...)
> 9. O plano de negócios para a empresa beneficiária Nová Hut[461] deve ser implementado. Em particular:
> (...)
> c) a reestruturação do emprego deve ser implementada; níveis de produtividade comparáveis aos obtidos pelos grupos de produtos da indústria siderúrgica da União devem ser atingidos até 31 de dezembro de 2016, com base nos valores consolidados das empresas beneficiárias em causa;

---

[461] Também denominada ArcelorMittal Ostrava, maior empresa produtora de aço na República Checa.

Disposições relativas à reestruturação da indústria do aço polonês

Artigo 63

8. O plano de negócios para a empresa beneficiada PHS[462] deve ser implementado. Em particular:

(...)

b) a redução de custos deve ser maximizada em PHS durante o período de reestruturação através de ganhos de eficiência energética, melhores aquisições e garantia de rendimentos de produtividade comparáveis aos níveis da União;

c) a reestruturação do emprego deve ser implementada; níveis de produtividade comparáveis aos obtidos pelos grupos de produtos da indústria siderúrgica da União devem ser atingidos em 31 de dezembro de 2006, com base em dados consolidados, incluindo o emprego indireto nas empresas de serviços detidas a 100%;

9. O plano de negócios para as outras empresas beneficiárias deve ser implementado. Em particular:

(...)

e) pela Huta Pokój, alcançando padrões internacionais de produtividade nas subsidiárias, implementando economias no consumo de energia e cancelando o investimento proposto no departamento de processamento e construção;

(...)

h) para a Huta L.W., realizando investimentos em relação ao projeto de laminação a quente da empresa, equipamentos de elevação e posição ambiental. Esta empresa deve também atingir níveis mais elevados de produtividade, através da reestruturação do pessoal e da redução dos custos dos serviços externos.

(...)

12. A Comissão e o Conselho acompanham de perto a execução da reestruturação e o cumprimento das condições estabelecidas no presente título relativamente à viabilidade, aos auxílios estatais e às reduções de capacidade antes e após 1 de Maio de 2004 até ao final do período de reestruturação, em conformidade com pontos 13 a 18. Para o efeito, a Comissão apresentará um relatório ao Conselho.

(...)

14. O acompanhamento incluirá uma avaliação independente a realizar em 2003, 2004, 2005 e 2006. O teste de viabilidade da Comissão será aplicado, e a produtividade será medida como parte da avaliação.

---

[462] Polskie Huty Stali, também denominada de ArcelorMittal Poland, maior empresa produtora de aço na Polônia.

A Constituição espanhola[463] estabelece, em capítulo versando sobre os direitos e deveres dos cidadãos, que as autoridades públicas deverão assegurar a produtividade de acordo com as exigências da economia geral e do planejamento econômico. Aqui, nota-se um papel de planejador do Estado, que serve como parâmetro para que medidas sejam adotadas a fim de garantir a produtividade econômica:

> *Constituição da Espanha (1978)*
> Artigo 38
> A livre iniciativa é reconhecida no âmbito de uma economia de mercado. As autoridades públicas garantem e protegem o seu exercício e a salvaguarda da produtividade de acordo com as exigências da economia geral e, conforme o caso, do planejamento econômico.

Comentando sobre a Constituição espanhola de 1978, Segado afirma que ela "nos é apresentada de um outro ponto de vista como uma Constituição aberta e transformadora, não fechada sobre si mesma".[464] Afirma, ainda, que na parte da chamada "Constituição econômica", pode-se encontrar o que os constitucionalistas alemães denominam de "determinações de fins estatais", que consistem em preceitos que são "muito mais que meras normas programáticas",[465] no sentido da Constituição de Weimar, "que lhes negava toda a aplicabilidade judicial, uma vez que tais normas devem informar as ações de todas as autoridades públicas".[466]

Rivas, por sua vez, afirma que a referida Constituição reconhece a liberdade de empresa, no âmbito da economia de mercado, ao amparo do artigo mencionado anteriormente. Para o autor, o artigo, quando determina que os poderes públicos devem garantir e proteger a produtividade, de acordo com as exigências da economia geral, deve ser interpretado como "uma proteção ao direito subjetivo para criar e manter as empresas e como um direito da empresa para decidir seus

---

463 ESPANHA. *Constituição (1978)*. Disponível em: https://www.constituteproject.org/constitution/Spain_2011?lang=en. Acesso em: 17 set. 2018. Tradução livre.

464 SEGADO, Francisco Fernandéz. Una constitución integradora, transformadora y viva. *In:* SEGADO, Francisco Fernandéz (Ed.) *The Spanish Constitution in the European Constitutional Context*. Madrid: Dykinson, 2003. p. 126. Tradução livre.

465 SEGADO, Francisco Fernandéz. Una constitución integradora, transformadora y viva. *In:* SEGADO, Francisco Fernandéz (Ed.) *The Spanish Constitution in the European Constitutional Context*. Madrid: Dykinson, 2003. p. 126-127. Tradução livre.

466 SEGADO, Francisco Fernandéz. Una constitución integradora, transformadora y viva. *In:* SEGADO, Francisco Fernandéz (Ed.) *The Spanish Constitution in the European Constitutional Context*. Madrid: Dykinson, 2003. p. 126-127. Tradução livre.

objetivos e desenvolver sua própria planificação".[467] Comenta, ainda, que essa liberdade de empresa deve se desenvolver nos moldes do artigo 38, de acordo com as exigências da economia geral, mas isso não significa que seja incompatível com a possibilidade de intervenção na empresa quando o interesse geral assim exija.[468]

A Constituição irlandesa[469] estabelece, em capítulo versando sobre os princípios diretivos da política social, destinados ao órgão legislativo do país, que o Estado deverá atuar com vistas a assegurar à iniciativa privada que ela seja conduzida de modo a obter uma eficiência (no sentido de produtividade) razoável tanto na produção como na distribuição de bens:

> *Constituição da Irlanda (1937)*
> Artigo 45
> Os princípios de política social estabelecidos neste artigo destinam-se à orientação geral do Oireachtas.[470] A aplicação desses princípios na elaboração das leis deve ser exclusivamente do cuidado dos Oireachtas, e não deve ser cognoscível por nenhum tribunal de acordo com qualquer das disposições desta Constituição.
> 3.
> (...)
> 2º O Estado esforçar-se-á por assegurar que a iniciativa privada seja conduzida de modo a assegurar uma eficiência razoável na produção e na distribuição de bens e a proteger o público contra a exploração injusta.

A Constituição polonesa,[471] em capítulo versando sobre as liberdades e os direitos econômicos, sociais e culturais, estabelece que as autoridades públicas deverão buscar políticas que visem ao emprego pleno e produtivo, devendo, para isso, organizar, aconselhar e dar treinamento para os trabalhadores, bem como realizar obras públicas e intervir economicamente quando necessário. Verifica-se, aqui, que o Estado, na Polônia, desempenha um papel ativo na busca do emprego pleno e produtivo:

---

467 RIVAS, Juan José González. *La Constitución española de 1978*: estudio sistemático y jurisprudencial. Madrid: Civitas, 2003. p. 422. Tradução livre.

468 RIVAS, Juan José González. *La Constitución española de 1978*: estudio sistemático y jurisprudencial. Madrid: Civitas, 2003. p. 422.

469 IRLANDA. *Constituição (1937)*. Disponível em: https://www.constituteproject.org/constitution/Ireland_2015?lang=en. Acesso em: 17 set. 2018. Tradução livre.

470 Órgão legislativo da Irlanda.

471 POLÔNIA. *Constituição (1997)*. Disponível em: https://www.constituteproject.org/constitution/Poland_2009?lang=en. Acesso em: 17 set. 2018. Tradução livre.

Constituição da República da Polônia (1997)
Artigo 65
(...)
5. As autoridades públicas devem buscar políticas que visem ao emprego pleno e produtivo, implementando programas para combater o desemprego, incluindo a organização e o apoio para aconselhamento e treinamento ocupacional, assim como obras públicas e intervenção econômica.

A Constituição portuguesa[472] estabelece, em capítulo sobre as políticas agrícola, comercial e industrial, que entre os objetivos da política agrícola está aumentar a produção e a produtividade por meio do fornecimento de infraestruturas adequadas e recursos humanos, técnicos e financeiros que buscam aumentar a competitividade e garantir a qualidade dos produtos, assim como a comercialização e a venda de maneira eficaz, com melhor oferta para o mercado interno e aumento das exportações. Quanto ao ponto, percebe-se que a mencionada Constituição entende que o aumento da produtividade proporciona uma melhor competitividade no mercado internacional, ocasionando o aumento das exportações, além de uma melhor oferta no mercado interno, decorrente da diminuição nos custos dos produtos proporcionada pelo aumento de produtividade:

Constituição de Portugal (1976)
Artigo 93. Objetivos da política agrícola
1. Os objetivos da política agrícola são os seguintes:
a. aumentar a produção e a produtividade agrícola, fornecendo à agricultura infraestruturas adequadas e recursos humanos, técnicos e financeiros que trabalhem para aumentar a competitividade e garantir a qualidade de seus produtos, comercialização e venda eficazes, uma melhor oferta para o país e um aumento nas exportações.

Estabelece, ainda, a Constituição portuguesa, que entre os objetivos da política industrial está o aumento da produtividade das empresas:

Artigo 100. Objetivos da política industrial
Os objetivos da política industrial são os seguintes:

[472] PORTUGAL. *Constituição (1976)*. Disponível em: https://www.constituteproject.org/constitution/Portugal_2005?lang=en. Acesso em: 17 set. 2018. Tradução livre.

a. O aumento da produção industrial num quadro global de modernização e ajustamento dos interesses sociais e econômicos e da integração internacional da economia portuguesa;

b. O reforço da inovação industrial e tecnológica;

c. O aumento da competitividade e da produtividade das empresas industriais;

Canotilho e Vital Moreira, ao comentarem esse artigo (que à época do comentário correspondia ao artigo 103), afirmam que as linhas orientadoras da política industrial expressas na Constituição podem ser sintetizadas em alguns objetivos, quais sejam: desenvolvimento, coesão econômica e social, competitividade e integração em mercados mais amplos.[473]

Para os referidos autores, o crescimento da produção é o primeiro objetivo e deve prosseguir em um contexto de modernização e de coesão social (ajustamento de interesses sociais e econômicos) e fora de um cenário protecionista. A relação entre a modernização e a coesão social, no entanto, não poderá deixar de influenciar as decisões que serão tomadas em matéria de reestruturação e reconversão industrial, "designadamente quanto às suas consequências em matéria de emprego e mobilidade profissional, a fim de evitar ou minorar efeitos sociais perversos das políticas de modernização".[474]

A inovação industrial e tecnológica, por sua vez, ainda segundo os mesmos autores, está relacionada com o reforço da competitividade e da produtividade das empresas. Isso porque a capacidade de inovação seria um dos elementos essenciais para a garantia da competitividade das empresas portuguesas, "dado que sem ela estas dependerão em absoluto do exterior, aumentando seus custos, retardando a sua modernização e diminuindo de forma substancial a sua competitividade no mercado".[475] Salientam, também, que a inovação industrial e tecnológica está ligada à política de "investigação científica", embora isso não signifique que não tenha outras dimensões tão importantes quanto.[476]

---

473 CANOTILHO, José Joaquim Gomes; MOREIRA, Vital. *Constituição da República Portuguesa Anotada*. Coimbra: Coimbra, 1993. p. 451.

474 CANOTILHO, José Joaquim Gomes; MOREIRA, Vital. *Constituição da República Portuguesa Anotada*. Coimbra: Coimbra, 1993. p. 451.

475 CANOTILHO, José Joaquim Gomes; MOREIRA, Vital. *Constituição da República Portuguesa Anotada*. Coimbra: Coimbra, 1993. p. 451.

476 CANOTILHO, José Joaquim Gomes; MOREIRA, Vital. *Constituição da República Portuguesa Anotada*. Coimbra: Coimbra, 1993. p. 451.

Das constituições europeias analisadas, perceberam-se aspectos relevantes relacionados à preocupação com o aumento da produtividade. Destaca-se, primeiramente, o fato de a Constituição da União Europeia ter demonstrado interesse no aumento tanto da produtividade agrícola como da produtividade econômica de modo geral, chegando a estabelecer diretrizes específicas que deveriam ser seguidas por países-membros a fim de alcançarem metas de produtividade, de modo a se aproximarem dos países mais desenvolvidos. Além do mais, da leitura das constituições dos próprios países europeus verificou-se que os que se preocuparam com o aumento da produtividade econômica de maneira geral foram: Espanha, Irlanda, Polônia (quando estabelece que as autoridades devem buscar políticas que fomentem o emprego pleno e produtivo) e Portugal. Salienta-se que, das constituições mencionadas, somente a Constituição da União Europeia e a de Portugal trataram expressamente da busca pelo aumento da produtividade agrícola.

3.3 Constituições do Oriente Médio

A Constituição dos Emirados Árabes Unidos,[477] de 1971, em segmento tratando sobre os pilares econômicos e sociais básicos do país, estabelece que a economia nacional buscará aumentar a produtividade:

> *Constituição dos Emirados Árabes Unidos (1971)*
> Artigo 24
> A economia nacional basear-se-á na justiça social, dependerá principalmente da cooperação leal entre as atividades públicas e privadas e procurará alcançar o desenvolvimento econômico, aumentar a produtividade, elevar os padrões de vida e alcançar a prosperidade para os cidadãos, conforme previsto na lei.

A Constituição turca,[478] de 1982, por sua vez, em capítulo versando sobre saúde, meio ambiente e habitação, estabelece que o Estado desempenhará o papel de regular o planejamento e o funcionamento central dos serviços de saúde, a fim de garantir que todos os cidadãos tenham uma boa saúde, aumentando a produtividade em recursos humanos e materiais.

---

477 EMIRADOS ÁRABES UNIDOS. *Constituição (1971)*. Disponível em: https://www.constituteproject.org/constitution/United_Arab_Emirates_2009?lang=en.Acesso em: 17 set. 2018. Tradução livre.

478 TURQUIA. *Constituição (1982)*. Disponível em: https://www.constituteproject.org/constitution/Turkey_2017?lang=en. Acesso em: 17 set. 2018. Tradução livre.

Constituição da Turquia (1982)
Artigo 56.
Todos têm o direito de viver em um ambiente saudável e equilibrado.
É dever do Estado e dos cidadãos melhorar o ambiente natural, proteger a saúde ambiental e prevenir a poluição ambiental.
O Estado regulará o planejamento e o funcionamento central dos serviços de saúde para assegurar que todos tenham uma vida saudável física e mental e proporcionem cooperação, economizando e aumentando a produtividade em recursos humanos e materiais.
O Estado deve cumprir essa tarefa utilizando e supervisionando as instituições de saúde e assistência social, nos setores público e privado.
A fim de estabelecer serviços de saúde generalizados, o seguro geral de saúde pode ser introduzido por lei.

Da análise das referidas constituições do Oriente Médio, verifica-se que apenas duas trataram expressamente da busca pelo aumento da produtividade. Enquanto a Constituição dos Emirados Árabes Unidos estabelece que a economia buscará o aumento da produtividade, a Constituição da Turquia chama a atenção por ter demonstrado preocupação com um ambiente saudável e equilibrado, bem como em assegurar que todos tenham uma vida saudável, física e mentalmente, aumentando a produtividade.

3.4 Constituições da Ásia

A Constituição chinesa,[479] de 1982, estabelece que o Estado aumenta de modo contínuo a produtividade do trabalho, melhorando os resultados econômicos e desenvolvendo as forças produtivas, por meio do aumento do entusiasmo dos trabalhadores, da elevação do nível de sua habilidade técnica, da disseminação de ciência e tecnologias avançadas e da melhora nos sistemas de administração econômica e na operação e gestão empresarial, melhorando, ainda, a organização do trabalho. Percebe-se, portanto, que o Estado exerce um relevante papel de planejador e condutor da economia, com o intuito de aumentar a produtividade e, com isso, melhorar o desempenho econômico:

Constituição da China (1982)
Artigo 14

---

[479] CHINA. *Constituição (1982)*. Disponível em: https://www.constituteproject.org/constitution/China_2004?lang=en. Acesso em: 17 set. 2018. Tradução livre.

O Estado aumenta continuamente a produtividade do trabalho, melhora os resultados econômicos e desenvolve as forças produtivas aumentando o entusiasmo dos trabalhadores, elevando o nível de sua habilidade técnica, disseminando ciência e tecnologia avançadas, melhorando os sistemas de administração econômica e operação e gestão empresarial, instituindo o sistema socialista de responsabilidade de várias formas e melhorando a organização do trabalho.

A Constituição norte-coreana,[480] de 1972, estabelece que o Estado será responsável pela educação pública, combinando educação geral com educação tecnológica e educação com trabalho produtivo. Verifica-se, com isso, que o Estado assume a função de fomentar a produtividade do trabalho:

> *Constituição da Coreia Do Norte (1972)*
> Artigo 44
> O Estado dará precedência à educação pública e à formação de quadros para a nação e combinará educação geral com educação tecnológica e educação com trabalho produtivo.

Conforme observado das constituições asiáticas, a Constituição chinesa estabelece que o Estado buscará o aumento da produtividade, elencando diversos meios para que isso ocorra, tais como a melhora dos níveis de entusiasmo dos trabalhadores, suas habilidades técnicas, a disseminação de ciências e tecnologias avançadas, entre outros. A Constituição norte-coreana, por sua vez, estabelece que o Estado dará prioridade à educação pública e à formação dos cidadãos, combinando educação com trabalho produtivo.

3.5 Constituições da África

A Constituição de Gana,[481] de 1992, em seu capítulo sobre os princípios diretivos da política de Estado, elenca como um dos objetivos econômicos do país a adoção, por parte do Estado, de medidas que se façam necessárias para assegurar uma remuneração justa e compatível com a produtividade do trabalho, a fim de incentivar um aumento da produtividade contínuo:

---

480 COREIA DO NORTE. *Constituição (1972)*. Disponível em: https://constituteproject.org/constitution/Peoples_Republic_of_Korea_1998?lang=en. Acesso em: 17 set. 2018. Tradução livre.

481 GANA. *Constituição (1992)*. Disponível em: https://www.constituteproject.org/constitution/Ghana_1996?lang=en. Acesso em: 17 set. 2018. Tradução livre.

> *Constituição de Gana (1992)*
> 36. Objetivos econômicos
> (...)
> 2. O Estado deve, em especial, tomar todas as medidas necessárias para estabelecer uma economia sã e saudável cujos princípios subjacentes incluam:
> a. a garantia de uma remuneração justa e realista para a produção e a produtividade, a fim de incentivar a produção continuada e a maior produtividade;

Já a Constituição da Guiné-Bissau,[482] de 1984, quando trata dos princípios fundamentais, em especial a respeito da natureza e das fundações do Estado, estabelece que o objetivo da educação é formar seres humanos, e ela deverá permanecer intimamente ligada ao trabalho produtivo, facilitando a aquisição de habilidades, conhecimentos e valores que permitam que os cidadãos contribuam para o progresso da nação:

> *Constituição da Guiné-Bissau (1984)*
> Artigo 16
> 1. O objetivo da educação é formar seres humanos. Ela deverá permanecer intimamente ligada ao trabalho produtivo, deve facilitar a aquisição de habilidades, conhecimentos e valores que permitam ao cidadão fazer parte da comunidade e contribuir para o seu progresso contínuo.

A Constituição de Lesoto,[483] de 1993, em setor tratando da oportunidade de trabalho, prevê que o Estado deverá adotar políticas com vistas a alcançar o emprego pleno e produtivo:

> *Constituição de Lesoto (1993)*
> 2. Lesoto deverá adotar políticas voltadas para:
> (...)
> c. alcançar um desenvolvimento económico, social e cultural estável e emprego pleno e produtivo, sob condições que salvaguardem as liberdades políticas e econômicas fundamentais para o indivíduo.

---

[482] GUINÉ-BISSAU. *Constituição (1984)*. Disponível em: https://www.constituteproject.org/constitution/Guinea_Bissau_1996?lang=en. Acesso em: 17 set. 2018. Tradução livre.

[483] LESOTO. *Constituição (1993)*. Disponível em: https://www.constituteproject.org/constitution/Lesotho_2011?lang=en. Acesso em: 17 set. 2018. Tradução livre.

A Constituição da Tanzânia,[484] de 1977, quando trata dos deveres da sociedade, estabelece que ela deverá participar do trabalho. Este, por sua vez, não será vedado se servir para melhorar a sociedade e a economia, bem como para assegurar o desenvolvimento e a produtividade nacional:

> *Constituição da República Unida da Tanzânia (1977)*
> 25. Dever de participar no trabalho
> (...)
> 3. Para os propósitos deste Artigo, e nesta Constituição em geral, declara-se que nenhum trabalho será considerado trabalho forçado, cruel ou humilhante, se ele estiver de acordo com a lei:
> (...)
> d. qualquer trabalho ou serviço que faça parte de:
> i. serviços de rotina para garantir o bem-estar da sociedade;
> ii. serviço nacional obrigatório previsto por lei;
> iii. o esforço nacional na mobilização de recursos humanos para a melhoria da sociedade e da economia nacional e para assegurar o desenvolvimento e a produtividade nacional.

A Constituição do Zimbábue,[485] de 2013, quando trata dos princípios-guia para as políticas sobre terras agrícolas, estabelece que o sistema de posse de terra deve promover o aumento da produtividade:

> *Constituição do Zimbábue (2013)*
> 289. Princípios-guia para as políticas sobre terras agrícolas
> A fim de corrigir o padrão iníquo e injusto de propriedade da terra que foi trazido pelo colonialismo, e para trazer a reforma agrária e o acesso equitativo de todos os zimbabuanos aos recursos naturais do país, as políticas relativas a terras agrícolas devem ser guiadas pelos seguintes princípios:
> (...)
> d. o sistema de posse da terra deve promover o aumento da produtividade e do investimento dos zimbabuanos em terras agrícolas;

Das constituições africanas analisadas, verificou-se que apenas a Constituição do Zimbábue demonstrou preocupação com a produtivi-

---

484 TANZANIA. *Constituição (1977)*. Disponível em: https://www.constituteproject.org/constitution/Tanzania_2005?lang=en. Acesso em: 17 set. 2018. Tradução livre.

485 ZIMBÁBUE. *Constituição (2013)*. Disponível em: https://www.constituteproject.org/constitution/Zimbabwe_2017?lang=en. Acesso em: 17 set. 2018. Tradução livre.

dade agrícola. Nas demais, a preocupação com a busca pelo aumento da produtividade está relacionada, sobretudo, com a produtividade econômica em geral. A Constituição da Tanzânia estabelece como um dos requisitos para que o trabalho não seja considerado como abusivo que ele faça parte de um esforço para assegurar a produtividade nacional. A Constituição de Gana e a da Guiné-Bissau, por sua vez, preocupam-se em fomentar a produtividade do trabalho, sendo que a segunda estabelece como meio para isso a educação, e a primeira, o salário justo e condizente com a produtividade, para o aumento desta. Já a Constituição de Lesoto determina que o Estado deverá buscar medidas para assegurar o emprego pleno e produtivo.

Conforme observado, diversas foram as constituições em vigor no exterior que trataram expressamente da produtividade. Percebe-se que a preocupação com o aumento da produtividade, em seus múltiplos âmbitos, ocorreu em países influenciados pelas mais variadas correntes de pensamento. Isso demonstra, primeiramente, que a preocupação com o aumento da produtividade nas constituições não é algo inédito no cenário mundial. Em segundo lugar, que ela não está limitada a apenas uma corrente de pensamento, seja "ortodoxa", seja "heterodoxa", visto ser considerada como um fator essencial para que o desenvolvimento sustentável possa ocorrer. Não é por acaso que países com ideologias e culturas bastante diversas tenham previsto meios para aumentar a produtividade em suas constituições.

CAPÍTULO 4

A INCORPORAÇÃO DA BUSCA PELO AUMENTO DA PRODUTIVIDADE NO DIREITO BRASILEIRO

Interessa-nos, no presente capítulo, compreender como se deu a incorporação da busca pelo aumento da produtividade pelo direito brasileiro. Com isso, busca-se realizar uma análise prévia antes de adentrar no estudo específico sobre a Constituição de 1988.

Isso porque, conforme será visto, ocorreu um processo de amadurecimento no direito brasileiro relativo à percepção acerca da relevância da produtividade para o desenvolvimento do país.

Inicialmente, cumpre verificar o que pensam os economistas brasileiros acerca da importância da produtividade para o país. Essa pesquisa é relevante, pois, como se sabe, o pensamento dominante acaba, por vezes, influenciando o direito e sendo por ele incorporado.[486] A partir do momento que se verifica certa convergência acerca da importância do aumento da produtividade para o desenvolvimento brasileiro por parte dos economistas de vertentes diversas, há um forte argumento para que esse entendimento, caso ainda não tenha sido absorvido pelas normas, passe a ser.

Posteriormente, será abordada a relação da produtividade com o direito econômico, quando se verá que este, em especial com a Constituição brasileira de 1988, mas mesmo antes dela, estabelece fins a serem perseguidos pelo Estado e pela sociedade com o intuito de transformá-la. É justamente com esse caráter que a busca pelo aumento da produtividade acabou sendo incorporada pelo direito brasileiro.

---

[486] Vide TIGAR, Michael E.; LEVY, Madeleine R. *O direito e a ascenção do capitalismo*. Tradução de Ruy Jungmann. Rio de Janeiro: Zahar, 1977.

Será, por fim, analisada a legislação tanto infraconstitucional como também no âmbito constitucional para, com isso, tentar identificar o percurso dessa busca pelo aumento da produtividade até que ela alcançasse o *status* de norma constitucional. Procurar-se-á, ainda, entender quais as razões que colaboraram para a percepção acerca da importância de se almejar, por meio de normas, esse objetivo.

Salienta-se, portanto, que, ao se tratar do âmbito constitucional, neste capítulo, será feito um corte metodológico de modo a limitar a análise a todas as constituições anteriores a 1988, pois esta receberá um capítulo próprio, em razão de ter se verificado que nela houve a consolidação da busca pelo aumento da produtividade no âmbito normativo, de tal maneira que pode ser considerada como o ápice da consagração do referido tema por uma constituição brasileira.

4.1 A produtividade em economistas brasileiros

Com relação ao pensamento de Celso Furtado, um dos principais aspectos observados por ele foi o da industrialização subdesenvolvida (ou subdesenvolvimento industrializado) verificada no Brasil. Nesse sentido, buscou demonstrar que a industrialização havia avançado de modo substancial nos países periféricos, mas houve a incapacidade de distribuir seus frutos, ou seja, os ganhos de produtividade, para os trabalhadores, por meio da elevação dos salários.[487]

Para Furtado, o elemento essencial para que o desenvolvimento possa ocorrer é a inovação técnica, que permite o aumento da produtividade, bem como da acumulação de capital, levando à homogeneização social.[488] O subdesenvolvimento, por sua vez, caracteriza-se pela "grande disparidade na produtividade entre as áreas rurais e urbanas, uma grande maioria da população vivendo em um nível de subsistência fisiológica, massas crescentes de pessoas subempregadas nas zonas urbanas etc.".[489]

Furtado questionou o motivo pelo qual a industrialização não foi capaz de superar o atraso e a pobreza, mostrando-se inapta, portanto, para superar o subdesenvolvimento.

---

[487] FURTADO, Celso. *Desenvolvimento e subdesenvolvimento*. Rio de Janeiro: Fundo de Cultura, 1961. p. 257.

[488] SAES, Flávio Azevedo Marques de. Subdesenvolvimento e desenvolvimento na obra de Celso Furtado. *In:* CORSI, Francisco; CAMARGO, José Marangoni (Org.). *Celso Furtado*: os desafios do desenvolvimento. São Paulo: Cultura Acadêmica, 2010. p. 81-102. p. 92.

[489] FURTADO, Celso. *O mito do desenvolvimento econômico*. Rio de Janeiro: Paz e Terra, 1974. p. 95.

Para ele, o subdesenvolvimento, sendo a expressão da forma de integração de economias periféricas no capitalismo mundial, acarreta o risco de se cair em uma armadilha que obsta a sua superação, mesmo quando essas economias sofrem mudanças profundas, tal como passarem de primário-exportadora para industriais.

Conforme observa Saes,[490] o subdesenvolvimento é um produto histórico da expansão mundial do capitalismo industrial, que se definiu a partir da Revolução Industrial. Isso ocorreu porque o progresso técnico contínuo e o aumento da produtividade gerado nas economias capitalistas adiantadas, denominadas de "economias centrais", não foram difundidos igualmente para todas as economias mundiais. Pode-se visualizar o progresso técnico sob duas formas distintas: i) por meio de processos produtivos mais eficazes, que podem ser identificados, em regra, pelo aumento da produtividade do trabalho; e ii) por meio de novos produtos que passam a fazer parte dos objetos de consumo de parcelas da população.

O mencionado autor verifica que, nos países centrais, essas formas de progresso técnico estão relacionadas. Os novos processos produtivos geram o aumento de produtividade – e, consequentemente, da renda –, permitindo o acesso a novos produtos.

Já nas economias periféricas, por sua vez, o progresso técnico pode se dar sob a forma de novos produtos, sem que para isso tenha ocorrido, necessariamente, alguma mudança nos processos produtivos. Em economias primário-exportadoras, por exemplo, uma eventual abertura de mercado, segundo o autor, gera um aumento de renda sem que ocorra qualquer mudança produtiva importante. Foi o que aconteceu no Brasil no final do século XIX, quando dois produtos primários (café e borracha) sofreram uma enorme valorização no mercado internacional, possibilitando o aumento das exportações com preços elevados. Os ganhos cada vez maiores nessas atividades permitiram lucros elevados, sendo que a maior parte ficou concentrada nas mãos dos proprietários. Esse aumento na renda propiciou que os grupos de proprietários incorporassem ao seu padrão de consumo novos produtos e serviços gerados nas economias centrais. Com isso, sem que tenha havido progresso técnico expressivo, parcelas da população passaram a ostentar padrões de consumo dos países centrais.[491] É o que Furtado

[490] SAES, Flávio Azevedo Marques de. Subdesenvolvimento e desenvolvimento na obra de Celso Furtado. *In:* CORSI, Francisco; CAMARGO, José Marangoni (Org.). *Celso Furtado*: os desafios do desenvolvimento. São Paulo: Cultura Acadêmica, 2010. p. 81-102. p. 93.

[491] FURTADO, Celso. *O mito do desenvolvimento econômico*. Rio de Janeiro: Paz e Terra, 1974. p. 93-94.

denominou de "modernização", que, para ele, consistia no "processo de adoção de padrões de consumo sofisticados (privados e públicos) sem o correspondente processo de acumulação de capital e progresso nos métodos produtivos".[492]

Com a manutenção desse padrão de consumo, também com a incorporação das inovações mais recentes, há uma tendência para que ocorra uma crescente pressão para ampliar o excedente com o objetivo de que a parcela que se beneficia desse consumo possa adquirir novos bens.[493]

Quando os países subdesenvolvidos ingressam no processo de industrialização, ele se torna mais importante. Isso porque, após uma fase inicial em que predominam indústrias produtoras de bens simples (consumidos pela massa da população), ocorre uma mudança rumo à produção dos bens consumidos pelos grupos modernizados, caracterizando-se por uma demanda muito mais dinâmica do que a dos bens simples. Diante disso, para Furtado, nessa produção a tecnologia incorporada aos equipamentos importados não se relaciona com o nível de acumulação de capital presente no país, mas sim com o perfil da demanda, ou seja, com o grau de diversificação do consumo do setor modernizado da sociedade. "Dessa orientação do progresso técnico e da consequente falta de conexão entre este e o grau de acumulação previamente alcançado resulta a especificidade do subdesenvolvimento na fase de plena industrialização".[494] Portanto, quando se impõe que métodos produtivos com alta densidade de capital sejam adotados, "a referida orientação cria as condições para que os salários reais se mantenham próximos ao nível de subsistência, ou seja, para que a taxa de exploração aumente com a produtividade do trabalho".[495]

Conforme ressalta Saes,[496] nisso consiste, para Furtado, a armadilha do subdesenvolvimento. Enquanto nos países centrais o processo de industrialização havia gerado a escassez de mão de obra e a elevação dos

---

[492] FURTADO, Celso. *O mito do desenvolvimento econômico*. Rio de Janeiro: Paz e Terra, 1974. p. 81.

[493] SAES, Flávio Azevedo Marques de. Subdesenvolvimento e desenvolvimento na obra de Celso Furtado. *In:* CORSI, Francisco; CAMARGO, José Marangoni (Org.). *Celso Furtado*: os desafios do desenvolvimento. São Paulo: Cultura Acadêmica, 2010. p. 81-102. p. 94.

[494] FURTADO, Celso. *O mito do desenvolvimento econômico*. Rio de Janeiro: Paz e Terra, 1974. p. 82.

[495] FURTADO, Celso. *O mito do desenvolvimento econômico*. Rio de Janeiro: Paz e Terra, 1974. p. 82.

[496] SAES, Flávio Azevedo Marques de. Subdesenvolvimento e desenvolvimento na obra de Celso Furtado. *In:* CORSI, Francisco; CAMARGO, José Marangoni (Org.). *Celso Furtado*: os desafios do desenvolvimento. São Paulo: Cultura Acadêmica, 2010. p. 81-102. p. 95.

salários, na periferia o mesmo não foi verificado. Isso se deve ao fato de que o progresso técnico, nesse caso, ocorre por meio da introdução de novos produtos, não sendo capaz de produzir a homogeneização social.

Para Furtado, o aumento de produtividade verificado no Brasil nos 40 anos posteriores à década de 1950 acabou concentrando os ativos em poucas mãos, ao passo que as grandes massas da população permaneceram destituídas do mínimo de requisitos para que pudessem ser valorizadas nos mercados. Por esse motivo, o autor entendia que o fator-chave para a superação do subdesenvolvimento estaria em descobrir "como modificar o mecanismo que conduz a essa perversa distribuição de ativos, ao nível das coisas e das habilitações pessoais".[497]

Partindo do pressuposto de que o aumento da produtividade, assim como a diversificação da procura, constitui o elemento motor do desenvolvimento, o autor demonstrou que os países que se especializaram de acordo com suas vantagens comparativas acabaram se transformando em importadores de novos bens de consumo, passando o seu desenvolvimento econômico a ser confundido com a importação de padrões de consumo. Com isso, a industrialização passou a ter uma conotação de simples "descentralização geográfica de atividades manufatureiras", não significando, no entanto, industrialização no sentido de autonomia para a criação de produtos industriais, mas somente localização parcial ou total, na periferia, da produção física de objetos que continuavam a ser criados nos centros dominantes.[498]

Além do mais, enquanto nas economias desenvolvidas ocorria a difusão de processos produtivos, o que acarretava o aumento da produtividade, elevando o nível de vida da população (em decorrência do aumento simultâneo da taxa de salários ou da redução dos preços relativos dos bens de consumo), nas economias subdesenvolvidas o mesmo não acontecia.[499] Isso porque, nessas economias, essa melhora no nível de vida somente seria cumprida em sua plenitude relativamente a uma minoria da população. "O peso do excedente estrutural de mão-de-obra faz com que a penetração de técnicas sofisticadas nas atividades ligadas ao conjunto da população acarrete um crescimento

---

[497] FURTADO, Celso. *Brasil, a construção interrompida*. São Paulo; Rio de Janeiro: Paz e Terra, 1992. p. 54.

[498] FURTADO, Celso. *Introdução ao desenvolvimento*. São Paulo: Paz e Terra, 2000. p. 259.

[499] SUZIGAN, Wilson. Celso Furtado e o processo histórico de industrialização na América Latina. *In:* CORSI, Francisco; CAMARGO, José Marangoni (Org.). *Celso Furtado*: os desafios do desenvolvimento. São Paulo: Cultura Acadêmica, 2010. p. 103-120. p. 92 e 116.

mais que proporcional da renda dos grupos ricos".[500] Os gastos destes, por sua vez, devem "aumentar mais que proporcionalmente para que prossiga o processo de difusão de novas técnicas".[501] Desse modo, entendia Furtado que "a introdução de novos padrões de consumo entre os grupos ricos constitui o verdadeiro fator primário (ao lado da ação do Estado) do crescimento das economias subdesenvolvidas na fase pós-substituição de importações".[502]

Furtado também demonstrou grande preocupação em buscar meios para aumentar a produtividade agrícola, especialmente no Nordeste, pois, para ele, somente "mediante persistente estudo do meio do desenvolvimento de técnicas agrícolas adaptadas às regiões tropicais, teria sido possível criar no Nordeste condições para a formação de uma economia de alta produtividade".[503] Ao se referir à caatinga, afirmou que, quando se pensa em reorganizar sua economia, "não é possível pretender criar lá uma situação pior do que a atual; temos que pensar numa economia mais racional, com mais alto nível de produtividade".[504] Afirmou, ainda, que "a utilização mais extensiva de terras significa aumentar os custos unitários pelas distâncias; a liberação de mão-de-obra significa relegá-las aos minifúndios onde sua produtividade é ínfima".[505] Caso fossem adotadas medidas para elevar o nível de vida da população rural, haveria dois efeitos de ordem econômica: "aumentaria a produtividade de uma parte da agricultura, incrementando assim a oferta de alimentos, e ampliaria o mercado de produtos industriais de consumo geral, o que também teria efeitos positivos para o conjunto da economia".[506]

O autor observou que as disparidades dos níveis de produtividade e de renda entre grupos demográficos da nação era uma das mazelas nacionais, agravando o problema da dependência externa, bem como as desigualdades econômico-sociais e regionais. Esses problemas teriam sido causados, na sua visão, pela falta de política nacional de desenvolvimento.[507]

---

[500] FURTADO, Celso. *Introdução ao desenvolvimento*. São Paulo: Paz e Terra, 2000. p. 261.

[501] FURTADO, Celso. *Introdução ao desenvolvimento*. São Paulo: Paz e Terra, 2000. p. 261.

[502] FURTADO, Celso. *Introdução ao desenvolvimento*. São Paulo: Paz e Terra, 2000. p. 261.

[503] FURTADO, Celso. *A operação nordeste*. Rio de Janeiro: MEC-Ideb, 1959. p. 32.

[504] FURTADO, Celso. *A operação nordeste*. Rio de Janeiro: MEC-Ideb, 1959. p. 57.

[505] FURTADO, Celso. *A operação nordeste*. Rio de Janeiro: MEC-Ideb, 1959. p. 63.

[506] FURTADO, Celso. *A operação nordeste*. Rio de Janeiro: MEC-Ideb, 1959. p. 64.

[507] FURTADO, Celso. *A pré-revolução brasileira*. Rio de Janeiro: Fundo de Cultura, 1962. p. 103.

Para Bresser-Pereira, o desenvolvimento econômico é "o processo histórico de mudança estrutural ou sofisticação produtiva"[508] por meio da "acumulação de capital e da incorporação do progresso técnico ao trabalho e ao capital que leva ao aumento sustentado da produtividade e da renda per capita",[509] que, como consequência, leva também "ao aumento sustentado dos salários e dos padrões de consumo médios de uma determinada sociedade".[510]

Para o autor, "elevação da produtividade do trabalho é sinônimo de crescimento econômico",[511] e os dois fatores fundamentais que determinarão a elevação da produtividade são "a taxa de acumulação de capital, que aumenta diretamente a produção por trabalhador, e a relação produto-capital ou produtividade do capital, que, quando aumenta, afinal também aumenta a produtividade do trabalho".[512]

Esse aumento da produtividade pode ocorrer, segundo Bresser-Pereira, no mesmo setor, devido à mecanização, à melhoria da qualidade das máquinas, à melhoria da qualidade dos trabalhadores e à melhoria dos processos produtivos. Todavia, ressalta que, normalmente, o aumento maior ocorre quando se transfere mão de obra de setores com baixo valor adicionado *per capita* para setores com alto valor adicionado *per capita*, pois essa mudança supõe uma melhor e imediata utilização do nível de educação de trabalhadores e técnicos disponíveis, uma vez que envolve domínio de tecnologia mais sofisticada e paga salários mais altos. Com essa transferência de mão de obra, a produtividade da economia como um todo também aumenta. Observa, no entanto, que isso somente será possível se houver trabalhadores e técnicos qualificados disponíveis, motivo pelo qual a educação e a formação tecnológica têm tamanha importância para o desenvolvimento econômico quando pensado do lado da oferta de mão de obra.[513]

---

508 BRESSER-PEREIRA, Luiz Carlos. *Desenvolvimento econômico, sofisticação produtiva e valor-trabalho*. São Paulo: FGV-EESP, 2017. p. 6.

509 BRESSER-PEREIRA, Luiz Carlos. *Desenvolvimento econômico, sofisticação produtiva e valor-trabalho*. São Paulo: FGV-EESP, 2017. p. 6.

510 BRESSER-PEREIRA, Luiz Carlos. *Desenvolvimento econômico, sofisticação produtiva e valor-trabalho*. São Paulo: FGV-EESP, 2017. p. 6.

511 BRESSER-PEREIRA, Luiz Carlos. *Desenvolvimento econômico, sofisticação produtiva e valor-trabalho*. São Paulo: FGV-EESP, 2017. p. 8.

512 BRESSER-PEREIRA, Luiz Carlos. *Desenvolvimento econômico, sofisticação produtiva e valor-trabalho*. São Paulo: FGV-EESP, 2017. p. 8.

513 BRESSER-PEREIRA, Luiz Carlos. *Desenvolvimento econômico, sofisticação produtiva e valor-trabalho*. São Paulo: FGV-EESP, 2017. p. 8.

Além disso, ressalta o autor que, conforme Kaldor,[514] a sofisticação produtiva pode se dar também de outro modo. Isso porque haveria uma relação estrutural entre a taxa de crescimento do produto por trabalhador e a taxa de crescimento do capital por trabalhador. Não haveria como, todavia, distinguir entre o crescimento da produtividade decorrente da incorporação de novas tecnologias e o proveniente de um aumento do capital por trabalhador, visto que a maioria das inovações tecnológicas que aumentam a produtividade do trabalho exige que seja utilizado um volume maior de capital por trabalhador.[515]

Bresser-Pereira observa que a diminuição das desigualdades não é característica essencial no conceito histórico de desenvolvimento econômico; já o aumento dos salários reais ou do padrão de consumo da população são. A explicação para isso seria que, embora os trabalhadores tenham poder de barganha, ele está limitado pela "restrição maior do capitalismo", qual seja: a taxa de lucro satisfatória para as empresas.[516]

Além disso, segundo o autor, o aumento dos salários na proporção da produtividade permite o equilíbrio entre a oferta e a procura agregada. No entanto, isso não significa que não seja possível um descompasso entre o aumento dos salários e o aumento da produtividade, pois foi o que ocorreu no Brasil durante a década de 1970. Nesse período, embora a produtividade tenha sofrido um grande aumento, os salários cresceram abaixo dele. Isso foi possível somente pelo fato de a classe média ter sido incluída no processo de aumento do padrão de vida, criando uma demanda por bens de consumo duráveis, ao passo que os trabalhadores foram excluídos.[517]

Nada obstante o exposto, Bresser-Pereira afirma que os salários e os padrões de vida aumentam porque a taxa de lucro média de uma economia nacional varia no curto prazo, porém possui um limite de alta, enquanto para os salários reais não existe limite desde que a produtividade

---

[514] KALDOR, Nicholas. A Model of Economic Growth. *The Economic Journal*, v. 67, n. 268, p. 591-624, 1957.

[515] BRESSER-PEREIRA, Luiz Carlos. *Desenvolvimento econômico, sofisticação produtiva e valor-trabalho*. São Paulo: FGV-EESP, 2017. p. 8.

[516] BRESSER-PEREIRA, Luiz Carlos. *Desenvolvimento econômico, sofisticação produtiva e valor-trabalho*. São Paulo: FGV-EESP, 2017. p. 11.

[517] BRESSER-PEREIRA, Luiz Carlos. *Desenvolvimento econômico, sofisticação produtiva e valor-trabalho*. São Paulo: FGV-EESP, 2017. p. 11.

esteja aumentando.[518] Para o autor,[519] a taxa de lucro é constante e a taxa de salário cresce em torno do crescimento da produtividade, "crescendo menos, igual ou mais rapidamente que a produtividade dependendo de o progresso técnico ser dispendioso de capital, neutro, ou economizador de capital".[520] Nesse sentido, a produtividade e os salários aumentarão de maneira aproximadamente igual, "desde que não haja, ou uma mudança radical do tipo de progresso técnico de neutro para dispendioso de capital, ou que os trabalhadores sofram uma perda de poder relativo muito grande perante as elites".[521]

O mencionado autor chama a atenção para o motivo pelo qual, para ele, o Brasil ainda não alcançou o estágio de desenvolvimento autossustentado, ou seja, razoavelmente independente do desempenho dos governantes. Esse motivo seria, em boa parte, decorrente da "incompatibilidade distributiva originada do descompasso entre o aumento da produtividade e a remuneração do trabalho".[522] Como solução, o autor estabelece que o país deveria adotar "um projeto consistente de retomada do desenvolvimento, de consequente aumento da produtividade". Além disso, deveria haver um compromisso, que seria estabelecido "no âmbito da sociedade civil, de que não só os aumentos da produtividade serão repassados para os salários mas também as políticas sociais usarão melhor os recursos públicos e promoverão uma melhor distribuição de renda no país".[523] Tudo isso porque "a concentração de renda do tipo existente no Brasil prejudica a coesão social e reduz a produtividade do trabalho".[524] Por fim, define que, para

---

[518] BRESSER-PEREIRA, Luiz Carlos. *Desenvolvimento econômico, sofisticação produtiva e valor-trabalho*. São Paulo: FGV-EESP, 2017. p. 11.

[519] Nesse sentido, vide também BRESSER-PEREIRA, Luiz Carlos. *Lucro, acumulação e crise*. São Paulo: Brasiliense, 1986; e BRESSER-PEREIRA, Luiz Carlos. Desenvolvimento, progresso e crescimento econômico. *Lua Nova*, São Paulo, n. 93, p. 33-60, set./dez. 2014.

[520] BRESSER-PEREIRA, Luiz Carlos. *Desenvolvimento econômico, sofisticação produtiva e valor-trabalho*. São Paulo: FGV-EESP, 2017. p. 12.

[521] BRESSER-PEREIRA, Luiz Carlos. *Desenvolvimento econômico, sofisticação produtiva e valor-trabalho*. São Paulo: FGV-EESP, 2017. p. 12.

[522] BRESSER-PEREIRA, Luiz Carlos. Incompatibilidade distributiva e desenvolvimento autossustentado. *In:* BIELSCHOWSKY, Ricardo; MUSSI, Carlos (Org.). *Políticas para a retomada do crescimento*: reflexões de economistas brasileiros. Brasília: IPEA; CEPAL, 2002. p. 117-148. p. 118.

[523] BRESSER-PEREIRA, Luiz Carlos. Incompatibilidade distributiva e desenvolvimento autossustentado. *In:* BIELSCHOWSKY, Ricardo; MUSSI, Carlos (Org.). *Políticas para a retomada do crescimento*: reflexões de economistas brasileiros. Brasília: IPEA; CEPAL, 2002. p. 117-148. p. 130.

[524] BRESSER-PEREIRA, Luiz Carlos. Incompatibilidade distributiva e desenvolvimento autossustentado. *In:* BIELSCHOWSKY, Ricardo; MUSSI, Carlos (Org.). *Políticas para a retomada do crescimento*: reflexões de economistas brasileiros. Brasília: IPEA; CEPAL, 2002. p. 117-148. p. 130.

que a perspectiva de retomada do desenvolvimento e de aumento da produtividade ganhe credibilidade, não somente se deverá buscar o equilíbrio macroeconômico e se realizar reformas institucionais, mas será necessário também que o governo, as empresas e a sociedade "se comprometam com uma política industrial e comercial pautada na defesa do interesse nacional, e com reformas microeconômicas que viabilizem na prática, o aumento da produtividade".[525]

Para Cláudio Frischtak e Luiz Gonzaga Belluzzo, a experiência histórica demonstra que o processo de desenvolvimento "é o esforço de superar as amarras da escassez, dos limites impostos pela falta de informação e conhecimento e pela fragilidade e qualidade da representação política, por meio da construção de instituições direcionadas para o bom governo",[526] ou seja, "para o bem comum".[527] Isso significa dizer que, em última instância, "é o que possibilita a expansão da fronteira econômica e o aumento da produtividade, com base nas infraestruturas que integrem o espaço econômico, no investimento em capital humano (saúde e educação) e em ciência e tecnologia".[528]

Conforme Antonio Corrêa de Lacerda, o crescimento populacional médio que o Brasil registra hoje é de 0,8% ao ano (a.a.), bem abaixo dos 3% das décadas de 1960/1970, o que indica que a taxa de crescimento populacional vem apresentando queda e deverá continuar registrando essa tendência. Por tal razão, "o crescimento populacional deverá ter um menor impacto potencial no crescimento do mercado, ou seja, no nível de atividades".[529] Portanto, será necessário

---

[525] BRESSER-PEREIRA, Luiz Carlos. Incompatibilidade distributiva e desenvolvimento auto-sustentado. *In:* BIELSCHOWSKY, Ricardo; MUSSI, Carlos (Org.). *Políticas para a retomada do crescimento*: reflexões de economistas brasileiros. Brasília: IPEA; CEPAL, 2002. p. 117-148. p. 142.

[526] FRISCHTAK, Cláudio; BELLUZZO, Luiz Gonzaga. Produção de commodities e desenvolvimento econômico: uma introdução. *In:* BELLUZO, Luiz G.; FRISCHTAK, Cláudio R.; LAPLANE, Mariano. *Produção de commodities e desenvolvimento econômico*. Campinas: Unicamp-IE, 2014. p. 9-20. p. 10.

[527] FRISCHTAK, Cláudio; BELLUZZO, Luiz Gonzaga. Produção de commodities e desenvolvimento econômico: uma introdução. *In:* BELLUZO, Luiz G.; FRISCHTAK, Cláudio R.; LAPLANE, Mariano. *Produção de commodities e desenvolvimento econômico*. Campinas: Unicamp-IE, 2014. p. 9-20. p. 10.

[528] FRISCHTAK, Cláudio; BELLUZZO, Luiz Gonzaga. Produção de commodities e desenvolvimento econômico: uma introdução. *In:* BELLUZO, Luiz G.; FRISCHTAK, Cláudio R.; LAPLANE, Mariano. *Produção de commodities e desenvolvimento econômico*. Campinas: Unicamp-IE, 2014. p. 9-20. p. 10.

[529] LACERDA, Antonio Corrêa. Políticas macroeconômicas para o desenvolvimento brasileiro. *In:* LASTRES, Helena M. M.; CASSIOLATO, José Eduardo; LAPLANE, Gabriela; SARTI, Fernando (Org.). *O futuro do desenvolvimento*: ensaios em homenagem a Luciano Coutinho. Campinas: Unicamp, 2016. p. 89-112. p. 94.

"crescer e produzir mais, sem o acréscimo da população, mas com maior produtividade".[530]

Observa Gadelha que, nos últimos anos, o custo de produzir no Brasil tem se elevado, existindo uma dicotomia entre salário e competitividade. Diante disso, entende que "a via do adensamento produtivo, do desenvolvimento tecnológico e da produtividade constitui o caminho para superar a mencionada dicotomia que vai na contramão de uma estratégia de desenvolvimento".[531] Nesse sentido, defende que "o padrão de especialização produtiva, o crescimento e a expansão do produto e da renda, o investimento geral e em tecnologia e o contexto para a inovação devem ser privilegiados (...), pois geram impacto direto na produtividade",[532] o que permitiria "ganhos de salário em simultâneo com a redução dos custos do trabalho".[533] Os ganhos de escala, segundo ele, "associados à expansão do mercado, se acoplados a outros elementos que determinam a evolução da produtividade (...), poderia se constituir em fator decisivo para a melhora na inserção internacional",[534] o que seria "compatível com um padrão de desenvolvimento que aliasse o dinamismo econômico com o bem-estar".[535]

Para Gustavo Franco, o aumento de produtividade ocasionaria consequências positivas para a população, pois "parte do crescimento

---

530 LACERDA, Antonio Corrêa. Políticas macroeconômicas para o desenvolvimento brasileiro. *In:* LASTRES, Helena M. M.; CASSIOLATO, José Eduardo; LAPLANE, Gabriela; SARTI, Fernando (Org.). *O futuro do desenvolvimento*: ensaios em homenagem a Luciano Coutinho. Campinas: Unicamp, 2016. p. 89-112. p. 94.

531 GADELHA, Carlos Augusto Grabois. Política industrial, desenvolvimento e os grandes desafios nacionais. *In:* LASTRES, Helena M. M.; CASSIOLATO, José Eduardo; LAPLANE, Gabriela; SARTI, Fernando (Org.). *O futuro do desenvolvimento*: ensaios em homenagem a Luciano Coutinho. Campinas: Editora Unicamp, 2016. p. 231-270. p. 247.

532 GADELHA, Carlos Augusto Grabois. Política industrial, desenvolvimento e os grandes desafios nacionais. *In:* LASTRES, Helena M. M.; CASSIOLATO, José Eduardo; LAPLANE, Gabriela; SARTI, Fernando (Org.). *O futuro do desenvolvimento*: ensaios em homenagem a Luciano Coutinho. Campinas: Editora Unicamp, 2016. p. 231-270. p. 247.

533 GADELHA, Carlos Augusto Grabois. Política industrial, desenvolvimento e os grandes desafios nacionais. *In:* LASTRES, Helena M. M.; CASSIOLATO, José Eduardo; LAPLANE, Gabriela; SARTI, Fernando (Org.). *O futuro do desenvolvimento*: ensaios em homenagem a Luciano Coutinho. Campinas: Editora Unicamp, 2016. p. 231-270. p. 247.

534 GADELHA, Carlos Augusto Grabois. Política industrial, desenvolvimento e os grandes desafios nacionais. *In:* LASTRES, Helena M. M.; CASSIOLATO, José Eduardo; LAPLANE, Gabriela; SARTI, Fernando (Org.). *O futuro do desenvolvimento*: ensaios em homenagem a Luciano Coutinho. Campinas: Editora Unicamp, 2016. p. 231-270. p. 247.

535 GADELHA, Carlos Augusto Grabois. Política industrial, desenvolvimento e os grandes desafios nacionais. *In:* LASTRES, Helena M. M.; CASSIOLATO, José Eduardo; LAPLANE, Gabriela; SARTI, Fernando (Org.). *O futuro do desenvolvimento*: ensaios em homenagem a Luciano Coutinho. Campinas: Editora Unicamp, 2016. p. 231-270.p. 247.

da produtividade é apropriado pelos salários".[536] Essa indução teria viés deflacionista, visto que "o repasse pode beneficiar o consumidor se a maior eficiência é repassada aos preços e se a manutenção da competição estrangeira impede o uso de margem de lucro para a geração de lucros extraordinários retidos para fins de investimento".[537]

Para Maria da Conceição Tavares e Luiz Gonzaga de Mello Belluzzo, um projeto voltado para o desenvolvimento nacional deveria considerar a possibilidade de implementação de "câmaras setoriais mistas, nas quais fossem acordadas metas globais de produção, de emprego, de salários e de produtividade".[538]

Pedro Malan entende que, para que se torne possível reduzir as disparidades sociais, especialmente a redução das formas extremas de pobreza e a excessiva desigualdade na distribuição de renda, uma das medidas que se deve buscar é a "eficiência produtiva".[539] Além do mais, para o setor privado, ressalta que a produtividade e a competitividade com produtos importados ou importáveis serão cada vez mais relevantes.[540]

Para Samuel Pessôa, há alguns pontos fundamentais para compreender a dinâmica futura da economia brasileira. O primeiro deles refere-se ao atraso educacional do trabalhador brasileiro, o que pode ser o principal fator que, isoladamente, explique sua baixa produtividade em comparação ao trabalhador norte-americano. O segundo ponto diz respeito aos diferenciais de crescimento populacional entre as várias classes de renda na manutenção da desigualdade social com impactos devastadores sobre o crescimento econômico de longo prazo também sobre outras variáveis, como criminalidade. Isso porque, apesar de o Brasil estar no estágio final da transição demográfica, ou seja, o

---

536 FRANCO, Gustavo H. B. *O desafio brasileiro*: ensaios sobre desenvolvimento, globalização e moeda. São Paulo: 34, 1999. p. 43-44.

537 FRANCO, Gustavo H. B. *O desafio brasileiro*: ensaios sobre desenvolvimento, globalização e moeda. São Paulo: 34, 1999. p. 43-44.

538 TAVARES, Maria da Conceição; BELLUZZO, Luiz Gonzaga de Mello. Desenvolvimento no Brasil: relembrando um velho tema. *In:* BIELSCHOWSKY, Ricardo; MUSSI, Carlos (Org.). *Políticas para a retomada do crescimento*: reflexões de economistas brasileiros. Brasília: Ipea; Cepal, 2002, p. 149-184. p. 174.

539 MALAN, Pedro Sampaio. O Brasil na primeira década do séxulo XXI: perspectivas do desenvolvimento com estabilidade. *In:* BIELSCHOWSKY, Ricardo; MUSSI, Carlos (Org.). *Políticas para a retomada do crescimento*: reflexões de economistas brasileiros. Brasília: Ipea; Cepal, 2002. p. 185-207. p. 185.

540 MALAN, Pedro Sampaio. O Brasil na primeira década do séxulo XXI: perspectivas do desenvolvimento com estabilidade. *In:* BIELSCHOWSKY, Ricardo; MUSSI, Carlos (Org.). *Políticas para a retomada do crescimento*: reflexões de economistas brasileiros. Brasília: Ipea; Cepal, 2002. p. 185-207. p. 189.

crescimento médio populacional estar próximo da taxa de reposição – em decorrência da grande diferença da queda de natalidade entre as classes de renda, o que acaba reforçando a desigualdade educacional –, levará um longo período para que a transição demográfica tenha efeito sobre a distribuição de renda. Nada obstante isso, segundo ele, há um consenso recente de que as economias latino-americanas apresentam um marco institucional desfavorável ao crescimento, sendo que "um dos maiores indicadores deste fato é a baixa produtividade total dos fatores[541] no continente latino americano em comparação às economias da OECD e do leste asiático".[542]

Um aspecto observado por Pessôa[543] é a existência de um consenso de que os diferenciais de produtividade que existem entre as economias se devem, sobretudo, a questões institucionais, e não a diferenças tecnológicas *stricto sensu*, visto que estas estão disponíveis para aquisição no mercado. Salienta que é possível que as diferenças institucionais produzam escolhas tecnológicas distintas (todavia, essa não seria uma diferença tecnológica *stricto sensu*, mas sim induzida pela diferença institucional).

Para Pessôa, conforme exposto, há um forte papel da educação na explicação do diferencial de produtividade do trabalho entre a economia brasileira e a economia norte-americana. Contudo, há evidências que demonstram que o país está chegando ao limite das possibilidades de crescimento do capital humano baseando-se de modo prioritário em políticas de extensão de acesso. Diante disso, defende que parece ter chegado o momento de enfrentar o problema da baixa qualidade de ensino. Há evidências recentes, segundo ele, de que o atraso educacional é produzido muito cedo no ciclo da vida da criança e é fortemente determinado pelo ambiente familiar, de maneira que duas questões se mostram de extrema relevância: i) em que período da vida do indivíduo o setor público deve priorizar os investimentos em educação (observa que é possível que o mais prioritário do que a universalização do ensino médio seja a universalização do ensino pré-escolar); ii) qual será o impacto de longo prazo da dinâmica populacional brasileira, especialmente do diferencial de crescimento populacional entre as classes

[541] Que consiste na relação entre o agregado de todos os produtos e o agregado de todos os insumos.

[542] PESSÔA, Samuel de Abreu. *Perspectivas de crescimento no longo prazo para o Brasil*: questões em aberto. Rio de Janeiro: FGV-EPGE, 2006. p. 2.

[543] PESSÔA, Samuel de Abreu. *Perspectivas de crescimento no longo prazo para o Brasil*: questões em aberto. Rio de Janeiro: FGV-EPGE, 2006. p. 3.

de renda sobre a já muito desigual distribuição de renda (observa que esse diferencial de crescimento populacional entre as diferentes classes é determinado pelo diferencial de fertilidade entre as classes de renda e pela diferença entre elas de idade dos pais no momento em que os filhos são concebidos), – do ponto de vista do mercado de trabalho, apesar do rápido processo de transição demográfica sofrida, é possível que a dinâmica populacional ainda desempenhe uma grande pressão na direção de elevar a desigualdade de renda por muitas décadas.[544]

Por esses motivos, "o próximo ponto da agenda de pesquisa é tentar entender melhor o fenômeno da forte e persistente queda de produtividade dos países da América Latina e, em especial, do Brasil".[545] Sobre o tema, há evidências de que a queda da produtividade foi concomitante a um processo de sofisticação da matriz produtiva e de pressão sobre o gasto público decorrente de políticas de transferência de renda para grupos, realizada após a redemocratização da economia. Conforme o autor, a maior sofisticação da economia exigiu um processo simultâneo de evolução institucional que o país não foi capaz de proporcionar. Com efeito, a elevação da arrecadação do setor público para cobrir os gastos de transferência "elevou o peso morto da tributação sem elevar o benefício de uma melhor oferta de infraestrutura e bens públicos em geral".[546] Assim, tanto a elevação da carga tributária sem contrapartida de serviços quanto a forte defasagem no desenvolvimento institucional produziram uma grande elevação do custo de transação decorrente da queda da produtividade total dos fatores.[547]

Nelson Barbosa,[548] em seu discurso de posse como ministro da Fazenda, fez importantes considerações acerca da importância da produtividade para o país. O ex-ministro elencou como um dos objetivos aperfeiçoar a regulação de concessões e investimentos em infraestrutura, por entender que o Brasil tem "um grande potencial de aumento

[544] PESSÔA, Samuel de Abreu. *Perspectivas de crescimento no longo prazo para o Brasil*: questões em aberto. Rio de Janeiro: FGV-EPGE, 2006. p. 13.

[545] PESSÔA, Samuel de Abreu. *Perspectivas de crescimento no longo prazo para o Brasil*: questões em aberto. Rio de Janeiro: FGV-EPGE, 2006. p. 13.

[546] PESSÔA, Samuel de Abreu. *Perspectivas de crescimento no longo prazo para o Brasil*: questões em aberto. Rio de Janeiro: FGV-EPGE, 2006. p. 13.

[547] PESSÔA, Samuel de Abreu. *Perspectivas de crescimento no longo prazo para o Brasil*: questões em aberto. Rio de Janeiro: FGV-EPGE, 2006. p. 13.

[548] BARBOSA FILHO, Nelson Henrique. *Discurso do Ministro Nelson Barbosa por ocasião da solenidade de transmissão de cargo*. Brasília: Ministério da Fazenda, 21 dez. 2015. Disponível em: http://www.fazenda.gov.br/noticias/2015/dezembro/presidenta-dilma-rousseff-da-posse-aos-novos-ministros-do-planejamento-e-da-fazenda/2015.12.21DiscursodoMinistroBarbosanasolenidadedetransmissodecargo.pdf. Acesso em: 9 ago. 2018.

do investimento e da produtividade nas áreas de logística, energia e telecomunicações".[549] Observou que há necessidade de avançar em iniciativas institucionais importantes, a fim de "aumentar a produtividade e recuperar o crescimento de nossa economia".[550] Segundo ele, "as diversas iniciativas de aumento da produtividade criam condições para o crescimento dos lucros das empresas e dos salários dos trabalhadores sem gerar pressões inflacionárias".[551] Para o ex-ministro, é "o aumento da produtividade que compatibiliza o controle de inflação com o crescimento econômico e, portanto, esse é o foco principal de nossas medidas de política econômica".[552] Com esse crescimento econômico proporcionado por tais medidas, afirmou que seria possível "avançar mais no processo de inclusão social e redução de desigualdades sociais que caracteriza nossa política econômica desde 2003", além de "gerar mais empregos, que é a melhor forma de inclusão social em qualquer economia, sobretudo em uma sociedade democrática como o Brasil". Tudo isso para alcançar "o desenvolvimento econômico e social de nosso país".[553]

Conforme observou Fernando de Holanda Barbosa,[554] a economia brasileira entrou em um período de recessão a partir do segundo

---

[549] BARBOSA FILHO, Nelson Henrique. *Discurso do Ministro Nelson Barbosa por ocasião da solenidade de transmissão de cargo*. Brasília: Ministério da Fazenda, 21 dez. 2015. Disponível em: http://www.fazenda.gov.br/noticias/2015/dezembro/presidenta-dilma-rousseff-da-posse-aos-novos-ministros-do-planejamento-e-da-fazenda/2015.12.21DiscursodoMinistroBarbosanasolenidadedetransmissodecargo.pdf. Acesso em: 9 ago. 2018.

[550] BARBOSA FILHO, Nelson Henrique. *Discurso do Ministro Nelson Barbosa por ocasião da solenidade de transmissão de cargo*. Brasília: Ministério da Fazenda, 21 dez. 2015. Disponível em: http://www.fazenda.gov.br/noticias/2015/dezembro/presidenta-dilma-rousseff-da-posse-aos-novos-ministros-do-planejamento-e-da-fazenda/2015.12.21DiscursodoMinistroBarbosanasolenidadedetransmissodecargo.pdf. Acesso em: 9 ago. 2018.

[551] BARBOSA FILHO, Nelson Henrique. *Discurso do Ministro Nelson Barbosa por ocasião da solenidade de transmissão de cargo*. Brasília: Ministério da Fazenda, 21 dez. 2015. Disponível em: http://www.fazenda.gov.br/noticias/2015/dezembro/presidenta-dilma-rousseff-da-posse-aos-novos-ministros-do-planejamento-e-da-fazenda/2015.12.21DiscursodoMinistroBarbosanasolenidadedetransmissodecargo.pdf. Acesso em: 9 ago. 2018.

[552] BARBOSA FILHO, Nelson Henrique. *Discurso do Ministro Nelson Barbosa por ocasião da solenidade de transmissão de cargo*. Brasília: Ministério da Fazenda, 21 dez. 2015. Disponível em: http://www.fazenda.gov.br/noticias/2015/dezembro/presidenta-dilma-rousseff-da-posse-aos-novos-ministros-do-planejamento-e-da-fazenda/2015.12.21DiscursodoMinistroBarbosanasolenidadedetransmissodecargo.pdf. Acesso em: 9 ago. 2018.

[553] BARBOSA FILHO, Nelson Henrique. *Discurso do Ministro Nelson Barbosa por ocasião da solenidade de transmissão de cargo*. Brasília: Ministério da Fazenda, 21 dez. 2015. Disponível em: http://www.fazenda.gov.br/noticias/2015/dezembro/presidenta-dilma-rousseff-da-posse-aos-novos-ministros-do-planejamento-e-da-fazenda/2015.12.21DiscursodoMinistroBarbosanasolenidadedetransmissodecargo.pdf. Acesso em: 9 ago. 2018.

[554] BARBOSA FILHO, Fernando de Holanda. A crise econômica de 2014/2017. *Estudos Avançados*, v. 31, n. 89, p. 51-60, 2017. p. 51.

semestre de 2014. No seu entender, a crise foi resultado de um conjunto de choques de oferta e demanda. O conjunto de políticas adotadas a partir de 2011, que ficou conhecido como Nova Matriz Econômica, reduziu a produtividade da economia nacional e, desse modo, o produto potencial. No entanto, esse choque de oferta tem efeitos duradouros, em decorrência da alocação de investimentos de longa recuperação em setores pouco produtivos.

Os choques de demanda podem ser divididos em três grupos, segundo o autor. O primeiro deles engloba o esgotamento da Nova Matriz Econômica a partir do final de 2014. O segundo seria a crise de sustentabilidade da dívida pública doméstica em 2015. O terceiro, por fim, teria sido a correção do populismo tarifário, que demandou uma política monetária contracionista para o controle inflacionário após a perda de credibilidade do Banco Central.

Para o autor, mesmo tendo sido adotadas medidas para a solução da crise de sustentabilidade da dívida, "a manutenção de um ritmo de crescimento próximo dos 4% ao ano dependerá da adoção de medidas que recuperem a produtividade doméstica e, com isso, o produto potencial".[555]

No mesmo sentido, entende Bonelli que a desaceleração do crescimento do PIB brasileiro, que se agravou em 2014 e se transformou em recessão em 2015 e 2016, está relacionada à desaceleração da produtividade. Em outras palavras, a crise do crescimento brasileiro, para o autor, é uma crise de produtividade.[556] Além disso, afirmou que, em regra, "reduções no ritmo de crescimento dos países emergentes têm sido associadas a ritmos de crescimento mais lentos da produtividade à medida que os países alcançam níveis médios de renda", o que é denominado de "armadilha da renda média".[557]

Conforme salienta o referido autor, ao analisar a realidade brasileira, há uma queda constante no bônus demográfico, o que significa que, em projeção acerca do futuro, a população em idade ativa, que é de onde se extrai a força de trabalho, deixará de crescer (provavelmente em 2048 ou 2049, segundo estimativas). Por essa razão, "o crescimento

---

[555] BARBOSA FILHO, Fernando de Holanda. A crise econômica de 2014/2017. *Estudos Avançados*, v. 31, n. 89, p. 51-60, 2017. p. 51.

[556] BONELLI, R. Sobre o enigma do lento crescimento brasileiro. *In:* BONELLI, R.; VELOSO, F. (Org.). *A crise de crescimento do Brasil*. Rio de Janeiro: Elsevier; FGV-IBRE, 2016. p. 61-86. p. 62.

[557] BONELLI, Regis. Produtividade e armadilha do lento crescimento. *In:* DE NEGRI, Fernanda; CAVALCANTE, Luiz Ricardo. *Produtividade no Brasil*: desempenho e determinantes. Brasília: IPEA, 2014. v. 1. p. 111.

do PIB passará a depender principalmente, e cada vez mais, dos ganhos de produtividade da mão de obra".[558]

Para Marcos Lisboa, a melhor evidência empírica hoje disponível indica que os ciclos longos de crescimento econômico, com mais de oito ou dez anos de duração, se iniciam com ganhos de produtividade.[559] Para ele, há no Brasil diversas dificuldades que impedem o crescimento econômico e a melhoria da qualidade de vida da população: na legislação brasileira ainda está indefinida a atribuição de responsabilidades sobre diversos aspectos importantes, como a concessão de licenças para investimentos em infraestrutura; ainda não há um processo adequado de governança para análise e autorização de investimentos com impacto no meio ambiente; não há uma legislação que estabeleça adequadamente o papel das agências reguladoras e sua atribuição como órgão de Estado e não de governo. Desse modo, caso esses e outros obstáculos não sejam enfrentados, um eventual ciclo de crescimento "encontrará a natural exaustão dos ganhos de produtividade".[560]

Como se verifica da análise acerca dos economistas brasileiros sobre a produtividade, mesmo quando se trata de economistas com vertentes de pensamento diversas, entendem que a produtividade tem um papel extremamente relevante para o Brasil.

Em outras palavras, a produtividade pode ser elemento fundamental para que se alcance o desenvolvimento previsto na Constituição brasileira. Além disso, poderá resultar em mais lucros para as empresas, que poderão se transformar em investimento e geração de mais postos de trabalho. Os salários mais altos, cumulados à baixa dos custos dos produtos proporcionada pelo aumento da produtividade, podem ocasionar um melhor padrão de vida para os indivíduos, e a maior arrecadação por parte do Estado permitirá que os direitos fundamentais[561] assegurados pela Constituição sejam concretizados, visto que isso dificilmente ocorrerá sem os recursos necessários para tanto. Tudo isso converge para que o desenvolvimento, objetivo fundamental da República, possa ser alcançado de maneira sustentável.

---

[558] BONELLI, Regis. Produtividade e armadilha do lento crescimento. *In:* DE NEGRI, Fernanda; CAVALCANTE, Luiz Ricardo. *Produtividade no Brasil*: desempenho e determinantes. Brasília: IPEA, 2014. v. 1. p. 115.

[559] LISBOA, Marcos de Barros. Instituições e crescimento econômico. *Revista de Economia e Relações Internacionais*, v. 9, n. 18, p. 67-83, jan. 2011. p. 74.

[560] LISBOA, Marcos de Barros. Instituições e crescimento econômico. *Revista de Economia e Relações Internacionais*, v. 9, n. 18, p. 67-83, jan. 2011. p. 80.

[561] Sobre o tema, vide SARLET, Ingo Wolfgang. *A eficácia dos direitos fundamentais*: uma teoria geral dos direitos fundamentais na perspectiva constitucional. Porto Alegre: Livraria do Advogado, 2012.

4.2 A produtividade e sua relação com o direito econômico

A fim de que se possa compreender como a busca pelo aumento da produtividade foi incorporada pelo direito brasileiro, necessário se faz abordar sua relação com o direito econômico, compreendendo o conceito e os objetivos destes.

Para Comparato, o direito econômico busca atingir as estruturas do sistema econômico, almejando seu aperfeiçoamento ou sua transformação, superando o subdesenvolvimento.[562]

Norbet Reich, por sua vez, afirma que o direito econômico tem uma dupla instrumentalidade, pois oferece instrumentos para que o processo econômico capitalista de mercado seja organizado e pode também ser utilizado pelo Estado como um instrumento para influenciar, manipular e transformar a economia, de maneira vinculada a objetivos sociais ou coletivos, encapsulando os conflitos entre a política e a economia.[563]

O direito econômico, ainda, pode ser objeto de tutela no âmbito constitucional. Um exemplo disso é a Constituição brasileira de 1988, que, nesse sentido, foi estruturada também partindo do pressuposto de que exerceria a função de planejar as transformações sociais e do Estado, prevendo, em seu texto, as bases para um projeto nacional de desenvolvimento, que é o que se denomina, na teoria constitucional, de "constituição dirigente"[564] – em outras palavras, aquela que "estabelece explicitamente as tarefas e os fins do Estado na sociedade".[565]

Possui, portanto, a referida Constituição uma forte carga histórica, que acaba por refletir as formas de organização da economia que foram adotadas por um período de grande abrangência, consolidando-se no âmago da sociedade, de sua cultura, bem como em suas práticas cotidianas.[566] Uma constituição que demonstre a preocupação com a tutela do Direito econômico, portanto, tal como a brasileira, tem um

---

[562] COMPARATO, Fábio Konder. O indispensável direito econômico. *Revista dos Tribunais*, São Paulo, n. 353, p. 14-26, mar. 1965. p. 22-26.

[563] REICH, Norbet. *Markt und Recht*: Theorie und Praxis des Wirtschaftsrechts in der Bundesrepublik Deutschland. Neuwied; Darmstadt: Luchterhand, 1977. p. 64-66.

[564] Para um estudo sobre as constituições brasileiras e sua relação com a ordem econômica, vide MATSUSHITA, Thiago Lopes. Perfilamento histórico da ordem econômica do Brasil (1989/-) retirada nas cartas constitucionais. *História e Cultura*, Franca, v. 5, n. 1, p. 304-328, mar. 2016.

[565] BERCOVICI, Gilberto. *Política econômica e direito econômico*. Fortaleza: Pensar, v. 16, n. 2, p. 562-588, jul./dez. 2011. p. 575.

[566] TAVARES, André Ramos. *Direito constitucional econômico*. São Paulo: Saraiva, 2013. p. 73.

"conjunto de preceitos que institui determinada ordem econômica (mundo do ser) ou conjunto de princípios e regras essenciais ordenadoras da economia".[567]

Essa Constituição econômica, por conseguinte, em virtude de seu caráter dirigente, almeja incorporar uma dimensão materialmente legitimadora para a política, estabelecendo um fundamento constitucional, possuindo como núcleo a proposta de legitimação material da constituição pelos fins e pelas tarefas previstos no texto constitucional.[568]

Trata-se, assim, não somente de uma garantia do existente, mas também de um programa para o futuro, pois fornece linhas de atuação para política sem, contudo, substituí-la, destacando a interdependência do Estado e da sociedade. Portanto, nas palavras de Canotilho, essa ideia de Constituição dirigente, na "defesa da mudança da realidade pelo direito",[569] almejando dar força e substrato jurídico para que as mudanças sociais ocorram, consiste em um "programa de ação para a alteração da sociedade".[570]

Pablo Lucas Verdú denominou dispositivos tais como o artigo 3º da Constituição de 1988[571] de "cláusulas transformadoras", pois expõem o contraste entre "a realidade social injusta e a necessidade de eliminá-la".[572] Com isso, não permite que a Constituição deixe de realizar aquilo que ainda não foi realizado, impondo ao Estado o dever de promover a "transformação da estrutura econômico-social".[573]

---

[567] GRAU, Eros. *A ordem econômica na Constituição de 1988*: interpretação e crítica. São Paulo: Malheiros, 2015. p. 77.

[568] CANOTILHO, José Joaquim Gomes. *Constituição dirigente e vinculação do legislador*: contributo para a compreensão das normas constitucionais programáticas. Coimbra: Coimbra, 2001. p. 225.

[569] CANOTILHO, José Joaquim Gomes. *Constituição dirigente e vinculação do legislador*: contributo para a compreensão das normas constitucionais programáticas. Coimbra: Coimbra, 2001. p. 225.

[570] BERCOVICI, Gilberto. *Política econômica e direito econômico*. Fortaleza: Pensar, v. 16, n. 2, p. 562-588, jul./dez. 2011. p. 576.

[571] "Art. 3º Constituem objetivos fundamentais da República Federativa do Brasil: I - construir uma sociedade livre, justa e solidária; II - garantir o desenvolvimento nacional; III - erradicar a pobreza e a marginalização e reduzir as desigualdades sociais e regionais; IV - promover o bem de todos, sem preconceitos de origem, raça, sexo, cor, idade e quaisquer outras formas de discriminação".

[572] VERDÚ, Pablo Lucas. *Estimativa y política constitucionales*: los valores y los princípios rectores del ordenamiento constitucional español. Madrid: Universidad Complutense de Madrid, 1984. p. 190-198; e VERDÚ, Pablo Lucas. *Teoría de la constitucíon como ciencia cultural*. 2. ed. Madrid: Dykinson, 1998. p. 50-54.

[573] VERDÚ, Pablo Lucas. *Estimativa y política constitucionales*: los valores y los princípios rectores del ordenamiento constitucional español. Madrid: Universidad Complutense de Madrid, 1984. p. 190-198; e VERDÚ, Pablo Lucas. *Teoría de la constitucíon como ciencia cultural*. 2. ed. Madrid: Dykinson, 1998. p. 50-54.

Nesse sentido, Gilberto Bercovici afirma que "as normas determinadoras de fins do Estado dinamizam o direito constitucional, isto é, permitem uma compreensão dinâmica da constituição, com a abertura do texto constitucional para desenvolvimentos futuros".[574] A importância, nesse caso, está em permitir, sem que seja necessário romper com a legalidade constitucional, progredir na concretização de determinados objetivos que busquem tornar real a "supremacia do povo como sujeito da soberania, rechaçando a manutenção dos interesses privados de uma classe ou grupo dominante".[575] Assim, o artigo 3º da Constituição de 1988 acaba exercendo função de instrumento normativo que permitiu transformar fins sociais e econômicos em jurídicos, servindo como linha de desenvolvimento e de interpretação teleológica de todo o ordenamento constitucional.

O referido autor, com quem concordamos, afirma que o mencionado artigo 3º não consiste em uma norma programática, que é a "concepção conservadora e teoricamente equivocada que justifica a não-vinculatividade e a não-concretização dos dispositivos constitucionais".[576] Trata-se, na verdade, do que Canotilho[577] chama de "princípio constitucional impositivo" ou que Dworkin[578] chamava de "diretriz", por tratar-se de norma-objetivo,[579] tendo, ainda, caráter conformador, que assinala os fins, os objetivos a serem perseguidos por todos os meios legais existentes para "edificar uma nova sociedade, distinta da existente no momento da elaboração do texto constitucional".[580] Deve-se, portanto, entender o Estado como o portador da ordem social, significando que ele deverá ter uma vontade política para colocar em prática o programa constitucional.

No referido artigo 3º da Constituição, está prevista a garantia ao desenvolvimento nacional como um dos objetivos fundamentais da república. Esse desenvolvimento pressupõe "dinâmicas mutações",

574 BERCOVICI, Gilberto. *Política econômica e direito econômico*. Fortaleza: Pensar, v. 16, n. 2, p. 562-588, jul./dez. 2011. p. 578.

575 BERCOVICI, Gilberto. *Política econômica e direito econômico*. Fortaleza: Pensar, v. 16, n. 2, p. 562-588, jul./dez. 2011. p. 578.

576 BERCOVICI, Gilberto. *Política econômica e direito econômico*. Fortaleza: Pensar, v. 16, n. 2, p. 562-588, jul./dez. 2011. p. 578.

577 CANOTILHO, José Joaquim Gomes. *Direito constitucional*. Coimbra: Livraria Almedina, 1987. p. 200.

578 DWORKIN, Ronald. *Taking Rights Seriously*. London: Duckworth, 1987. p. 22.

579 GRAU, Eros Roberto. *Por que tenho medo dos juízes*. São Paulo: Malheiros, 2014. p. 85.

580 BERCOVICI, Gilberto. *Política econômica e direito econômico*. Fortaleza: Pensar, v. 16, n. 2, p. 562-588, jul./dez. 2011. p. 578.

importando que se realize na sociedade por ela abrangida um processo contínuo e intermitente de mobilidade social. Deve, portanto, invariavelmente, ocasionar um "salto" de uma estrutura social para outra, juntamente com o aumento do nível econômico e cultural-intelectual da sociedade.[581]

É bem por esse motivo que se há de falar mais uma vez em mudanças não meramente quantitativas, mas sim qualitativas, visto que não é possível confundir crescimento com desenvolvimento, pois enquanto o primeiro atenta apenas para o aspecto quantitativo, o segundo foca também no qualitativo.

Assim, é por tal razão que Grau afirma que, para garantir o desenvolvimento nacional, bem como construir uma sociedade livre, justa e solidária, deve-se realizar políticas públicas cuja reivindicação pela sociedade encontre fundamentos no artigo 3º, II, da Constituição.[582]

Não obstante isso, conforme bem lembra Comparato,[583] o estado de subdesenvolvimento acaba por impor que os governantes de países por ele afetados tenham um mínimo de programação de políticas públicas de longo prazo.

Do mesmo modo, a busca pelo aumento da produtividade, que está intimamente relacionada com o objetivo fundamental ao desenvolvimento nacional, sendo um fundamento deste, tem esse caráter transformativo, o qual pode ser verificado por dois diferentes prismas.

No primeiro deles, o caráter transformador da busca pelo aumento da produtividade ocorre em decorrência das medidas que devem ser adotadas para que tal aumento possa ocorrer. Isso porque, para que esse ele seja possível, faz-se necessário investir, fomentar melhorias e realizar planejamentos em alguns âmbitos de suma importância para o desenvolvimento da sociedade, tais como educação, infraestrutura, pesquisa e desenvolvimento (P&D), inovações tecnológicas, agricultura, bem como buscar a mitigação das desigualdades, que é uma das principais causas que impedem altos índices de produtividade em uma nação.[584]

---

[581] GRAU, Eros. *A ordem econômica na Constituição de 1988*: interpretação e crítica. São Paulo: Malheiros, 2015. p. 213.

[582] GRAU, Eros. *A ordem econômica na Constituição de 1988*: interpretação e crítica. São Paulo: Malheiros, 2015. 214.

[583] COMPARATO, Fábio Konder. *Para viver a democracia*. São Paulo: Brasiliense, 1989. p. 103.

[584] Vide CEPAL. *A ineficiência da desigualdade*: síntese (LC/SES.37/4), Santiago: Nações Unidas, 2018.

O segundo prisma sob o qual o caráter transformador da busca pelo aumento da produtividade pode ser verificado é o da relação entre o aumento da produtividade e a geração de mais riqueza com a mesma quantidade de determinado fator, conforme abordado no segundo capítulo. Isso possibilita que essa riqueza resulte em salários mais altos[585] e custos mais baixos para os trabalhadores[586] (permitindo um maior poder de compra e um melhor padrão de vida), mais lucros para as empresas (possibilitando mais investimentos), e maior arrecadação para o Estado (possibilitando que os diversos direitos garantidos constitucionalmente possam ser concretizados).[587]

Exatamente por esse caráter transformador é que a busca pelo aumento da produtividade deve estar a cargo do Estado – seja por meio de incentivos diretos a medidas que a impulsionem, seja pelo fomento a iniciativas que contribuam para isso –, sendo vedada a instituição de normas contrárias a esse objetivo, sob pena de inconstitucionalidade.

Não por acaso, da análise da legislação, tanto infraconstitucional como constitucional, verifica-se um amadurecimento constante na busca pelo aumento da produtividade.

---

585 Sabe-se que nem sempre o aumento de produtividade acarreta salários mais altos. Especialmente nos países denominados "periféricos", diferentemente do que ocorre nos países "centrais", essa relação não se verifica, conforme observado por Furtado em FURTADO, Celso. *Desenvolvimento e subdesenvolvimento*. Rio de Janeiro: Fundo de Cultura, 1961. p. 257. Ressalta-se que, mesmo em países chamados de "centrais', o aumento da produtividade, por vezes, não leva a aumentos salariais. Esse fenômeno é uma das consequências redistributivas da nova etapa do desenvolvimento tecnológico, ou seja, a produtividade aumenta, mas os trabalhadores não se apropriam dos ganhos, por serem estes capturados por outros segmentos da população, especialmente pelos inovadores e pelos detentores do capital, conforme se verifica em SENNA, José Júlio. Inovação e produtividade: a controvérsia recente. *In:* VELOSO, Fernando; BONELLI, Regis; CASTELAR, Armando. *Anatomia da produtividade*. São Paulo: Elsevier, 2017, p. 3-34. Capítulo I. Todavia, embora se faça necessário buscar meios para solucionar esse problema, o fato é que, sem que haja mais riqueza disponível, que pode ser gerada pelo aumento de produtividade, dificilmente poderá haver aumento dos salários, pois carecerá de uma fonte de onde possa ser retirado sem que haja danos colaterais. Nesse sentido, o Banco Mundial afirma, com relação ao Brasil, que "é provável que aumentos frequentes no salário mínimo sejam compatíveis com a estabilidade macroeconômica apenas em um ambiente de produtividade crescente", conforme: BANCO MUNDIAL. Retomando o caminho para a inclusão, o crescimento e a sustentabilidade. Maio 2016. Disponível em: http://documents.worldbank.org/curated/pt/686871468197371171/pdf/101431-REVISED-PORTUGUESE-v2-SCD-Sumario-Executivo.pdf. Acesso em: 14 mar. 2019. p. xi.

586 Devido ao custo mais baixo das mercadorias.

587 Nada obstante isso, há estudos que demonstram que, no Brasil, "os fatores para redução da pobreza e o compartilhamento da prosperidade ligados ao mercado de trabalho não podem ser sustentados sem aumento na produtividade e nos investimentos". BANCO MUNDIAL. Retomando o caminho para a inclusão, o crescimento e a sustentabilidade. Maio 2016. Disponível em: http://documents.worldbank.org/curated/pt/686871468197371171/pdf/101431-REVISED-PORTUGUESE-v2-SCD-Sumario-Executivo.pdf. Acesso em: 14 mar. 2019. p. XI.

Conforme será visto a seguir, já em 1967 foi criado o Fundo de Desenvolvimento da Produtividade (Fundepro), ligado ao Banco Nacional de Desenvolvimento Econômico (BNDE), que era voltado para pesquisas que permitissem o incremento da produtividade industrial, sendo incorporado, em 1970, pelo Fundo de Modernização e Reorganização Industrial (FMRI).

Cumpre salientar que pouco tempo após a criação do Fundepro a Constituição Federal (CF) passou a demonstrar preocupação com o aumento da produtividade, com a Emenda Constitucional (EC) nº 1, de 1969, que alterou a redação da Constituição brasileira de 1967. Com isso, o desenvolvimento econômico, que na Constituição de 1967 constava como um dos princípios que serviam como base para a ordem econômica (artigo 157, da CF/1967),[588] sofreu uma modificação substancial: com a redação dada pela EC nº 1, de 1969, o desenvolvimento, que antes constava em um inciso, passou para o *caput*, ficando estabelecido que a ordem econômica e social teria por fim realizar o desenvolvimento nacional.[589] Ou seja, o desenvolvimento, que antes era tratado como desenvolvimento econômico, deixou de ser apenas um princípio que servia como fundamento para a ordem econômica e passou a ser o fim, juntamente com a justiça social, que deveria ser realizado pela ordem econômica.

Outro aspecto que merece ser salientado é que, a partir do momento que o desenvolvimento passou a ser um fim, um novo inciso foi inserido no referido artigo, prevendo que esse fim (desenvolvimento e justiça social) será baseado em alguns princípios, entre os quais o da "expansão das oportunidades de emprego produtivo". Verifica-se, desse modo, que a ordem econômica deverá realizar o desenvolvimento nacional baseada, também, na expansão não simplesmente do emprego, mas do emprego produtivo. Isso demonstra que essa preocupação com a produtividade, que já podia ser verificada com a criação do Fundepro, acabou sendo incorporada à Constituição brasileira em 1969.

Posteriormente, novas leis foram instituídas nas quais se pode perceber a preocupação com a busca pelo aumento da produtividade.

Um desses casos é o do Decreto-Lei nº 288, de 1967, com redação dada pela Lei nº 8.387/1991, que regula a Zona Franca de Manaus (ZFM).

---

[588] "Título III. Da ordem Econômica e Social. Art 157. A ordem econômica tem por fim realizar a justiça social, com base nos seguintes princípios: (...) V – desenvolvimento econômico";

[589] "Título III. Da ordem econômica e social. Art. 160. A ordem econômica e social tem por fim realizar o desenvolvimento nacional e a justiça social, com base nos seguintes princípios: (...) VI – expansão das oportunidades de emprêgo produtivo".

No artigo 7º, §§1º e 7º, II, "d", desse decreto-lei, foi previsto que, para se fazer jus à redução da alíquota no Imposto de Importação, os produtos industrializados na Zona Franca de Manaus teriam de respeitar alguns requisitos – entre eles, que esses produtos objetivem níveis crescentes de produtividade.

A Lei nº 11.196/2005, que prevê uma série de incentivos fiscais para a inovação tecnológica, define, em seu artigo 17, que será considerada inovação também "a concepção de novo produto ou processo (...) que implique melhorias incrementais e efetivo ganho de qualidade ou produtividade, resultando maior competitividade no mercado".

Mais recentemente, em outubro de 2018, por meio do Decreto nº 9.547, foi instituído o Programa Brasil Mais Produtivo, que, conforme seu artigo 1º, é "destinado a elevar os níveis de produtividade e de eficiência na indústria brasileira por meio de ações de extensionismo industrial".

Tudo isso demonstra que a preocupação com a busca pelo aumento da produtividade no Brasil é antiga e tem se mantido no tempo, deixando de ser uma questão meramente econômica para receber *status* de norma jurídica.

4.3 A incorporação da busca pelo aumento da produtividade na legislação infraconstitucional brasileira

Conforme observado, brevemente, no item anterior, a legislação infraconstitucional, que será abordada mais detalhadamente a seguir, antes mesmo das normas constitucionais, acabou por incorporar a preocupação com a busca pelo aumento da produtividade. Pode-se perceber que essa preocupação tem se mantido ao longo do tempo e parece ter influenciado a posterior incorporação desse objetivo no âmbito constitucional.

4.3.1 Fundo de Desenvolvimento da Produtividade

O Fundepro foi instituído em 1966 e reformulado em 1967, quando ocorreu a ampliação do montante de recursos orçamentários do BNDE a ele destinado.[590] O referido fundo também teve expandidas

[590] Atualmente denominado de Banco Nacional de Desenvolvimento Econômico e Social (BNDES).

suas áreas de atuação, bem como os meios de incentivo do fundo na indústria, na agropecuária, na mineração, na comercialização e nos serviços básicos. O fundo, em 1968, passou a ter também como foco a promoção de estudos setoriais e a criação de núcleos de produtividade em todo o território nacional.[591] Posteriormente, em 1970, foi incorporado pelo FMRI.[592]

4.3.2 Incentivos fiscais à Zona Franca de Manaus

Como dito anteriormente, o Decreto-Lei nº 288, de 1967, com redação dada pela Lei nº 8.387/1991, que regula a ZFM, previu, em seu artigo 7º, §§1º e 7º, II, "d", que determinados produtos industrializados na Zona Franca de Manaus estão sujeitos à exigibilidade do Imposto sobre Importação com alíquota reduzida, desde que respeitados alguns requisitos, entre os quais que esses produtos objetivem níveis crescentes de produtividade. Veja-se:

> Art. 7º Os produtos industrializados na Zona Franca de Manaus, salvo os bens de informática e os veículos automóveis, tratores e outros veículos terrestres, suas partes e peças, excluídos os das posições 8711 a 8714 da Tarifa Aduaneira do Brasil (TAB), e respectivas partes e peças, quando dela saírem para qualquer ponto do Território Nacional, estarão sujeitos à exigibilidade do Imposto sobre Importação relativo a matérias-primas, produtos intermediários, materiais secundários e de embalagem, componentes e outros insumos de origem estrangeira neles empregados, calculado o tributo mediante coeficiente de redução de sua alíquota ad valorem, na conformidade do §1º deste artigo, desde que atendam nível de industrialização local compatível com processo produtivo básico para produtos compreendidos na mesma posição e subposição da Tarifa Aduaneira do Brasil (TAB). (Redação dada pela Lei nº 8.387, de 30.12.91)
>
> §1º O coeficiente de redução do imposto será obtido mediante a aplicação da fórmula que tenha: (Parágrafo incluído pela Lei nº 8.387, de 30.12.91)
>
> I – no dividendo, a soma dos valores de matérias-primas, produtos intermediários, materiais secundários e de embalagem, componentes e outros insumos de produção nacional e da mão-de-obra empregada no processo produtivo; (Inciso incluído pela Lei nº 8.387, de 30.12.91)

---

[591] CENTRO INTERNACIONAL CELSO FURTADO DE POLÍTICAS PARA O DESENVOLVIMENTO. *O BNDE nos anos do "milagre" brasileiro*: memórias do desenvolvimento. set. 2010. v. 4. p. 150.

[592] BRASIL. Decreto nº 67.323, de 2 de outubro de 1970. Cria o Fundo de Modernização e Reorganização Industrial (FMRI) e dá outras providências. *Coleção de Leis do Brasil*, 1970. v. 8. p. 9.

> II – no divisor, a soma dos valores de matérias-primas, produtos intermediários, materiais secundários e de embalagem, componentes e outros insumos de produção nacional e de origem estrangeira, e da mão-de-obra empregada no processo produtivo. (Inciso incluído pela Lei nº 8.387, de 30.12.91)
> (...)
> §7º A redução do Imposto sobre Importação, de que trata este artigo, somente será deferida a produtos industrializados previstos em projeto aprovado pelo Conselho de Administração da Suframa que:
> (...)
> II – objetive: (Inciso incluído pela Lei nº 8.387, de 30.12.91)
> (...)
> d) níveis crescentes de produtividade e de competitividade; (Incluída pela Lei nº 8.387, de 30.12.91)

Comentando sobre o referido dispositivo, Gonçalves observa que a legislação demonstra que não basta a criação da indústria na ZFM, é necessário que ela objetive, entre outros aspectos, níveis crescentes de produtividade e de competitividade. Não busca, portanto, "pura e simplesmente conceder incentivos fiscais, mas garantir que esses revertam em prol da sociedade local, contribuindo para o desenvolvimento da região amazônica".[593] Ives Gandra Martins observa que reduções ou eliminações de encargos de ordem aduaneira ou fiscal sobre uma determinada parte do território nacional, tal como realizado com a criação da Zona Franca de Manaus, é uma das soluções para o problema das desigualdades regionais.[594] Estão, desse modo, condicionados os incentivos fiscais "ao atendimento de um conjunto de objetivos que configuram o interesse público do Estado".[595]

4.3.3 Incentivos fiscais à inovação tecnológica

A Lei nº 11.196/2005, quando trata sobre incentivos fiscais à inovação tecnológica, define, no §1º do artigo 17, que será considerada

---

593 GONÇALVES, Oksandro Osdival. Os incentivos tributários na Zona Franca de Manaus e o desequilíbrio concorrencial no setor de refrigerantes. *Economic Analysis of Law Review*, v. 3, n. 1, p. 72-94, jan./jun. 2012. p. 79.

594 MARTINS, Ives Gandra da Silva. Temas atuais de direito tributário. São Paulo: Elevação Jurídica, 2001, p. 201.

595 GONÇALVES, Oksandro Osdival. Os incentivos tributários na Zona Franca de Manaus e o desequilíbrio concorrencial no setor de refrigerantes. *Economic Analysis of Law Review*, v. 3, n. 1, p. 72-94, jan./jun. 2012. p. 81.

inovação tecnológica a concepção de novo produto ou processo de fabricação, assim como a agregação de novas funcionalidades ou características a esse produto ou processo que acarrete em melhorias ou efetivo ganho de qualidade ou produtividade, de modo a resultar maior competitividade no mercado.

> Art. 17. A pessoa jurídica poderá usufruir dos seguintes incentivos fiscais: I – dedução, para efeito de apuração do lucro líquido, de valor correspondente à soma dos dispêndios realizados no período de apuração com pesquisa tecnológica e desenvolvimento de inovação tecnológica classificáveis como despesas operacionais pela legislação do Imposto sobre a Renda da Pessoa Jurídica – IRPJ ou como pagamento na forma prevista no §2º deste artigo;
>
> II – redução de 50% (cinqüenta por cento) do Imposto sobre Produtos Industrializados – IPI incidente sobre equipamentos, máquinas, aparelhos e instrumentos, bem como os acessórios sobressalentes e ferramentas que acompanhem esses bens, destinados à pesquisa e ao desenvolvimento tecnológico;
>
> III – depreciação integral, no próprio ano da aquisição, de máquinas, equipamentos, aparelhos e instrumentos, novos, destinados à utilização nas atividades de pesquisa tecnológica e desenvolvimento de inovação tecnológica, para efeito de apuração do IRPJ e da CSLL; (*Redação dada pela Lei nº 11.774, de 2008*)
>
> IV – amortização acelerada, mediante dedução como custo ou despesa operacional, no período de apuração em que forem efetuados, dos dispêndios relativos à aquisição de bens intangíveis, vinculados exclusivamente às atividades de pesquisa tecnológica e desenvolvimento de inovação tecnológica, classificáveis no ativo diferido do beneficiário, para efeito de apuração do IRPJ;
>
> VI – edução a 0 (zero) da alíquota do imposto de renda retido na fonte nas remessas efetuadas para o exterior destinadas ao registro e manutenção de marcas, patentes e cultivares.
>
> §1º Considera-se inovação tecnológica a concepção de novo produto ou processo de fabricação, bem como a agregação de novas funcionalidades ou características ao produto ou processo que implique melhorias incrementais e efetivo ganho de qualidade ou produtividade, resultando maior competitividade no mercado.

Conforme observa Zucoloto, em artigo sobre os impactos da referida lei nas atividades de pesquisa e desenvolvimento no Brasil, a inovação tecnológica consiste em um fenômeno que está positivamente relacionado a taxas de crescimento da produtividade e ao desenvolvimento econômico. Nesse sentido, essa capacidade de gerar desenvolvimento tecnológico e incorporar inovações vem se mostrando fundamental para a promoção do desenvolvimento econômico e social, motivo pelo qual diversos países têm buscado adotar políticas que estimulem as inovações tecnológicas, em especial os incentivos fiscais.[596]

4.3.4 Programa Brasil Mais Produtivo

O Decreto nº 9.547/2018 institucionalizou o Programa Brasil Mais Produtivo, que busca o aumento da produtividade de pequenas e médias empresas brasileiras. Conforme o referido decreto, o programa se destina a elevar os níveis de produtividade e de eficiência na indústria brasileira por meio de ações de extensionismo industrial, assim entendido como aquelas que visam promover e difundir conhecimentos, técnicas e práticas produtivas capazes de gerar externalidades positivas decorrentes da prestação de serviços, da indicação de melhorias gerenciais e de técnicas de aperfeiçoamento contínuo da gestão dos processos fabris. O decreto ainda prevê, quando trata dos objetivos do programa, que dentre eles estão: i) o desenvolvimento e a aplicação de técnicas destinadas ao aumento da produtividade e da eficiência no processo produtivo em empresas industriais de diferentes segmentos no território brasileiro; ii) o desenvolvimento e a aplicação de ferramentas e soluções tecnológicas para monitoramento da produtividade e da eficiência no processo produtivo; e iii) a promoção da cultura de aperfeiçoamento contínuo no processo produtivo nas empresas brasileiras.

> Art. 1º Fica instituído o Programa Brasil Mais Produtivo, destinado a elevar os níveis de produtividade e de eficiência na indústria brasileira por meio de ações de extensionismo industrial.
>
> Parágrafo único. Para os fins do disposto neste Decreto, consideram-se ações de extensionismo industrial aquelas que possuem o objetivo de promover e difundir conhecimentos, técnicas e práticas produtivas geradoras de externalidades positivas, por meio da prestação de serviços, da indicação de melhorias gerenciais e de técnicas de aperfeiçoamento contínuo da gestão dos processos fabris.
>
> Art. 2º São objetivos do Programa Brasil Mais Produtivo:
>
> I – o desenvolvimento e a aplicação de técnicas destinadas ao aumento da produtividade e da eficiência no processo produtivo em empresas industriais de diferentes segmentos no território nacional;

---

[596] ZUCOLOTO, Graziela Ferrero. Lei do Bem: impactos nas atividades de P&D no Brasil. *Radar*: Tecnologia, Produção e Comércio Exterior, n. 6, p. 14-20, fev. 2010. p. 14.

II – o desenvolvimento e a aplicação de ferramentas e soluções tecnológicas de monitoramento da produtividade e da eficiência no processo produtivo; e
III – a promoção da cultura de aperfeiçoamento contínuo no processo produtivo das empresas nacionais.

O ministro da Indústria, Comércio Exterior e Serviços em exercício à época da institucionalização do programa, Marcos Jorge Lima, em evento na Confederação Nacional da Indústria (CNI), afirmou que o programa é uma ação focada no resultado e que traz ganhos reais para a indústria, "que exige uma contrapartida dos usuários, o que garante, de certa forma, mais comprometimento desse público com a ferramenta".[597] Na primeira etapa do programa, que encerrou em julho de 2018, foi verificado um crescimento médio de mais de 52% na produtividade das 3 mil empresas que dele participaram.[598]

4.3.5 Estratégia Federal de Desenvolvimento para o Brasil no período de 2020 a 2031

O Decreto nº 10.531/2020 instituiu a Estratégia Federal de Desenvolvimento (EFD) para o Brasil no período de 2020-2031, com objetivo de definir a visão de longo prazo para a atuação estável e coerente dos órgãos e das entidades da administração pública federal direta, autárquica e fundacional. Na prática, estabelece um planejamento orientado à retomada econômica, já considerando o período pós-Covid19.

O referido plano para o desenvolvimento do Brasil estabelece uma agenda de reformas econômicas visando garantir o aumento da produtividade e a melhora de indicadores relacionados aos campos sociais, ambientais, institucionais, econômico e de infraestrutura.

Nele, foram elencados três cenários possíveis para a evolução da economia brasileira. O primeiro é de referência, por meio de reformas macrofiscais. O segundo é o cenário transformador, com reformas amplas e avanço da escolaridade. O terceiro é o de desequilíbrio fiscal, que prevê as consequências de um quadro sem reformas que permitisse conter a elevação dos gastos públicos obrigatórios.

[597] LIMA, Marcos Jorge de. *Discurso na Confederação Nacional da Indústria por ocasião da cerimônia para assinatura do Decreto nº 9.547/18*. Brasília, 30 out. 2018.

[598] LIMA, Marcos Jorge de. *Discurso na Confederação Nacional da Indústria por ocasião da cerimônia para assinatura do Decreto nº 9.547/18*. Brasília, 30 out. 2018.

No primeiro cenário, conforme estimativa exposta no Decreto, não haveria muitos avanços na adoção de reformas microeconômicas com grandes impactos sobre a produtividade, apenas haveria melhorias marginais. O crescimento potencial nesse caso, após o período de recuperação baseado em ocupação da elevada capacidade ociosa atualmente disponível, seria baixo e cadente, em razão do bônus demográfico. A produtividade, já descontado o efeito advindo do aumento da escolaridade e do capital humano, cresceria à mesma média do período de 1970 a 2019, ou seja, 0,3% a.a. após o período de recuperação cíclica (no qual é comum um crescimento mais elevado da produtividade). Assim, o crescimento médio da produtividade no período de 2021 a 2031 seria de 0,5% a.a. Observa o decreto que esse fato não deixaria de significar um avanço, visto que, em relação à média no período de 1980 a 2016, a produtividade manteve-se estagnada. No entanto, um ponto relevante que diferenciaria esse equilíbrio passado de produtividade estagnada em relação ao período projetado na EFD 2020-2031 é o equilíbrio das contas públicas (hipótese básica dos dois cenários projetados).

O resultado desse cenário de referência seria um PIB *per capita* de 2031 19,1% maior que o de 2020, significando uma taxa média de crescimento de 1,6% ao ano no período. Levando em consideração um crescimento populacional de 0,6% a.a, o PIB teria um crescimento médio de cerca de 2,2% a.a. no mesmo período.

No segundo cenário previsto, é considerado que, além das reformas requeridas para o equilíbrio fiscal de longo prazo, também haveria um conjunto de reformas mais amplo, as quais incentivariam o aumento da produtividade geral da economia e a taxa de investimento. Dessa forma ocorreria o avanço dos níveis de escolaridade, permitindo a qualificação do capital humano e da taxa de participação da população em idade ativa. Conforme o decreto, esse cenário ilustra para a sociedade o potencial de melhora qualitativa e substancial da economia caso se opte por um processo de reformas estruturais profundas.

A diretriz que rege os "eixos" da EFD consiste em "alcançar o crescimento econômico sustentado e a geração de empregos, com foco no ganho de produtividade, na eficiência alocativa e na recuperação do equilíbrio fiscal".

Entre os desafios previstos no decreto, o primeiro deles é o de "promover o crescimento sustentado do PIB per capita nacional". Entre as medidas previstas para alcançar esse objetivo estão: consolidar o ajuste fiscal de longo prazo que reduza a relação entre a dívida pública e o PIB e permita a manutenção da estabilidade econômica; aperfeiçoar a gestão das contas públicas, fundamentada na avaliação, no monitoramento e na qualidade do gasto e no estabelecimento de metas e prioridades; aprimorar o sistema de planejamento e orçamento públicos, com o objetivo de reduzir a rigidez do orçamento, aumentar a previsibilidade da execução e a transparência dos gastos públicos; e consolidar o controle da inflação, em linha com o regime de metas, favorecendo o aumento do poder de compra da população.

Para a realização de reformas estruturais, as orientações são: aperfeiçoar a governança da condução da política econômica, alinhando o País às melhores práticas internacionais; aprimorar o sistema previdenciário, com o objetivo de garantir a sustentabilidade financeira e a justiça social; aprimorar o sistema tributário brasileiro, com a meta de simplificar a arrecadação, aumentar a progressividade e torná-lo concorrencialmente neutro; e reordenar o papel estatal na economia, por meio de desestatizações e desinvestimentos de empresas estatais, para focalizar a participação do Estado em atividades essenciais e na promoção de eficiência alocativa.

Para o aprimoramento, o fortalecimento e a ampliação dos mecanismos de financiamento, as orientações são: reforçar os mecanismos e diversificar as fontes de financiamento do investimento de longo prazo, propiciando a redução dos custos das transações financeiras; estimular a democratização do crédito por meio do aumento da concorrência e da competitividade do Sistema Financeiro Nacional, do incentivo a novos entrantes, da racionalização de obrigações regulatórias e das boas práticas de governança; ampliar os produtos financeiros de apoio às *startups*, com maior prioridade de recursos para capital semente, incluídos os não reembolsáveis e com incremento para fundos de *venture capital* em inovação e infraestrutura; fortalecer os instrumentos financeiros de apoio às micro, pequenas e médias empresas para inovação e sua inserção na economia digital; diversificar as estratégias de captação de recursos nos mercados doméstico e internacional para o mercado de capitais, títulos, empréstimos e securitização de carteiras, entre outros; e direcionar o foco da atuação dos bancos de desenvolvimento para projetos e atividades não atendidos de forma adequada pelo mercado, para a transformação da estrutura produtiva e da infraestrutura na direção do aumento da produtividade, da competitividade e da sustentabilidade, sobretudo em áreas portadoras de inovação.

Já o segundo desafio elencado pelo EFD é o de "aumentar a produtividade da economia brasileira". Entre as medidas propostas para alcançar esse objetivo estão:

O decreto propõe, com vistas a ampliar os esforços em educação, ciência, tecnologia e inovação, as seguintes orientações: incentivar a aplicação de recursos privados em ciência, tecnologia e inovação – CT&I, bem como a agregação de valor; dinamizar o sistema de propriedade industrial do país para fomentar ativos tangíveis e intangíveis, tais como patentes, marcas, desenhos industriais e *softwares*, entre outros, com vistas à proteção da propriedade intelectual e à defesa da concorrência; construir um sistema de CT&I mais aberto e internacionalizado, incentivando a formação e a operação de ecossistemas de inovação e sistemas produtivos e inovativos locais e regionais de produção a partir da identificação das potencialidades regionais; projetar o país como parceiro confiável em grandes projetos internacionais de pesquisa científica e tecnológica e de promoção da inovação; ampliar o conhecimento da biodiversidade dos biomas brasileiros e dos respectivos serviços ecossistêmicos e ativos de base biológica, desenvolvendo o amplo potencial de seu uso sustentável, com a coordenação de investimentos nacionais e internacionais; coordenar e otimizar o investimento público em pesquisa e desenvolvimento – P&D, dando-lhe sustentabilidade e previsibilidade de médio e longo prazos, com ações orientadas pela busca de resultados mais efetivos para a sociedade; promover a atração de empresas e centros de P&D de classe internacional para os parques e *clusters* industriais nacionais; promover a expansão e a capilarização de iniciativas de empreendedorismo inovador de base tecnológica e social; ampliar os mecanismos de incentivo a ações conjuntas entre instituições públicas e privadas, de modo a gerar um ecossistema de inovação mais simbólico e um ambiente de negócios mais empreendedor e dinâmico; incentivar o desenvolvimento da indústria 4.0, de forma a competir no cenário nacional e internacional, com o desenvolvimento de produtos de alto valor agregado e o fornecimento de serviços de alta qualidade; incentivar a atuação de grandes empresas como âncoras em inovação, permitindo o crescimento vertical da agropecuária, com sustentabilidade econômica, social e ambiental; posicionar o agronegócio brasileiro como referência na promoção de saúde e qualidade de vida para a sociedade mundial, por meio da produção eficiente e da entrega efetiva de produtos, serviços, processos e seus derivados com base em sustentabilidade, bioeconomia, agricultura digital, inovação aberta e sistemas alimentares contemporâneos; introduzir a dimensão da inovação, em conjunto com a iniciativa privada e com parceiros internacionais, em toda a atuação governamental, como desafio fundamental para o futuro do país; e aprimorar e intensificar os investimentos em educação, para qualificação do capital humano em especial por meio do ensino de ciências, tecnologias, engenharia e matemática no país.

No intuito de desenvolver a economia digital, o decreto propõe: ampliar o acesso da população à internet e às tecnologias digitais, com qualidade de serviço e economicidade; incentivar o desenvolvimento da economia digital, aumentando o apoio à difusão de tecnologias emergentes (interconectividade, automação, energias, nanotecnologia, novos materiais e biotecnologias e edição gênica, por exemplo) e as suas aplicações no país; e propiciar as condições necessárias para que os setores produtivo e público utilizem dados abertos para a geração de valor econômico, melhoria dos serviços e criação de empregos, por meio de análise de dados, *big data/analytics*, inteligência artificial e outras aplicações tecnológicas.

Para o aumento da competitividade, as orientações do decreto são: criar condições favoráveis para o ganho de produtividade, a eficiência alocativa, a redução sistêmica de custos e o aumento da participação nas cadeias globais de valor; manter a competitividade do agronegócio, observadas as questões de sustentabilidade e diversidade regional, buscando agregação de valor e diversificação em todos os componentes das cadeias produtivas; atualizar o arcabouço normativo e fortalecer os segmentos inovadores como possíveis eixos de desenvolvimento, de forma a induzir uma economia baseada em informação, preservando os direitos individuais; e incentivar ações de agregação de valor no setor de serviços, melhorando a qualidade da força de trabalho com investimentos na formação do capital humano.

O terceiro desafio elencado é o de "aproveitar o potencial da força de trabalho, aumentando sua qualificação e empregabilidade". Entre as medidas estabelecidas para alcançar esse objetivo estão: fortalecer a educação profissional e tecnológica e a educação superior, de forma a aproximá-las das necessidades sociais, tecnológicas, regionais e do mercado de trabalho, e estimular o empreendedorismo inovador; promover a inserção de recursos humanos altamente qualificados nas empresas nacionais, inclusive mediante a repatriação de capital humano qualificado; ampliar a integração e capilaridade do sistema de emprego, trabalho e renda, em especial da intermediação e da qualificação da mão de obra e torná-lo mais informatizado e dinâmico; desenvolver estratégias e programas voltados à atração de jovens em situação de risco social e educacional para processos de educação formal e de qualificação para o trabalho; desenvolver estratégias de redução das desigualdades no mercado de trabalho, especialmente considerando a vida familiar e a diversidade das mulheres, e estimular políticas de inclusão produtiva e de qualificação dos trabalhadores mais afetados pela mudança tecnológica, particularmente a população idosa, com foco no desenvolvimento de aptidões e adaptação aos novos padrões produtivos.

O quarto desafio é o de "alcançar uma integração econômica regional e global maior". Entre as medidas para alcançar esse objetivo estão: ampliar as iniciativas de integração econômica e comercial, por meio de acordos bilaterais regionais e mega-acordos com os principais blocos econômicos; atuar de forma coordenada na defesa dos interesses comerciais estratégicos do país, com o uso de instrumentos financeiros e diplomáticos; fortalecer a estratégia de atração de investimentos diretos estrangeiros, com foco na eficiência produtiva e na inserção internacional; ampliar as pautas de parcerias e cooperação técnica, científica e tecnológica com países desenvolvidos e em desenvolvimento; remover os obstáculos à internacionalização de empresas brasileiras; e reduzir as barreiras tarifárias e não tarifárias.

Percebe-se, portanto, que a preocupação com a busca pelo aumento da produtividade, no âmbito da legislação infraconstitucional, tem se mantido ao longo do tempo, havendo previsão de diferentes medidas com vistas a alcançar esse objetivo.

4.4 As constituições brasileiras anteriores a 1988 e a incorporação da busca pelo aumento da produtividade no âmbito constitucional

Da análise das constituições brasileiras anteriores a 1988, parece que a preocupação com a busca pelo aumento da produtividade foi deixada de lado até a Emenda Constitucional nº 1, de 1969. Outra observação relevante é que o aumento da produtividade, desde o início, parece estar diretamente relacionado ao desenvolvimento, quando foi trazido pela referida Emenda Constitucional nº 1, ao tratar do princípio da "expansão das oportunidades de emprego produtivo", elencado por ela como um dos fundamentos da ordem econômica.

4.4.1 O silêncio das constituições brasileiras de 1824, 1891, 1934, 1937 e 1946 relativamente à questão da produtividade

Observa-se, quando da leitura das constituições brasileiras de 1824, 1891, 1934, 1937 e 1946, que houve um silêncio relativo à questão da busca pelo aumento da produtividade, assim como não parece ter havido preocupação com a questão do desenvolvimento. Isso parece demonstrar que ainda não havia uma percepção a respeito da relevância que o aumento da produtividade teria para o país.

Uma das possíveis explicações para o fato é que, na época em que as referidas constituições entraram em vigor, o Brasil ainda não apresentava uma grande defasagem na sua produtividade, em comparação com os países mais avançados. A produtividade do trabalho, no Brasil, na década de 1960, por exemplo, período posterior a todas as constituições mencionadas, equivalia a cerca de 90% da produtividade dos países da Europa.[599]

Parece, portanto, que à medida que o conhecimento acerca da relevância do aumento da produtividade para o país foi sendo aprofundado, e à medida que foi sendo constatado que o Brasil estava apresentando diferenças cada vez maiores em seus índices de produtividade em comparação aos países avançados, passou a haver preocupação com esse aumento, a ponto de ser incorporada pelo âmbito normativo, inclusive na esfera constitucional.

4.4.2 A Constituição de 1967 e a previsão do desenvolvimento como princípio da ordem econômica: indícios de uma virada histórica

Com a Constituição de 1967,[600] ocorre a previsão expressa acerca do desenvolvimento. Já em seu artigo 8º, que trata sobre as competências da União, fica determinado que cabe a ela "estabelecer e executar planos regionais de desenvolvimento": "Art. 8º – Compete à União: (...) XIII – estabelecer e executar planos regionais de desenvolvimento".

No entanto, o que mais chama a atenção é o fato de, no artigo 157, previsto no título III, que versa sobre a ordem econômica e social, estar elencado o desenvolvimento econômico como um dos princípios que servem de base para a ordem econômica, a qual, na constituição em análise, tem como fim realizar a justiça social.

---

[599] DE NEGRI, F.; CAVALCANTE, Luiz Ricardo. Os dilemas e os desafios da produtividade no Brasil. *In:* DE NEGRI, Fernanda; CAVALCANTE, Luiz Ricardo (Org.). *Produtividade no Brasil*: desempenho e determinantes. Brasília: ABDI; Ipea, 2014. p. 38.

[600] BRASIL. Constituição (1967). *Constituição da República Federativa do Brasil*. Brasília, DF; Senado Federal: Centro Gráfico, 1967.

> TÍTULO III
> *Da Ordem Econômica e Social*
> Art. 157 – A ordem econômica tem por fim realizar a justiça social, com base nos seguintes princípios:
> (...)
> V – desenvolvimento econômico; (...).

Embora a Constituição de 1967 trate apenas de desenvolvimento econômico, sem nada mencionar acerca da produtividade, o fato de este passar a estar previsto expressamente no âmbito constitucional é algo notável e já demonstra uma mudança de paradigma na esfera normativa, servindo de indício para uma virada histórica ainda maior que haveria de ocorrer com a Emenda Constitucional nº 1, de 1969.

4.4.3 A Emenda Constitucional nº 1, de 1969, e a incorporação da busca pelo aumento da produtividade no âmbito constitucional

Com a Emenda Constitucional nº 1, de 1969,[601] que alterou a redação da Constituição de 1967, mantiveram-se inalterados alguns aspectos relativos ao desenvolvimento, tal como a competência da União para planejar e promover o desenvolvimento nacional, prevendo, no entanto, um novo inciso determinando que cabe também a ela estabelecer e executar planos regionais de desenvolvimento.

> Art. 8º. Compete à União:
> (...)
> V – planejar e promover o desenvolvimento e a segurança nacionais;
> (...)
> XIV – estabelecer e executar planos nacionais de educação e de saúde, bem como planos regionais de desenvolvimento; (...).

Já em seu artigo 21, previu que competia à União instituir alguns impostos. Relativamente ao imposto sobre exportação e sobre operações de créditos, bem como ao imposto sobre a renda e proventos de qualquer natureza, no §4º foi determinado que a lei poderia destinar a receita deles proveniente para o financiamento de programa de desenvolvimento econômico.

---

601 BRASIL. Constituição (1967). *Emenda Constitucional nº 1, de 1969*. Brasília, DF; Senado Federal: Centro Gráfico, 1969.

> Art. 21. Compete à União instituir impôsto sôbre:
> (...)
> II – exportação, para o estrangeiro, de produtos nacionais ou nacionalizados, observado o disposto no final do item anterior;
> (...)
> IV – renda e proventos de qualquer natureza, salvo ajuda de custo e diárias pagas pelos cofres públicos na forma da lei;
> (...)
> §4º A lei poderá destinar a receita dos impostos enumerados nos itens II e VI dêste artigo à formação de reservas monetárias ou de capital para financiamento de programa de desenvolvimento econômico.

Em seu artigo 43, previu que caberia ao Congresso Nacional dispor sobre todas as matérias da União, em especial sobre "planos e programas nacionais e regionais de desenvolvimento".

> Art. 43. Cabe ao Congresso Nacional, com a sanção do Presidente da República, dispor sôbre tôdas as matérias de competência da União, especialmente:
> (...)
> IV – planos e programas nacionais e regionais de desenvolvimento; (...).

No entanto, o que mais chama a atenção com relação à Emenda Constitucional nº 1, de 1969, é o fato de ter ocorrido, com ela, uma virada histórica, qual seja: primeiramente, ao desenvolvimento foi atribuído o *status* de fim a ser buscado pela ordem econômica e social, juntamente com a justiça social. Além do mais, foi inserido inciso ao artigo que trata sobre a ordem econômica e social, elencando, entre os princípios que serviriam como base para ela, a expansão das oportunidades de emprego produtivo. Ou seja, fala-se não apenas em emprego, mas em emprego produtivo.

> Art. 160. A ordem econômica e social tem por fim realizar o desenvolvimento nacional e a justiça social, com base nos seguintes princípios:
> (...)
> VI – expansão das oportunidades de emprêgo produtivo.

Sobre o dispositivo acima, Pontes de Miranda leciona que, a despeito de sua abstratividade, pode ser invocada a regra ali contida para apontar que lei ou ato é contrário ao desenvolvimento econômico ou às oportunidades de emprego produtivo. Para ele, oportunidades de emprego produtivo são "os pressupostos necessários à maior produção do trabalho humano, ou de maquinaria, ou de meios. Produz mais quem mais sabe quanto ao trabalho, ou quanto ao aproveitamento das riquezas".[602] Como exemplo, expõe que uma "política que desenvolve a capacidade produtiva dos que exploram ou adquirem riquezas minerais do país, satisfaz o que se exige no art. 160, IV".[603] De modo contrário, seria a política "sedenta de divisas estrangeiras, que aliena riquezas minerais, a ponto de diminuir ou quebrar o ritmo da produção nacional".[604]

Também sobre o referido dispositivo, Paulino Jacques comenta que foi acrescentado à "ordem econômica e social" mais um fim, que é o "desenvolvimento nacional", ao lado da justiça social. Afirma que foi inserido mais um princípio entre os princípios básicos da "ordem econômica e social", o da "expansão das oportunidades de emprego produtivo", "princípio um tanto vago, porque o seu conteúdo depende dos conceitos de 'oportunidades' e 'emprego produtivo'".[605]

O que chama a atenção é que esse novo inciso passou a constar na Constituição ao mesmo tempo que o desenvolvimento, que na Constituição de 1967 tinha *status* de princípio da ordem econômica, recebeu o *status* de fim a ser realizado pela ordem econômica e social. Passou a busca pela expansão das oportunidades de emprego produtivo, portanto, a ser um dos princípios que regem a busca pelo fim da ordem econômica e social, que é o desenvolvimento (juntamente com a justiça social).

Isso parece demonstrar que, ao elencar o desenvolvimento como um fim da ordem econômica e social, o legislador constitucional já havia percebido sua relação com o aumento da produtividade e, para que esse desenvolvimento pudesse ser alcançado, fez questão de buscar garanti-la.

Outro fato que merece ser salientado é que essa percepção acerca da importância da produtividade para que o desenvolvimento nacional pudesse ocorrer parece ter amadurecido, sobretudo, no período entre

---

602 MIRANDA, Francisco Cavalcanti Pontes de. *Comentários à Constituição de 1967*: com a Emenda nº 1 de 1969. São Paulo: Revista dos Tribunais, 1970. tomo 6. p. 47.

603 MIRANDA, Francisco Cavalcanti Pontes de. *Comentários à Constituição de 1967*: com a Emenda nº 1 de 1969. São Paulo: Revista dos Tribunais, 1970. tomo 6. p. 47-48.

604 MIRANDA, Francisco Cavalcanti Pontes de. *Comentários à Constituição de 1967*: com a Emenda nº 1 de 1969. São Paulo: Revista dos Tribunais, 1970. tomo 6. p. 48.

605 JACQUES, Paulino. *A constituição explicada*. Rio de Janeiro: Forense, 1970. p. 169.

a promulgação da Constituição de 1967 e a Emenda Constitucional nº 1, de 1969. É possível verificar que o antes mencionado Fundo de Desenvolvimento da Produtividade foi instituído em 1966, sendo reformulado e ampliado em 1967, o que demonstra que a ideia de que a produtividade nacional deveria ser aumentada já existia, sendo incorporada pouco tempo depois à Constituição com a Emenda Constitucional nº 1, de 1969.

4.5 A queda da produtividade brasileira em comparação aos países avançados e sua relação com a normatividade brasileira

Foi demonstrado, até o momento, no presente capítulo, que a preocupação com a busca pelo aumento da produtividade acabou sendo incorporada pelo direito brasileiro, tanto no nível infraconstitucional como no constitucional. Demonstrou-se que esse amadurecimento foi gradual, sendo adotadas primeiramente medidas no âmbito infraconstitucional, indicando que o assunto já estava sendo objeto de discussões, e que acabou sendo incorporado pela Constituição brasileira, mais precisamente com a Emenda Constitucional nº 1, de 1969.

No entanto, mostra-se importante abordar mais detalhadamente uma das razões pelas quais muito provavelmente a preocupação com o aumento da produtividade cresceu, qual seja, a queda da produtividade brasileira em comparação aos países avançados. Além do mais, essa análise corrobora o argumento no sentido da extrema relevância que o aumento da produtividade possui para o desenvolvimento sustentável.

Primeiramente, um fator relevante é que o Brasil não foi capaz de acompanhar o crescimento da fronteira tecnológica. É possível verificar, assim, que, entre 1970 e 2011, enquanto nos EUA a produtividade do trabalho cresceu 85% e a produtividade total dos fatores, 38%, no Brasil, durante o mesmo período, o crescimento da produtividade do trabalho foi de 74% e a PTF caiu cerca de 10%.[606]

De acordo com estudo do Banco Interamericano de Desenvolvimento (BID),[607] caso a produtividade da América Latina tivesse acompanhado desde 1960 o crescimento da produtividade dos Estados

---

606 ELLERY JR., Roberto. Produtividade total dos fatores no Brasil no período pós-reformas: comportamento e possíveis explicações. *Economia Aplicada*, v. 21, n. 4, 2017, p. 617-633. Cap. 2.

607 LORA, E.; PAGÉS, C. Face-to-Face with Productivity. *Finance & Development*, v. 48, n. 1, p. 16-19, mar. 2011.

Unidos, estima-se que a renda *per capita* nos dias atuais seria cerca de 54% maior nesses países.

Conforme estudo realizado por Menezes, Campos e Komatsu, cada vez mais a produtividade vem crescendo em relevância para a determinação do crescimento da economia. Nesse sentido, a produtividade, desde os anos 2000, respondeu por cerca de 50% do crescimento do PIB, ao passo que o segundo fator mais impactante foi o crescimento populacional, com participação de cerca de 34%.[608]

Levando em consideração o fato de que a tendência para o futuro é a redução cada vez maior do crescimento demográfico, a produtividade possuirá um papel ainda mais fundamental para evitar a estagnação econômica.

Da decomposição do crescimento do PIB no período entre os anos 1990 e 2000 (quando o PIB aumentou em média 2,8% a.a. entre 1992 e 2002 e 3,8% a.a. entre 2002 e 2011), notou-se que o fator que mais influenciou no desempenho positivo foi o crescimento da PTF dos anos 2000.[609]

Conforme Menezes, Campos e Komatsu,[610] entre os fatores que mais contribuem para o crescimento da produtividade está a relação entre a realocação de mão de obra na economia, ou seja, "o deslocamento da força de trabalho entre os diferentes ramos da economia"[611] – também chamado na economia de "mudança estrutural" –, que ocasionou consideráveis transformações e trajetórias diferenciadas entre os países em desenvolvimento.[612] Isso decorre da realocação da mão de obra dos setores menos produtivos para os setores mais eficientes, acarretando um aumento da produtividade agregada, independentemente de haver ou não avanços tecnológicos.

Nada obstante isso, há alguns fatos que afetam a relação entre desenvolvimento e produtividade. Na maior parte das vezes, as mudanças sestruturais se dividem em duas etapas. Na primeira delas, ocorre o

608 MENEZES FILHO, Naercio; CAMPOS, Gabriela; KOMATSU, Bruno. A evolução da produtividade no Brasil. *Policy Paper*, São Paulo: Insper, n. 12, ago. 2014. p. 5.

609 MENEZES FILHO, Naercio; CAMPOS, Gabriela; KOMATSU, Bruno. A evolução da produtividade no Brasil. *Policy Paper*, São Paulo: Insper, n. 12, ago. 2014. p. 6.

610 MENEZES FILHO, Naercio; CAMPOS, Gabriela; KOMATSU, Bruno. A evolução da produtividade no Brasil. *Policy Paper*, São Paulo: Insper, n. 12, ago. 2014. p. 7.

611 Vide MCMILLAN, M,; RODRIK, D. *Globalizations, Structural Chenge, and Productivity Growth*. NBER Working Paper, [*S. l.*]:National Buereau of Economic Research, n. 17143, 2011.

612 Vide MCMILLAN, M,; RODRIK, D. *Globalizations, Structural Chenge, and Productivity Growth*. NBER Working Paper, [*S. l.*]:National Buereau of Economic Research, n. 17143, 2011.

deslocamento da mão de obra do setor agrícola para a indústria e os serviços. Já na segunda, o deslocamento se verifica da indústria para os serviços.[613]

Da análise de alguns países, percebe-se que eles se diferenciam com relação à etapa em que ocorreram as mudanças estruturais em que se encontram. Na América Latina, nota-se que o Brasil e o México foram muito semelhantes nos seus desenvolvimentos, tendo iniciado, ambos, na década de 1950, com a maior parte dos empregos no setor agrícola, sendo que o Brasil contava com 65% de sua população trabalhando no campo e o México, com cerca de 60%.[614]

Conforme o percentual de empregos no setor agrícola foi declinando, o percentual no setor de serviços aumentou, enquanto na indústria o crescimento manteve um ritmo relativamente constante, com posterior redução.[615]

No Chile, por sua vez, o processo de mudança estrutural foi anterior ao do Brasil e ao do México, mantendo-se em um estágio mais avançado desde a década de 1950, pois os serviços já contavam com a maior parte da participação no emprego, com cerca de 40%, sendo que o restante se dividia igualmente entre o setor industrial e o agrícola.[616]

Já a Coreia do Sul, durante um período de 40 anos, apresentou tendências similares às do Brasil. O setor agrícola, em 1963, tinha, também, participação de 63%. Todavia, em 2003, enquanto o percentual brasileiro era de 20% nesse setor, o coreano era de apenas 9%.[617]

Os Estados Unidos, em comparação com os demais países, claramente são um país desenvolvido em estágio avançado de mudança estrutural. Durante a década de 1950, a participação dos serviços no emprego era de 58%. Em 1960 o percentual atingiu 63%, que se assemelha à proporção do Brasil, do México, da Coreia e do Chile nos anos 2000. Já em 2005 esse percentual chegou a 80%, sendo que a agricultura, que em 1950 já representava somente 9% do emprego, em 2005 consistia em apenas 2%.[618]

---

613 MENEZES FILHO, Naercio; CAMPOS, Gabriela; KOMATSU, Bruno. A evolução da produtividade no Brasil. *Policy Paper*, São Paulo: Insper, n. 12, ago. 2014. p. 9.

614 MENEZES FILHO, Naercio; CAMPOS, Gabriela; KOMATSU, Bruno. A evolução da produtividade no Brasil. *Policy Paper*, São Paulo: Insper, n. 12, ago. 2014. p. 9.

615 MENEZES FILHO, Naercio; CAMPOS, Gabriela; KOMATSU, Bruno. A evolução da produtividade no Brasil. *Policy Paper*, São Paulo: Insper, n. 12, ago. 2014. p. 9.

616 MENEZES FILHO, Naercio; CAMPOS, Gabriela; KOMATSU, Bruno. A evolução da produtividade no Brasil. *Policy Paper*, São Paulo: Insper, n. 12, ago. 2014. p. 9.

617 MENEZES FILHO, Naercio; CAMPOS, Gabriela; KOMATSU, Bruno. A evolução da produtividade no Brasil. *Policy Paper*, São Paulo: Insper, n. 12, ago. 2014. p. 9.

618 MENEZES FILHO, Naercio; CAMPOS, Gabriela; KOMATSU, Bruno. A evolução da produtividade no Brasil. *Policy Paper*, São Paulo: Insper, n. 12, ago. 2014. p. 10.

Um fato que chama a atenção é que, no período, a produtividade média da indústria norte-americana foi de duas vezes e meia a brasileira e a produtividade média do setor agrícola rendeu cerca de nove vezes mais do que a brasileira.[619]

Na década de 1980, período que ficou conhecido como "a década perdida", diversos países latino-americanos apresentaram dinamismo econômico baixo, cumulado com reduções do produto industrial e taxas de inflação extremamente altas.[620]

O Brasil, nesse período, ao mesmo tempo que demonstrou uma aceleração no ritmo de crescimento da produtividade do trabalho no setor agrícola, manteve a tendência de diminuição da mão de obra nesse setor.[621]

Especificamente com relação à indústria brasileira na década da 1980, a produtividade diminuiu.[622]

No início da década de 1990, entretanto, as reformas estruturais e a abertura comercial contribuíram para uma considerável melhora na produtividade da indústria.

A partir de 2005, a produtividade dos serviços diminuiu, sem, no entanto, deixar de apresentar crescimento da participação no trabalho, sendo esse o setor que mais contribuiu para a estagnação da produtividade da economia no país.[623]

Enquanto o México apresentou as mesmas tendências que o Brasil, o Chile foi o único país na América Latina a conseguir manter o processo de diminuição da distância de sua produtividade com relação aos países avançados, apresentando crescimento de produtividade em todos os setores da economia, em especial no setor industrial.[624]

Conforme Menezes, Campos e Komatsu, um dos fatores que contribuíram para a estagnação econômica dos países da América Latina foi a maneira pela qual a mudança estrutural teria ocorrido.[625]

---

619 MENEZES FILHO, Naercio; CAMPOS, Gabriela; KOMATSU, Bruno. A evolução da produtividade no Brasil. *Policy Paper*, São Paulo: Insper, n. 12, ago. 2014. p. 11.

620 MENEZES FILHO, Naercio; CAMPOS, Gabriela; KOMATSU, Bruno. A evolução da produtividade no Brasil. *Policy Paper*, São Paulo: Insper, n. 12, ago. 2014. p. 11.

621 MENEZES FILHO, Naercio; CAMPOS, Gabriela; KOMATSU, Bruno. A evolução da produtividade no Brasil. *Policy Paper*, São Paulo: Insper, n. 12, ago. 2014. p. 11.

622 MENEZES FILHO, Naercio; CAMPOS, Gabriela; KOMATSU, Bruno. A evolução da produtividade no Brasil. *Policy Paper*, São Paulo: Insper, n. 12, ago. 2014. p. 11.

623 MENEZES FILHO, Naercio; CAMPOS, Gabriela; KOMATSU, Bruno. A evolução da produtividade no Brasil. *Policy Paper*, São Paulo: Insper, n. 12, ago. 2014. p. 12.

624 MENEZES FILHO, Naercio; CAMPOS, Gabriela; KOMATSU, Bruno. A evolução da produtividade no Brasil. *Policy Paper*, São Paulo: Insper, n. 12, ago. 2014. p. 12.

625 MENEZES FILHO, Naercio; CAMPOS, Gabriela; KOMATSU, Bruno. A evolução da produtividade no Brasil. *Policy Paper*, São Paulo: Insper, n. 12, ago. 2014. p. 12.

Segundo os autores, até a década de 1980, antes do início da estagnação da produtividade, o setor agrícola, que foi o menos produtivo, também foi o que mais perdeu participação de emprego, enquanto o setor que teve o maior aumento de participação – qual seja, o setor de serviços – teve cumulado a esse aumento ganhos de produtividade.

Após a década de 1980, o setor de serviços, apesar de continuar apresentando aumento na participação no emprego, teve queda de produtividade, o que ocasionou consequências negativas na produtividade agregada da economia, anulando, de certa forma, o crescimento da produtividade nos setores industrial e agrícola.[626]

Com relação à produtividade do trabalho no Brasil em comparação a alguns grupos de países, em 1960 ela equivalia a cerca de 90% da produtividade dos países da Europa, sendo que em 2011 esse percentual equivalia a apenas 45%. É o que ocorreu, também, com relação ao Leste da Ásia e Pacífico, pois a produtividade do Brasil, nos dias atuais, equivale a cerca da metade da produtividade desses grupos de países, quando na década de 1960 equivalia a cerca de 70%.[627]

Nos EUA (país mais produtivo), por exemplo, em 1995 a produtividade era 6,6 vezes maior do que a brasileira e, em 2009, aumentou ainda mais, chegando a 7,1 vezes maior, o que demonstra que o Brasil está se afastando cada vez mais dos países mais produtivos.[628]

Já em comparação ao país menos produtivo (entre os 40 países analisados pelos autores dos estudos), que na ocasião era a China, em 2009 o nível de produtividade do Brasil era apenas três vezes maior.

Do exposto, pode-se chegar a duas conclusões: a primeira delas é necessidade de aumento nos níveis de produtividade no Brasil, visto que seu desempenho há décadas está atrás dos países mais avançados. Outra conclusão é que, muito provavelmente, a verificação desse atraso nos níveis de produtividade nacionais em comparação aos países mais avançados tenha influenciado no amadurecimento da preocupação com a busca pelo aumento da produtividade, inclusive no âmbito normativo. É por isso que tanto no nível infraconstitucional como no constitucional ocorreu a incorporação dessa busca por maior produtividade nacional.

---

626 MENEZES FILHO, Naercio; CAMPOS, Gabriela; KOMATSU, Bruno. A evolução da produtividade no Brasil. *Policy Paper*, São Paulo: Insper, n. 12, ago. 2014. p. 12.

627 DE NEGRI, F.; CAVALCANTE, Luiz Ricardo. Os dilemas e os desafios da produtividade no Brasil. *In:* DE NEGRI, Fernanda; CAVALCANTE, Luiz Ricardo (Org.). *Produtividade no Brasil*: desempenho e determinantes. Brasília: ABDI; Ipea, 2014. p. 38.

628 DE NEGRI, F.; CAVALCANTE, Luiz Ricardo. Os dilemas e os desafios da produtividade no Brasil. *In:* DE NEGRI, Fernanda; CAVALCANTE, Luiz Ricardo (Org.). *Produtividade no Brasil*: desempenho e determinantes. Brasília: ABDI; Ipea, 2014. p. 38.

A CONSOLIDAÇÃO DA BUSCA PELO AUMENTO DA PRODUTIVIDADE COMO FUNDAMENTO PARA O DESENVOLVIMENTO SUSTENTÁVEL NA CONSTITUIÇÃO DE 1988

5.1 Preliminares: a produtividade nos debates da Constituinte brasileira

No presente subcapítulo são analisados, na íntegra, os debates realizados na Constituinte em 1987. Com isso, buscou-se verificar se a produtividade havia sido objeto de preocupação por parte dos integrantes das comissões e das subcomissões, bem como, em caso positivo, qual teria sido o teor das discussões. Optou-se por não analisar o teor dos debates quando se referem à produtividade agrícola, pelo fato de não se entender essa como uma discussão problemática para os fins do presente trabalho, pois a produtividade agrícola está prevista expressa e claramente na Constituição – por exemplo, em seu artigo 185.

5.1.1 Comissão da Ordem Social

Na Comissão da Ordem Social, o senhor constituinte Mansueto de Lavor tratou da importância do oferecimento, pela empresa, de alimentação para o trabalhador, a fim de estimular a produtividade.[629]

[629] BRASIL. Assembleia Nacional Constituinte. Comissão da Ordem Social. *Diário da Assembleia Nacional Constituinte*. Brasília: Centro Gráfico do Senado Federal, 1987. p. 38-39.

> Mas essa tese é fundamental. Tão importante, talvez, como aquela outra da merenda escolar, que não é prevista, não sei se está prevista na Constituição, mas que é um fator de estímulo. Então, não é como querer ridicularizar essa iniciativa e se dizer: "Mas se o salário mínimo já assegura a alimentação ao trabalhador, porque tem que dar mais alimentação no ambiente do trabalho?".
>
> Ocorre que a previsão do salário mínimo real prevê a sobrevivência da pessoa do trabalhador e de sua família, e essa alimentação no local de trabalho é outra coisa, é realmente a questão do estímulo que as empresas que adotam, têm aumento de produtividade perceptível. Inclusive, conheço empresas rurais que custeiam, conforme os termos dessa proposta, a alimentação do trabalhador, inclusive o café da manhã e viram a sua produção crescer de modo extraordinário.
>
> Então, essa proposta, a vejo como justa, como uma proposta que merece a consideração dos outros companheiros de outras Comissões para ser aprovada.

A senhora constituinte Wilma Maia, por sua vez, defendeu, como meio para aumentar a produtividade das empresas, a estabilidade dos trabalhadores em seus empregos.[630]

> Queria fazer aqui uma colocação. Sr. Presidente, quando a Assembléia Nacional Constituinte foi convocada, quando todos os candidatos à Assembléia Nacional Constituinte fizeram campanha, em 1986, todos, sem exceção, lembraram que precisávamos de um país onde houvesse justiça social, onde houvesse uma melhor distribuição de renda. O Brasil, a oitava potência econômica do mundo, é um dos países onde há a pior distribuição de renda. Mas, infelizmente, estamos num país de contrastes. Hoje, o que sentimos é uma guerra entre o trabalhador e o empresário. Não vejo outra forma de, realmente, distribuir melhor a renda, se não tirarmos daqueles que detêm realmente o poder. Alguém tem que perder para que o trabalhador ganhe – aquele que está na base da pirâmide. Então, o que penso, o que vejo que tem que ser feito, é uma consciência do empresariado que deve ter um compromisso com o social, senão vamos ter, daqui há pouco, uma guerra civil neste país, porque o que estamos vendo, na hora em que defendemos o salário mínimo real, é que não há condições de o trabalhador continuar sobrevivendo com esse salário mínimo. Temos que fazer alguma coisa, porque acho que seremos condenados, se não ousarmos no sentido de ter uma Constituição progressista, no sentido de, realmente, fazer uma Constituição que permita distribuir melhor a renda. Por isso, voto

630 BRASIL. Assembleia Nacional Constituinte. Comissão da Ordem Social. *Diário da Assembleia Nacional Constituinte*. Brasília: Centro Gráfico do Senado Federal, 1987. p. 39.

> sempre favorável à estabilidade no emprego, porque acho que o trabalhador, com estabilidade, vai contribuir para melhorar as condições de produtividade da empresa.

O senhor constituinte João da Mata, ao se referir à emenda que previa a participação dos trabalhadores nos lucros da empresa onde trabalha, ressaltou que isso poderia acarretar diversos impactos positivos, entre os quais o aumento da produtividade.[631]

> Essa emenda é para mim da maior importância, porque representa um progresso muito grande em termos de legislação trabalhista. Veja só V. Exca. e os prezados Constituintes que esta emenda traz uma inovação do maior interesse para o trabalhador brasileiro, fazendo-o participar da atividade produtiva. Ela se coloca exatamente no ponto ideal que, em termos de produtividade, se tenha verificado, porque, na realidade, coloca o trabalhador no sentido da produtividade.
>
> É bastante diferente de determinados outros itens que, na realidade, vão criar dificuldades para o trabalho. Esta, em realidade, vai gerar mais empregos, mais produtividade, consequentemente, se alinhar dentro dos princípios de progresso que todos desejamos para o Brasil.

Como observado, na Comissão da Ordem Social houve preocupação com o aumento da produtividade. Isso pode ser verificado quando os constituintes trataram da importância do oferecimento de alimentação por parte da empresa, com o intuito de aumentar a produtividade, ou quando defenderam a estabilidade dos trabalhadores ou ainda a participação deles nos lucros da empresa onde trabalham, tendo em vista esse mesmo fim.

5.1.2 Comissão dos Direitos dos Trabalhadores

Na Comissão dos direitos dos trabalhadores, o senhor constituinte Júlio Costamilan, no mesmo sentido, entendeu que a estabilidade no emprego poderia aumentar a produtividade nas empresas.[632]

---

[631] BRASIL. Assembleia Nacional Constituinte. Comissão da Ordem Social. *Diário da Assembleia Nacional Constituinte*. Brasília: Centro Gráfico do Senado Federal, 1987. p. 129.

[632] BRASIL. Assembleia Nacional Constituinte. Comissão dos Direitos dos Trabalhadores. *Diário da Assembleia Nacional Constituinte*. Brasília: Centro Gráfico do Senado Federal, 1987. p. 43.

> Então todas estas consequências, a perda da tranquilidade do serviço, tudo isso é em decorrência da extinção da estabilidade, que aconteceu de 1967 para cá, como fruto da imposição das multinacionais que desejam ingressar nesse País, que se constituía e se afigurava como paraíso das multinacionais, o que acabou sendo. Por isso, o que está significando nesta Subcomissão é que não há uma voz discrepante de que tenhamos que estabelecer condições de segurança no trabalho, dando ao trabalhador a estabilidade, a tranquilidade, para que possa trabalhar e produzir. Isso, afinal, se o empresário for hábil, inteligente e averiguar com profundidade o significado da estabilidade, ele verá que isso terá profunda significação no aumento da própria produtividade das suas empresas, porque ele terá um quadro de trabalhadores afinado, inclusive, em decorrência do tempo de serviço que haverá de desenvolver num só emprego.
>
> Por isso a minha posição é a posição de todos nós, e aqui verificamos que será unânime. E que belo será se o Relator puder reproduzir isso no seu relatório que a Subcomissão estabeleceu pela sua unanimidade que o trabalhador deve ter resgatado esta situação de reconquista da estabilidade no emprego, não nos moldes como era antigamente, mas numa estabilidade moderna, que lhe dê a tranqüilidade e a segurança, possivelmente, desde o dia em que pise na empresa, e para podermos, assim, reconstruir este País apesar de todas as suas dificuldades.

O senhor Milton Seligman, representante da União Brasileira de Informática Pública, em exposição sobre os efeitos da automação, salientou o papel da introdução de novas tecnologias no aumento da produtividade, frisando que medidas poderiam ser adotadas para evitar os efeitos negativos para os trabalhadores, tal como a perda dos postos de trabalho.[633]

> A Informática, segundo o nosso entendimento, afeta toda a sociedade e, de maneira direta, o processo do trabalho. É importante salientar que, quando se fala de trabalhadores e de sociedade, nós estamos falando basicamente do mesmo conjunto de pessoas. São trabalhadores os que produzem e são trabalhadores os que consomem; são trabalhadores os professores universitários, são trabalhadores os operários braçais. E o conjunto da sociedade que integra o modo de produção é o conjunto de trabalhadores com o qual nós nos preocupamos. E por que que a informática afeta diretamente o processo de trabalho? Nós entendemos que o modo de produção capitalista apresenta certas características

[633] BRASIL. Assembleia Nacional Constituinte. Comissão dos Direitos dos Trabalhadores. *Diário da Assembleia Nacional Constituinte*. Brasília: Centro Gráfico do Senado Federal, 1987. p. 76-77.

que são, ao mesmo tempo, causa e efeito da evolução desse processo. Duas delas, em particular, são da maior importância, que é a divisão social do trabalho e a automação do processo de produção, a inclusão da tecnologia e do capital dentro do processo de produção.

A informática, pelas suas próprias características, de uma disciplina que agrega a evolução da microeletrônica com a evolução da engenharia de sistema, alarga, de modo absolutamente importante, essas características da divisão social do trabalho e da automação do processo produtivo. Alarga, de tal modo, que se pode dizer, sem medo de exagero, que ela altera a natureza das relações do trabalho e do capital. Por exemplo: programando um computador sobre determinado processo de produção, clicando, em termos de linguagem de programação, ao equipamento computacional, quais são as relações de produção de determinado processo, explicamos que características alteram, sob determinadas condições, e incluindo esse computador num processo de produção, de uma máquina operatriz qualquer – o que, tecnologicamente, é razoável – estamos transferindo, dos trabalhadores para uma máquina, não só o trabalho braçal, o trabalho operativo, mas a capacidade de tomada de decisões. Desta maneira, o trabalhador deixa de ser o intermediário entre a natureza e o produto, para ser o vigilante e o controlador de equipamentos e máquinas e o conhecimento completo desse processo produtivo passa a ser incluído nos equipamentos.

De passagem, porque não é assunto desta Subcomissão, este é um problema que não se dá simplesmente entre o capital e o trabalho, é também um problema entre as nações, através deste mesmo processo, da divisão internacional do trabalho, visualizam-se, hoje, nações que têm a concepção de um processo de produção, a produção de bens de capital, ou seja, de equipamentos, com este processo de produção incluído, e nações que importam esses equipamentos, nações que importam essa concepção, que simplesmente operacionalizam – umas concebem, outras operacionalizam. E, com essa importação, aquelas que compram, passam a assumir e a comprar também uma dependência de características quase irreversíveis, tratando-se daquele processo.

A tendência dessa evolução, em relação à automação do processo produtivo e também dessa divisão social do trabalho, aponta para uma diminuição crescente do tempo de trabalho necessário à produção de um mesmo volume de bens de serviço e um aumento do tempo de trabalho excedente para a produção desses mesmos produtos. Com isso, a produção e a riqueza deixam de ser fruto exclusivamente do tempo gasto na produção e da quantidade de trabalho imposta nesse processo, para depender do nível geral da ciência e do processo tecnológico e, em termos nacionais, do volume de investimentos em ciência e em tecnologia que se fazem em determinada nação. É evidente que todo esse processo produz aumento do lucro, em relação ao dono do meio de produção, ao capitalista. É evidente que há maior velocidade no trabalho e uma imensa diminuição de postos de trabalho. É importante avaliar esse tipo de impacto, em termos de qualidade e não propriamente em termos de quantidade, porque a quantidade, os aspectos quantitativos dependem do modo de organização do trabalho em cada empresa, em cada nação e em cada característica, que são ditados, não de maneira objetiva por determinado processo, mas através de escolha, de determinação política de determinada nação ou de determinada entidade empresarial.

Podemos citar quatro exemplos bastante claros: no setor bancário, onde, há pouco tempo, determinada operação necessitava da ação de três trabalhadores, um caixa, um contador e um processador dessa operação, hoje, com o processo automatizado, o caixa executa muito mais rapidamente essas três funções, abrindo, com isso, aumento no número de atendimentos por esse Banco e diminuindo dois postos de trabalho. Os robôs, nas indústrias, são um exemplo por demais eloquentes do aumento de velocidade no trabalho e pela substituição de postos de trabalho, antes ocupados pela classe trabalhadora. Automação dos escritórios, que mostra, em termos de alguns países, números fantasticamente grandes de substituição de trabalhadores; pelo menos nos mostra, de maneira elementar, a substituição das datilógrafas, a partir do uso de computadores na automação dos processos de escritórios e na automação comercial, que se iniciou, recentemente, em nosso País, praticamente sem influência muito grande. Em termos quantitativos, o número de substituição de postos de trabalho é imenso, exatamente porque o computador pode controlar estoque, pode controlar preços, dando, tão-somente ao caixa e ao programador de computadores a tarefa de repor e redimensionar toda esse questão.

Cabe, evidentemente, uma postura de natureza sociológica sobre o avanço, sobre o desenvolvimento tecnológico e o avanço das relações de produção e também questão de justiça social. Em primeiro lugar, é a sociedade a grande responsável pelo domínio dos processos da natureza, isto é, as suas leis. São os trabalhadores, através dos seus vários segmentos, que entenderam o processo da natureza, as leis da natureza e, pelo entendimento, dominaram a capacidade de, entendendo o que se passa, poder formular alternativas capazes de transformar essa natureza em produtos, bens de serviço para a sociedade.

A máquina é a própria materialização desse domínio exercido pela sociedade e pelos trabalhadores sobre o conjunto das forças produtivas. Qualquer máquina, do computador ao mais simples engenho operacional, é exatamente a materialização desse entendimento. Com a automação do processo de produção, fruto do domínio permanente dos processos da natureza, já falamos que houve um imenso aumento na velocidade dessa produção e uma diminuição dos postos de trabalho e, com isso, aumentando de maneira bastante clara a produtividade – em outras palavras, o lucro do capital.

Se observarmos a história da evolução da sociedade, particularmente a história do movimento dos trabalhadores, ao longo da existência do homem na terra, podemos observar que esse movimento acompanha, *pari passu*, as inovações tecnológicas, dando a essas conquistas a característica clara de que são frutos da trajetória de toda a sociedade, particularmente, se quisesse tornar mais claro, são frutos do trabalho. E, dessa maneira, o que se deveria discutir, em termos dos direitos da sociedade e dos trabalhadores, é que o progresso, importante, necessário, uma questão a ser colocada a cada um dos segmentos da sociedade, defendido por todos, esse progresso, advindo desses avanços, deve ser compartilhado entre o conjunto da sociedade, dos trabalhadores diretamente identificados na produção daquele bem ou serviço cujo processo está sendo automatizado, do consumidor, que consome aquele bem e serviço, cujo processo de produção aumentou em qualidade e produtividade e ao conjunto da sociedade que, nem produzindo e nem consumindo aquele produto, tem, nesse avanço, a possibilidade de uma melhoria geral no seu modo e nas suas condições de vida.

Estamos falando de algo que não é uma novidade, em termos internacionais. É importante observar que, na pauta, o principal item, na pauta de negociações dos movimentos sindicais no mundo capitalista, nas sociedades industrializadas, a questão da automação tecnológica é ponto essencial nessas pautas de negociações. E, em vários países, essas negociações já apresentaram reais avanços em termos da distribuição desse progresso para o conjunto da sociedade e para os trabalhadores. Poderíamos citar três casos, basicamente, que são certamente, superados nos próprios países, mas são importantes porque foram pioneiros. Os trabalhadores australianos obtiveram uma moratória tecnológica. Por um prazo de cinco anos, nenhum trabalhador, na Austrália, poderia ser dispensado do serviço, ou ter seus proventos diminuídos, em função de qualquer processo de automação. Na Dinamarca e na Noruega, os trabalhadores conquistaram a comissão tecnológica que, junto com o capital, discute o momento adequado da automação do processo produtivo. Na Alemanha, a garantia de empregos e, em vários outros países, a soma desse conjunto de vantagens já está agregada, hoje, às relações de trabalho. Evidente que, desta Comissão, a Assembléia Nacional Constituinte obterá as linhas básicas dos direitos dos trabalhadores. Mas existe um aspecto que não depende exatamente da relação capital/trabalho, mas que determina a possibilidade de a sociedade se proteger do avanço tecnológico, se proteger das dificuldades dessa automação do processo produtivo. A Nação precisa ter autonomia tecnológica e, por ela, se entende a capacidade interna de decidir como, quando e onde automatizar, como, quando e onde colocar níveis elevados de produtividade, de modo que a sociedade possa usufruir desse progresso e não se tornar, exatamente, a presa fácil de algo, de uma atitude que é feita exatamente para conferir progresso à sociedade, de modo geral. Exatamente, a partir dessa concepção, formulamos quatro sugestões bastante concretas à Subcomissão dos Direitos dos Trabalhadores, da Assembléia Nacional Constituinte.

> Sugerimos, em primeiro lugar, que sejam estudados mecanismos que confiram direitos aos trabalhadores quanto à reciclagem e reaproveitamento da mão-de-obra, eventualmente liberada no processo de automação. E, segundo, que confira direito de participação dos trabalhadores e servidores públicos na decisão sobre o processo de automação nas empresas e órgãos públicos. Terceiro: direito de participação dos trabalhadores e servidores dos benefícios do progresso técnico, participação nos lucros e redução da jornada de trabalho. Quarto, uso obrigatório de medidas tecnológicas, visando eliminar ou reduzir ao mínimo, a insalubridade dos locais de trabalho. Essa é a contribuição, em termos de sugestões, que a UBIP faz à Subcomissão. Obrigado.

Posteriormente, o senhor Milton Seligman aborda a relação entre o processo de automação, capaz de aumentar a produtividade e o desenvolvimento.[634]

> A proposta da UBIP, referente ao uso obrigatório dessas medidas, se dá exatamente do entendimento de que desenvolvimento tecnológico propicia a solução dos problemas que envolvem o processo de produção, basicamente naqueles em que o aumento de produtividade está associado à elevação dos lucros do capital. E por que isso? Porque essa decisão, até o presente momento, tem sido de exclusiva responsabilidade do empregador, do capitalista. A proposta de que um conjunto de medidas tecnológicas existentes visem a influir no processo produtivo, não somente para aumentar sua produtividade mas para reduzir as dificuldades do trabalhador, em relação a esses processos, é algo que pode ser colocado, exatamente em função dos problemas concretos que identificamos hoje, por exemplo, no caso brasileiro, nas aciarias, onde a automação tem se realizado, em muitos casos para aumentar a capacidade de um forno, em relação a um mesmo tipo de combustível que ele está queimando, aumentar o nível de produtividade desse forno, pode ser colocado, por exemplo, um esforço dessas empresas para que o trabalhador não fique sujeito às altas temperaturas desse mesmo forno, o que ocorre hoje naturalmente, sem que haja medida necessária nesse sentido. Não há nenhuma obrigação de que o esforço produtivo, de que essa empresa coloque no centro de pesquisa e desenvolvimento requisitos no sentido de que a situação dos trabalhadores, quer a nível de insalubridade, quer a nível até de benefícios, em relação à diminuição do esforço físico, seja colocado como uma necessidade, uma imperiosidade, em relação ao empregador. É basicamente nesse sentido, de que a prioridade da automação do processo produtivo, a

[634] BRASIL. Assembleia Nacional Constituinte. Comissão dos Direitos dos Trabalhadores. *Diário da Assembleia Nacional Constituinte*. Brasília: Centro Gráfico do Senado Federal, 1987. p. 87.

prioridade do desenvolvimento se dê ao homem e não propriamente, simplesmente, à reprodução do capital.

O senhor presidente da comissão, Edmilson Valentim, tratou sobre o papel da tecnologia no aumento da produtividade e o seu papel em dar mais dignidade aos trabalhadores.[635]

> (...) vimos que no desenvolvimento da nossa sociedade, a tecnologia permite aumentar a produtividade, permite aumentar o desenvolvimento do processo tecnológico da Economia e, com isso, dá para se garantir, pelo lado técnico desenvolvimento, a questão dos diretos sociais, com relação à estabilidade no emprego, à jornada de 40 horas.
>
> E achamos, também, que há um lado, que é o do desenvolvimento social da nossa sociedade. A diminuição da jornada de trabalho está ligada a dar condições, hoje, de um trabalhador descansar, a dar condições ao trabalhador de ter mais tempo para se dedicar à família, de ler um jornal, dar mais tempo de ele se desenvolver politicamente, quer dizer, acelerar ainda mais o processo de desenvolvimento que esse trabalhador vem adquirindo.
>
> E acho que isso é um contexto, um contexto científico do desenvolvimento da sociedade humana. A cada momento científico do desenvolvimento da sociedade humana. A cada momento que passa, o povo, os trabalhadores vão se conscientizando e se organizando, e vão à procura de uma sociedade que diminua as contradições sociais.
>
> Então, sou da opinião que, hoje, no momento em que vivemos, o momento em que se discute essa nova Constituinte, ela tem que atender a esses preceitos, ela tem que atender a essas reivindicações, que não são reivindicações casuísticas, são fundamentadas numa realidade inclusive histórica, numa realidade social do nosso País, e em uma realidade que faz parte, também, da própria evolução da conjuntura do mundo, de uma maneira geral.

O senhor relator Mário Lima defendeu a importância da sindicalização para a produtividade do país.[636]

> Então, quer nos parecer que a posição da Comissão em relação ao direito de sindicalização é justa, oportuna e necessária, até para disciplinar

[635] BRASIL. Assembleia Nacional Constituinte. Comissão dos Direitos dos Trabalhadores. *Diário da Assembleia Nacional Constituinte*. Brasília: Centro Gráfico do Senado Federal, 1987. p. 99.

[636] BRASIL. Assembleia Nacional Constituinte. Comissão dos Direitos dos Trabalhadores. *Diário da Assembleia Nacional Constituinte*. Brasília: Centro Gráfico do Senado Federal, 1987. p. 181.

> isso, porque os países organizados já nos dão o exemplo. A democracia desses países funciona, por quê? Há partidos organizados. E a força de trabalho, no Brasil, é uma das razões da baixa produtividade, pois há falta de organização, de legislação e tradição.

O senhor Joel Alves de Oliveira ressaltou a importância da representação dos trabalhadores no local de trabalho como meio para aumentar a produtividade.[637]

> A representação dos trabalhadores no local de trabalho. No ano em que o Brasil persegue com grande força a consolidação da sua democracia, não podemos perder a oportunidade de democratizar, também, o local de trabalho. Para tanto, é necessário que se garanta aos trabalhadores a liberdade de representação em seus empregos, bem como se assegure a eles o livre acesso às informações.
>
> Numa sociedade que se diz democrática, todas as instituições devem respirar as formas representativas. A empresa não pode ser o último resquício do autoritarismo. Em vários programas partidários e na experiência de muitos países formas de participação estão presentes: a autogestão, a co-gestão e a co-determinação.
>
> No caso brasileiro, o sindicato é barrado na porta da empresa, pois qualquer tentativa de organização dos trabalhadores é considerada atentado contra o poder econômico do patrão e ameaça ao capital.
>
> Ao mesmo tempo em que, na área política, se apresenta a participação dos trabalhadores na gestão dos fundos sociais ou dos organismos de gestão econômica, as empresas se fecham, impedindo a consolidação da democracia no interior das mesmas.
>
> Esquecem esses déspotas que a participação dos trabalhadores torna a empresa em uma comunidade de pessoas onde cada artigo da Constituição toma forma e vigor, contribuindo para a consolidação dos conflitos.
>
> A representação no local de trabalho permite avançar rumo ao tratamento justo e imparcial dos empregados, fazendo com que as normas contratuais sejam respeitadas de forma uniforme. Além do mais, esse clima democrático torna-se importante para que os trabalhadores possam se fazer ouvir sobre as questões do seu dia a dia.
>
> É interessante verificar que várias escolas de pensamento administrativo elegem diversos mecanismos participativos como maneira de aumentar a produtividade e diminuir o conflito entre capital e trabalho.
>
> O avanço dessa democratização da empresa, através da representação no local de trabalho, tem sido bastante lento, embora progressivo.

[637] BRASIL. Assembleia Nacional Constituinte. Comissão dos Direitos dos Trabalhadores. *Diário da Assembleia Nacional Constituinte*. Brasília: Centro Gráfico do Senado Federal, 1987. p. 228-229.

> Na Constituição que hora se elabora e é fundamental privilegiar este instituto, para que mais rapidamente possamos chegar entre as nações que organizam a produção sobre a primazia do trabalho.

Do exposto, nota-se que na Comissão dos Direitos dos Trabalhadores houve preocupação com o aumento da produtividade. Isso pode ser verificado quando os constituintes defenderam a estabilidade do emprego como meio para gerar mais produtividade dos trabalhadores, ou quando tratou dos efeitos da introdução de novas tecnologias e da tecnologia no aumento da produtividade. Pode ser verificado também quando se tratou da importância da sindicalização e da representação dos trabalhadores no local de trabalho para que esse fim pudesse ser alcançado.

5.1.3 Comissão da Ordem Econômica

Na Comissão da Ordem Econômica, o senhor constituinte Roberto Campos, por sua vez, tratou da baixa produtividade do Brasil, entendendo o aumento da eficiência produtiva como uma necessidade do país, expondo também a burocracia como um fator que atrasava o desenvolvimento nacional.[638]

> Sr. Presidente, ao ouvir o discurso de alguns auto designados progressistas, nesta Comissão, tenho a impressão que eles sofrem de uma desinformação crônica e de uma enorme desatualização factual. Tenho a impressão que sequer ouviram falar do "Glasnost" ou a transparência de Gorbachev, como também não ouviram falar na Perestróica, quer dizer, na necessidade que o regime russo está sentindo de diminuir o grau de controle estatal, para abrir possibilidades de modernização. Há um vento que sopra mundialmente no sentido da desregulamentação e da desestatização. Da desregulamentação porque é óbvio o envelhecimento, o esclerosamento de economias centralmente dirigidas, cuja burocracia encerra três custos muito visíveis e muito presentes no Brasil. O custo da burocracia em si mesmo, o custo da espera das decisões e o custo da corrupção inevitável toda vez que se agrava a intervenção governamental. Quando burocratas ou os Congressistas por ele movidos criam dificuldades abre-se a oportunidade inevitável das vendas de facilidades.

---

[638] BRASIL. Assembleia Nacional Constituinte. Comissão da Ordem Econômica. *Diário da Assembleia Nacional Constituinte*. Brasília: Centro Gráfico do Senado Federal, 1987. p. 54.

> Desregulamentação é um vocábulo que hoje percorre o mundo nos mais variados sistemas e nos mais variados graus de desenvolvimento.
>
> A China sente a necessidade da desregulamentação, assim o sente a União Soviética, assim o sentem países subdesenvolvidos como a Turquia ou Paquistão; assim o sente o Brasil, oprimido pelo custo, pela ineficiência e pelas amplas capacidades ou possibilidades de corrupção da burocracia governamental.
>
> Outro vento que sopra no mundo é o da desestatização, ou seja, a privatização. Todos nós sabemos o que está ocorrendo na Inglaterra, na França e, em escala menor, na Espanha e também, diga-se de passagem, no Socialismo de Felipe Gonzáles, na Espanha. Simplesmente, porque se reconhece que a estatização, a concentração do Poder, em grandes empresas estatais, que são verdadeiros dinossauros em nossa época, milita contra a eficiência produtiva. Várias são as razões para a desestatização.
>
> Em primeiro lugar, a necessidade de aumentar a eficiência produtiva nos regimes competitivos; segundo, isso é importante, e não é um ponto que os nossos chamados progressistas que a rigor, eu chamo de xiitas, se dão consciência, é a necessidade de compatibilizar a democracia política com a democracia econômica. São falsos liberais aqueles que querem apenas a liberdade política imaginando que podem associá-la por tempo indefinido ao liberalismo político, ao autoritarismo econômico. A liberdade política exige mais cedo ou mais tarde a extinção do autoritarismo econômico, e uma das tragédias, senão a maior da Nova República é, precisamente, ter-nos dado, ao mesmo tempo, um máximo de liberdade política e um máximo de autoritarismo econômico. Nunca houve tamanha intervenção na economia como agora, que militamos sob um regime democrático, e essa contradição básica está na raiz da presente ineficiência estatal que se traduz em inflação acelerada, diria mesmo hiperinflação, que será, inevitavelmente, seguida; já está sendo seguida, como prova a história, por uma recessão que, a meu ver, será bastante brutal, e desta vez fabricada no Brasil sem nenhuma receita do FMI e sem pagamento de dívida externa – será uma recessão engenhada, exclusivamente, pela incompetência interna sem nenhuma participação externa. Eu a chamaria de "recessão pedagógica".

O senhor constituinte Dirceu Carneiro tratou da relevância do investimento em infraestrutura urbana e transporte público para o aumento da produtividade.[639]

[639] BRASIL. Assembleia Nacional Constituinte. Comissão da Ordem Econômica. *Diário da Assembleia Nacional Constituinte*. Brasília: Centro Gráfico do Senado Federal, 1987. p. 68.

> Em primeiro lugar, em função de questões de viabilidade desses empreendimentos nessa área. Em segundo lugar, é um setor que não está prestando um serviço adequado. Talvez cinco ou seis cidades brasileiras, nos próximos dez anos, terão suas principais vias de circulação de transporte coletivo inteiramente congestionadas, de modo a inviabilizar o transporte coletivo da forma como está sendo proposto, isto é, o número de ônibus ou número de tipos de transporte que vão transportar as pessoas pelo número de pessoas que demandarão o serviço e o tempo necessário para essa execução.
>
> Por esses cálculos, já se sabe que uma meia dúzia de cidades, nos próximos dez anos, vão ter impasses violentos nesse sentido. É preciso atualizá-los tecnologicamente, do ponto de vista dos investimentos e até do ponto de vista da localização de moradia e trabalho. O desconhecimento do setor produtivo em relação à força de trabalho, de onde ela provém, está agravando muito. Seria o caso até de se estudar a conveniência de habitação em relação ao local de trabalho, que é um dos fatores que mais determinam a complicação do transporte coletivo e o seu encarecimento para o usuário.
>
> Para encerrar, queria chamar a atenção para o fato de que, se o trabalhador tem um transporte deficiente e consome muitas horas mal-arrumado nesse transporte, na primeira hora de trabalho, ele tem uma queda até de 25% da produtividade e da produção e, na segunda hora, 15%. A partir daí vai decrescendo.
>
> É, portanto, do interesse do setor produtivo equacionar convenientemente, até para repercussão na questão da produtividade.

Do exposto, verifica-se que a preocupação com o aumento da produtividade, na Comissão da Ordem Econômica, pode ser observada, sobretudo, quando se tratou da importância dos investimentos em infraestrutura urbana e em transporte público para o alcance desse fim.

5.1.4 Subcomissão de Saúde, Seguridade e Meio Ambiente

Na Subcomissão de Saúde, Seguridade e Meio Ambiente, o senhor constituinte Paulo Macarini tratou da importância da previdência social para aumentar a produtividade dos trabalhadores.[640]

---

[640] BRASIL. Assembleia Nacional Constituinte. Subcomissão da Saúde, Seguridade e Meio Ambiente. *Diário da Assembleia Nacional Constituinte*. Brasília: Centro Gráfico do Senado Federal, 1987. p. 243.

> Sr. Presidente, vou concluir dizendo que é este o meu objetivo. Gostaria que esta Subcomissão com o elevado espírito público do Sr. Relator e a compreensão de todos os companheiros, pudesse escrever um capítulo muito específico para que a Previdência Social se constitua numa entidade que transmita segurança, tranqüilidade, inclusive para aumentar a produtividade neste País, que afaste o fantasma da doença e que assegure um tratamento médico-hospitalar compatível com a dignidade humana.

Verifica-se que, na Subcomissão de Saúde, Seguridade e Meio Ambiente, embora de maneira discreta, a preocupação com o aumento da produtividade pode ser observada quando se abordou a relevância da previdência social para o alcance desse fim.

5.1.5 Subcomissão da Família, do Menor e do Idoso

Na Subcomissão da Família, do Menor e do Idoso, o senhor Daniel Barbato ressaltou o papel da educação e da alimentação na qualificação e no aumento da produtividade de uma região.[641]

> Nobre Constituinte, V. Ex.a traduziu bem a idéia do que é um potencial de uma população sadia e, sem dúvida alguma, a educação e a alimentação qualificam e aumentam a produtividade de uma região. Nós tivemos na terra da nobre Constituinte Eunice Michiles, e vimos lá nos seringais, 37 seringais nos quais trabalhamos, o aumento da produtividade pelo tratamento que nós fizemos da anemia verminótica, pela introdução da orientação alimentar. Nós falávamos com cada casal como dirigir a alimentação em função daquilo que eles dispunham lá. E quando nós voltamos de Boa Vista, perto da Boca do Acre, nós parávamos à noite, porque não podíamos viajar de barco, por causa das toras, ouvíamos a beleza da descrição dos pais sobre a melhoria da saúde dos filhos e melhoria da capacidade de trabalho do pai, o próprio encarregado do seringal, porque o dono do seringal mora em Manaus e deixa o encarregado lá, e pela melhoria na assistência médica e alimentar, eles puderam aumentar a produção e ganhar mais. Aí está o grande segredo da população brasileira. Nós precisamos ocupar este País, mas com uma população sadia e não parasitada pela anemia verminótica, que está espalhada por este País todo.

---

641 BRASIL. Assembleia Nacional Constituinte. Subcomissão da Família, do Menor e do Idoso. *Diário da Assembleia Nacional Constituinte*. Brasília: Centro Gráfico do Senado Federal, 1987. p. 95.

Do exposto, nota-se que a preocupação com o aumento da produtividade, na Subcomissão da Família, do Menor e do Idoso, pode ser verificada quando foi ressaltado o papel da educação e da qualificação para que esse fim pudesse ser alcançado.

5.1.6 Subcomissão da Nacionalidade, da Soberania e das Relações Internacionais

Na Subcomissão da Nacionalidade, da Soberania e das Relações Internacionais, o senhor ministro Renato Archer tratou da vinculação entre desenvolvimento econômico e desenvolvimento tecnológico no período pós-guerra e versou sobre o foco das teorias econômicas prevalecentes de então no aumento da produtividade por meio da rápida incorporação de novos processos e novos produtos à atividade econômica.[642]

> A vinculação entre desenvolvimento econômico e desenvolvimento tecnológico tornou-se mais nítida a partir do segundo pós- guerra. Ficou claro, então, que as potencialidades de expansão por meio de um processo extensivo de incorporação de novas áreas e populações do sistema econômico de mercado se haviam praticamente esgotado. As novas teorias econômicas prevalecentes, e que tinham como pano de fundo a catástrofe de duas conflagrações mundiais, apontavam também no sentido de uma menor compartimentação dos mercados, o que impunha aos participantes do novo concerto internacional um aumento progressivo da produtividade. Vale dizer, uma incorporação cada vez mais rápida de novos processos e novos produtos à atividade econômica.

Além disso, observou que o Japão despontou como o grande competidor potencial, tendo como fator-chave para isso a sua capacidade para inovação tecnológica, ressaltando a importância do desenvolvimento tecnológico para o aumento da produtividade, bem como da inovação tecnológica, que acarreta crescimento econômico.[643]

> Entre os países desenvolvidos, o Japão é precisamente o país que despontava já como o grande competidor potencial, que permanece

---

[642] BRASIL. Assembleia Nacional Constituinte. Subcomissão da Nacionalidade, da Soberania e das Relações Internacionais. *Diário da Assembleia Nacional Constituinte*. Brasília: Centro Gráfico do Senado Federal, 1987. p. 66-67.

[643] BRASIL. Assembleia Nacional Constituinte. Subcomissão da Nacionalidade, da Soberania e das Relações Internacionais. *Diário da Assembleia Nacional Constituinte*. Brasília: Centro Gráfico do Senado Federal, 1987. p. 67.

relativamente imune a essa multinacionalização e resiste às várias tentativas de abrir sua economia aos investimentos estrangeiros. A luta da IBM e da Hewlett Packard para se instalarem naquele país, o que só conseguiram após muitas concessões e uma espera de sete anos e, mesmo assim, num momento em que o Japão já se sentia forte para enfrentar sua concorrência, é um dos exemplos citados com maior freqüência dessa política, que teve à sua frente a ação decidida do Ministério da Indústria japonês, o poderoso MITI.

Não é só mera força organizacional ou a superioridade de sua base econômica que dão condições às multinacionais de competir dentro do mercado de seus rivais. Numerosos estudos demonstram que o fator chave na competitividade dessas empresas é a sua capacidade – ensejada pelas economias de escala de que gozam – de permanentemente lançarem produtos e processos. Em outras palavras: a inovação tecnológica.

(...)

Se as novas formas de produção, baseadas em intenso desenvolvimento científico e tecnológico, criam situações de desafio à soberania dos países em desenvolvimento, é necessário que estes saibam, por outro lado, tirar desse desafio todo o proveito possível, invertendo os sinais da equação. Para isso, não basta uma atitude defensiva face às investidas externas. É necessário um decidido esforço interno para a promoção do desenvolvimento científico e tecnológico. Seria interessante notar que países desenvolvidos como, por exemplo, os Estados Unidos, nos dois últimos anos, mudaram a sua atitude publicamente em relação aos problemas do desenvolvimento científico. Recordaria que dois anos atrás, por ocasião do início do segundo período do Governo do Presidente Reagan, o Secretário de Estado George Shultz escolheu a Academia de Ciências dos Estados Unidos para pronunciar um discurso, no qual anuncia a disposição do Governo dos Estados Unidos de investir maciçamente no desenvolvimento científico-tecnológico. Bastaria lembrar que até era divulgado e destacado o fato de que 80% dos recursos destinados a pesquisas nos Estados Unidos provinham de fontes privadas, e apenas 20% provinham do Estado. Nesse discurso, o Secretário de Estado George Shultz anuncia que, a partir daquele ano, os Estados Unidos estariam investindo 3% do seu Produto Interno Bruto em pesquisas científicas e tecnológicas. Dizia que 3% desse bruto representavam naquele ano, 101 bilhões de dólares – valor quase igual ao da nossa dívida externa. Anunciava ele ainda que, para que os Estados Unidos pudessem manter a sua prosperidade, sua segurança e sua liderança, era fundamental essa mudança de atitude. O investimento que os Estados Unidos fazem hoje já é da ordem de 109 bilhões de dólares, correspondendo a 2,99% do Produto Interno Bruto americano. E os países desenvolvidos investem nas seguintes proporções: República Federal da Alemanha, 3,2% do Produto Bruto; o Japão, 2,87%; o Reino Unido, 2,58%; a França, 2,38% e a União Soviética, 4,74%. A fonte é a revista "White Paper", do governo japonês.

> As relações entre os Estados Unidos e a Europa, de um lado, e entre os Estados Unidos e Japão, de outro, ilustram as tensões que resultam da nova forma de divisão internacional do trabalho, em que o conhecimento passou a ser o elemento fundamental.
>
> E como se configura esta nova divisão? Parece claro que as grandes economias industriais vão aos poucos modificando o seu perfil, no qual o setor de alta tecnologia e serviços sofisticados ganham uma importância crescente. Apesar das resistências dos trabalhadores e empresários de setores tradicionais, como o siderúrgico e o de bens de consumo, é nítida a tendência, inclusive por parte dos governos, de favorecer cada vez mais aquelas áreas onde se concentram os maiores esforços de pesquisa e desenvolvimento. A teoria econômica sempre distinguiu entre setores intensivos de capital e intensivos de trabalho (capital intensive labour intensive). Uma nova categoria começa a ser reconhecida, a das atividades intensivas em conhecimento (knowledge intensive). E é justamente essa que as nações mais avançadas buscam reservar para si na nova ordem internacional que está criando.
>
> Não se trata, aqui, de mera constatação teórica baseada em tendência ou análise estatística. É da própria ação dos países desenvolvidos, claramente expressa por seus líderes, que decorre a convicção de que se está elaborando uma nova agenda internacional de negociação, na qual, mais uma vez, se joga o nosso destino como participantes ativos de um novo modelo ou como integrantes de uma periferia, eternamente condenada à pobreza e à dependência. Joga- se, em outras palavras, a nossa soberania.
>
> (...)
>
> A Tecnologia Avançada tem sido chamada de o combustível da economia. Novas tecnologias – como microeletrônica, desenho assistido por computador e manufatura assistida por computador, robótica e técnicas computacionais avançadas – desencadeiam um surto de crescimento econômico ao aumentar a produtividade do trabalho.

O senhor ministro Renato Archer tratou ainda mais profundamente sobre o papel das inovações tecnológicas em diversos campos e suas consequências positivas na produtividade.[644]

> Minha impressão é a de que não é só na área da informática que esse modelo foi bem sucedido. Estamos fazendo a aplicação do mesmo modelo na área de biotecnologia: na engenharia genética, na química fina, nos novos materiais e em vários outros setores de atividade que dependem da inteligência do homem. E nesse caso o homem atua muito mais

---

644 BRASIL. Assembleia Nacional Constituinte. Subcomissão da Nacionalidade, da Soberania e das Relações Internacionais. *Diário da Assembleia Nacional Constituinte*. Brasília: Centro Gráfico do Senado Federal, 1987. p. 75.

livremente e com muito mais produtividade se ele atua isoladamente, livremente, com toda a sua capacidade de independência em funcionamento. Parece-me que o modelo da informática, que é a associação das três atividades – universidade, pesquisa básica, pesquisa tecnológica e empresa – é o modelo ideal de solução para os nossos problemas. Essa me parece realmente a solução mais conveniente.

Conforme exposto, verifica-se que a preocupação com o aumento da produtividade estava presente na Subcomissão da Nacionalidade, da Soberania e das Relações Internacionais quando se tratou da importância do desenvolvimento tecnológico para o alcance desse fim.

5.1.7 Subcomissão de Ciência e Tecnologia

Na subcomissão de Ciência e Tecnologia, o senhor Josué Souto defendeu que o país deve ter como prioridade o fortalecimento do poder nacional, devendo procurar o equilíbrio entre ganhos de produtividade e automação.[645]

> A prioridade deve ser sempre o fortalecimento do Poder Nacional, acima de discussões sobre a origem da tecnologia, resguardadas, evidentemente, as condições que preservem a capacidade de autodeterminação da Nação. Deve-se procurar, de forma contínua, o equilíbrio entre ganhos de produtividade versus automação, de modo a manter os níveis e melhorar a qualidade do emprego. A Sucesu-Nacional considera que, no âmbito global da informática ou no processo de informatização da sociedade, o Estado deve ocupar um papel moderador e coordenador das forças em jogo, atuando através dos Poderes Executivo, Legislativo e Judiciário. Considera também indispensável a sustentação da expansão no setor de informática, sempre dentro do princípio de que não é apenas o desenvolvimento da indústria levando em conta os desdobramentos que estão hardware ou de software, mas também e ocorrendo nos diversos segmentos da Sociedade Brasileira, nos aspectos sócio-políticos e culturais.

Conforme demonstrado, observa-se que também na Subcomissão de Ciência e Tecnologia houve uma preocupação com o aumento da produtividade. Isso pode ser verificado quando foi salientado que seria necessário buscar um equilíbrio entre os ganhos de produtividade e automação, para assim melhorar a qualidade do emprego.

645 BRASIL. Assembleia Nacional Constituinte. Subcomissão da Ciência e Tecnologia. *Diário da Assembleia Nacional Constituinte*. Brasília: Centro Gráfico do Senado Federal, 1987. p. 136.

5.1.8 Subcomissão de Princípios Gerais, Intervenção do Estado, Regime da Propriedade do Subsolo e da Atividade Econômica

Na Subcomissão de Princípios Gerais, Intervenção do Estado, Regime da Propriedade do Subsolo e da Atividade Econômica, o senhor Jorge Bittar defendeu que mesmo as empresas estatais devem buscar uma produtividade cada vez maior.[646]

> Para mim, a medição principal, a observância, o critério principal que deve presidir a medida da eficiência de uma empresa estatal é a realização dos seus objetivos sociais. Secundariamente, mas não menos importante, deve-se observar a necessidade da busca de produtividade, cada vez maior, por parte dessa empresa.
>
> Neste sentido que coloquei essa questão das empresas do Estado. Não julgo que as empresas estatais – quero que fique claro – possam ser inevitavelmente – talvez esta seja a nossa divergência – menos eficazes do que a iniciativa privada. Cito a empresa na qual trabalho. A Embratel foi considerada no ano de 1985, segundo a revista Exame, uma revista insuspeita, a melhor empresa do País, dentre as 500 maiores empresas estatais ou privadas. Enquanto isto, tivemos o caso da Emaque, um estaleiro privado, que, inclusive, trabalhou com recursos e faliu. Há exemplos e contra-exemplos. Não há nenhum determinismo fatal que diga que o Estado deva ser ineficiente e de baixa produtividade. A baixa produtividade, geralmente, deriva do autoritarismo, esse autoritarismo desses 20 anos que implicou no empreguismo, no desvio de recursos etc. Por exemplo, temos a Eletrobrás, hoje extremamente endividada – com compras de equipamentos, inclusive, durante os governos militares, equipamentos desnecessários, de que a empresa não precisava.

O senhor constituinte Roberto Campos defendeu a produtividade do trabalhador como parâmetro para o salário justo e tratou de medidas para estimular a participação dos empregados nos lucros da empresa, com o intuito de aumentar a produtividade.[647]

> A palavra "justa" volta também no parágrafo único inciso I, fala-se na valorização do trabalho através da justa remuneração. O que será a justa

[646] BRASIL. Assembleia Nacional Constituinte. Subcomissão de Princípios Gerais, Intervenção do Estado, Regime da Propriedade do Subsolo e da Atividade Econômica. *Diário da Assembleia Nacional Constituinte*. Brasília: Centro Gráfico do Senado Federal, 1987. p. 40.

[647] BRASIL. Assembleia Nacional Constituinte. Subcomissão de Princípios Gerais, Intervenção do Estado, Regime da Propriedade do Subsolo e da Atividade Econômica. *Diário da Assembleia Nacional Constituinte*. Brasília: Centro Gráfico do Senado Federal, 1987. p. 57.

remuneração? O trabalhador sempre considerará injusta a remuneração que recebe e o patrão tende a considerá-la exagerada. O que se pode falar é em remuneração adequada à produtividade, porque é essa a única coisa objetiva. Se a remuneração for acima da produtividade, ela será injusta para a sociedade e acabará provocando desemprego. Se ela for inferior à produtividade, talvez não ocorra um grau suficiente de satisfação do trabalhador, sendo que a produtividade, como todo mundo sabe, não deriva apenas do trabalho, há também a contribuição do equipamento necessário à eficácia da produção. No inciso II, há outra idéia extremamente sexy e irresistível e igualmente complexa, que é a participação na gestão e no núcleo das empresas. Já desde a Constituição de 1967 que se discute, aliás em Constituições anteriores também, o conceito de participação nos lucros. É de uma infinita complexidade. Eu mesmo fiz um projeto, que já foi aprovado no Senado e se acha na Câmara, que regula a participação eventual nos lucros da empresa. A participação nos lucros tem que ser, primeiro, eventual, porque o lucro não é uma ocorrência necessária. As empresas podem ter prejuízos. Não se pode, portanto, admitir-se habitualidade na distribuição dos lucros, porque não há habitualidade garantida na geração de lucros. Tem que se pensar, portanto, sempre em participação eventual nos lucros, se lucros houver.

Segundo, essa participação tem que ser objeto de acordo mútuo entre a empresa e o empregado. Não pode ser uma imposição legal, pelo simples fato de que, se for uma imposição legal, o patrão vai exigir que o empregado também participe do prejuízo. Ele participará dos lucros nos anos em que houver lucro; ele terá uma redução de salários ou de patrimônio nos anos em que houver prejuízo. Ora, isso a ninguém interessa. Tem que se deixar, portanto, a negociação no mercado, entre trabalhadores e assalariados, no esquema de participação. Voluntariamente, no mundo capitalista, já se está generalizando o estatuto mutuamente acordado de participação eventual nos lucros. E o objeto do projeto que apresentei, e foi aprovado pelo Senado, é eliminar os encargos, por exemplo, de Pis, Pasep, Imposto de Renda e outros encargos eventuais, que desestimulam as empresas na promoção dessa medida muito útil para o aumento da produtividade, para o aumento do grau de participação social, que é a participação eventual nos lucros.

O senhor constituinte Luiz Salomão entendeu que a participação dos empregados nos lucros da empresa fomentava o aumento da produtividade e tratou a busca de maior produtividade como um objetivo social.[648]

[648] BRASIL. Assembleia Nacional Constituinte. Subcomissão de Princípios Gerais, Intervenção do Estado, Regime da Propriedade do Subsolo e da Atividade Econômica. *Diário da Assembleia Nacional Constituinte*. Brasília: Centro Gráfico do Senado Federal, 1987. p. 58.

> Sobre a sua ponderação na questão da participação de grupos, é claro que só se pode participar daquilo que existe. De modo que eu não recorreria à palavra "eventual" participação dos lucros, porque essa eventualidade seria quase sempre utilizada para justificar a não abertura do capital das empresas à participação dos trabalhadores no lucro das empresas. Esta é uma questão que empresários inteligentes, empresários progressistas têm encarado com muita oportunidade. E têm aberto a participação dos grupos não por imposição legal, mas porque reconhecem que esta é uma forma de interessar mais os seus empregados nos seus negócios e, daí, extrair produtividade mais elevada, sem necessariamente comprometer a sua folha de salário. O argumento de que o PIS/Pasep supriu esta deficiência da organização de atividades econômicas é um argumento discutível, porquanto a formação do PIS/Pasep se faz através de contribuições parafiscais transferidas à sociedade, como ele mesmo reconhece, de modo que não constituem, de fato, uma participação no excedente econômico gerado pela empresa, e sim numa forma de onerar os consumidores, cobrando-lhes a mais para poder formar esse fundo que, de resto, não corresponde ao objetivo social da busca da eficiência, da busca da criatividade e da produtividade.

O senhor relator Virgildásio de Senna expôs seu entendimento de que a ordem econômica se fundamenta no trabalho, que seria o alicerce para a construção de riqueza e o fundamento da produtividade.[649]

> Sr. Presidente, na preliminar que já apresentei a V. Ex.a, deixo de votar a matéria porque considero eivada de nulidade a votação que foi feita na parte manhã, relativa aos artigos do anteprojeto do 01 a 09, ambos pendentes de decisão regimental da Mesa da Assembléia Nacional Constituinte. Esta é a preliminar.
>
> Quanto ao mérito, considero que, na época em que estamos vivendo, na virada do milênio, não admitir que em qualquer época a ordem econômica se fundamenta no trabalho, parece-me uma negação do óbvio. Trata-se, Sr. Presidente, de normas declaratórias, princípios gerais que não têm nenhuma ação impositiva. Negar que a ordem econômica ou qualquer modo de produção, capitalista, socialista, escravista, se baseia no trabalho, parece-me uma coisa, sem querer ofender o nobre Constituinte, utramontana.
>
> O que dissemos é que a ordem econômica fundamenta-se no trabalho, ele é a base de qualquer ordem econômica. É sobre o alicerce do trabalho, que se constrói a riqueza e a riqueza é fundamento da ordem econômica, da produtividade, enfim.

649 BRASIL. Assembleia Nacional Constituinte. Subcomissão de Princípios Gerais, Intervenção do Estado, Regime da Propriedade do Subsolo e da Atividade Econômica. *Diário da Assembleia Nacional Constituinte*. Brasília: Centro Gráfico do Senado Federal, 1987. p. 202.

O senhor constituinte Israel Pinheiro, por sua vez, elencou a eficiência (no sentido de produtividade) como o que há de bom no capitalismo.[650]

> Os argumentos são claros e notórios de que no Brasil temos que aproveitar o que há de bom no capitalismo, que é a iniciativa privada, que é a competitividade e, sobretudo, a eficiência. Não podemos desprezar as grandes virtudes do capitalismo e entrarmos em uma filosofia, em uma economia estatizante, que tem todas as desvantagens da ineficiência e do gigantismo estatal. Acho que não devemos ampliar, de maneira alguma, a atuação do Estado na economia brasileira. Somos um País dos mais estatizados do mundo; devemos é desestatizá-lo dentro do que for do interesse nacional. Este é o meu ponto de vista, e peço perdão aos nobres colegas por não ter participado da Subcomissão, por outras tarefas, mas espero que a minha emenda seja acolhida pelos ilustres Constituintes, porque tenho certeza que dará uma segurança à preocupação constante do povo brasileiro, que é defender com intransigência o monopólio estatal do petróleo.

Conforme demonstrado, na Subcomissão de Princípios Gerais, Intervenção do Estado, Regime da Propriedade do Subsolo e da Atividade Econômica também se percebe a preocupação com o aumento da produtividade. Isso pode ser observado quando foi defendido que até mesmo as empresas estatais deveriam buscar uma produtividade cada vez maior, ou quando foi defendido que a produtividade do trabalhador deveria ser utilizada como parâmetro para estabelecer um salário justo, bem como que deveriam ser adotadas medidas para estimular a participação dos empregados nos lucros das empresas, com o intuito de aumentar a produtividade, ou, ainda, quando foi salientado que o trabalho é alicerce para a construção de riqueza e fundamento da produtividade.

Do exposto, verifica-se que houve uma grande preocupação por parte dos constituintes com a busca pelo aumento da produtividade, tendo sido sugeridas diversas medidas que, no seu entender, proporcionariam o alcance desse objetivo. Observa-se que os debates acerca do tema se deram na maior parte das comissões, o que demonstra que a preocupação com o aumento da produtividade foi bastante ampla.

---

[650] BRASIL. Assembleia Nacional Constituinte. Subcomissão de Princípios Gerais, Intervenção do Estado, Regime da Propriedade do Subsolo e da Atividade Econômica. *Diário da Assembleia Nacional Constituinte*. Brasília: Centro Gráfico do Senado Federal, 1987. p. 201.

5.2 O aumento da produtividade como fundamento para o desenvolvimento sustentável

A Constituição brasileira de 1988 utiliza expressamente o termo "produtividade" somente quando se refere aos servidores públicos, em seus artigos 39, §7º, e 93, II, "c", e também quando prevê, em seu artigo 218, §4º, que a lei apoiará e estimulará as empresas que assegurarem "ao empregado, desvinculada do salário, participação nos ganhos econômicos resultantes da produtividade de seu trabalho". A primeira acepção não interessa para os fins do presente trabalho; a segunda, embora possua alguma relação com esta tese, em uma primeira análise, poderia levar à conclusão de que a Constituição deu pouca importância à produtividade, o que, conforme será demonstrado, não procede.

Como observado anteriormente, o aumento da produtividade está relacionado, nas mais variadas correntes de pensamento econômico, à geração de mais excedente – e, consequentemente, mais riqueza – com a mesma quantidade de determinado fator. Isso possibilita que essa riqueza acarrete salários mais altos e custos mais baixos para os trabalhadores (permitindo um maior poder de compra e um melhor padrão de vida), mais lucros para as empresas (possibilitando mais investimentos) e maior arrecadação para o Estado (possibilitando que os diversos direitos garantidos constitucionalmente possam ser concretizados). Por esse motivo, sabendo de seu caráter extremamente benéfico para a sociedade, desde que não seja considerada como um fim em si mesmo, a busca pelo aumento da produtividade passou a ser incorporada por diversas constituições, entre as quais a brasileira.

Embora em uma primeira análise da Constituição brasileira possa parecer que a preocupação com o aumento da produtividade tenha sido deixada de lado, há bons argumentos em sentido contrário. O primeiro deles é que o aumento da produtividade é um dos fundamentos para o desenvolvimento sustentável,[651] visto que, mesmo o desenvolvimento não consistindo em mero crescimento econômico, pois vai além disso, o aumento da produtividade pode proporcionar as condições para que as consequências positivas citadas no parágrafo anterior ocorram – estas, sim, capazes de proporcionar o desenvolvimento, que é um objetivo fundamental previsto na Constituição. Além do mais, como observado no capítulo anterior, ao se estabelecer a busca pelo aumento da produtividade como uma norma constitucional transformadora,

[651] Não é por acaso que o "trabalho produtivo" já havia sido elencado, no artigo 160 na Emenda Constitucional nº 1, de 1969, como um princípio no qual o desenvolvimento se baseia.

diversas medidas deverão ser adotadas por parte do Estado para que ela possa ser concretizada – como melhorias, investimentos e planejamento em algumas searas específicas e de extrema relevância para o desenvolvimento nacional, tais como, mas não limitadas a, educação, infraestrutura, P&D, inovações tecnológicas, agricultura – e para se buscar a diminuição das desigualdades.

Há fortes indícios de que a geração de riqueza será cada vez mais dependente do aumento da produtividade, de forma que, sem ela, dificilmente será possível promover o desenvolvimento de modo sustentável, uma vez que não haverá riqueza suficiente para ser transformada em salários mais altos, mais lucros e maior arrecadação por parte do Estado, dificultando a concretização dos direitos fundamentais assegurados pela Constituição.

Como se sabe, o desenvolvimento nacional foi previsto expressamente já no preâmbulo da Constituição brasileira, segundo o qual os membros da Assembleia Nacional Constituinte visavam instituir um Estado Democrático destinado a assegurar diversos direitos – entre os quais, o direito ao desenvolvimento – como valores supremos da sociedade. Além do mais, em seu artigo 3º, II, a Constituição elencou entre um dos objetivos fundamentais da República a garantia ao desenvolvimento nacional.

Ocorre que, embora não se possa afirmar que o aumento da produtividade seja sempre essencial para viabilizar o desenvolvimento nacional, ele pode ser um dos principais instrumentos para isso. Não se nega o fato de que o desenvolvimento é muito mais do que o mero crescimento econômico, nem mesmo o fato de que a busca pelo aumento da produtividade, por vezes, quando considerada um fim em si mesmo, coloca em risco diversos direitos da mais alta importância garantidos pela Constituição. Todavia, da análise dos estudos e das pesquisas utilizados no presente trabalho, verificou-se que um dos principais fatores que parecem ter influenciado negativamente na promoção do desenvolvimento nacional foi o da estagnação da produtividade. Isso porque a baixa produtividade pode significar que o potencial produtivo no país não está sendo plenamente utilizado. Caso estivesse, as condições necessárias para que as consequências positivas antes mencionadas ocorressem poderiam ser mais facilmente viabilizadas. Com isso, haveria mais possibilidades para concretização dos direitos fundamentais constitucionalmente previstos, avançando rumo ao desenvolvimento nacional sustentável.

A maior geração de riqueza em decorrência do aumento da produtividade é também uma via para compensar um gargalo cuja tendência é ser cada vez mais prejudicial para a economia, qual seja, a queda constante no bônus demográfico, o que significa que, em projeção acerca do futuro, a população em idade ativa, que é de onde se extrai a força de trabalho, deixará de crescer (provavelmente em 2048 ou 2049, segundo estimativas), de modo que "o crescimento do PIB passará a depender principalmente, e cada vez mais, dos ganhos de produtividade da mão de obra".[652]

Para que se possa concretizar os diversos direitos fundamentais previstos na Constituição (educação, saúde, moradia, etc.), é indispensável que existam recursos para tanto, em razão de os custos para sua concretização serem elevados. Caso contrário, de nada adiantará a preocupação do constituinte em assegurá-los, pois, devido à falta de recursos, os dispositivos que os preveem não passarão de meros adornos sem eficácia no texto constitucional.

A busca pelo aumento da produtividade está prevista na Constituição brasileira, portanto, quando elenca o desenvolvimento como objetivo fundamental da República, por esse aumento ser um dos fundamentos sem os quais o desenvolvimento dificilmente ocorrerá de maneira sustentável. De maneira pontual e expressa, a Constituição abordou temas que estão intimamente relacionados com a produtividade, entre os quais, sem prejuízo de outros, a educação, a infraestrutura, a P&D, as inovações tecnológicas, a agricultura e a igualdade, conforme será aprofundado posteriormente.

Do exposto até aqui é possível chegar a algumas conclusões. Primeiramente, a de que a Constituição brasileira incorporou a busca pelo aumento da produtividade quando tratou de desenvolvimento – o que será abordado mais detidamente no subcapítulo seguinte –, devido à sua capacidade de geração de mais riqueza, podendo impactar positivamente em três âmbitos: dos trabalhadores, das empresas e do Estado, o que, como consequência, terá efeitos positivos na sociedade como um todo. Trata-se o aumento da produtividade, portanto, de um dos meios aptos a proporcionar as condições necessárias para a concretização de diversos direitos constitucionalmente previstos capazes de levar ao desenvolvimento sustentável. Cumpre salientar, entretanto, que o aumento da produtividade, para cumprir com sua função constitucional, não deve ser considerado como um fim em si mesmo, sob pena de acabar violando diversos direitos, inclusive direitos fundamentais, como a dignidade da pessoa humana e as liberdades individuais.

---

652 BONELLI, Regis. Produtividade e armadilha do lento crescimento. *In:* DE NEGRI, Fernanda; CAVALCANTE, Luiz Ricardo. *Produtividade no Brasil*: desempenho e determinantes. Brasília: IPEA, 2014. v. 1. p. 115.

Com efeito, uma vez que se estabeleceu ter sido a busca pelo aumento da produtividade incorporada pela Constituição brasileira, faz-se necessário entender o seu papel normativo na Constituição.

5.3 A busca pelo aumento da produtividade como norma constitucional transformadora decorrente do desenvolvimento

O aumento da produtividade, conforme exposto, é um dos principais fatores necessários para que possa ocorrer o desenvolvimento nacional sustentável. Pode-se afirmar, portanto, que o aumento da produtividade é um dos fundamentos para o desenvolvimento sustentável, mais especificamente um dos pilares para que ele possa ocorrer, de modo que, se um dos pilares – no caso, o aumento da produtividade – for retirado, dificilmente esse desenvolvimento poderá se manter ao longo do tempo, ou seja, muito provavelmente não será concretizado.

Estabelecidas tais premissas, cabe agora entender no que consiste o desenvolvimento na Constituição brasileira, para, com isso, compreender o papel desempenhado pela produtividade (mais especificamente, da busca pelo aumento da produtividade) na Magna Carta.

Basta uma análise mais atenta do texto constitucional para perceber que toda a Constituição está permeada por dispositivos que visam assegurar e promover o desenvolvimento nacional. Tais dispositivos vinculam o desenvolvimento aos mais diferentes âmbitos. É o caso do desenvolvimento da pequena propriedade rural (art. 5º, XXVI), do desenvolvimento tecnológico e econômico (art. 5º, XXIX), da elaboração de planos para o desenvolvimento econômico e social (art. 21, IX), do desenvolvimento urbano, relacionando-o a habitação, saneamento básico e transportes urbanos (art. 21, XX), da cooperação entre a União e os entes da federação brasileira com vistas ao desenvolvimento nacional (art. 23, parágrafo único), do desenvolvimento e da redução das desigualdades regionais (art. 43), da elaboração de planos e programas nacionais, regionais e setoriais de desenvolvimento (art. 48, IV), da concessão de incentivos fiscais destinados a promover o equilíbrio do desenvolvimento socioeconômico entre as diferentes regiões do país (art. 151, I), das ações para o desenvolvimento do ensino (art. 167, IV), do estabelecimento das bases do desenvolvimento nacional equilibrado (art. 174, §1º), da determinação de que o sistema financeiro nacional deverá ser estruturado de modo a promover o desenvolvimento equilibrado do país (art. 192), da educação, com vistas ao pleno desenvolvimento da pessoa e sua qualificação para o trabalho (art. 205), do fomento ao desenvolvimento cultural do país (art. 215, §3º), da promoção do desenvolvimento científico e da pesquisa buscando a solução dos problemas brasileiros e o desenvolvimento do sistema produtivo nacional e regional (art. 218, §2º), do incentivo ao mercado interno a fim de viabilizar o desenvolvimento cultural e socioeconômico e a autonomia tecnológica do país (art. 219) e do financiamento de programas de desenvolvimento econômico (art. 239, §1º), dentre outros.

Segundo Bercovici,[653] o desenvolvimento é um fenômeno com uma dimensão histórica, sendo que cada economia acaba enfrentando problemas específicos. Do mesmo modo, não existiriam fases de desenvolvimento pelos quais todas as sociedades passariam. O que caracterizaria especificamente os países periféricos seria o subdesenvolvimento, e não uma etapa necessária de um suposto processo de evolução natural da economia. Nas palavras do mencionado autor, "o desenvolvimento e o subdesenvolvimento são processos simultâneos, que se condicionam e interagem mutuamente, cuja expressão geográfica concreta se revela na dicotomia da CEPAL entre centro e periferia".[654]

Para Furtado, o subdesenvolvimento seria, portanto, "um processo histórico autônomo, e não uma etapa pela qual tenham, necessariamente, passado as economias que já alcançaram grau superior de desenvolvimento".[655]

Nesse sentido, Bercovici afirma que "a passagem do subdesenvolvimento para o desenvolvimento só pode ocorrer em processo de ruptura com o sistema, interna e exteriormente".[656] Por essa razão, entende que se faz necessária uma política deliberada de desenvolvimento, em que seja garantido tanto o desenvolvimento econômico como o social, visto que são interdependentes.

Isso porque, caso não haja nenhuma transformação, seja social, seja no sistema produtivo, não se estará diante de um processo de desenvolvimento, mas sim de simples modernização. Segundo o mencionado autor,[657] o crescimento sem desenvolvimento seria o que ocorre com a

---

653 BERCOVICI, Gilberto. *Constituição econômica e desenvolvimento*: uma leitura a partir da Constituição de 1988. São Paulo: Malheiros, 2005. p. 52.

654 BERCOVICI, Gilberto. *Constituição econômica e desenvolvimento*: uma leitura a partir da Constituição de 1988. São Paulo: Malheiros, 2005. p. 52-53.

655 FURTADO, Celso. *Teoria e política do desenvolvimento econômico*. 10. ed. Rio de Janeiro: Paz e Terra, 2000. p. 197.

656 BERCOVICI, Gilberto. *Constituição econômica e desenvolvimento*: uma leitura a partir da Constituição de 1988. São Paulo: Malheiros, 2005. p. 53.

657 BERCOVICI, Gilberto. *Constituição econômica e desenvolvimento*: uma leitura a partir da Constituição de 1988. São Paulo: Malheiros, 2005. p. 53-54.

modernização, mas sem qualquer transformação nas estruturas econômicas e sociais. Desse modo, pode-se afirmar que o desenvolvimento compreende a ideia de crescimento, porém a supera.[658]

Por esses motivos, o grande desafio para a superação do subdesenvolvimento seria a transformação das estruturas socioeconômicas e institucionais com o intuito de satisfazer as necessidades da sociedade. Além disso, quando se trata de desenvolvimento, faz-se necessário refletir sobre o papel do Estado, o qual poderá alterar as suas bases de sustentação e modificar a orientação do desenvolvimento excludente. É necessário, portanto, que se enfatize o papel de planejamento a ser desempenhado pelo Estado, bem como o papel que deve desempenhar na adoção de políticas específicas para o desenvolvimento. Deve, por conseguinte, promover as modificações estruturais fundamentais para que o subdesenvolvimento possa ser superado.[659]

Especialmente após a promulgação da Constituição brasileira de 1988, a função do Estado passou a ser não apenas gerenciar fatos conjunturais, mas, sobretudo, planejar o futuro, estabelecendo políticas a médio e longo prazo. Conforme Bercovici,[660] as Constituições liberais do século XIX eram fundadas na separação de poderes entre o Estado e a sociedade, tendo como objetivo primordial a limitação do poder estatal.[661] No entanto, ainda conforme o autor, com o advento do Estado social as constituições do século XX acabaram incorporando em seus textos o conflito existente entre as forças sociais, buscando englobar toda uma nova série de direitos e matérias. Não é por acaso que, desde a Constituição de Weimar, de 1919, bem como das constituições brasileiras de 1934 e 1946, todas acabaram sendo duramente criticadas por serem consideradas ideológicas, programáticas, compromissárias ou por não tomarem nenhuma decisão fundamental. Tais críticas aumentaram ainda mais quando as constituições se tornaram as chamadas "constituições dirigentes", ou seja, no momento em que passaram a definir fins e objetivos direcionados para o Estado e para a sociedade.[662]

---

[658] Nesse sentido também FURTADO, Celso. *Teoria e política do desenvolvimento econômico*. 10. ed. Rio de Janeiro: Paz e Terra, 2000. p. 101-104.

[659] BERCOVICI, Gilberto. *Constituição econômica e desenvolvimento*: uma leitura a partir da Constituição de 1988. São Paulo: Malheiros, 2005. p. 55.

[660] BERCOVICI, Gilberto. *Constituição econômica e desenvolvimento*: uma leitura a partir da Constituição de 1988. São Paulo: Malheiros, 2005. p. 58.

[661] Vide GRIMM, Dieter. *Die Zukunft der Vervassung*. Berlin: Suhrkamp, 1991. p. 403-410.

[662] BERCOVICI, Gilberto. *Constituição econômica e desenvolvimento*: uma leitura a partir da Constituição de 1988. São Paulo: Malheiros, 2005. p. 58.

Segundo o mesmo autor,[663] uma das críticas mais frequentes à denominada "constituição dirigente" diz respeito à possibilidade de o texto constitucional acabar promovendo de tal maneira o dirigismo estatal que isso levaria a substituir o processo de decisão política. Ocorre que deve ser salientado que a "constituição dirigente" não estabelece apenas uma linha de atuação para a política, de modo a reduzir a direção política à execução dos preceitos constitucionais.[664]

Segundo Eros Grau, ainda sobre o tema, "se tomarmos a Constituição dirigente como aquela oposta à Constituição estatutária ou orgânica, teremos que a atual Constituição Brasileira permanece dirigente".[665] Ainda segundo Grau, a Constituição brasileira não seria um mero "instrumento de governo", que enuncia competências e regula processos, mas sim enuncia diretrizes, fins e programas que devem ser realizados pelo Estado e pela sociedade. Em outras palavras, "não compreende apenas um 'estatuto jurídico do político', mas sim um 'plano global normativo' da sociedade e, por isso mesmo, do Estado Brasileiro".[666]

Continua Grau, com quem concordamos, que a Constituição do Brasil é uma Constituição dirigente e que vincula o legislador. Mesmo que tenha sido por diversas vezes emendada, seu cerne, composto pelos artigos 3º, 1º e 170, continua intocado.[667] Essa vinculação é essencial para a conservação da República, visto que "não há governo constitucional sem essa sua vinculação à Constituição, ainda que conforme diferentes graus de intensidade vinculativa"[668]

Conforme Bercovici, a partir da década de 1980, o planejamento e a política nacional de desenvolvimento acabaram sendo totalmente

---

663 BERCOVICI, Gilberto. *Constituição econômica e desenvolvimento*: uma leitura a partir da Constituição de 1988. São Paulo: Malheiros, 2005. p. 58-59.

664 Nesse sentido, vide BERCOVICI, Gilberto. *Constituição econômica e desenvolvimento*: uma leitura a partir da Constituição de 1988. São Paulo: Malheiros, 2005. p. 193-196 e 462-471; BERCOVICI, Gilberto. A problemática da Constituição dirigente: algumas considerações sobre o caso brasileiro. *Revista de Informação Legislativa*, v. 142, ano 36, p. 35-51, abr./jun. 1999. p. 40; e COMPARATO, Fábio Konder. Ensaio sobre o juízo de constitucionalidade de políticas públicas. Revista de Informação Legislativa, Brasília, ano 35, n. 138, p. 39-48, abr./jun. 1998.

665 GRAU, Eros. *A ordem econômica na Constituição de 1988*: interpretação e crítica. São Paulo: Malheiros, 2015. p. 356.

666 GRAU, Eros. *A ordem econômica na Constituição de 1988*: interpretação e crítica. São Paulo: Malheiros, 2015. p. 356.

667 GRAU, Eros. *A ordem econômica na Constituição de 1988*: interpretação e crítica. São Paulo: Malheiros, 2015. p. 358.

668 GRAU, Eros. *A ordem econômica na Constituição de 1988*: interpretação e crítica. São Paulo: Malheiros, 2015., p. 359.

abandonados pelo Estado. Passou, então, a atuação estatal a caracterizar-se como desprovida de uma diretriz global para o desenvolvimento nacional. Do mesmo modo, a política econômica limitou-se à gestão de curtíssimo prazo de diversos planos que visavam à estabilização econômica. Com isso, o poder público acabou mostrando-se incapaz de implementar políticas públicas coerentes. Coincidentemente, salientamos que também a partir da década de 1980, a produtividade no Brasil estagnou, aumentando cada vez mais a diferença com relação aos países com produtividade mais elevada.[669]

Conforme o mencionado autor,[670] com quem concordamos, deve-se pensar qual o papel do Estado no desenvolvimento econômico. Do mesmo modo, a crise do Estado brasileiro não pode ser confundida ou se limitar à questão dos gastos públicos. Isso porque, atualmente, o que há é uma inefetividade do direito estatal, devendo o Estado se preocupar com uma política nacional voltada para o desenvolvimento tanto econômico como social, superando o subdesenvolvimento.

Ainda segundo Bercovici,[671] sem repensar o modo como o Estado será estruturado e os objetivos a serem buscados pelo Estado não será possível falar na retomada do desenvolvimento. Nesse sentido, um Estado que abre mão de planejar o futuro abre mão, também, de uma série de características fundamentais de sua própria estatalidade. Somente com a reestruturação do Estado brasileiro é que será possível concretizar o tão desejado desenvolvimento – o qual está alicerçado na Constituição de 1988 –, de modo a avançar em passos largos rumo à emancipação social.

Conforme Hegel,[672] "nem o universal tem valor e é realizado sem o interesse, a consciência e a vontade particulares, nem os indivíduos vivem como pessoas privadas unicamente orientadas pelo seu interesse e sem relação com a vontade universal". Isso porque, segundo o autor, os princípios dos Estados modernos têm uma imensa força e profundidade, quais sejam: "permitirem que o espírito da subjetividade chegue até a extrema autonomia da particularidade pessoal, ao mesmo tempo

[669] Nesse sentido, vide MENEZES FILHO, Naercio; CAMPOS, Gabriela; KOMATSU, Bruno. A evolução da produtividade no Brasil. *Policy Paper*, São Paulo: Insper, n. 12, ago. 2014.

[670] BERCOVICI, Gilberto. *Constituição econômica e desenvolvimento*: uma leitura a partir da Constituição de 1988. São Paulo: Malheiros, 2005. p. 66-67.

[671] BERCOVICI, Gilberto. *Constituição econômica e desenvolvimento*: uma leitura a partir da Constituição de 1988. São Paulo: Malheiros, 2005. p. 67.

[672] HEGEL, Georg Wilhelm Friedrich. *Princípios da filosofia do direito*. Tradução de Orlando Vitorino. Lisboa: Guimarães Editores, 1959. p. 256-257.

que o reconduz à unidade substancial, assim mantendo esta unidade no seu próprio princípio".

De tal modo, tem-se que o Estado possui um papel fundamental de planejar e conduzir ao desenvolvimento, adotando medidas que possibilitem sua concretização, tal como aquelas que busquem o aumento da produtividade. A Constituição, ao elencar o desenvolvimento como objetivo fundamental, visa, portanto, promover uma transformação na sociedade. A produtividade (o aumento dela), por sua vez, por consistir em um dos pilares sobre os quais esse desenvolvimento se fundamenta, de tal maneira que ele muito provavelmente não poderá ocorrer de modo sustentável sem a melhora constante nos níveis de produtividade, é também uma norma constitucional transformadora, na acepção utilizada por Verdú.[673] Diante disso, cumpre agora entender o que isso significa com relação à sua eficácia.

5.4 O caráter normativo da busca pelo aumento da produtividade e a superação da doutrina da (in) eficácia das normas constitucionais

Uma vez estabelecido que a busca pelo aumento da produtividade se trata de uma norma constitucional transformadora, fundamento para o desenvolvimento sustentável, cumpre agora compreender as implicações decorrentes de tal premissa.

Primeiramente, a referida norma poderia vir a ser categorizada por parte da doutrina como "programática".[674] No entanto, conforme será exposto, tal classificação tem alguns problemas e, por esse motivo, merece ser superada.

Nesse sentido, cumpre salientar, conforme lembra André Ramos Tavares,[675] que necessário se faz, portanto, enfrentar essa doutrina

[673] VERDÚ, Pablo Lucas. *Estimativa y política constitucionales*: los valores y los principios rectores del ordenamiento constitucional español. Madrid: Universidad Complutense de Madrid, 1984. p. 190-198 e VERDÚ, Pablo Lucas. *Teoría de la constitucíon como ciencia cultural*. 2. ed. Madrid: Dykinson, 1998. p. 50-54.

[674] As normas programáticas teriam, na classificação de José Afonso da Silva, uma eficácia limitada, pois dependeriam de regulamentação futura, na qual o legislador dará eficácia à vontade do constituinte. Ou seja, elas não produzem, com a simples entrada em vigor da Constituição, todos os efeitos essenciais, pois o legislador constituinte, por algum motivo, não estabeleceu sobre a matéria uma normatividade suficiente. SILVA, José Afonso da. *Aplicabilidade das normas constitucionais*. 3. ed. São Paulo: Malheiros, 1999. p. 76.

[675] TAVARES, André Ramos. *Curso de direito constitucional*. 16. ed. São Paulo: Saraivajur, 2018. p. 204.

tradicional da (in)eficácia das normas constitucionais, que no Brasil acabou por impedir importantes avanços sociais, de modo a servir para manter o estado das coisas inconstitucional, bem como um certo estado de exceção permanente, acarretando na vulnerabilidade da própria Constituição.[676]

Continua o citado autor afirmando que diversos são os argumentos suscitados para afastar a aplicabilidade imediata das denominadas "normas programáticas", frequentemente utilizados pela doutrina nacional, em especial os seguintes: i) a impossibilidade de o Poder Judiciário exigir a concretização de programas sem ferir a separação dos Poderes; ii) a inexistência de obrigação direta dirigida ao Estado para dar imediato e pleno cumprimento aos diversos programas contemplados constitucionalmente; e iii) a chamada "reserva do possível",[677] que busca chamar a atenção para as limitações orçamentárias (e até de responsabilidade gerencial) quando da apuração de necessidades sociais a serem satisfeitas.[678]

Com efeito, Pina[679] observa que há uma grave falha na aceitação de normas constitucionais sem vigência e, desse modo, dependentes de uma legislação infraconstitucional, qual seja: a de que, na medida em que uma norma constitucional tem sua aplicabilidade condicionada, por simples orientação de política legislativa, a hierarquia normativa da norma constitucional se torna vulnerável, permanentemente, concedendo algum grau de poder constituinte ao Poder Legislativo e atentando contra a interdependência do Poder Judiciário.[680] Olvida-se, portanto, uma premissa fundamental, que é a de que a norma constitucional opera sobre a lei, e não para a lei.

Nesse sentido, José Maria Arruda de Andrade afirma que a superioridade da Constituição "advém da materialidade normativa e da

---

[676] Sobre o tema, vide BERCOVICI, Gilberto. *Constituição e Estado de exceção permanente*: atualidade de Weimar. Rio de Janeiro: Azougue, 2004.

[677] Sobre o tema, vide SCAFF, Fernando Facury. Reserva do possível, mínimo existencial e direitos humanos. *Interesse Público*, v. 32, p. 79-104, 2005; e SCAFF, Fernando Facury. Sentenças aditivas, direitos sociais e reserva do possível. *Revista Dialética de Direito Processual*, v. 51, p. 79-99, 2007.

[678] TAVARES, André Ramos. *Curso de direito constitucional*. 16. ed. São Paulo: Saraivajur, 2018. p. 204.

[679] PINA, Rolando E. Cláusulas constitucionales operativas y programáticas. Buenos Aires: Depalma, 1973. p. 26 e 36.

[680] Vide GAMA, Marina Faraco Lacerda; NOBILE, A. Além do "legislador negativo" ou "positivo": um caminho para a efetividade da Constituição. *In:* TAVARES, André Ramos; GAMA, Marina Faraco Lacerda (Org.). *Omissão inconstitucional*. São Paulo: Max Limonad, 2018. p. 176-189. p. 176-189.

própria natureza formal da norma constitucional, reconhecidamente superior à legislação complementar e ordinária".[681]

Leal afirma, ainda, que, em um Estado social de direito, as garantias e os direitos conquistados e elevados à norma constitucional não podem ser relegados a uma região ou conceituação meramente programática, como uma promessa de futuro promissor que será cumprida pelo legislador infraconstitucional, "mas impõe-se uma vinculação direta e orgânica frente aos Poderes instituídos".[682] Caso não seja assim, tais conquistas não terão eficácia e nem mesmo estarão qualificando valorativamente esse Estado como social de direito.[683]

É por esse motivo que, ao atribuir esse caráter de programaticidade a determinadas normas constitucionais, se acaba, nas palavras de Luís Roberto Barroso, desafiando a seriedade da Constituição, ao raciocinar que "não vale o que está escrito".[684]

Como observa André Ramos Tavares, esse pensamento crítico acerca da atribuição de caráter meramente programático às normas constitucionais já foi acolhido pelo Supremo Tribunal Federal, em decisão proferida no Agravo Interno no Recurso Extraordinário (AgI no RE) nº 271.286, quando se decidiu, ao se referir ao artigo 196 da Constituição de 1988,[685] que o caráter programático dessa regra não poderia ser convertido em promessa constitucional inconsequente, sob pena de o poder público, por meio de fraude a justas expectativas nele depositadas pela coletividade, "substituir, de maneira ilegítima, o cumprimento de seu impostergável dever por um gesto irresponsável de infidelidade governamental ao que determina a própria Lei Fundamental do Estado".[686]

O referido autor ressalta que existe uma tomada de consciência no sentido de que as normas programáticas não vêm sendo implementadas,

---

681 ANDRADE, José Maria Arruda de. Hermenêutica da ordem econômica constitucional e o aspecto constitutivo da concretização constitucional. *Revista Fórum de Direito Financeiro e Econômico*, ano 1, n. 1, p. 249-268, mar./ago. 2012. p. 250.

682 LEAL, Rogério Gesta. *Perspectivas hermenêuticas dos direitos humanos e fundamentais no Brasil*. Porto Alegre: Livraria do Advogado, 2000. p. 72.

683 LEAL, Rogério Gesta. *Perspectivas hermenêuticas dos direitos humanos e fundamentais no Brasil*. Porto Alegre: Livraria do Advogado, 2000. p. 72.

684 BARROSO, Luís Roberto. *O direito constitucional e a efetividade de suas normas*: limites e possibilidades da Constituição brasileira. São Paulo: Renovar, 2006. p. 156.

685 "Art. 196. A saúde é direito de todos e dever do Estado, garantido mediante políticas sociais e econômicas que visem à redução do risco de doença e de outros agravos e ao acesso universal e igualitário às ações e serviços para sua promoção, proteção e recuperação".

686 BRASIL. Supremo Tribunal Federal. AgI no RE 271.286. Ministro Relator Celso de Mello. DJ de 24 nov. 2000.

sobretudo, por força de decisões essencialmente políticas. Mesmo sendo correto reconhecer o direito à discricionariedade administrativa, bem como à conveniência e à oportunidade de praticar determinados atos, não é possível tolerar o abuso de direito que tem ocorrido na atividade desempenhada pelos responsáveis por implementar as denominadas "normas programáticas". Isso porque, mesmo tendo decorrido diversos anos desde a entrada em vigor da Constituição de 1988, o que se percebe é um grande desprezo por determinados comandos constitucionais, com toda a doutrina formalista buscando a desconsideração de sua normatividade plena. Com efeito, "os responsáveis pela implementação concreta da Constituição têm-lhe podado comandos reais sob o argumento, já desbotado pelo uso recorrente da mera programaticidade".[687]

Tal pensamento encontra-se alinhado implicitamente à concepção de primazia do Poder Legislativo e de impotência do Poder Judiciário. Levado às últimas consequências, acaba por não aceitar a possibilidade de concretização de certos comandos constitucionais por parte do Judiciário, motivo pelo qual defende a ideia de que determinadas normas na Constituição (em vigor) estariam fora da esfera do manejo judicial legítimo (o que significa dizer que seriam não judiciáveis), ficando sua concretização à mercê da vontade exclusiva e arbitrária do Legislador, "invertendo o postulado da constitucionalidade e a responsabilidade cometida ao próprio Judiciário pela realização constitucional em um país que ainda está a consolidar muitas de suas instituições democráticas".[688]

Desse modo, tem-se que a norma constitucional da busca pelo aumento da produtividade, um dos fundamentos para o desenvolvimento sustentável, em razão de seu caráter transformador, não pode, de modo algum, ser alçada à categoria de mera norma que possui sua eficácia limitada à boa vontade do legislador infraconstitucional. Pelo contrário, deve ter reconhecida sua eficácia imediata, não permitindo, portanto, que o Estado se escuse de sua obrigação de adotar medidas diretas com vistas ao aumento da produtividade nacional, bem como medidas indiretas, como o fomento a condutas por parte dos agentes privados para que contribuam para esse mesmo fim.

Não é possível, ainda, que o Estado, agindo contrariamente à busca pelo aumento da produtividade, edite normas contrárias a esse fim, sob pena de inconstitucionalidade.

---

687 TAVARES, André Ramos. *Curso de direito constitucional*. 16. ed. São Paulo: Saraivajur, 2018. p. 206.

688 TAVARES, André Ramos. *Curso de direito constitucional*. 16. ed. São Paulo: Saraivajur, 2018. p. 206.

Por fim, não cabe ao Poder Judiciário omitir-se diante da referida determinação constitucional, devendo buscar dar pleno cumprimento à norma, sob pena de desobediência à Constituição.

Diante disso, é possível estabelecer alguns efeitos decorrentes do reconhecimento da busca pelo aumento da produtividade como norma constitucional transformadora.

Primeiramente, de maneira similar aos efeitos descritos por Luís Roberto Barroso[689] para as normas programáticas, a referida norma tem efeitos imediatos de: i) revogar todos os atos normativos que possuam disposição com ela conflitante; ii) conduzir à inconstitucionalidade de todos os atos normativos que venham a ser editados, caso sejam com ela incompatíveis. Além disso, no âmbito subjetivo, concedem, também de imediato, o direito a: i) opor-se judicialmente ao cumprimento de regras ou à sujeição de atos que a afetem, caso eles sejam contrários ao sentido dessa regra; ii) obter, nas prestações jurisdicionais, interpretação e decisão que sejam direcionadas no mesmo sentido determinado pela referida norma, sempre que o interesse constitucional por ela previsto esteja em pauta.

No entanto, por não se tratar de mera norma programática, mas ter o caráter de norma constitucional transformadora, impõe uma vinculação direta ao Estado para que este adote meios para concretizá-la, seja diretamente, por meio da instituição de leis e programas com esse fim, proporcionando as condições necessárias para que isso ocorra, seja indiretamente, fomentando condutas por parte dos agentes privados que contribuam para esse objetivo.

A título de exemplo, haveria violação à norma constitucional da busca pelo aumento da produtividade se uma lei tributária previsse obrigações acessórias tão complexas que ocasionassem um impacto prejudicial em termos de produtividade (não impedindo que seja inconstitucional, por exemplo, por outros fundamentos, como pelo critério da proporcionalidade ou da razoabilidade). Isso porque, conforme Schoueri, com quem concordamos, "a norma tributária, por induzir comportamentos dos agentes econômicos, deve ter em conta seus efeitos",[690] devendo estes, portanto, ser considerados como

---

[689] BARROSO, Luís Roberto. *O direito constitucional e a efetividade de suas normas*: limites e possibilidades da Constituição brasileira. São Paulo: Renovar, 2006. p.117.

[690] SCHOUERI, Luís Eduardo. Tributação e indução econômica: os efeitos econômicos de um tributo como critério para sua constitucionalidade. *In:* FERRAZ, Roberto Catalano Botelho (Coord.). *Princípios e limites da tributação 2*: os princípios da ordem econômica e a tributação. São Paulo: Quartier Latin, 2009. p. 141-164. p. 150.

"critério para o exame da constitucionalidade da norma tributária".[691] Guardadas as devidas proporções, caso em que ocorreu a declaração de inconstitucionalidade de norma tributária em decorrência de seus efeitos nocivos para o mercado foi o julgado, na Alemanha, pela Corte Fiscal Federal (*Bundesfinanzhof*) em 6 de setembro de 2006. Tratava-se de regras do imposto de renda alemão que limitavam o aproveitamento de resultados negativos, assegurando um mínimo de tributação. O que interessa para o presente trabalho é, sobretudo, o motivo pelo qual ocorreu a declaração de inconstitucionalidade em questão, que foi a violação ao denominado pela corte de "princípio da clareza das normas" (*Grundsatz der Normenklarheit*), com efeitos danosos, ainda, à concorrência, pois somente um pequeno número de contribuintes teria condições de contratar consultoria necessária para a compreensão das determinações legais. Na referida decisão, em seu parágrafo 52, afirmou a corte que tais normas violariam princípios constitucionais, "porque elas são incompreensíveis linguisticamente, contraditórias, levam a erro, construídas de modo não sistemático e, portanto, em grande medida, falíveis".[692] No mencionado caso, embora analisado por outro prisma, a norma foi declarada inconstitucional por afetar negativamente o mercado, o que ocorreria, de modo similar, no caso de uma norma que viesse a ferir a norma constitucional da busca pelo aumento da produtividade.

Também no âmbito tributário, seria o caso da instituição de tributo ou elevação de alíquota a ponto de prejudicar gravemente a atividade empresarial (sem prejuízo de ser considerado o tributo, por exemplo, como confiscatório).

Outra hipótese seria a de uma norma que viesse a atentar contra a igualdade, agravando as desigualdades já existentes, porque, não obstante o fato de que a simples violação à igualdade já pode ser considerada inconstitucional por si só, conforme será demonstrado, a igualdade, seja social, seja econômica, seja regional, está intimamente relacionada com a produtividade.

---

[691] SCHOUERI, Luís Eduardo. Tributação e indução econômica: os efeitos econômicos de um tributo como critério para sua constitucionalidade. *In:* FERRAZ, Roberto Catalano Botelho (Coord.). *Princípios e limites da tributação 2*: os princípios da ordem econômica e a tributação. São Paulo: Quartier Latin, 2009. p. 141-164. p. 164.

[692] No original: "(...) denn sie sind sprachlich unverstandlich, widersprüchlich, irreführend, unsystematisch aufgebaut und damit in höchstem Maße fehleranfällig". *Apud* SCHOUERI, Luís Eduardo. Tributação e indução econômica: os efeitos econômicos de um tributo como critério para sua constitucionalidade. *In:* FERRAZ, Roberto Catalano Botelho (Coord.). *Princípios e limites da tributação 2*: os princípios da ordem econômica e a tributação. São Paulo: Quartier Latin, 2009. p. 141-164. p. 159-160.

Seria o caso, ainda, de uma norma que viesse a desestimular os trabalhadores a serem produtivos, proibindo, por exemplo, uma empresa de, respeitados os direitos trabalhistas em vigor, vincular a remuneração dos seus empregados à produtividade.

5.5 Interdependência normativa da produtividade na Constituição brasileira

Conforme exposto, a busca pelo aumento da produtividade foi incorporada pela Constituição brasileira quando previu o desenvolvimento como um objetivo fundamental da República, por se tratar de um dos pilares para que ele possa ocorrer de modo sustentável. Verificou-se, ainda, a grande relevância dada ao aumento da produtividade nos debates constituintes, nas mais variadas comissões e subcomissões.

Cumpre agora analisar mais a fundo os aspectos consagrados pela Constituição e que estão diretamente relacionados com o aumento da produtividade, de tal modo que é possível afirmar que há uma internormatividade entre a norma constitucional transformadora da busca pelo aumento da produtividade e esses dispositivos. Isso pode ser averiguado quando a Constituição elenca, por exemplo, a educação como um direito social (art. 6º), que é um direito de todos e um dever do Estado e da família (art. 205). A educação, conforme será tratado a seguir, é um dos principais caminhos para que o aumento da produtividade possa ser concretizado. Do mesmo modo, aumentar a produtividade, conforme já exaustivamente exposto, pode ter diversas consequências positivas, entre as quais maior arrecadação aos cofres públicos. Com mais recursos disponíveis, o Estado poderá investir e adotar medidas que melhorem a educação. Ou seja, tudo isso acaba contribuindo para o desenvolvimento e, sobretudo, de maneira sustentável, criando uma espécie de ciclo, em que a melhora de um fator acarreta a melhora do outro. Essa internormatividade também ocorre com relação à norma da busca pelo aumento da produtividade e a infraestrutura, a pesquisa e desenvolvimento, as inovações tecnológicas, a agricultura e a igualdade.

Com a agricultura, por exemplo, será verificado que a adoção de medidas por parte do Estado com o objetivo de aumentar a produtividade no setor, como foi o caso da Empresa Brasileira de Pesquisa Agropecuária (Embrapa), tem se mostrado um sucesso. Isso permitiu que o referido setor tivesse ganhos expressivos de produtividade, gerando mais riqueza e, consequentemente, proporcionando que parte dessa riqueza fosse destinada ao Estado, por meio de tributos. Com isso, possibilita-se que esses recursos sejam novamente investidos, gerando ainda mais ganhos de produtividade, e que esse círculo virtuoso continue.

Outro exemplo do modo como essa internormatividade ocorre é o da igualdade. Embora em uma análise superficial talvez não fosse possível averiguar que a questão da igualdade tem relação com a produtividade, elas estão intimamente ligadas. Na verdade, o problema da desigualdade, seja ela econômica, seja social, educacional, de gênero, raça ou mesmo regional, tem um grande impacto negativo na produtividade. Desse modo, buscar meios para combater essas desigualdades pode trazer elevados ganhos de produtividade. Esses ganhos, por sua vez, ocasionarão os benefícios já mencionados, proporcionando que mais medidas sejam adotadas pelo Estado para diminuir as desigualdades e, assim, também possibilitando que esse círculo virtuoso se sustente.

Essas internormatividades, portanto, terminam por contribuir diretamente para que o desenvolvimento ocorra de modo sustentável, corroborando ainda mais o argumento de que a busca pelo aumento da produtividade é um dos fundamentos para que esse desenvolvimento possa se concretizar e se manter ao longo do tempo.

5.5.1 Educação

A educação é um dos principais meios para proporcionar uma existência digna aos cidadãos. Isso porque, além de ser instrumento essencial para a qualificação dos indivíduos para o trabalho, contribui diretamente para torná-los aptos a exercer seu papel de cidadão. Não obstante isso, em um cenário em que as novas tecnologias acabam, muitas vezes, ocasionando a substituição de trabalhadores, especialmente em empregos que exijam pouca qualificação, a educação mostra-se ainda mais relevante. Com efeito, quanto mais qualificado um cidadão, mais chances terá de conseguir melhores empregos, ser mais imprescindível e, como consequência, obter uma melhor remuneração, bem como uma melhor qualidade de vida para si e para sua família.

Na educação existe o potencial para transformar toda a realidade de um indivíduo, de um Estado, de um país, visto que é fonte de libertação, apta a gerar segurança, reconhecimento, valorização do trabalho humano, respeito aos princípios que fundamentam a vida em sociedade. Sem educação, portanto, não haverá saúde, segurança, democracia nem futuro. Trata-se, assim, de uma das formas de realização concreta do ideal democrático.

Não por acaso, a educação foi um tema de extrema relevância na Constituição Federal de 1988. Ela consta, por exemplo, no rol dos direitos sociais previstos no artigo 6º da Magna Carta. Também com o mesmo intuito, está resguardada, desde que observados determinados requisitos, da incidência de impostos, conforme o artigo 150, VI, "c", em seção que trata sobre as limitações constitucionais ao poder de tributar. Conta, ainda, a educação, com diversos outros dispositivos para implementá-la, além de uma seção específica na Constituição. Nessa seção, o artigo 205 estabelece que a educação é um direito de todos e um dever do Estado e da família, devendo ser promovida e incentivada com a colaboração da sociedade, objetivando o pleno desenvolvimento da pessoa e seu preparo para a cidadania, assim como sua qualificação para o trabalho.[693]

Conforme demonstrado anteriormente, Adam Smith já se preocupava com a educação da população. Entendia que, com a constante divisão do trabalho, a maior parte da população acabaria desempenhando atividades que não exigiriam um grande esforço intelectual, desperdiçando seu potencial. Entendia ele que as "pessoas comuns", embora não pudessem, em uma sociedade civilizada, ser tão bem instruídas como as pessoas que possuíssem melhores condições financeiras, poderiam aprender matérias essenciais da educação, tais como ler, escrever e calcular, "em idade tão jovem, que a maior parte, mesmo daqueles que precisam ser formados para as ocupações mais humildes, têm tempo para aprendê-las antes de empregar-se em tais ocupações".[694]

Entendia ele, assim, que seria necessário o mínimo de educação a fim de que os trabalhadores pudessem exercer atividades que não apenas aquelas para as quais foram contratados para realizar. Para Smith, quanto mais instruído for o povo, "tanto menos estará sujeito às ilusões do entusiasmo e da superstição que, entre nações ignorantes, muitas vezes dão origem às mais temíveis desordens".[695] Além do mais, um povo que fosse instruído e inteligente seria sempre mais "decente e ordeiro do que um povo ignorante e obtuso", e, ainda, com isso, "as pessoas se sentem, cada qual individualmente, mais respeitáveis e com maior possibilidade de ser respeitadas pelos seus legítimos superiores e, consequentemente, mais propensas a respeitar seus superiores".[696]

---

693 Nesse sentido, SILVA, José Afonso da. *Curso de direito constitucional positivo*. 32. ed. São Paulo: Malheiros, 2009. p. 313.

694 SMITH, Adam. *A riqueza das nações*: investigações sobre sua natureza e suas causas. São Paulo: Nova Cultural, 1985. p. 215.

695 SMITH, Adam. *A riqueza das nações*: investigações sobre sua natureza e suas causas. São Paulo: Nova Cultural, 1985. p. 217.

696 SMITH, Adam. *A riqueza das nações*: investigações sobre sua natureza e suas causas. São Paulo: Nova Cultural, 1985. p. 217.

Nos tempos atuais, verificou-se que a educação está intimamente relacionada também à produtividade. Estudo realizado por Jorgenson, Ho e Samuels,[697] analisando o crescimento da produtividade nos Estados Unidos no período de 1947 a 2014 apontou que o nível educacional contribuiu consideravelmente ao longo do tempo para o aumento da produtividade. No entanto, o que de fato contribui para o aumento da produtividade não é a quantidade de anos de escolaridade, mas sim a qualidade do ensino. Nesse sentido, buscando compreender a razão de a América Latina, mesmo com um alto nível de escolaridade, apresentar um baixo crescimento econômico, Hanushek e Woessmann[698] compararam os países da América Latina com os do Leste Asiático. No estudo, foi constatado que, mesmo havendo uma equivalência na quantidade de anos de escolaridade entre os países das duas regiões, a qualidade da educação seria uma das principais razões para explicar as diferenças na produtividade. Por meio de avaliações internacionais de matemática e ciências, concluíram os mencionados autores que o alto nível de habilidades dos estudantes asiáticos, em comparação com os estudantes da América Latina, seria um dos fatores que explicariam a grande diferença de crescimento econômico entre as duas regiões.

Os investimentos em educação, conforme Ramos,[699] podem ser bastante diversificados e ter muitas dimensões, efetivando-se por meio da melhoria na quantidade ou na qualidade da educação. Podem, ainda, estar relacionados a uma melhora ou a um aumento no ensino fundamental, secundário, superior ou técnico.

Segundo Schultz,[700] "sem dúvida, o crescimento do investimento no homem melhorou notavelmente a qualidade do trabalho que entrava no empreendimento econômico, e essas melhorias na qualidade têm sido uma importante fonte de crescimento econômico".

No mesmo sentido, Lucas[701] entende que, "quando falamos dessa forma sobre as diferenças de 'tecnologia' entre os países, não estamos falando sobre 'conhecimento em geral', mas sobre o conhecimento de pessoas específicas, ou talvez subculturas específicas de pessoas".

---

[697] JORGENSON, Dale; HO, Mun; SAMUELS, Jon. Education, Participation, and the Revival of U.S. Economic Growth. *NBER Working Paper Series*, Cambridge, MA: National Bureau of Economic Research, n. 22453, 2016.

[698] HANUSHEK, Eric A.; WOESSMANN, Ludger. *The Knowledge Capital of Nations*: Education and the Economics of Growth. Boston: MIT Press, 2015.

[699] RAMOS, L. *Educação, desigualdade de renda e ciclo econômico no Brasil*. Rio de Janeiro: Ipea, 1991.

[700] SCHULTZ, T. W. *O valor econômico da educação*. Rio de Janeiro: Zahar, 1964. p. 6.

[701] LUCAS JR., R. E. On the Mecanics of Economic Development. *Journal of Monetary Economics*, Amsterdam, v. 22, p. 3-42, 1988. p. 15. Traduçãol ivre.

Em estudo acerca da economia da Coreia do Sul,[702] país de conhecida industrialização tardia, verificou-se que a qualificação dos trabalhadores teve grande relevância para a mudança econômica que lá ocorreu. Isso porque a educação dos trabalhadores é parcela extremamente relevante para que os processos tecnológicos possam ser criados e aprendidos. Nesse sentido, Romer[703] defende que um dos motivos pelos quais os países desenvolvidos crescem mais do que os demais seria o fato de serem habitados por pessoas mais qualificadas e instruídas. Nesse sentido, conforme lembra Lins,[704] o processo de incremento tecnológico das economias deriva diretamente da intensidade com que o estoque disponível de conhecimento é utilizado e modificado. Com efeito, segundo Romer,[705] "uma economia com um estoque de capital humano crescerá mais rápido", e "os baixos níveis de capital humano podem ajudar a explicar a razão de o crescimento em níveis elevados não ser observado em países subdesenvolvidos".

Nessa perspectiva, a teoria do capital humano[706] aborda a contribuição da educação para o aumento de produtividade. Para Schultz,[707] um dos autores que trataram do tema, "os trabalhadores se tornam capitalistas não em decorrência de possuírem ações de uma determinada empresa, como de maneira folclórica poderia ser dito, mas sim da aquisição de conhecimento e habilidades que têm valor econômico". E continua, afirmando que "esse conhecimento e essas habilidades são em grande parte o resultado de investimento e, combinados com outros investimentos humanos, contam predominantemente para a superioridade produtiva dos países avançados tecnologicamente".[708] No mesmo

[702] AMSDEN, Alice. *Asia's next giant*: South Korea and Late Industrialization. Oxford: Oxford University Press, 1989.

[703] ROMER, Paul. Endogenous technological change. The Journal of Political Economy, v. 98, n. 5, Part 2: The Problem of Development: A Conference of the Institute for the Study of Free Enterprise System, p. 71-102, Oct. 1990.

[704] LINS, Leonardo Melo. Educação, qualificação, produtividade e crescimento econômico: harmonia colocada em questão. *In:* CÍRCULO DE DEBATES ACADÊMICOS, 1, 2011, Brasília. *Anais* (...). Brasília: Ipea, 2011. p. 5.

[705] ROMER, Paul. Endogenous technological change. The Journal of Political Economy, v. 98, n. 5, Part 2: The Problem of Development: A Conference of the Institute for the Study of Free Enterprise System, p. 71-102, Oct. 1990. p. S99. Tradução livre.

[706] Capital humano é o "resíduo" explicado não pelo acréscimo do estoque de capital e de trabalho, mas pelo investimento atribuído aos indivíduos, tais como educação, treinamento e saúde. FRIGOTTO, G. *A produtividade da escola improdutiva.* São Paulo: Cortez, 1984. p. 39.

[707] SCHULTZ, T. W. Investment in Human Capital. *The American Economic Review,* v. 51, p. 1-17, mar. 1961.

[708] SCHULTZ, T. W. Investment in Human Capital. *The American Economic Review,* v. 51, p. 1-17, mar. 1961. p. 3. Tradução livre.

sentido, há estudos que demonstram que os países desenvolvidos são aqueles com níveis educacionais mais elevados, o que acaba acarretando um maior crescimento econômico.[709]

Para Mincer,[710] por sua vez, havia uma correlação entre o investimento para a formação dos trabalhadores e a distribuição da renda pessoal. Entendia que os indivíduos deveriam decidir entre despender seu tempo buscando a obtenção de novos conhecimentos, podendo aplicá-los em suas atividades profissionais, ou continuar em seu trabalho sem adquirir novos conhecimentos. Ao investir no capital humano, este acabaria tendo um impacto também na produtividade e no crescimento da economia.

Para Rodrigues,[711] "a educação assume um duplo papel: de um lado fortalecer a acumulação do capital, formando, aperfeiçoando e reproduzindo os recursos humanos necessários ao aumento da produção e da produtividade", e, "de outro, e como resultado dessa qualificação e formação, possibilitar aos membros da sociedade, em todos os níveis e de todas as classes, a ascensão social pela promoção pessoal e pelo aumento da renda individual através da progressão salarial". Esta, por sua vez, deveria estar estruturada na capacidade individual de ascender a melhores condições de trabalho. Ainda, defendeu que, "na medida em que o indivíduo obtém melhor capacitação e maior qualificação, torna-se mais produtivo e pode, em função disso, disputar salários mais altos". Entende, portanto, que "pela educação é que se adquirem condições ideais para o desenvolvimento tanto social quanto individual".

Conforme Hirschman,[712] poder-se-ia explicar, em parte, o crescimento desequilibrado como decorrência do progresso desigual entre algumas áreas específicas, tais como a educação. Como solução para as desigualdades regionais, propõe, entre outras soluções, que sejam realizados investimentos no setor educacional.

Becker,[713] por sua vez, entendia que o nível de capital humano de uma população seria capaz de influenciar o sistema econômico de

---

[709] Nesse sentido, vide BARRO, R. Economic Growth in a Cross Section of Countries. *The Quartely Journal of Economics*, v. 106, n. 2, p. 407-444, May 1991.

[710] MINCER, Jacob. Investment in Human Capital and Personal Income Distribution. *Journal of Political Economy*, v. 66, n. 4, p. 281-302, 1958.

[711] RODRIGUES, N. *Estado, educação e desenvolvimento econômico*. 2. ed. São Paulo: Cortez, 1987. p. 126-127.

[712] HIRSCHMAN, Albert O. *Latin America Issues*: Essays and Comments. New York: Twentieth Century Fund, 1961.

[713] BECKER, G. S. *Human Capital*: A Theoretical and Empirical Analysis with Special Reference to Education. 3rd ed. Chicago: The University of Chicago Press, 1993.

muitas maneiras – por exemplo, por meio do aumento da produtividade, dos lucros, do fornecimento de maiores conhecimentos e habilidades, bem como pela superação das desigualdades regionais.

A OCDE estima que cerca de 30% das variações na produtividade do trabalho entre os países pode ser explicada pelo nível de habilidades utilizado pelos trabalhadores em seus empregos, o que significa que desenvolver as competências e maximizar as habilidades utilizadas no local de trabalho têm grande relevância para o aumento na produtividade.[714]

Além disso, um problema relacionado à produtividade do trabalho diz respeito aos desajustes entre as habilidades. Segundo a OCDE, cerca de um terço dos trabalhadores dos países-membros da organização estão super ou insuficientemente qualificados para as suas posições. Tais estudos comprovam que, utilizando avaliações de habilidades de adultos nos países da OCDE, há um descompasso com relação tanto às qualificações como às reais habilidades dos trabalhadores, o que ocasiona uma produtividade mais baixa em toda a economia, decorrente da alocação ineficiente de talentos entre as empresas.[715]

Em estudo acerca do tema, Prichett[716] defendeu que os rendimentos individuais aumentam de maneira diretamente proporcional ao aumento da escolarização. Outro aspecto, lembrado por Lins,[717] é que a aquisição de conhecimento depende de fatores institucionais que incentivem sua aquisição e também que demonstrem ser algo que compense adquirir. Com efeito, Douglas North[718] afirmava que, se as empresas ou outras organizações investem em conhecimento que aumente a produtividade do capital físico ou humano ou melhorem o conhecimento dos empreendedores, "então o aumento da produtividade resultante também será consistente com o crescimento da economia".

---

[714] OECD. *OECD Skills Outlook 2013*: First Result from the Survey of Adult Skills. Paris: OECD, 2013.

[715] MCGOWAN, Muge Adalet; ANDREWS, Dan. Labour Market Mismatch and Labour Productivity Evidence from PIAAC Data. *OECD Economics Department Working Paper*, n. 1209. Paris: OECD, 2015.

[716] PRITCHETT, Lant. Where Has All the Education Gone? *The World Bank Economic Review*, v.15, n. 3, p. 367-391, 2001. p. 381.

[717] LINS, Leonardo Melo. Educação, qualificação, produtividade e crescimento econômico: harmonia colocada em questão. *In:* CÍRCULO DE DEBATES ACADÊMICOS, 1, 2011, Brasília. *Anais* (...). Brasília: Ipea, 2011. p. 11.

[718] NORTH, Douglas. *Institutions, Institutional Change and Economic Performance.* Cambridge: Cambridge University Press, 1990. p. 74. Tradução livre.

Nesse sentido, segundo Lins,[719] a produtividade é também o resultado de uma percepção a respeito das possibilidades e das restrições que as instituições demonstram para as empresas. Não por acaso, a busca pelo aumento de produtividade deve levar em conta os aspectos institucionais que moldam a sociedade.

Para Collins,[720] em tese controversa, a melhoria na qualificação dos cidadãos implica uma maior demanda por empregos qualificados. Em suas palavras, "liderado pelas maiores e mais prestigiosas organizações, empregadores aumentaram suas exigências relativas à educação para manterem tanto o prestígio relativo aos *rankings* de suas administrações quanto sua respeitabilidade". Por esse motivo, "a educação tornou-se um padrão legítimo no que diz respeito à seleção de funcionários, e os empregados competem entre si por oportunidades de promoção ou outros ganhos de prestígio".

Esses estudos, portanto, demonstram que a educação está intimamente ligada à produtividade, sendo uma das principais consequências na melhora da educação o aumento da produtividade. A educação prevista na Constituição não pode se limitar à mera escolarização completa, visto que a qualidade da educação, bem como as habilidades adquiridas com ela, acaba sendo muito mais importante para os resultados do que a mera quantidade de anos escolares.

Nada obstante o exposto, é importante salientar que, embora as novas tecnologias possam ser uma ameaça aos trabalhadores, a educação pode servir para amenizar os impactos negativos advindos delas. Isso porque a educação, com o foco para determinadas habilidades, poderá ser uma aliada das novas tecnologias, somando ainda mais para os ganhos de produtividade. Nesse sentido, é possível elencar dois tipos de habilidades, quais sejam: as que poderão ser automatizadas pelas novas tecnologias e as que poderão complementar as novas tecnologias e tornar os trabalhadores mais produtivos, estando essa segunda categoria entre uma das principais áreas de interesse para estudos atualmente.[721]

Há estudos que visam evidenciar quais habilidades podem ser automatizadas e quais são unicamente humanas e aumentarão a

---

[719] LINS, Leonardo Melo. Educação, qualificação, produtividade e crescimento econômico: harmonia colocada em questão. *In:* CÍRCULO DE DEBATES ACADÊMICOS, 1, 2011, Brasília. *Anais* (...). Brasília: Ipea, 2011. p. 13.

[720] COLLINS, Randall. Functional and Conflict Theories of Educational Stratification. *American Sociological Review*, v. 36, n. 6, p. 1002-1019, Dec. 1971. p. 1015. Tradução livre.

[721] WINTHROP, Rebecca; McGIVNEY, Eileen. *Education's Impact on Economic Growth and Productivity*. Washington, D.C.: Brookings Institution, 2016.

produtividade e a inovação pela sua utilização associada à tecnologia. Tais estudos demonstraram que tanto em países com baixo PIB quanto naqueles com elevado PIB as habilidades classificadas como "rotineiras" estão mais sujeitas à automatização.[722] Com efeito, uma questão de suma importância, visto que os avanços tecnológicos são constantes e inevitáveis, é saber quais sistemas educacionais podem fornecer aos jovens estudantes as habilidades necessárias que permitirão que eles trabalhem com as novas tecnologias, a fim de aumentarem a produtividade e o crescimento.[723]

Conforme observam McGivney e Winthrop,[724] há exemplos na história que demonstram as adaptações nas habilidades durante as mudanças na tecnologia e no mercado de trabalho. Nesse sentido, Goldin e Katz[725] analisaram a economia dos Estados Unidos durante o século XX e concluíram que as mudanças no mercado de trabalho que foram necessárias durante a industrialização levaram a um enorme aumento no número de cidadãos que concluíram o ensino médio em todo o país. A alfabetização e as habilidades em cálculo foram cruciais para aumentar a produtividade tanto nos trabalhos manuais em escritórios (*white-collar office jobs*) quanto nos trabalhos realizados pelos operários (*blue-collar*). No entanto, conforme observado pelos autores, há sempre um atraso entre o desenvolvimento dessas habilidades e as inovações tecnológicas, o que acaba causando um sofrimento considerável à sociedade.

Segundo James Heckman,[726] prêmio Nobel de economia, muitas das habilidades desenvolvidas durante a pré-escola de alta qualidade têm um alto impacto no futuro desses cidadãos. Além disso, realizou estudo que comparava adultos que completaram o ensino médio com

---

722 AUTOR, David H.; LEVY, Frank; MURNANE, Richard J. The Skill Content of Recent Technological Change: An Empirical Exploration. *National Bureau of Economic Research*, n. w8337, p. 1279-1333, 2001; AUTOR, David H.; PRICE, Brendan M. *The Changing Task Composition of the US Labor Market*: an Update of Autor, Levy and Murnane. MIT, 2013. Mimeograph; e AEDO, Cristian; HENTSCHEL, Jesko; MORENO, Martin; LUQUE, Javier. From Occupations to Embedded Skills: A Cross-Country Comparison. *World Bank Policy Research Working Paper*, Washington, D.C, n. 6560, 2013.

723 WINTHROP, Rebecca; McGIVNEY, Eileen. *Skills for a Changing World*: Advancing Quality Education for Vibrant Societies. Washington, D.C.: Brookings Institution, 2016.

724 WINTHROP, Rebecca; McGIVNEY, Eileen. *Education's Impact on Economic Growth and Productivity*. Washington, D.C.: Brookings Institution, 2016. p. 3.

725 GOLDIN, C. D.; KATZ, L. F. *The Race Between Education and Technology*. Cambridge, MA: Harvard University Press, 2009.

726 HECKMAN, James. *The Economics of Inequality*: The Value of Early Childhood Education. *American Educator*, spring 2011; e HECKMAN, James. Skill Formation and the Economics of Investing in Disadvantaged Children. *Science*, v. 312, p. 1900-1902, July 2006.

aqueles que abandonaram a escola[727] e foram posteriormente aprovados em um teste de equivalência. Com isso, concluiu que aqueles que haviam terminado os estudos regularmente eram mais bem remunerados do que aqueles com habilidades cognitivas similares, mas que haviam abandonado a escola. Para ele, essa diferença era decorrente das habilidades que os estudantes que se formaram obtiveram ao perseverar e completar os estudos.

Abowd *et al.* realizaram estudo a fim de analisar o modo como o capital humano está relacionado ao aumento da produtividade do trabalho. Para isso, utilizaram dados da realidade norte-americana nos anos de 1986 a 2000. Nesse estudo, verificaram que havia um forte e desproporcional impacto positivo dos trabalhadores mais qualificados sobre a produtividade do trabalho.[728]

Em estudo buscando analisar a relação dos investimentos em capital humano e seus efeitos no crescimento econômico, em especial na produtividade, Sianesi e Van Reenen[729] verificaram que há provas convincentes de que o investimento em capital humano aumenta a produtividade, sugerindo que a educação não é apenas algo que os indivíduos utilizam para sinalizar seu nível de habilidade para o empregador, mas é realmente um "melhorador" da produtividade.

Um fator interessante observado pelos mencionados autores é que as novas abordagens do crescimento econômico trouxeram o papel da educação para o primeiro plano, fornecendo os fundamentos teóricos para supor que a educação pode afetar o crescimento econômico nacional por meio de dois canais principais, quais sejam: i) o capital humano é incorporado como insumo na função da produção; ii) os fatores que levam ao crescimento endógeno (em particular a mudança tecnológica) estão explicitamente relacionados ao estoque de capital humano, seja porque o capital humano é capaz de produzir diretamente novos conhecimentos/tecnologia, seja porque é um insumo essencial para um setor de pesquisa que gera novos conhecimentos/tecnologias.[730]

---

[727] HECKMAN, James J.; LA FONTAINE, Paul A. The Declining American High School Graduation Rate: Evidence, Sources and Consequences. *NBER Reporter*: Research Summary, n. 1, 2008. 1-4.

[728] ABOWD, John M.; HALTIWANGER, John; JARMIN, Ron; LANE, Julia; LENGERMANN, Paul; McCUE, Kristin; McKINNEY, Kevin; SANDUSKY, Kristin. The Relation among Human Capital, Productivity, and Market Value: Building Up from Micro Evidence. *In:* CORRADO, Carol; HALTIWANGER, John; SICHEL, Dan (eds). *Measuring Capital in the New Economy*. Chicago: University of Chicago Press, 2005. p. 185.

[729] SIANESI, Barbara; VAN REENEN, John. The Returns to Education: Macroeconomics. *Journal of Economics Surveys*, v. 17, n. 2, p. 157-200, 2003.

[730] SIANESI, Barbara; VAN REENEN, John. The Returns to Education: Macroeconomics. *Journal of Economics Surveys*, v. 17, n. 2, p. 157-200, 2003. p. 163.

Uma observação interessante é que o impacto do aumento nos vários níveis da educação parece variar de acordo com o nível de desenvolvimento de um país. De modo particular, embora as habilidades desenvolvidas nos ensinos primário e secundário pareçam estar relacionadas ao crescimento nos países em desenvolvimento, mais pobres, e também nos intermediários, respectivamente, são as habilidades adquiridas no ensino superior as mais importantes para o crescimento nos países da OCDE.[731]

Nada obstante isso, além do impacto direto no crescimento econômico, o capital humano também pode afetar outros fatores que influenciam o crescimento, de modo que os investimentos em educação teriam um efeito indireto adicional sobre o desempenho econômico. De modo especial, o capital humano pode gerar benefícios adicionais para o crescimento se estimular o acúmulo de outros insumos produtivos, como capital físico, tecnologia ou saúde, que, por sua vez, favorecem o crescimento econômico.[732]

O capital humano também apresenta um efeito positivo nas taxas de crescimento da produtividade, elevando o percentual referente à adoção de tecnologias estrangeiras de ponta.[733]

No entanto, observa-se que o capital humano, em especial a educação feminina, parece estar associado a uma taxa de natalidade mais baixa e, consequentemente, a um menor crescimento populacional.[734] Descobriu-se, ainda, que o nível de escolaridade está associado a maior expectativa de vida, menos mortalidade infantil e níveis mais altos de matrícula nas escolas primárias e secundárias.[735]

Conforme Viana e Lima,[736] a educação, medida pelo nível de qualificação da população, é uma alternativa para a redução das

---

731 GEMMELL, N. Evaluating the Impacts of Human Capital Stocks and Accumulation on Economic Growth: Some New Evidence. *Oxford Bulletin of Economics and Statistics*, v. 58, p. 9-28, 1996. p. 9-28.

732 SIANESI, Barbara; VAN REENEN, John. The Returns to Education: Macroeconomics. *Journal of Economics Surveys*, v. 17, n. 2, p. 157-200, 2003. p. 189.

733 Vide GRIFFITH, R.; REDDING, S.; VAN REENEN, J. *Mapping the Two Faces of R&D*: Productivity, R&D, Skills and Trade in an OECD Panel of Industries. Boston: Institute for Fiscal Studies, 2000; e CAMERON, G.; PROUDMAN, J.; REDDING, S. Productivity convergence and inter-national openness. *In:* PROUDMAN, J.; REEDING, S. (Ed.). *Openness and Growth*. London: Bank of England, 1998. p. 775-807. cap. 6.

734 Vide BARRO, R. Economic Growth in a Cross Section of Countries. *The Quartely Journal of Economics*, v. 106, n. 2, p. 407-444, May 1991; e BARRO, R.; LEE, J. W. Sources of Economic Growth. *Carnegie-Rochester Conference Series on Public Policy*, v. 40, p.1-46, 1994.

735 Vide BARRO, R.; LEE, J. W. Sources of Economic Growth. *Carnegie-Rochester Conference Series on Public Policy*, v. 40, p.1-46, 1994.

736 VIANA, Giomar; LIMA, Jandir Ferrera de. Capital humano e crescimento econômico. *Interações*, v. 11, n. 2, p. 137-148, 2010.

disparidades econômicas das diferentes regiões, bem como uma influência para os ganhos da população, aumentando a produtividade do capital humano e o nível de produtividade do capital físico.

A Cepal[737] afirma que as desigualdades de educação, assim como as de acesso à saúde, por reduzirem as capacidades e as oportunidades, prejudicam a inovação e os aumentos de produtividade. Isso porque, segundo eles, quando o indivíduo abandona seus estudos, anteriormente à conclusão da educação primária ou secundária, perde um grande potencial produtivo para o resto de sua vida. Como consequência, em regra, receberá um salário mais baixo em relação a trabalhadores que tenham mais anos de educação formal, o que indica uma perda de produtividade e bem-estar decorrente desse abandono. Com efeito, quando a desigualdade acaba por impedir o acesso à educação, os seus efeitos, mesmo que não consigam ser localizados, difundem-se, afetando todo o sistema econômico.

A falta de acumulação educacional da população ativa é uma importante restrição relativa às capacidades e tem impactos na produtividade. Nada obstante isso, "a desigualdade em matéria de educação é uma correia de transmissão intergeracional da desigualdade de capacidades e oportunidades, e um mecanismo importante que perpetua a baixa produtividade".[738]

Além do mais, segundo o mesmo estudo, não somente as assimetrias de acesso contam para isso; mesmo que todas as pessoas tivessem acesso às capacidades no começo da vida, ainda assim a discriminação acabaria afetando suas expectativas de oportunidades de trabalho. Assim, em sociedades caracterizadas pela discriminação por determinado sexo ou condição étnico-racial, os indivíduos alvo de discriminação têm conhecimento de que alcançarão um teto em sua carreira ou, ao menos, se depararão com desvantagens relativamente a seus pares de outro sexo ou condição étnico-racial. Com isso, ocorre um desincentivo às pessoas discriminadas, pois, mesmo com um nível educacional muitas vezes elevado, têm piores perspectivas no mercado de trabalho. Por isso, "todo desincentivo à aprendizagem é uma barreira à inovação e à produtividade, que se soma à perda mais direta e imediata que significa a postergação de uma pessoa talentosa".[739]

---

[737] CEPAL. *A ineficiência da desigualdade*: síntese (LC/SES.37/4), Santiago: Nações Unidas, 2018. p. 23.

[738] CEPAL. *A ineficiência da desigualdade*: síntese (LC/SES.37/4), Santiago: Nações Unidas, 2018. p. 26.

[739] CEPAL. *A ineficiência da desigualdade*: síntese (LC/SES.37/4), Santiago: Nações Unidas, 2018. p. 26.

Com relação aos efeitos negativos da automatização, uma das principais políticas, segundo a Cepal, para combatê-los, é o investimento em educação, visto que a inovação é considerada um eixo das estratégias de ensino.[740] Nesse sentido, as constantes e ágeis mudanças tecnológicas e a automatização nos sistemas produtivos acarretam desafios não somente para os sistemas escolares, como também para os sistemas de educação superior e de formação contínua das capacidades humanas.

Desse modo, por todo o exposto, verifica-se que a educação está intimamente relacionada com o aumento da produtividade. Além disso, é um dos principais instrumentos para dar mais dignidade aos cidadãos, ajudando, ainda, por meio da qualificação dos indivíduos, a evitar que estes sejam negativamente afetados pela modernização. A Constituição, em seu artigo 205, determina que é um direito de todos e um dever do Estado e da família, devendo ser promovida e incentivada, tendo, conforme José Afonso da Silva, o caráter de direito fundamental.[741]

Como dito anteriormente, o nível de educação de um país contribui fortemente para o aumento da produtividade, não sendo, no entanto, a quantidade de anos de estudo o principal fator, mas sim a qualidade do ensino. Esta, portanto, é um dos fatores que explicam a diferença dos níveis de produtividade entre diferentes países. Até mesmo os avanços tecnológicos de um país dependem do estoque de trabalhadores qualificados para que possam ser implementados.

A fim de que haja incentivos para que os indivíduos despendam seu tempo com estudos, essa maior dedicação aos estudos deverá ser recompensada por meio de aumentos salariais, caso contrário o aumento da produtividade poderá ser prejudicado. Verifica-se que esse ponto está diretamente relacionado com o que Furtado[742] e Bresser-Pereira[743] observaram relativamente aos países subdesenvolvidos, ou seja, que nesses países, diferentemente do que se verifica nos desenvolvidos, um dos principais problemas é que os aumentos de produtividade acabam não acarretando aumentos proporcionais nos salários, o que

---

740 OECD. *Innovating Education and Educating for Innovation*: The Power of Digital Technologies and Skills. Paris: OECD, 2016.

741 SILVA, José Afonso da. *Curso de direito constitucional positivo*. 32. ed. São Paulo: Malheiros, 2009. p. 313.

742 FURTADO, Celso. *Análise do modelo brasileiro*. Rio de Janeiro: Civilização Brasileira, 1972; FURTADO, Celso. *Brasil, a construção interrompida*. São Paulo; Rio de Janeiro: Paz e Terra, 1992; FURTADO, Celso. *Formação econômica do Brasil*. São Paulo: Companhia das Letras, 2009.

743 BRESSER-PEREIRA, Luiz Carlos. *Desenvolvimento econômico, sofisticação produtiva e valor-trabalho*. São Paulo: FGV-EESP, 2017.

demonstra que se faz necessária a adoção de medidas que incentivem a incorporação dos ganhos de produtividade pelos salários, sob pena de desestimular os indivíduos a se qualificarem, o que poderá significar, no longo prazo, um agravamento no problema da baixa produtividade.

Desse modo, caso esse problema seja enfrentado, a educação conseguirá desempenhar de maneira ainda mais eficaz seu papel transformador na sociedade, não somente permitindo o crescimento da riqueza da nação por meio do aumento da produtividade, mas também possibilitando aos indivíduos de todas as classes a ascensão social, devido à progressão salarial e ao consequente aumento no padrão de vida.

Outro aspecto a ser salientado é que se faz necessário, para fins de adoção de políticas específicas por parte do Estado, verificar quais "tipos de educação" poderão ter mais utilidade frente aos avanços tecnológicos e às mudanças constantes na economia, para que se possa escolher os caminhos que serão trilhados na qualificação dos indivíduos.

Não obstante isso, faz-se necessário o fomento à educação básica no país, em razão de as habilidades desenvolvidas durante a pré-escola, por exemplo, terem um elevado impacto no futuro desses indivíduos em termos de produtividade. Conforme observado, há ainda um elemento que deve servir como motivador para tais medidas, qual seja, o fato de que os retornos dos investimentos em educação são maiores nos países subdesenvolvidos, por haver um maior potencial a ser explorado.

Por fim, verifica-se que a educação é relevante também por proporcionar que esses indivíduos qualificados contribuam para o desenvolvimento de novas tecnologias e métodos que aumentem a produtividade, possibilitando, ainda, que as disparidades econômicas entre as diferentes regiões do país possam ser mitigadas, por meio da homogeneização de ensino de boa qualidade.

5.5.2 Infraestrutura

A Constituição brasileira trata do termo "infraestrutura" especificamente em dois dispositivos. O primeiro é o artigo 21, XII, "c", que estabelece a competência da União para explorar, diretamente ou mediante autorização, concessão ou permissão, a navegação aérea, aeroespacial e a infraestrutura aeroportuária. O segundo é o artigo 177, quando trata acerca dos monopólios da União e, especificamente, em seu §4º, II, "c", ao afirmar que a lei que vier a instituir a contribuição de intervenção no domínio econômico relativa às atividades de importação ou comercialização de petróleo e seus derivados, gás natural e seus derivados e álcool combustível deverá destinar os recursos arrecadados para o financiamento de programas de infraestrutura de transportes. Esse segundo dispositivo demonstra a preocupação do legislador constitucional com a infraestrutura dos transportes, visto se tratar de condição essencial para o regular funcionamento do país, bem como para que o desenvolvimento seja possível. No entanto, não se pode compreender a infraestrutura como sendo apenas a relacionada aos setores aeroportuários e de transportes. A infraestrutura, na realidade, pode ser identificada "por meio de serviços e atividades essenciais, que estão na base da economia de qualquer sociedade moderna, com influência direta nas condições de vida da população e no crescimento econômico". Está ligada, dessa forma, às prestações por parte do Estado das necessidades intrínsecas da população. Ela pode ser compreendida, portanto, como "instalações e equipamentos físicos, estruturas organizacionais e institucionais, ou fundações econômicas e sociais para a operação da sociedade".[744] Nesse sentido, a disponibilidade de redes amplas infraestruturais "de energia, transportes, telecomunicações, saneamento e outras é indispensável para o desenvolvimento sustentado de uma economia, constituindo condição geral para a produção e reprodução social".[745]

Embora haja discussões que fogem do escopo do presente trabalho acerca da proteção constitucional da infraestrutura *"lato sensu"* no Brasil, em razão de sua íntima relação com a produtividade e, a nosso ver, com o desenvolvimento – estes, sim, objetivos constitucionais –, seu vínculo com a produtividade será abordado a seguir.

A infraestrutura dos transportes, assim entendida como as estradas, as ferrovias, os portos e os aeroportos, está diretamente relacionada à produtividade, bem como ao crescimento econômico. Isso porque a falta de infraestrutura de transporte adequada, como a falta de estradas ou a má qualidade destas acarreta uma piora significativa do desempenho da economia. De modo contrário, uma boa infraestrutura pode acarretar uma melhora geral da economia, por meio da redução dos custos com o transporte e do aumento da acessibilidade, o que estimulará os investimentos privados, as trocas, a criação de empregos e também a produtividade.[746]

---

[744] PINTO JÚNIOR, Helder Queiroz (Coord.). *Perspectivas do investimento no Brasil*. Campinas: Unicamp-IE, 2010. v. 1. p. 3.

[745] PINTO JÚNIOR, Helder Queiroz (Coord.). *Perspectivas do investimento no Brasil*. Campinas: Unicamp-IE, 2010. v. 1. p. 5.

[746] DENG, Taotao. Impacts of Transport Infrastructure on Productivity and Economic Growth: Recent Advances and Research Challenges. *Transport Reviews*: A Transnational Transdisciplinary Journal, v. 33, n. 6, p. 686-699, 2013.

Segundo estudos, o mundo, até 2030, terá de investir pelo menos 57 trilhões de dólares na construção de portos, usinas de energia, estradas, ferrovias, telecomunicações, sistemas de água e outras infraestruturas que serão exigidas pela economia global. Para as economias avançadas, a prioridade é renovar e dilapidar a infraestrutura já existente. Para as economias emergentes, é construir as estruturas requeridas para suportar o crescimento.[747]

Para Hirschman, a infraestrutura permite que a atividade econômica se realize, sendo que seu papel mais relevante para a economia não consiste no peso que representa em relação ao produto, mas sim no fato de permitir e estimular as atividades produtivas.[748] Desse modo, a infraestrutura é capaz de facilitar ou dificultar a realização do potencial de investimento e crescimento de uma determinada economia, a depender de seu estoque em comparação com o nível de atividade econômica existente.[749]

Conforme o autor, os polos de crescimento existentes acabam favorecendo o desenvolvimento desigual, de modo a resultar em regiões desenvolvidas e outras atrasadas. Acarretam, portanto, os polos, dois efeitos: os de fluência (positivos) e os de polarização (negativos). Os efeitos de fluência são mais evidentes, quais sejam: as compras e os investimentos que são realizados na região do entorno dos polos, podendo gerar um considerável estímulo para o local. Já os efeitos da polarização consistem nos mecanismos de proteção à indústria do polo, bem como a migração de capital e trabalho qualificado para o polo desenvolvido. Isso tudo acarreta uma tendência à concentração regional de atividades econômicas.[750]

Levando em consideração o mencionado cenário, trata da capacidade que a distribuição regional do investimento público – que é um elemento de fundamental importância para ele – tem de reduzir

---

[747] GAREMO, Nicklas; HJERPE, Martin; MISCHKE, Jan. The Infraestructure Conundrum: Improving Produtivity. *Rethinking Infrastructure*: Voices from the Global Infraestructure Initiative, v. 2, p. 63-70, maio 2015. p. 63.

[748] Também nesse sentido vide CHOMITZ, K. M.; GRAY, D. P. Roads, Land Markets, and Deforestation: A Spatial Model of Land Use in Belize. *The World Bank Economic Review*, Washington, D.C., v. 10, p. 487-512, 1996; e CROPPER, M.; PURI, J.; GRIFFITHS, C. Predicting the Location of Deforestation: the Role of Roads and Protected Areas in North Thailand. *Land Economics*, Madison, v. 77, n. 2, p. 172-186, 2001.

[749] HIRSCHMAN, Albert. *A estratégia de desenvolvimento econômico*. Rio de Janeiro: Fundo de Cultura, 1961.

[750] SILVA, Guilherme Jonas Costa da; MARTINS, Humberto Eduardo de Paula; NEDER, Henrique Dantas. Investimentos em infraestrutura de transportes e desigualdades regionais no Brasil: uma análise dos impactos do Programa de Aceleração do Crescimento (PAC). *Revista de Economia Política*, v. 36, n. 4, p. 840-863, out./dez. 2016. p. 844.

as desigualdades provenientes desse processo de crescimento. Para Hirschman, "a política econômica intervencionista entrará em cena para corrigir a situação", de modo que ela terá uma influência decisiva durante todo o processo, entendendo que a alocação regional dos investimentos públicos "é a maneira mais óbvia pela qual a política econômica influencia as taxas de crescimento do produto das diversas regiões de um país".[751]

No âmbito latino-americano, Pinto,[752] ao tratar da heterogeneidade estrutural, identifica três "camadas" com diferentes níveis de produtividade na estrutura produtiva dos países, quais sejam: a "primitiva", a "moderna", identificada como um polo, e a "intermediária".[753] Essa heterogeneidade acaba acarretando uma apropriação desigual dos frutos do progresso técnico, limitando-o, em regra, à população e à área do polo moderno. Tal processo ocasiona o aumento da heterogeneidade e o enfraquecimento das regiões periféricas, de modo que o polo termina por depender dos seus próprios esforços para crescer, agravando mais ainda a concentração e diminuindo os estímulos para seu crescimento.[754]

Segundo Silva, Martins e Neder,[755] comentando acerca do pensamento do autor, essa trajetória se caracteriza por um "estilo de desenvolvimento", em regra desigual, consumista e dependente nos países da América Latina, não ocorrendo sua reversão de maneira espontânea, necessitando de políticas públicas para tanto. Essa heterogeneidade estrutural é uma característica atual das economias latino-americanas, estando presente, conforme observam os autores, em diversos trabalhos recentes.[756]

---

751 HIRSCHMAN, Albert. *A estratégia de desenvolvimento econômico*. Rio de Janeiro: Fundo de Cultura, 1961. p. 285.

752 PINTO, A. Natureza e implicações da "heterogeneidade estrutural" da América Latina. *In:* BIELSCHOWSKY, R. (Org.). *Cinquenta anos de pensamento da Cepal*. Rio de Janeiro: Record, 2000, p. 567-588.

753 SILVA, Guilherme Jonas Costa da; MARTINS, Humberto Eduardo de Paula; NEDER, Henrique Dantas. Investimentos em infraestrutura de transportes e desigualdades regionais no Brasil: uma análise dos impactos do Programa de Aceleração do Crescimento (PAC). *Revista de Economia Política*, v. 36, n. 4, p. 840-863, out./dez. 2016. p. 845.

754 PINTO, A. Natureza e implicações da "heterogeneidade estrutural" da América Latina. *In:* BIELSCHOWSKY, R. (Org.). *Cinquenta anos de pensamento da Cepal*. Rio de Janeiro: Record, 2000, p. 567-588. p. 575.

755 SILVA, Guilherme Jonas Costa da; MARTINS, Humberto Eduardo de Paula; NEDER, Henrique Dantas. Investimentos em infraestrutura de transportes e desigualdades regionais no Brasil: uma análise dos impactos do Programa de Aceleração do Crescimento (PAC). *Revista de Economia Política*, v. 36, n. 4, p. 840-863, out./dez. 2016. p. 845.

756 Sobre a heterogeneidade estrutural no Brasil, vide MATTEO, M. *Heterogeneidade regional*. Brasília: Cepal; Ipea, 2013; e SQUEFF, G.; NOGUEIRA, M. *A heterogeneidade estrutural no Brasil*. Brasília: Cepal; Ipea, 2013.

Para Celso Furtado,[757] uma das principais características da economia brasileira desde a sua formação é a concentração regional, que demonstra a heterogeneidade característica do subdesenvolvimento. Conforme observam os mencionados autores,[758] sua abordagem tem pontos em comum com o que verificou Aníbal Pinto, pois Furtado afirma terem as desigualdades regionais se intensificado durante a industrialização substitutiva no Brasil, de modo a limitar a constituição de um mercado interno forte e homogêneo. Por esse motivo, Furtado elaborou políticas regionais com vistas à mitigação das desigualdades, bem como à integração nacional e ao desenvolvimento brasileiro.

Ainda com relação ao cenário brasileiro, Silva, Martins e Neder[759] realizaram um diagnóstico acerca da infraestrutura de transportes e da heterogeneidade no país. Do estudo, verificaram que a infraestrutura de transportes está presente nas políticas públicas desde a época colonial até os dias atuais, mesmo que a ênfase e a direção delas tenha variado nesse período. Essas políticas objetivavam o crescimento econômico e a integração do território nacional. Todavia, o desenvolvimento de uma rede inter-regional de transportes no país foi bastante lento e limitado.

Durante os anos de 1870 a 1930, os planos desenvolvidos eram basicamente ferroviários, ocorrendo uma fase de "transição" e debate até a década de 1950. O reconhecimento oficial das rodovias como a modalidade prioritária do Brasil se deu em 1951, com o Plano Nacional de Viação, tendo sua implementação ocorrido de maneira muito rápida.[760]

Conforme Galvão,[761] as explicações para a demora no desenvolvimento de uma rede inter-regional de transportes no Brasil são várias, estando ligadas, sobretudo, ao mercado interno brasileiro. Para ele, o

[757] FURTADO, Celso. *Análise do modelo brasileiro*. Rio de Janeiro: Civilização Brasileira, 1972; FURTADO, Celso. *Brasil, a construção interrompida*. São Paulo; Rio de Janeiro: Paz e Terra, 1992; FURTADO, Celso. *Formação econômica do Brasil*. São Paulo: Companhia das Letras, 2009.

[758] SILVA, Guilherme Jonas Costa da; MARTINS, Humberto Eduardo de Paula; NEDER, Henrique Dantas. Investimentos em infraestrutura de transportes e desigualdades regionais no Brasil: uma análise dos impactos do Programa de Aceleração do Crescimento (PAC). *Revista de Economia Política*, v. 36, n. 4, p. 840-863, out./dez. 2016. p. 845.

[759] SILVA, Guilherme Jonas Costa da; MARTINS, Humberto Eduardo de Paula; NEDER, Henrique Dantas. Investimentos em infraestrutura de transportes e desigualdades regionais no Brasil: uma análise dos impactos do Programa de Aceleração do Crescimento (PAC). *Revista de Economia Política*, v. 36, n. 4, p. 840-863, out./dez. 2016. p. 847.

[760] GALVÃO, Olímpio J. de Arroxelas. Desenvolvimento dos transportes e integração regional no Brasil: uma perspectiva histórica. *Planejamento e Políticas Públicas*, Brasília: Ipea, n. 13, p. 183-214, jun. 1996. p. 195-196.

[761] GALVÃO, Olímpio J. de Arroxelas. Desenvolvimento dos transportes e integração regional no Brasil: uma perspectiva histórica. *Planejamento e Políticas Públicas*, Brasília: Ipea, n. 13, p. 183-214, jun. 1996. p. 203-204.

melhoramento e a expansão física das ferrovias e, do mesmo modo, do transporte hidroviário não ocorreram simplesmente porque não havia qualquer justificativa econômica para isso, em razão das condições sociais, políticas e econômicas do país quando do surgimento da era rodoviária; um baixo nível de renda, uma excessiva concentração dela e da riqueza nacional, assim como um mercado interno reduzido, ocasionaram uma pequena densidade de tráfego por unidade de área, de modo que o rodoviário acabou se tornando praticamente o único viável dentre todas as modalidades de transporte.

Segundo Silva, Martins e Neder,[762] a situação da infraestrutura logística da economia brasileira não sofreu grandes mudanças ao longo do tempo, continuando defasada e concentrada devido à falta de um planejamento adequado e à falta de capacidade do governo em financiar os investimentos no setor.[763] Os investimentos direcionados para esse setor foram reduzidos de maneira significativa, de 1,8% para cerca de 0,3% do PIB durante o período de 1975 a 2009, sendo que metade desses valores se refere à participação dos investimentos em rodovias e que apenas 0,15% do PIB foi aplicado nas outras modalidades.[764]

As sucessivas quedas na taxa de investimento (total e em infraestrutura), segundo os mencionados autores, estão relacionadas ao fato de que na década de 1980, em meio à crise econômica, a política econômica nacional se voltou para o curto prazo e para a estabilização de preços. A crise fiscal profunda acabou prejudicando a capacidade de investimento do Estado, fazendo com que os investimentos em infraestrutura caíssem a níveis baixíssimos.[765] Além disso, conforme observam Araújo e Ramos,[766] com a Constituição de 1988 foi acrescentada a esse cenário a ausência de vinculação de recursos tributários a fundos setoriais, e

---

[762] SILVA, Guilherme Jonas Costa da; MARTINS, Humberto Eduardo de Paula; NEDER, Henrique Dantas. Investimentos em infraestrutura de transportes e desigualdades regionais no Brasil: uma análise dos impactos do Programa de Aceleração do Crescimento (PAC). *Revista de Economia Política*, v. 36, n. 4, p. 840-863, out./dez. 2016. p. 848.

[763] Sobre o tema, vide LACERDA, S. M. Investimentos nos portos brasileiros: oportunidades da concessão da infraestrutura portuária. *BNDES Setorial*, Rio de Janeiro, n. 22, p. 297-315, set. 2005.

[764] Vide CONFEDERAÇÃO NACIONAL DO TRANSPORTE. *Pesquisa CNT de Rodovias 2010*: Relatório Gerencial. Brasília: CNT; SEST; SENAT, 2010.

[765] SILVA, Guilherme Jonas Costa da; MARTINS, Humberto Eduardo de Paula; NEDER, Henrique Dantas. Investimentos em infraestrutura de transportes e desigualdades regionais no Brasil: uma análise dos impactos do Programa de Aceleração do Crescimento (PAC). *Revista de Economia Política*, v. 36, n. 4, p. 840-863, out./dez. 2016. p. 848-849.

[766] ARAÚJO JR., I. T.; RAMOS, F. Investimento em infraestrutura e crescimento econômico no Brasil. *Revista Economia e Desenvolvimento*, Recife, v. 5, n. 2, p. 161-188, 2006. p. 33.

a consequente descentralização tributária acabou transferindo para estados e municípios tributos incidentes sobre combustíveis e também sobre a propriedade de veículos automotores.

A década de 1990, por sua vez, foi marcada pelo afastamento gradual do Estado de diversos setores da infraestrutura econômica e também pela realização de processos de privatização, considerados como uma alternativa frente à crise enfrentada pelo Estado. Esse cenário foi marcado pela instituição de agências de regulação para diversos campos da infraestrutura, entre as quais a Agência Nacional de Transportes Terrestres e a Agência Nacional de Transportes Aquaviários, e também pela baixa taxa de investimento em infraestrutura de transportes.[767]

Observam os autores que a situação é pior ainda nas regiões menos desenvolvidas, onde a qualidade da infraestrutura de transportes é inferior, acarretando em um baixo dinamismo econômico e na baixa atratividade dessas regiões.[768]

Conforme já demonstrado, a produtividade teve uma queda drástica nas últimas décadas no Brasil, o que pode explicar o baixo crescimento do país no período.[769] Diante disso, Mussolini e Teles[770] buscaram verificar qual o papel dos investimentos públicos e sua relação com a produtividade total dos fatores. Nesse estudo, demonstrou-se que há, basicamente, dois meios para aumentar a produtividade, quais sejam: i) progresso técnico, o que significa o deslocamento da fronteira tecnológica; e ii) aumento da eficiência econômica, o que significa a aproximação dessa fronteira. Com relação ao segundo componente, questionaram o que levaria a economia a produzir abaixo da fronteira tecnológica. Em seu entender, uma das possíveis explicações seria a falta

---

767 SILVA, Guilherme Jonas Costa da; MARTINS, Humberto Eduardo de Paula; NEDER, Henrique Dantas. Investimentos em infraestrutura de transportes e desigualdades regionais no Brasil: uma análise dos impactos do Programa de Aceleração do Crescimento (PAC). *Revista de Economia Política*, v. 36, n. 4, p. 840-863, out./dez. 2016. p. 849.

768 SILVA, Guilherme Jonas Costa da; MARTINS, Humberto Eduardo de Paula; NEDER, Henrique Dantas. Investimentos em infraestrutura de transportes e desigualdades regionais no Brasil: uma análise dos impactos do Programa de Aceleração do Crescimento (PAC). *Revista de Economia Política*, v. 36, n. 4, p. 840-863, out./dez. 2016. p. 849.

769 GOMES, V.; PESSÔA, S.; VELOSO, F. Evolução da produtividade total dos fatores na economia brasileira: uma análise comparativa. *Pesquisa e Planejamento Econômico*, v. 33, p. 389-434, 2003.

770 MUSSOLINI, Cesar; TELES, Vladimir Kühl. Infraestrutura e produtividade no Brasil. *Revista de Economia Política*, São Paulo, v. 30, n. 4, p. 645-662, dez. 2010. Disponível em: http://www.scielo.br/scielo.php?script=sci_arttext&pid=S0101-31572010000400006&lng=en&nrm=iso. Acesso em: 30 maio 2018.

de infraestrutura adequada (além de *rent seeking*,[771] capacidade ociosa, ineficiência alocativa e ineficiência de escala). Isso porque, como, de maneira geral, esse setor tem externalidades positivas associadas a um elevado retorno social, caso ocorra sua subprovisão, a produtividade da economia pode ser seriamente comprometida. Nesse sentido, observa-se que a oferta insuficiente ou de má qualidade de portos, aeroportos ou rodovias acaba afetando a eficiência do setor privado.

Com efeito, verificou-se, no mencionado artigo, que um dos fenômenos mais intrigantes do crescimento econômico mundial do pós-guerra foi a queda na taxa de crescimento da produtividade, ocorrida em diversos países desenvolvidos e em desenvolvimento durante as décadas de 1970 e 1980. Uma das explicações para o fenômeno diz respeito à diminuição dos investimentos em infraestrutura de ruas, estradas, aeroportos, rede de gás e eletricidade, transporte de massa, bem como de sistemas de água e esgoto. Nesse mesmo sentido foram os estudos realizados por Dugall *et al.*[772] Ao analisar apenas o setor de rodovias, Fernald[773] encontrou um impacto bastante alto da construção da malha rodoviária americana na produtividade das indústrias mais veículo-intensivas.

Fernald[774] analisou o modo como as mudanças nas estradas afetaram o desempenho relativo da produtividade das indústrias americanas durante o período de 1953 e 1989. Segundo ele, as mudanças no crescimento das estradas estão associadas a grandes mudanças no crescimento da produtividade das indústrias que demandam uso mais intensivo de veículos. Percebeu-se que, quando o crescimento das rodovias aumenta, a produtividade tende a aumentar nas indústrias com demanda intensiva de veículos e diminuir nas demais. Desse modo, há um suporte consistente dos dados no sentido de que as indústrias mais dependentes de veículos se beneficiaram desproporcionalmente da construção de estradas.

Segundo o autor, essa descoberta sugere que a correlação entre a produtividade agregada e a infraestrutura reflete causalidade decorrente das mudanças no estoque de estradas na produtividade.

---

771 Que pode ser entendido como a tentativa de obter renda por meio da manipulação social ou política, sem agregar valor a produtos.

772 DUGGAL, V.; SALTZMAN C.; KLEIN L. Infrastructure and Productivity: a Non Linear Approach. *Journal of Econometrics*, v. 92, p. 47-74, 1999.

773 FERNALD, G. Roads to Prosperity? Assessing the Link Between Public Capital and Productivity. *American Economic Review*, v. 89, p. 619-638, 1999.

774 FERNALD, G. Roads to Prosperity? Assessing the Link Between Public Capital and Productivity. *American Economic Review*, v. 89, p. 619-638, 1999. p. 620.

Verificou que, nos Estados Unidos, a construção do sistema de rodovias interestaduais teve seu auge no final da década de 1950 e no início da década de 1960, tendo sido concluída grande parte das obras em 1973. Dos resultados, percebeu-se que o aumento das construções elevou consideravelmente a produtividade. As estimativas implicam que os investimentos públicos tiveram taxas de retorno acima da média e contribuíram com mais de 1 ponto percentual para o crescimento da produtividade total dos fatores antes de 1973. Desse modo, a queda nos investimentos públicos poderia explicar uma parte da desaceleração substancial de 1,3 ponto percentual no crescimento da produtividade após 1973.[775]

Diante disso, questionou Fernald[776] se os investimentos públicos em estradas poderiam oferecer um caminho contínuo, porém negligenciado, para a prosperidade. Ou seja, se construindo estradas poderiam os Estados Unidos retornar a um caminho sustentado de crescimento de alta produtividade. Para ele, os dados não dão suporte a essa conclusão, pois as novas estradas, hoje em dia, acabariam oferecendo para o país um retorno normal ou mesmo zero na produtividade. Desse modo, os dados parecem indicar que a massiva construção de estradas nas décadas de 1950 e 1960 oferecia um impulso único ao nível de produtividade, em vez de um caminho para continuar o rápido crescimento dela. Isso porque construir uma estrada interestadual, por exemplo, pode ser muito produtivo; já a construção de uma segunda provavelmente causará menos impacto.[777]

Do mencionado estudo, pode-se concluir, portanto, aplicado à realidade brasileira, que o Brasil tem um grande potencial para aumento da produtividade a ser explorado, pois ainda está longe de atingir o patamar ideal de infraestrutura rodoviária.

Segundo Aschauer,[778] um dos autores que analisaram a influência do capital público (ou capital de infraestrutura) sobre a produtividade e o produto, verificando dados da economia norte-americana, foi calculado que um crescimento de 1% no capital público acarretaria um aumento de 0,26% a 0,39% no produto. De maneira semelhante,

---

775 FERNALD, G. Roads to Prosperity? Assessing the Link Between Public Capital and Productivity. *American Economic Review*, v. 89, p. 619-638, 1999. p. 620.

776 FERNALD, G. Roads to Prosperity? Assessing the Link Between Public Capital and Productivity. *American Economic Review*, v. 89, p. 619-638, 1999. p. 620.

777 Sobre o tema, vide HULTEN, Charles R. *Optimal Growth with Infrastructure Capital*: Theory and Implications for Empirical Modeling. 1994. Working paper, University of Maryland.

778 ASCHAUER, D. Is public expenditure productive? *Journal of Monetary Economics*, v. 23, p. 177-200,1989.

Munnel[779] obteve estimativas similares para os dados das regiões norte-americanas. Uchimura e Gao,[780] ao estimarem a elasticidade do PIB com relação ao capital de infraestrutura, encontraram 0,19 para a Coreia do Sul e 0, 24 para Taiwan, enquanto Shah[781] estimou um valor de 0,05 para o México.

Especificamente para o Brasil, Ferreira[782] calculou o impacto do capital de infraestrutura federal (telecomunicações, energia elétrica, portos, setor marítimo e ferrovias) no crescimento do PIB. Estimou, assim, que um crescimento de 1% no capital de infraestrutura gerava, no longo prazo, um crescimento no PIB de 0,34% a 1,12%, concluindo que há forte relação entre investimentos em infraestrutura e PIB no longo prazo.

Ingram,[783] ao analisar os dados de cem países em desenvolvimento, concluiu que os setores que mais influenciam o PIB são os de telecomunicações, energia elétrica, rodovias, irrigação, sistemas de esgoto, sistemas de água encanada e ferrovias (em ordem decrescente). Outro fato observado, segundo Ferreira e Issler,[784] é que as variações nos gastos em infraestruturas precedem as variações na produtividade total dos fatores.

De acordo com o demonstrado por Benathan e Canning[785] e Calderón e Sérven,[786] os investimentos em infraestrutura costumam

---

779 MUNNEL, A. H. How does Public Infrastructure Affect Regional Economic Performance. *New England Economic Review*, v. 34, p. 69-112, 1990. p. 11-32.

780 UCHIMURA, K.; GAO, H. *The Importance of Infrastructure on Economic Development*. World Bank, 1993. *Apud* FERREIRA, P. C. Cavalcanti; MALLIAGROS, Thomas Georges. Impactos produtivos da infra-estrutura no Brasil: 1950-95. *Pesquisa e Planejamento Econômico*, v. 28, n. 2, p. 315-228, ago. 1998. p. 317.

781 SHAH, A. *Dynamics of Public Infrastructure and Private Sector Profitability and Productivity*. World Bank,1992. *Apud* FERREIRA, P. C. Cavalcanti; MALLIAGROS, Thomas Georges. Impactos produtivos da infra-estrutura no Brasil: 1950-95. *Pesquisa e Planejamento Econômico*, v. 28, n. 2, p. 315-228, ago. 1998. p. 317.

782 FERREIRA, P. C. Investimento em infra-estrutura no Brasil: fatos estilizados e relações de longo prazo. *Pesquisa e Planejamento Econômico*, Rio de Janeiro: Ipea, v. 26, n. 2, p. 231-252, ago. 1996.

783 INGRAM, G. *Sustaining Infrastructure to Support Economic Growth*. World Bank, 1994. *Apud* FERREIRA, P. C. Cavalcanti; MALLIAGROS, Thomas Georges. Impactos produtivos da infra-estrutura no Brasil: 1950-95. *Pesquisa e Planejamento Econômico*, v. 28, n. 2, p. 315-228, ago. 1998. p. 317.

784 FERREIRA, P. C.; ISSLER, J. V. *Growth, Increasing Returns, and Public Infrastructure*: Times Series Evidence. Rio de Janeiro: FGV, 1995. (Ensaios Econômicos EPGE, 258).

785 BENNATHAN, E.; CANNING, D. The Social Rate of Return on Infrastruture Investments. *World Bank Policy Resarch Discussion Paper*, n. 2390, 2002.

786 CALDERÓN, C.; SERVÉN, L. The Output Cost of Latin America's Infrastructure Gap. *In:* EASTERLY, William. *The limits of Stabilization*: Infrastructure, Public Deficits and growth in Latin America. Palo Alto: Stanford University Press, 2003. p. 95-118.

apresentar externalidades positivas relevantes, assim como taxas de retorno elevadas no longo prazo. Com efeito, conforme Mussolini e Teles,[787] isso ocorre porque uma melhora na malha ferroviária, por exemplo, acaba reduzindo o tempo gasto com o transporte de determinada matéria-prima, diminuindo o custo unitário de produção. De modo similar, a instalação de uma rede de esgoto gera uma melhoria nas condições de saúde dos trabalhadores, de modo a aumentar a sua produtividade. Não por outro motivo é que as regiões mais urbanizadas possuem um PIB *per capita* mais elevado, em boa parte devido à melhor infraestrutura disponível, em forma de bens e serviços intermediários, que serão utilizados para a produção privada. Ainda, uma rodovia acaba gerando um serviço intermediário para uma transportadora, ao mesmo tempo que possibilita a viagem de férias de uma família, sendo, também, portanto, um bem final do ponto de vista dos consumidores. Da mesma maneira, seria muito difícil uma economia ser produtiva sem energia abundante ou sem um sistema de telefonia amplo, visto que, quando a comunicação entre produtores, fornecedores e consumidores é de baixa qualidade, os custos de transação são elevados, o que acaba diminuindo a eficiência do mercado. Com isso, verifica-se que a subprovisão ou a má qualidade dos serviços de infraestrutura acabam gerando custos de produção elevados. Nesse sentido, Garcia, Santana e Souza[788] aferiram que, por exemplo, o setor extrativo mineral do Brasil poderia ter uma redução no seu custo de cerca de 10,76%, na hipótese de o país ter um índice de infraestrutura de energia igual à média de sete países da América Latina.[789]

Conforme Mussolini e Teles,[790] é dever do Estado prover determinados bens e serviços que não poderiam ser oferecidos de maneira socialmente ótima pelo setor privado, seja pelo caráter não trivial de determinadas atividades, seja pela necessidade de internalização de externalidades, ou devido à elevada escala necessária à minimização dos

---

[787] MUSSOLINI, Cesar; TELES, Vladimir Kühl. Infraestrutura e produtividade no Brasil. *Revista de Economia Política*, São Paulo, v. 30, n. 4, p. 645-662, dez. 2010. Disponível em: http://www.scielo.br/scielo.php?script=sci_arttext&pid=S0101-31572010000400006&lng=en&nrm=iso. Acesso em: 30 maio 2018.

[788] GARCIA, F.; SANTANA, J. R.; SOUZA, R. C. *O custo social do subdesenvolvimento da infraestrutura*. São Paulo: Sinicesp; FGV, 2004. Relatório de pesquisa.

[789] Argentina, Chile, Colômbia, Costa Rica, México, Uruguai e Venezuela.

[790] MUSSOLINI, Cesar; TELES, Vladimir Kühl. Infraestrutura e produtividade no Brasil. *Revista de Economia Política*, São Paulo, v. 30, n. 4, p. 645-662, dez. 2010. Disponível em: http://www.scielo.br/scielo.php?script=sci_arttext&pid=S0101-31572010000400006&lng=en&nrm=iso. Acesso em: 30 maio 2018.

custos de produção (monopólio). De tal maneira, as estruturas básicas de uma sociedade devem ser providas pelo Estado, tais como rodovias, ferrovias, portos, sistemas de água e esgoto, telecomunicações e energia elétrica, entre outras. Um fator que não pode ser desconsiderado, no entanto, é que, devido às limitações na disponibilidade de recursos do governo, assim como na eficiência administrativa deste, há um crescente número de parcerias com a iniciativa privada que otimizam a prestação de serviços para a população.

Nada obstante isso, há estudos que comprovam uma estreita relação entre os gastos do governo e o produto de longo prazo. Conforme demonstrado por Barro,[791] a produção *per capita* apresenta retornos decrescentes para o capital privado separadamente. Todavia, quando este aumenta juntamente com o gasto público produtivo, a função passa a apresentar retornos constantes, pois o gasto público funciona de maneira complementar ao capital privado, aumentando a produtividade deste. Desse modo, pode-se afirmar que, além do papel direto do capital público sobre o produto, há um efeito indireto sobre a produtividade do setor privado, "sendo que um aumento por si só da acumulação privada, se não fosse acompanhada por mais investimentos públicos, tenderia a gerar cada vez menos produto".[792] Como exemplo para isso, é possível citar o caso brasileiro de racionamento de energia elétrica, ocorrido em 2001. Nessa hipótese, mesmo que os empresários mantivessem os níveis de investimento, sem uma provisão adequada de energia elétrica tais investimentos acabariam não se tornando suficientemente produtivos.

Essa expansão dos investimentos em infraestrutura mostra-se um desafio não somente para as economias emergentes, como também para os países mais desenvolvidos. É o caso dos Estados Unidos, por exemplo, que, no passado, realizaram programas de investimento em escala e amplitude nunca antes vistas e atualmente enfrentam algumas dificuldades para obter recursos em escala e amplitude suficiente para atualizar sua infraestrutura.[793]

---

[791] BARRO, R. Government Spending in a Simple Model of Endogenous Growth. *Journal of Political Economy*, v. 98, p. 103-125, 1990.

[792] MUSSOLINI, Cesar; TELES, Vladimir Kühl. Infraestrutura e produtividade no Brasil. *Revista de Economia Política*, São Paulo, v. 30, n. 4, p. 645-662, dez. 2010. Disponível em: http://www.scielo.br/scielo.php?script=sci_arttext&pid=S0101-31572010000400006&lng=en&nrm=iso. Acesso em: 30 maio 2018.

[793] FRISCHTAK, Cláudio R. O investimento em infra-estrutura no brasil: histórico recente e perspectivas. *Pesquisa e Planejamento Econômico*, v. 38, n. 2, p. 307-348, ago. 2008. p. 314.

Dois exemplos de êxito, nos últimos 20 anos, na implementação de novas estruturas com vistas a viabilizar a participação do setor privado em infraestrutura foram verificados no Chile e na Inglaterra. Nesses países, adotou-se uma solução para a questão, com o objetivo de garantir investimentos em ativos de longa duração, cujos retornos ocorrerão somente no médio e no longo prazo. A solução foi encontrada por meio de regulações e arranjos institucionais e, sobretudo, de agências independentes, com autonomia decisória, seguindo regras de transparência preestabelecidas, de modo a prover em seu conjunto segurança e estabilidade aos investidores, assim como aos consumidores dos serviços. Concomitantemente, os gastos do setor público puderam ser sustentados em razão de uma situação macroeconômica sólida.[794]

Conforme estudo realizado por Banister e Thurstain-Goodwin,[795] os investimentos em transportes afetam a economia local em três diferentes níveis, quais sejam: i) produção e produtividade (nível macro); ii) economias de aglomeração e efeitos no mercado de trabalho (nível meso); e iii) efeitos no mercado imobiliário (nível micro). No mesmo sentido, Chatman e Noland[796] concluíram que as melhorias no transporte público (tais como viagens e serviços mais baratos) são capazes de proporcionar benefícios externos substanciais, permitindo economias de aglomeração, como economias externas de escala em densidade e diversidade de empresas, trabalhadores e residentes, o que acarreta um aumento da produtividade.

Na mesma direção, existem diversos estudos que comprovam os impactos dos investimentos em infraestrutura, tais como os benefícios além do transporte que tais investimentos proporcionam,[797] os benefícios econômicos mais amplos dos investimentos,[798] a relação

---

[794] FRISCHTAK, Cláudio R. O investimento em infra-estrutura no brasil: histórico recente e perspectivas. *Pesquisa e Planejamento Econômico*, v. 38, n. 2, p. 307-348, ago. 2008. p. 315.

[795] BANISTER, D.; THURSTAIN-GOODWIN, M. Quantification of the Non-Transport Benefits Resulting from Rail Investment. *Journal of Transport Geography*, v. 19, p. 297-318, 2011. p. 212-223.

[796] CHATMAN, D. G.; NOLAND, R. B. Do Public Transport Improvements Increase Agglomeration Economies? A Review of Literature and an Agenda for Research. *Transport Reviews*, v. 31, n. 6, p. 725-742, 2011.

[797] BANISTER, D.; THURSTAIN-GOODWIN, M. Quantification of the Non-Transport Benefits Resulting from Rail Investment. *Journal of Transport Geography*, v. 19, p. 297-318, 2011. p. 212–223.

[798] BHATTA, S. D.; DRENNAN, M. P. The Economic Benefits of Public Investment in Transportation: A Review of Recent Literature. *Journal of Planning Education and Research*, v. 22, p. 288-296, 2003; LAKSHMANAN, T. R. The Broader Economic Consequences of Transport Infrastructure Investments. *Journal of Transport Geography*, v. 19, p. 1-12, 2011; e VICKERMAN, R. Transit Investment and Economic Development. *Research in*

de causalidade com o aumento da produtividade e o crescimento econômico.[799]

Banister e Berechman[800] demonstraram, analisando diversos estudos internacionais, que os incrementos no estoque de infraestrutura aumentam o acesso e têm impacto positivo na economia, por meio da promoção de uma melhora no emprego e na produtividade, em especial nas regiões onde a infraestrutura é mais carente. Diante disso, entendem que se faz necessária a elaboração de políticas públicas a fim de que seja possível maximizar os efeitos positivos dos investimentos em infraestrutura sobre o desenvolvimento econômico.

Além disso, não somente o investimento, mas a qualidade dos investimentos importa para o aumento da produtividade e do crescimento econômico. Deng[801] elencou uma série de desafios que devem ser levados em conta, também, ao se analisar a questão dos investimentos em infraestrutura dos transportes, que serão abordados a seguir.

Primeiramente, deve-se explorar a melhor alocação de despesas públicas em infraestrutura. Diversos países mostraram grande interesse em utilizar investimentos em infraestrutura como uma ferramenta para o crescimento econômico. No entanto, antes de investirem em infraestrutura, acabam surgindo algumas questões, tais como: qual o tipo de infraestrutura que é mais produtiva e traz o melhor retorno para o investimento público? Parece que na China, na Índia e em outras economias emergentes a infraestrutura física, em especial as instalações relacionadas ao transporte, receberam prioridade dos investimentos públicos. No entanto, cabe questionar se a infraestrutura do transporte é, de fato, mais produtiva que a de outros setores quando se trata de alocação de recursos em grande escala.[802]

Um segundo aspecto diz respeito a explorar o nível ótimo de acumulação de infraestrutura de transporte. Em estudos realizados,

Transportation Economics, v. 23, p. 107-115, 2008.

799 DENG, Taotao. Impacts of Transport Infrastructure on Productivity and Economic Growth: Recent Advances and Research Challenges. *Transport Reviews*: A Transnational Transdisciplinary Journal, v. 33, n. 6, p. 686-699, 2013. p. 687.

800 BANISTER, D.; BERECHMAN, Y. Transport Investment and the Promotion of Economic Growth. *Journal of Transport Geography*, v. 9, issue 3, p. 209-218, Sep. 2001. p. 209-218.

801 DENG, Taotao. Impacts of Transport Infrastructure on Productivity and Economic Growth: Recent Advances and Research Challenges. *Transport Reviews*: A Transnational Transdisciplinary Journal, v. 33, n. 6, p. 686-699, 2013. p. 696-697.

802 DENG, Taotao. Impacts of Transport Infrastructure on Productivity and Economic Growth: Recent Advances and Research Challenges. *Transport Reviews*: A Transnational Transdisciplinary Journal, v. 33, n. 6, p. 686-699, 2013. p. 696.

Agenor[803] e Banister[804] demonstraram um significativo efeito de rede não linear da infraestrutura de transporte no desenvolvimento econômico. Em outras palavras, os retornos dos investimentos não são constantes. Com efeito, uma vez que determinado nível for excedido, diminuirão os retornos estabelecidos, e a contribuição para a produtividade e o crescimento econômico diminuirá. Além disso, os elevados custos operacionais e de capital, assim como os riscos associados a grandes projetos de transporte, tais como rodovia interestadual, trem de alta velocidade, etc., tendem a tornar a economia local vulnerável.[805] Há, nesse sentido, estudos que demonstram que os gastos produtivos, incluindo os investimentos em transporte, podem se tornar improdutivos quando utilizados em excesso.[806]

Outro aspecto diz respeito à melhora na coordenação de políticas regionais de investimento em transportes. Há estudos que demonstram que os investimentos em infraestrutura de transportes podem ter efeitos positivos ou negativos sobre a produtividade e o crescimento econômico nas regiões vizinhas.[807] Com isso, os benefícios econômicos do investimento em infraestrutura em uma determinada região podem ocorrer à custa de outras regiões. Desse modo, deve haver uma coordenação levando em consideração os impactos em outras localidades, a fim de maximizar os retornos gerais de investimentos em transporte entre os espaços, em vez de se concentrar em uma região específica.

Buscando verificar a relação entre os investimentos em infraestrutura e o aumento da produtividade no Brasil, Ferreira e Mallagros[808] realizaram uma análise empírica do setor de infraestrutura brasileiro no período de 1950 a 1995. Para isso, estimaram o impacto de longo prazo do capital de infraestrutura sobre o PIB e a produtividade total

---

803 AGÉNOR, P. R. A theory of infrastructure-led development. *Journal of Economic Dynamics & Control*, v. 34, p. 932-950, 2010.

804 BANISTER, D. Transport and Economic Development: Reviewing the Evidence. *Transport Reviews*, v. 32, n. 1, p. 1-2, 2012.

805 DENG, Taotao. Impacts of Transport Infrastructure on Productivity and Economic Growth: Recent Advances and Research Challenges. *Transport Reviews*: A Transnational Transdisciplinary Journal, v. 33, n. 6, p. 686-699, 2013. p. 697.

806 DEVARAJAN, S.; SWAROOP, V.; ZOU, H. F. The Composition of Public Expenditure and Economic Growth. *Journal of Monetary Economics*, v. 37, n. 2, p. 177-200, 1996.

807 DENG, Taotao. Impacts of Transport Infrastructure on Productivity and Economic Growth: Recent Advances and Research Challenges. *Transport Reviews*: A Transnational Transdisciplinary Journal, v. 33, n. 6, p. 686-699, 2013. p. 697-698.

808 FERREIRA, P. C. Cavalcanti; MALLIAGROS, Thomas Georges. Impactos produtivos da infra-estrutura no Brasil: 1950-95. *Pesquisa e Planejamento Econômico*, v. 28, n. 2, p. 315-228, ago. 1998. p. 315-338.

dos fatores. O capital de infraestrutura analisado, conforme observado, foi composto do capital de energia elétrica, telecomunicações, rodovias, ferrovias, portos e aeroportos durante o período de 1964 a 1994. Além disso, estimaram também a elasticidade-renda[809] do capital de energia elétrica, telecomunicações, rodovias, ferrovias e portos, a fim de verificarem quais os setores de infraestrutura que influenciavam mais intensamente o PIB no longo prazo. Nada obstante isso, tentaram estimar a elasticidade-renda no período de 1950 a 1995 de medidas físicas de infraestrutura no setor elétrico (capacidade nominal instalada), no setor de telecomunicações (telefones instalados), no setor rodoviário (estradas federais pavimentadas) e no setor ferroviário (extensão da rede ferroviária federal), para verificar se existe relação de longo prazo entre essas medidas físicas e o PIB brasileiro, bem como, em caso afirmativo, qual setor influencia mais fortemente o crescimento do PIB.

Um fato observado foi que o capital de energia elétrica, no Brasil, cresceu de maneira acelerada no período de 1965 a 1983, ao passo que o PIB apresentou uma elevação menos acentuada, com uma pequena queda no período de 1980 a 1982. Já a partir de 1983, o capital de energia elétrica teve seu ritmo de crescimento reduzido, o que acabou impactando negativamente na taxa de crescimento do PIB. O capital de transportes e o PIB, no período de 1960 a 1971, tiveram uma taxa de crescimento similar. Entre 1972 a 1977, no entanto, o capital de transportes cresceu mais rapidamente que o PIB, apresentando, a partir de 1978, o capital de transportes, crescimento nulo ou negativo. Desse modo, segundo o autor, a recessão na economia brasileira no período de 1980 a 1982 poderia ser explicada, em parte, pelas taxas de crescimento negativas verificadas no setor de transportes desde 1978. Com relação ao capital de telecomunicações, ele teve um significativo crescimento durante o período de 1973 a 1980, o que contribuiu de maneira considerável para o aumento do PIB.[810]

Conforme observado pelos autores, o setor de transportes apresentou a maior elasticidade-renda, seguido do setor elétrico e das telecomunicações, demonstrando, novamente, a forte influência dos investimentos nos setores elétrico e de transporte sobre o crescimento do PIB no longo prazo. Verificou-se, no entanto, que subinvestimentos

---

809 Nesse caso, diz respeito à variação no PIB em decorrência de uma variação nesses fatores.

810 FERREIRA, P. C. Cavalcanti; MALLIAGROS, Thomas Georges. Impactos produtivos da infra-estrutura no Brasil: 1950-95. *Pesquisa e Planejamento Econômico*, v. 28, n. 2, p. 315-228, ago. 1998. p. 315-338.

no setor de transportes nos anos 1990 influenciaram negativamente o crescimento de longo prazo do PIB.[811]

O autor verificou, relativamente à evolução do PIB e à extensão das redes rodoviária e ferroviária, que, enquanto o PIB cresceu continuamente, a rede ferroviária apresentou uma queda constante em sua extensão a partir do ano de 1959. Com relação ao período de 1964 a 1994, a taxa de crescimento das estradas pavimentadas (tanto federais como estaduais) foi bem superior ao crescimento do PIB. Isso demonstra que os investimentos no setor rodoviário concentraram-se, em sua maior parte, na pavimentação de estradas, em prejuízo dos investimentos em expansão da rede ferroviária, fato que pode ter tido um efeito considerável sobre o PIB.

Averiguou, também, que um aumento de 1% na capacidade nominal instalada de energia elétrica ocasiona um aumento de 0,89% no PIB no longo prazo. Isso mostra, mais uma vez, que os investimentos no setor elétrico influenciam consideravelmente a capacidade nominal instalada, que, por conseguinte, ocasiona uma variação no PIB.[812]

Relativamente ao impacto dos investimentos em infraestrutura na produtividade total dos fatores, verificou que, para um aumento de 1% nos gastos em infraestrutura, o impacto na produtividade será de 0,23% a 0,53%, o que significa que, enquanto houver uma queda nos investimentos em infraestrutura, haverá um impacto negativo na produtividade no longo prazo. Isso se confirmou na década de 1980, em especial com a queda nos investimentos dos setores elétricos e de transportes.[813]

Ainda, verificou que, para um aumento de 1% no capital de infraestrutura, o impacto na produtividade total dos fatores se situa entre 0,48% e 0,49%. Em outras palavras, significa que melhores estradas, bem como energia e comunicação abundantes não só aumentam o PIB, mas também a produtividade total dos fatores, de modo a reduzir o custo por unidade de insumo. Nada obstante isso, segundo o autor, uma queda de 10% nos investimentos em infraestrutura é capaz de provocar

[811] FERREIRA, P. C. Cavalcanti; MALLIAGROS, Thomas Georges. Impactos produtivos da infra-estrutura no Brasil: 1950-95. *Pesquisa e Planejamento Econômico*, v. 28, n. 2, p. 315-228, ago. 1998. p. 325.

[812] FERREIRA, P. C. Cavalcanti; MALLIAGROS, Thomas Georges. Impactos produtivos da infra-estrutura no Brasil: 1950-95. *Pesquisa e Planejamento Econômico*, v. 28, n. 2, p. 315-228, ago. 1998. p. 325.

[813] FERREIRA, P. C. Cavalcanti; MALLIAGROS, Thomas Georges. Impactos produtivos da infra-estrutura no Brasil: 1950-95. *Pesquisa e Planejamento Econômico*, v. 28, n. 2, p. 315-228, ago. 1998. p. 330.

uma diminuição de cerca de 3,5% na produtividade total dos fatores no longo prazo, o que demonstra a importância da infraestrutura para o setor privado nacional.[814]

Por fim, conclui o autor, da análise do período, que o processo de industrialização brasileiro se caracterizou por elevados investimentos em infraestrutura. Durante o período de 1950 a 1979, os investimentos em energia elétrica e transportes aumentaram aceleradamente, o que acabou contribuindo fortemente para o crescimento do PIB. No entanto, a partir da década de 1980, devido à deterioração financeira do país, um endividamento crescente e um processo de aceleração inflacionária, os investimentos realizados pelas estatais e pelo setor público em geral foram drasticamente reduzidos. Tal redução nos investimentos acabou contribuindo para a diminuição na taxa de crescimento do PIB.[815]

Ainda especificamente no que diz respeito ao cenário brasileiro, Barros e Raposo[816] analisaram o papel da disponibilidade de infraestrutura relativamente às desigualdades regionais, a fim de verificarem o seu potencial como instrumento de política de desenvolvimento regional. Da análise, concluíram que, no país, a maior parte dos indicadores está abaixo do esperado no Nordeste e no Norte, o que demonstra que as disparidades regionais no Brasil têm sido agravadas em decorrência da disponibilidade de infraestrutura.

Em sentido similar, Campos e Simões[817] analisaram a relação entre a infraestrutura de transportes e o desenvolvimento regional. Concluíram que o estoque inicial de infraestrutura rodoviária tem um impacto negativo sobre o crescimento do produto real *per capita*, porém a variação do estoque da infraestrutura tem um impacto positivo, o que demonstra, para os autores, que os investimentos em infraestrutura rodoviária são relevantes para o desenvolvimento econômico estadual.

---

[814] FERREIRA, P. C. Cavalcanti; MALLIAGROS, Thomas Georges. Impactos produtivos da infra-estrutura no Brasil: 1950-95. *Pesquisa e Planejamento Econômico*, v. 28, n. 2, p. 315-228, ago. 1998. p. 331.

[815] FERREIRA, P. C. Cavalcanti; MALLIAGROS, Thomas Georges. Impactos produtivos da infra-estrutura no Brasil: 1950-95. *Pesquisa e Planejamento Econômico*, v. 28, n. 2, p. 315-228, ago. 1998. p. 333.

[816] BARROS, R.; RAPOSO, I. Dotação de infraestrutura como limitante para redução de disparidades regionais no Brasil. *In:* ENCONTRO DA ASSOCIAÇÃO BRASILEIRA DE ESTUDOS REGIONAIS, II, 2002, São Paulo, *Anais* (...). São Paulo: Aber, 2002.

[817] CAMPOS, S.; SIMÕES, R. Infraestrutura de transportes e determinantes do desenvolvimento no Brasil. *In:* ENCONTRO NACIONAL DE ECONOMIA, 39, 2011, Foz do Iguaçu. *Anais* (...). Foz do Iguaçu: Anpec, 2011.

Rocha e Giuberti,[818] Fortunato, Silva e Oreiro[819] e Bertussi e Ellery Junior[820] analisaram os impactos dos investimentos em infraestrutura no crescimento do produto dos estados brasileiros. Buscaram, nos estudos, avaliar se há diferentes impactos do investimento em infraestrutura no crescimento econômico das diferentes regiões do país e também se há diferenças no padrão ou na grandeza da resposta aos investimentos entre os estados mais desenvolvidos (maior produto *per capita*) e os menos desenvolvidos (menor produto *per capita*).

Conforme observam Silva, Martins e Neder,[821] os resultados dos trabalhos demonstram que nas regiões Sul e Sudeste, consideradas mais desenvolvidas, somente as despesas com infraestrutura de energia elétrica e comunicações apresentaram um impacto positivo e relevante, ao passo que nas regiões Norte e Nordeste, consideradas menos desenvolvidas, foi observado o inverso, pois os impactos das despesas em energia e comunicações não foram relevantes e os impactos das despesas em transporte foram positivos e relevantes.

Além disso, verificaram os autores que os investimentos em infraestrutura têm importância para o crescimento econômico não somente no nível nacional, mas também no nível regional, servindo de importante instrumento para estimular o crescimento e para reduzir as desigualdades regionais. Nada obstante isso, perceberam, também, que a resposta do crescimento econômico aos investimentos e à disponibilidade de infraestrutura não é igual entre as diferentes regiões e estados, sendo maior nos menos desenvolvidos.

Silva, Martins e Neder[822] analisaram três hipóteses: i) se os investimentos em infraestrutura contribuem para o crescimento econômico de longo prazo dos estados brasileiros; ii) se os investimentos

818 ROCHA, F.; GIUBERTI, A. Composição do gasto público e crescimento econômico: uma avaliação macroeconômica da qualidade dos gastos dos Estados brasileiros. *Economia Aplicada*, v. 11, n. 4, p. 463-485, 2007.

819 FORTUNATO, W.; SILVA, G.; OREIRO, J. L. *Gasto público com infraestrutura, acumulação privada de capital e crescimento de longo prazo*: uma avaliação teórica e empírica para o Brasil (1985-2003). Prêmio SOF de monografias, 2007.

820 BERTUSSI, G.; ELLERY JUNIOR, R. Infraestrutura de transporte e crescimento econômico no Brasil. *Journal of Transport Literature*, v. 6, n. 4, p. 101-132, 2012.

821 SILVA, Guilherme Jonas Costa da; MARTINS, Humberto Eduardo de Paula; NEDER, Henrique Dantas. Investimentos em infraestrutura de transportes e desigualdades regionais no Brasil: uma análise dos impactos do Programa de Aceleração do Crescimento (PAC). *Revista de Economia Política*, v. 36, n. 4, p. 840-863, out./dez. 2016. p. 847.

822 SILVA, Guilherme Jonas Costa da; MARTINS, Humberto Eduardo de Paula; NEDER, Henrique Dantas. Investimentos em infraestrutura de transportes e desigualdades regionais no Brasil: uma análise dos impactos do Programa de Aceleração do Crescimento (PAC). *Revista de Economia Política*, v. 36, n. 4, p. 840-863, out./dez. 2016. p. 860-861.

em infraestrutura realizados no âmbito do Programa de Aceleração do Crescimento (PAC)[823] contribuíram para aumentar as taxas de crescimento econômico dos estados brasileiros; iii) se os investimentos em infraestrutura realizados no âmbito do PAC contribuíram para alterar a dispersão das taxas de crescimento econômico entre os estados, particularmente por meio do aumento das taxas de crescimento do produto dos menos desenvolvidos, de modo a favorecer a redução das desigualdades regionais. Com base nessa análise, chegaram a algumas conclusões.

Segundo os autores, a primeira hipótese foi confirmada; verificaram que o conjunto de investimentos foi relevante para o crescimento dos estados, sendo que não somente o investimento total, como também os investimentos efetuados pelos governos estaduais em infraestrutura de transportes foram importantes para o crescimento e, desse modo, apresentaram um caráter complementar e estratégico para o desenvolvimento regional brasileiro. Todavia, foi observado que o investimento total, por apresentar efeitos bastante superiores, demonstrou um potencial maior para estimular o desenvolvimento regional e também o processo de redução das desigualdades regionais brasileiras.

As duas últimas hipóteses não foram confirmadas. Foi demonstrado, por meio de teste de diferenças de médias de taxas de crescimento do PIB real *per capita* nos períodos de 2004 a 2006 e 2007 a 2009, que, apesar da diferença das médias entre o segundo período e o primeiro período ser positiva favoravelmente ao PAC, não foi significativa, pois o PAC I não produziu efeito significativo sobre a média das taxas de crescimento dos estados, relativamente ao período imediatamente anterior, tendo contribuído, no entanto, para sustentar as taxas em um contexto de crise internacional. Nada obstante isso, verificou-se que o PAC não teve um impacto significativo para a redução das desigualdades regionais.

Com base nesses resultados, os autores concluíram que se deve aumentar o volume de investimentos mais do que proporcionalmente nas regiões menos desenvolvidas, pois isso seria capaz de contribuir para elevar a taxa de crescimento do produto nessas regiões, visto que o impacto do investimento em infraestrutura é similar nas regiões mais e menos desenvolvidas. No entanto, esse caminho tem o risco de não se

[823] O Programa de Aceleração do Crescimento (PAC), foi instituído pelo governo federal para promover a retomada do planejamento e a execução de grandes obras de infraestrutura social, urbana, logística e energética do país.

utilizar a capacidade de infraestrutura efetivamente, de modo a gerar mais capacidade do que o desejável.[824]

Para que seja possível contornar esse risco, faz-se necessário, segundo os autores, simultaneamente, estimular as atividades diretamente produtivas nas regiões menos desenvolvidas, a fim de utilizar a capacidade de infraestrutura de maneira efetiva e de ampliar o impacto sobre o crescimento econômico nessas regiões, de modo que elas possam ingressar em um círculo virtuoso que possa reduzir, de fato, as desigualdades regionais.[825]

Diante do exposto, verifica-se que a infraestrutura está intimamente relacionada com a produtividade. Além disso, é um instrumento essencial para que um país possa se desenvolver. Não se pode limitar, contudo, a infraestrutura, aos setores aeroportuários e de transporte. Ela, na verdade, é constituída de serviços e atividades essenciais que são as bases para qualquer sociedade moderna, que permitem melhores condições de vida para a população e crescimento econômico. Englobam, portanto – mas não se limitam a isso –, redes infraestruturais de energia, transportes, telecomunicações, saneamento, bem como outros setores indispensáveis para o desenvolvimento sustentável da economia e para as condições de vida digna para a população.

O Brasil, portanto, a fim de alcançar o objetivo constitucional da busca pelo aumento da produtividade, fundamento do desenvolvimento sustentável, deve construir as estruturas necessárias para dar suporte ao crescimento, pois elas são capazes de estimular e tornar mais eficientes as atividades produtivas. Tais investimentos têm ainda o condão de mitigar as desigualdades regionais, pois há uma grande diferença no nível de infraestrutura nas diferentes regiões do país, acarretando diferenças de produtividade entre essas regiões, ou seja, um desenvolvimento desequilibrado.

Deve o Estado, portanto, investir e fomentar o investimento em infraestrutura por parte da iniciativa privada. Tais investimentos deverão, ainda, levar em consideração os impactos que ocasionarão na

---

[824] SILVA, Guilherme Jonas Costa da; MARTINS, Humberto Eduardo de Paula; NEDER, Henrique Dantas. Investimentos em infraestrutura de transportes e desigualdades regionais no Brasil: uma análise dos impactos do Programa de Aceleração do Crescimento (PAC). *Revista de Economia Política*, v. 36, n. 4, p. 840-863, out./dez. 2016. p. 861.

[825] SILVA, Guilherme Jonas Costa da; MARTINS, Humberto Eduardo de Paula; NEDER, Henrique Dantas. Investimentos em infraestrutura de transportes e desigualdades regionais no Brasil: uma análise dos impactos do Programa de Aceleração do Crescimento (PAC). *Revista de Economia Política*, v. 36, n. 4, p. 840-863, out./dez. 2016. p. 861.

economia como um todo, a fim de não prejudicarem outras regiões que possam ser afetadas negativamente por eles.

5.5.3 Pesquisa e desenvolvimento

Desde Schumpeter,[826] diversos estudos foram realizados buscando compreender o papel da P&D no estímulo às inovações e na determinação do crescimento da produtividade total dos fatores.[827] Em razão de seu papel nas atividades inovadoras, os investimentos em pesquisa e desenvolvimento se tornaram um indicador importante apto a refletir as vantagens competitivas nos negócios, na indústria ou em nível nacional. Não por acaso, em muitos países da OCDE, cujos membros são, em sua maioria, economias de alta renda, os investimentos em pesquisa e desenvolvimento, tanto públicos quanto privados, vêm crescendo nas últimas décadas.[828]

Devido a tamanha relevância da P&D para o desenvolvimento de uma nação, houve uma grande preocupação por parte da Constituição brasileira com ela. A Constituição brasileira, em seu artigo 23, estabelece que é competência comum da União, dos estados, do Distrito Federal e dos municípios proporcionar os meios de acesso à cultura, à educação, à ciência, à tecnologia, à pesquisa e à inovação. Já em seu artigo 218, estabelece que o Estado promoverá e incentivará o desenvolvimento científico, a pesquisa, a capacitação científica e tecnológica e a inovação (*caput*), devendo a pesquisa científica básica e tecnológica receber tratamento prioritário do Estado, tendo em vista o bem público e o progresso da ciência, da tecnologia e da inovação (§1º). Além disso, a pesquisa tecnológica será voltada preponderantemente para a solução dos problemas brasileiros e para o desenvolvimento do sistema produtivo nacional e regional (§2º). O Estado apoiará a formação de recursos humanos na área de ciência, pesquisa, tecnologia e inovação, por meio, inclusive, do apoio às atividades de extensão tecnológica, e concederá aos que se ocuparem dessas atividades os meios e as condições especiais de trabalho (§3º). A lei apoiará as empresas que investirem em pesquisa,

---

826 SCHUMPETER, J. A. *The Theory of Economic Development*: An Inquiry into Profits, Capital, Credit, Interest, and the Business Cycle. Boston: Harvard, 1934.

827 COE, D.; HELPMAN, E. International R&D Spillovers. *European Economic Review*, v. 39, p. 859-887, 1995; GRILICHES, Z. Productivity, R&D, and the Data Constraint. *The American Economic Review*, v. 84, p. 1-23, 1994.

828 SUN, Xiaohua; WANG, Yun; LI, Mingshan. The Influences of Different R&D Types on Productivity Growth in OECD Countries. *Technology Analysis & Strategic Management*, 2016. p. 1.

criação de tecnologia adequada ao país e formação e aperfeiçoamento de seus recursos humanos (§4º). É facultado aos estados e ao Distrito Federal vincular parcela de sua receita orçamentária a entidades públicas de fomento ao ensino e à pesquisa científica e tecnológica (§5º). O Estado, ao executar as atividades descritas no *caput*, estimulará a articulação entre entes, públicos e privados, nas diversas esferas do governo (§6º). O Estado promoverá e incentivará a atuação, no exterior, das instituições públicas de ciência, tecnologia e inovação, com vistas à execução das atividades previstas no *caput* (§7º).

O artigo 219-A, por sua vez, prevê que a União, os estados, o Distrito Federal e os municípios poderão firmar instrumentos de cooperação com órgãos e entidades públicos e com entidades privadas, inclusive para compartilhamento de recursos humanos especializados e capacidade instalada, para execução de projetos de pesquisa, de desenvolvimento científico e tecnológico e de inovação, mediante contrapartida – financeira ou não financeira – assumida pelo ente beneficiário, na forma da lei.

Já o artigo 213, §2º, estabelece que as atividades de pesquisa, de extensão e de estímulo e fomento à inovação realizadas por universidades e/ou por instituições de educação profissional e tecnológica poderão receber apoio financeiro do poder público.

Verifica-se, portanto, que atividades ligadas a pesquisa e desenvolvimento foram objeto de grande preocupação por parte da Constituição. Conforme será visto, a P&D está intimamente relacionada com a produtividade, podendo contribuir fortemente para o aumento desta.

Conforme Sun, Wang e Li, a P&D consiste em um processo para criar tecnologias novas ou melhorar as existentes. Segundo os mencionados autores, uma vez que os objetivos da P&D variam, a Fundação de Ciência Nacional dos Estados Unidos os dividiu em três diferentes tipos, quais sejam: pesquisa básica, pesquisa aplicada e desenvolvimentos experimentais. A pesquisa básica tem como objetivo o pleno conhecimento – ou a plena compreensão – do sujeito sob estudo, em vez de uma aplicação prática ou com objetivos comerciais. A pesquisa aplicada consiste em investigações direcionadas à descoberta de novos conhecimentos científicos ou a objetivos comerciais específicos, como produtos, processos ou serviços. Desenvolvimentos experimentais, por sua vez, consistem nos usos sistemáticos de conhecimento ou compreensão adquiridos pela pesquisa básica ou aplicada, as quais são, então, direcionadas para a eventual produção de materiais, dispositivos, sistemas ou métodos úteis, incluindo o projeto e o desenvolvimento de protótipos e processos. Em síntese, a pesquisa básica é direcionada para um objetivo generalizado, enquanto a pesquisa aplicada direciona os resultados da pesquisa básica para as necessidades de uma indústria específica e resulta no desenvolvimento de produtos ou processos novos ou modificados. Cada país, portanto, utilizará a P&D para funções diferentes, e, desse modo, o financiamento para os três tipos representará o investimento total em pesquisa e desenvolvimento.[829]

Há diversos estudos acerca do impacto da P&D na produtividade. Nesse sentido, Griffith, Redding e Van Reenen,[830] analisando indústrias de doze países-membros da OCDE, concluíram que a P&D é economicamente importante tanto na recuperação tecnológica quanto na inovação. Além disso, a produtividade responde a mudanças relacionadas a pesquisa e desenvolvimento, mas com um atraso considerável. Em sentido similar, Zachariadis,[831] analisando o setor manufatureiro de um grupo de dez países-membros da OCDE, durante o período de 1971 a 1995, concluiu que há um impacto positivo na intensidade de P&D sobre a taxa de crescimento da produtividade.

Em relação aos estudos sobre os três diferentes tipos de P&D, Mansfield[832] analisou a contribuição desta para o crescimento econômico nos Estados Unidos. Sua análise dos estudos existentes revelou que havia um subinvestimento em determinados tipos de P&D no setor civil da economia e que as taxas marginais de retorno de certos tipos de P&D civil pareceram ser muito altas. Posteriormente, Mansfield[833] verificou que havia uma relação muito significativa e direta entre a quantidade de pesquisa básica realizada por uma indústria ou firma e sua taxa de aumento de produtividade. Link[834] encontrou evidências para as pesquisas de Mansfield, verificando que tanto a pesquisa básica financiada pela empresa quanto a financiada pelo governo foram determinantes significativas do crescimento da produtividade das empresas.

---

[829] SUN, Xiaohua; WANG, Yun; LI, Mingshan. The Influences of Different R&D Types on Productivity Growth in OECD Countries. *Technology Analysis & Strategic Management*, 2016. p. 1-2.

[830] GRIFFITH, R.; REDDING, S.; VAN REENEN, J. *Mapping the Two Faces of R&D*: Productivity, R&D, Skills and Trade in an OECD Panel of Industries. Boston: Institute for Fiscal Studies, 2000. p. 883-895.

[831] ZACHARIADIS, M. R&D-induced Gsrowth in the OECD? *Review of Development Economics*, v. 8, p. 423-439, 2004.

[832] MANSFIELD, E. Contribution of R&D to Economic Growth in the United States. *Science*, v. 175, 1972.

[833] MANSFIELD, E. Basic Research and Productivity Increase in Manufacturing. *The American Economic Review*, v. 70, p. 863-873, 1980.

[834] LINK, A. N. An Analysis of the Composition of R&D Spending. *Southern Economic Journal*, v. 49, p. 342-349, 1982.

O conhecimento estrangeiro (gerado em outros países) também é uma fonte de novas tecnologias em qualquer economia. Há diversos meios para a tecnologia cruzar as fronteiras – por exemplo, uma tecnologia que seja desenvolvida em determinado país, mas seja utilizada por empresa de país distinto. As empresas também podem adquirir patentes, licenças e *know-how* proveniente de outras empresas, contratar cientistas e engenheiros estrangeiros, utilizar-se de engenharia reversa, receber investimentos diretos estrangeiros, ler literatura científica e tecnológica, entre outros meios. O impacto do conhecimento estrangeiro na produtividade de um país dependerá de sua capacidade de assimilar esse conhecimento, para fazer uso eficiente dele, requerendo que esse país tenha atividade tecnológica suficiente para isso, o que é comumente denominado de "capacidade de absorção" de uma economia.[835]

Nesse sentido, Coe e Helpman,[836] OECD[837] e Pottelsberghe e Litchenberg[838] estimaram os efeitos da P&D na produtividade. Coe e Helpman concluíram que a P&D doméstica contribui significantemente para o crescimento da produtividade e que seu impacto é substancialmente maior nos países-membros do G7 (Alemanha, Canadá, Estados Unidos, França, Itália, Japão e Reino Unido) do que em outros países desenvolvidos.[839] Do mesmo modo, a P&D estrangeira tem um grande impacto na produtividade. Pottelsberghe e Litchenberg, por sua vez, demonstraram que a P&D estrangeira pode afetar o desempenho doméstico tanto por meio da importação como por investimento direto estrangeiro, com o abastecimento de tecnologia e práticas de ensino.[840]

Nada obstante isso, para as empresas que estão na fronteira tecnológica, manter o ritmo de competitividade implica não somente expandir as capacidades físicas, mas inovar constantemente. Portanto, o aumento dos investimentos em P&D podem ocasionar benefícios capazes de proporcionar economias internas de escala, estabelecer redes

---

[835] GUELLEC, Dominique; LA POTTERIE, Bruno van Pottelsberghe de. R&D and productivity growth: panel data analysis of 16 OECD Countries. *OEDC Economic Studies*, 2001. p. 106.

[836] COE, D.; HELPMAN, E. International R&D Spillovers. *European Economic Review*, v. 39, p. 859-887, 1995.

[837] OECD. *Technology and Industrial Performance*. Paris: OECD, 1997.

[838] LA POTTERIE, B. van Pottelsberghe de; LITCHENBERG, F. Does Foreign Direct Investment Transfer Technology Across Borders?. *Review of Economics and Statistics*, v. 83, n. 3, p. 490-497, 2001.

[839] COE, D.; HELPMAN, E. International R&D Spillovers. *European Economic Review*, v. 39, p. 859-887, 1995.

[840] GUELLEC, Dominique; LA POTTERIE, Bruno van Pottelsberghe de. R&D and productivity growth: panel data analysis of 16 OECD Countries. *OEDC Economic Studies*, 2001. p. 106.

para se beneficiarem das descobertas umas das outras, gerando uma melhor capacidade de absorver o conhecimento interno produzido por outras empresas e/ou indústrias.[841]

Observou-se que o impacto do conhecimento advindo do exterior é maior nos países menos desenvolvidos do que nos maiores e mais desenvolvidos. Isso porque, em regra, os menos desenvolvidos têm um número menor de pesquisadores qualificados do que os segundos. Como consequência, a quantidade de profissionais qualificados com quem esses pesquisadores interagirão será maior no exterior.[842] Esse fator pode ser compensado com a especialização, pois os pesquisadores, normalmente, interagem com outros pesquisadores atuantes no mesmo campo científico. Por essa razão, um país menos desenvolvido pode compensar e ser tão intensivo quanto os mais desenvolvidos, sendo altamente especializado em menos áreas. Nada obstante isso, esses países acabam sendo os mais beneficiados, em termos de produtividade, pela internacionalização do conhecimento.[843]

Além disso, verificou-se que quanto mais avançada a P&D de um país, mais ele será beneficiado pela P&D estrangeira. De tal maneira, se o objetivo for permitir que as empresas tirem proveito plenamente do conhecimento estrangeiro, deve haver investimento em P&D. Nada obstante isso, as empresas buscando adotar ou melhorar o conhecimento gerado por outras empresas ou instituições públicas, sejam domésticas, sejam estrangeiras, terão de investir em atividades de pesquisa "imitativa" ou "adaptativa".[844] Nesse sentido são os estudos realizados por Geroski,[845] Cohen e Levinthal[846] e Branstetter e Sakakibara.[847] A vantagem das pesquisas "imitativas" ou "adaptativas" decorre, também, do

841 OECD. *A New Economy?* The Changing Role of Innovation and Information Technology in Growth. Paris: OCDE, 2000.

842 Nesse sentido, GUELLEC, D.; LA POTTERIE, B. van Pottelsberghe de. The Internacionalisation of Technology Analysed with Patent Data. *Research Policy*, p. 1353-1266, 2001.

843 GUELLEC, Dominique; LA POTTERIE, Bruno van Pottelsberghe de. R&D and productivity growth: panel data analysis of 16 OECD Countries. *OEDC Economic Studies*, 2001. p. 115.

844 GUELLEC, Dominique; LA POTTERIE, Bruno van Pottelsberghe de. R&D and productivity growth: panel data analysis of 16 OECD Countries. *OEDC Economic Studies*, 2001. p. 115.

845 GEROSKI, P. A. Do Spillovers Undermine the Incentive to Innovate?. *In:* DOWRICK, S. (Ed.) *Economic Approaches to Innovation*. Aldershot, UK: Edward Elgar, 1995. p. 76-97. p. 76-97.

846 COHEN, W.; LEVINTHAL, D. Innovation and Learning: the Two Faces of R&D. *Economic Journal*, v. 99, p. 569-596, 1989.

847 BRANSTETTER, L.; SAKAKIBARA, M. Japanese Research Consortia: A Microeconometric Analysis of Industrial Policy. *Journal of Industrial Economics*, v. 46, n. 2, p. 207-233, jun. 1998.

fato de implicarem um custo de 65% do valor a ser gasto com inovações originais, como demonstra Mansfield.[848]

A elasticidade da P&D pública, por sua vez, é positivamente afetada pelo compartilhamento das pesquisas públicas realizadas pelas universidades, pelo fato de que os conhecimentos básicos provenientes destas poderão ser utilizados posteriormente pela indústria para desenvolver inovações tecnológicas, o que ocasionará um aumento da produtividade.[849]

Com base nos estudos realizados acerca da P&D e de sua relação com a produtividade, a OCDE chegou a algumas conclusões, observando que deverão ser levadas em conta as peculiaridades de cada país.[850]

Primeiramente, verificou-se a importância da tecnologia para o crescimento econômico, seja ela desenvolvida pelos negócios, seja pelo setor público, seja proveniente do exterior. Do mesmo modo, a P&D é importante para a produtividade e para o crescimento econômico. Por esse motivo, os governos devem prover fundos apropriados para P&D desenvolvida pelo setor público, especialmente no setor da educação superior, que tem um impacto substancial no crescimento econômico de longo prazo. O baixo impacto das pesquisas realizadas nos "laboratórios do governo", em comparação com as do setor de educação superior, demonstra que deve haver uma revisão do modo como as pesquisas são realizadas no setor público (com relação à maneira como a agenda de pesquisa é definida e sua *performance* é monitorada). Todavia, como esses arranjos institucionais diferem de país para país, devem ser realizados estudos específicos em cada localidade, a fim de moldar essas medidas de modo mais eficiente.

Outra observação da OCDE[851] foi que o efeito da P&D realizada pelo setor público sobre a produtividade depende da intensidade dos esforços da P&D do setor de negócios. Isso porque, frequentemente, as pesquisas realizadas pelo setor de negócios desenvolvem tecnologias que foram anteriormente exploradas pelo setor público. Por tal razão, é importante que o governo ofereça as estruturas adequadas para incentivar relações sólidas entre o setor de pesquisas públicas e

---

[848] MANSFIELD, E. Imitation Costs and Patents: an Empirical Study. *Economic Journal*, v. 91, p. 907-918, 1981.

[849] GUELLEC, Dominique; LA POTTERIE, Bruno van Pottelsberghe de. R&D and productivity growth: panel data analysis of 16 OECD Countries. *OEDC Economic Studies*, 2001. p. 116.

[850] GUELLEC, Dominique; LA POTTERIE, Bruno van Pottelsberghe de. R&D and productivity growth: panel data analysis of 16 OECD Countries. *OEDC Economic Studies*, 2001. p. 117.

[851] GUELLEC, Dominique; LA POTTERIE, Bruno van Pottelsberghe de. R&D and productivity growth: panel data analysis of 16 OECD Countries. *OEDC Economic Studies*, 2001. p. 117.

privadas, de modo que o conhecimento flua melhor entre esses dois setores.

Por fim, observam que os governos devem assegurar a abertura de seu país para as tecnologias estrangeiras, por meio do fluxo de bens, pessoas ou ideias, e assegurar que as empresas tenham capacidade de absorção suficiente para assimilar melhor as tecnologias estrangeiras. Isso porque, levando em consideração o fato de que os países que mais investem em P&D têm mais vantagens na utilização das tecnologias estrangeiras, aguardar, por exemplo, que outros países desenvolvam uma determinada tecnologia para depois tentar copiá-la acaba sendo uma medida pouco eficiente.

Castellani *et al.*[852] realizaram um estudo comparativo entre os impactos dos investimentos em P&D na União Europeia e nos Estados Unidos. Nesse estudo, demonstraram que, embora as tendências de produtividade tenham sido amplamente estáveis entre a década de 1980 e a primeira metade da década de 1990, tanto na Europa quanto nos Estados Unidos, uma mudança substancial foi observada desde a segunda metade da década de 1990. Em particular, durante as últimas duas décadas, houve um aumento do diferencial de produtividade entre os países europeus e os Estados Unidos, que atualmente atingiu um volume considerável. Enquanto a produtividade do trabalho (PIB/horas trabalhadas) na União Europeia foi de 46,6 dólares, nos Estados Unidos foi de 63.

Conforme demonstrado por Broadberry e O'Mahony[853] e Van Ark *et al.*,[854] a fonte dessa lacuna crescente tem sido uma desaceleração no crescimento da produtividade na Europa, o que implica que o processo de recuperação da Europa após a Segunda Guerra Mundial não somente parou, como na realidade está se revertendo. Dados recentes da OCDE apresentam uma taxa de crescimento anual de produtividade, comparando os anos de 2013 e 2014, de 0,5% para os Estados Unidos e 0,3% para a União Europeia.[855]

---

852 CASTELLANI, Davide; PIVA, Mariacristina; SCHUBERT, Torben; VIVARELLI, Marco. The Productivity Impact of R&D Investment: A Comparison between the EU and the US. *IZA DP*, n. 9937, May 2016. p. 2.

853 BROADBERRY, S.; O'MAHONY, M. Britain's Productivity Gap with the United States and Europe: A Historical Perspective. *National Institute Economic Review*, v. 189. p. 72-85, 2004. p. 72-95.

854 VAN ARK, B.; O'MAHONY, M.; TIMMER, M. P. The Productivity Gap between Europe and the United States: Trends and Causes. *Journal of Economic Perspectives*, v. 22, p. 25-44, 2008.

855 OECD. *OECD Productivity Database*. 2015. Disponível em: http://stats.oecd.org/. Acesso em: 5 jun. 2018.

No entanto, não há consenso sobre as causas do ocorrido. Gomez Salvador *et al.*[856] e Grimalda[857] defendem que essa diferença se dá pelo nível diverso de flexibilidade nos mercados de trabalho. Gu *et al.*,[858] que isso se deve à qualidade do capital humano. Já Blomm *et al.*[859] e Blomm e Van Reenen,[860] que é decorrente das melhores práticas gerenciais norte-americanas.

No entanto, conforme lembram Castellani *et al.*,[861] a maior parte da literatura chamou a atenção para o papel dos diferenciais na introdução e na difusão de novas tecnologias entre os Estados Unidos e a União Europeia.[862] Em particular, há uma lacuna bem documentada no nível relativo de gastos em P&D, que pode ter desempenhado papel importante na explicação dessa questão,[863] pois os investimentos com P&D nos Estados Unidos foram consideravelmente superiores aos verificados na União Europeia.[864]

Outros, porém, afirmam que os menores investimentos europeus em P&D se devem, principalmente, ao chamado "efeito de composição estrutural". Esse efeito surge porque os setores de produção intensiva em P&D e de serviços intensivos em P&D estão sub-representados na economia europeia, em comparação com os dos Estados Unidos.[865]

---

[856] GOMEZ-SALVADOR, R.; MUSSO, A.; STOCKER, M.; TURUNEN, J. Labour Productivity Developments in the Euro Area. *European Central Bank Occasional Paper*, n. 53, 2006.

[857] GRIMALDA, G. Can Labour Market Rigidity Foster Economic Efficiency? A Model with Non-general Purpose Technical Change. *Eurasian Business Review*, v. 6, p. 79-89, 2016.

[858] GU, W.; KACI, M.; MAYNARD, J.-P.; SILLAMAA, M. A. The Changing Composition of the Canadian Workforce and Its Impact on Productivity Growth. *In:* BALDWIN, J. R.; HARCHAOUI, T. M. (Ed.). *Productivity Growth in Canada*. Ottawa: Statistics Canada, 2002. p. 69-75.

[859] BLOOM, N.; SADUN, R.; VAN REENEN, J. *It Ain't What You Do, It's the Way That You Do I.T.* Testing Explanations of Productivity Growth Using US Affiliates. London: London School of Economics-Centre for Economic Performance, 2005.

[860] BLOOM, N.; VAN REENEN, J. Why Do Management Practices Differ across Firms and Countries?. *Journal of Economic Perspectives*, v. 24, p. 203-224, 2010.

[861] CASTELLANI, Davide; PIVA, Mariacristina; SCHUBERT, Torben; VIVARELLI, Marco. The Productivity Impact of R&D Investment: A Comparison between the EU and the US. *IZA DP*, n. 9937, May 2016. p. 2.

[862] Nesse sentido OLINER, S. D.; SICHEL, D. E. The Resurgence of Growth in the Late 1990s: Is Information Technology the Story? *Journal of Economic Perspectives*, v. 14, p. 3-22, 2000; DAVERI, F. The New Economy in Europe, 1992-2001. *Oxford Review of Economic Policy*, v. 18, p. 345-362, 2002; WILSON, D. J. IT and Beyond: The Contribution of Heterogeneous Capital to Productivity. *Journal of Business and Economic Statistics*, v. 27, p. 52-70, 2009; BACCHIOCCHI, E.; MONTOBBIO, F. International Knowledge Diffusion and Home-bias Effect: Do USPTO and EPO Patent Citations Tell the Same Story? *Scandinavian Journal of Economics*, v. 112, p. 441-470, 2010.

[863] ROGERS, M. R&D and Productivity: Using UK Firm-Level Data to Inform Policy. *Empirica*, v. 37, p. 2069-2086, 2010.

[864] OECD. *Science Technology and Industry Outlook*. Paris: OECD, 2014.

[865] Nesse sentido, AZAGRA CARO, Joaquín; GRABLOWITZ, Alexander. Data on Business R&D: Comparing BERD and the Scoreboard. *JCR Scientific and Technical Reports*,

De modo diverso, outros autores apontaram como causa uma dificuldade geral das empresas europeias em investir em P&D e em obter ganhos de produtividade. De acordo com esse ponto de vista, as empresas da União Europeia dentro de cada setor industrial caracterizam-se por uma menor intensidade de P&D em comparação com os seus congêneres nos Estados Unidos.[866] Nada obstante isso, foi detectada uma menor capacidade de traduzir investimento em P&D em ganhos de produtividade. Em síntese, pode haver uma questão tanto no nível quanto no impacto, na produtividade, dos gastos em P&D nas empresas europeias, independentemente de sua participação no setor.[867]

Ainda conforme observado, grande parte da discussão científica e política parece estar focada no efeito de nível. Nesse sentido, políticos elaboradores de políticas públicas europeus explicaram recentemente que é necessário aumentar investimentos em P&D para promover a produtividade e, por conseguinte, apoiar a recuperação do crescimento e do emprego numa economia baseada no conhecimento.[868] Cumpre salientar também que há diferentes habilidades para traduzir P&D em ganhos de produtividade. Portanto, talvez o baixo nível de gastos com P&D seja somente uma resposta racional das empresas, em razão de sua baixa expectativa de retorno. Por esse motivo, políticas buscando somente o aumento dos investimentos em P&D podem ser ineficientes quando não visam simultaneamente aumentar as capacidades de fazer uso eficiente dos insumos de P&D.[869]

No entanto, conforme observam Castellani *et al.*, ao considerar a dimensão estrutural de um sistema econômico, sua composição

---

Luxembourg: European Commission, 2007. Disponível em: http://publications.jrc.ec.europa.eu/repository/bitstream/JRC44585/jrc44585.pdf. Acesso em: 12 mar. 2019; MATHIEU, A.; LA POTTERIE, Bruno van Pottelsberghe de. A Note on The Drivers of R&D Intensity. *CEPR Discussion Paper*, n. 6684, 2008; ORTEGA-ARGILÉS, R.; BRANDSMA, A. EU-US Differences in the Size of R&D Intensive Firms: Do They Explain the Overall R&D Intensity Gap? *Science and Public Policy*, v. 37, p. 429-441, 2010.

866 Nesse sentido, ERKEN, H.; VAN ES, F. Disentangling the R&D Shortfall of the EU vis-à-vis the US. *Jena Economic Research Papers*, n. 2007-107, Aug. 2007. p. 107.; ORTEGA-ARGILÉS, R.; PIVA, M.; Potters, L.; VIVARELLI, M. Is Corporate R&D Investment in Hightech Sectors More Effective? *Contemporary Economic Policy*, v. 28, p. 2-23, 2010.

867 CASTELLANI, Davide; PIVA, Mariacristina; SCHUBERT, Torben; VIVARELLI, Marco. The Productivity Impact of R&D Investment: A Comparison between the EU and the US. *IZA DP*, n. 9937, May 2016. p. 3.

868 EUROPEAN COMMISSION. *Communication from the Commission to the European Parliament, the Council, the European Economic and Social Committee and the Committee of the Regions*: An Integrated Industrial Policy for the Globalisation Era Putting Competitiveness and Sustainability at Centre Stage. 1276.

869 CASTELLANI, Davide; PIVA, Mariacristina; SCHUBERT, Torben; VIVARELLI, Marco. The Productivity Impact of R&D Investment: A Comparison between the EU and the US. *IZA DP*, n. 9937, May 2016. p. 3.

industrial pode afetar o resultado agregado geral, uma vez que as oportunidades tecnológicas e as condições de apropriabilidade são muito diferentes entre setores.[870] Por tal razão, também pode envolver diferenças substanciais nos vínculos de produtividade de P&D específicos do setor. Nesse sentido, estudos setoriais, especialmente nas indústrias manufatureiras, sugerem um maior impacto do investimento em P&D na produtividade nos setores de alta tecnologia, e não nos de baixa tecnologia.[871]

É o caso, por exemplo, dos estudos realizados por Griliches e Mairesse[872] e Cuneo e Mairesse,[873] em que foram comparadas empresas francesas e norte-americanas. Concluíram que o impacto da P&D na produtividade de empresas científicas foi significativamente maior do que na das não científicas. Com o mesmo intuito, Verspagen realizou um estudo envolvendo nove países, dando especial destaque para três indústrias, quais sejam: alta tecnologia, média tecnologia e baixa tecnologia, nos termos da classificação utilizada pela OCDE.[874] Com isso concluiu que o impacto da P&D foi significativo e positivo apenas nos setores de alta tecnologia.[875]

Conforme verificado, a P&D tem forte ligação com o aumento da produtividade, sendo estabelecido pela Constituição o papel do Estado de promover e incentivar a P&D no Brasil. Não deverá a P&D ser realizada somente pelo Estado, mas este deverá incentivar que ela seja realizada também no âmbito privado. Além disso, deverá o Estado fomentar a absorção de P&D estrangeira, por meio, sobretudo, da qualificação dos pesquisadores. Nada obstante tais fatos, o Estado deverá criar as condições adequadas para que os setores de alta tecnologia no país se desenvolvam, visto que é nesses setores que a P&D tem maiores impactos positivos na produtividade.

---

[870] Vide FREEMAN, C. *The Economics of Industrial Innovation*. London: Routledge, 1982; WINTER, S. G. Schumpeterian Competition in Alternative Technological Regimes. *Journal of Economic Behaviour and Organisation*, v. 5, p. 287-320, 1984; MALERBA, F. *Sectoral Systems of Innovation*. Cambridge: Cambridge University Press, 2004.

[871] CASTELLANI, Davide; PIVA, Mariacristina; SCHUBERT, Torben; VIVARELLI, Marco. The Productivity Impact of R&D Investment: A Comparison between the EU and the US. *IZA DP*, n. 9937, May 2016. p. 4.

[872] GRILICHES, Z.; MAIRESSE, J. Comparing Productivity Growth: An Exploration of French and US Industrial and Firm Data. *NBER Working Paper*, n. 961, 1982.

[873] CUNEO, P.; MAIRESSE, J. Productivity and R&D at the Firm Level in French Manufacturing. *NBER Working Paper*, n. 1068, 1983.

[874] HATZICHRONOGLOU, T. *Revision of the High-Technology Sector and Product Classification*. Paris: OECD, 1997.

[875] Nesse mesmo sentido, LOS, B.; VERSPAGEN, B. R&D Spillovers and Productivity: Evidence from US Manufacturing Microdata. *Empirical Economics*, v. 25, p. 127-148, 2000.

5.5.4 Inovações tecnológicas

As inovações tecnológicas estão estreitamente relacionadas com a P&D, abordada no subcapítulo anterior, mas merecem um subcapítulo próprio no presente trabalho devido à sua relevância. Elas estão previstas nos mesmos dispositivos citados no subcapítulo que tratou da P&D, recebendo grande destaque na Constituição brasileira e contando, inclusive, com um capítulo próprio (Capítulo IV – Da ciência, tecnologia e inovação). Estão diretamente relacionadas com a produtividade, considerando que são um dos principais meios para aumentá-la, motivo pelo qual foi atribuído ao Estado, expressamente, o dever tutelá-las.

O debate econômico sobre os determinantes da inovação teve duas abordagens básicas distintas entre si: as teorias da indução pela demanda (*demand-pull*) e as teorias do impulso pela tecnologia (*technology-push*). As primeiras entendiam que as forças de mercado seriam as principais determinantes da mudança técnica, ao passo que as segundas definiam que a tecnologia seria um fator autônomo induzido pela ciência.[876] Esse debate, no entanto, acabou se enfraquecendo à medida que os autores foram percebendo que o processo inovativo era muito complexo, de modo que não haveria uma determinação exógena única, mas sim um conjunto de fatores que não estariam limitados à demanda de mercado e ao avanço da ciência. Essa composição de determinantes pode ser delimitada em dois tipos: fatores externos e internos de inovação. Os externos se relacionam à estrutura de mercado e às características dos setores e do país. Os internos englobam elementos da firma relativos a estratégia, capacitação e aprendizagem.[877]

Conforme já exposto, o Brasil é um país que teve sua industrialização tardia, pois a indústria brasileira passou a ganhar expressão efetiva somente após a segunda metade do século XX. As universidades no país, do mesmo modo, foram tardias, pois são poucas as instituições que têm mais de cem anos, e elas nasceram voltadas para o ensino, enquanto na Itália do século XV já havia universidades voltadas não somente para o ensino como também para pesquisa.[878]

---

[876] DOSI, G. *Mudança técnica e transformação industrial*: a teoria e uma aplicação à indústria dos semicondutores. Campinas: Editora Unicamp, 2006.

[877] SILVA, Felipe Queiroz; AVELLAR, Ana Paula Macedo de. P&D, inovação e produtividade: evidências para empresas industriais brasileiras. *In:* ENCONTRO NACIONAL DE ECONOMIA, 43, 2016, Curitiba. Anais (...), Curitiba: Anpec, 2016. p. 3.

[878] SALERNO, Mario Sergio; KUBOTA, Luis Claudio. Estado e Inovação. *In:* DE NEGRI, João Alberto; KUBOTA, Luis Claudio. *Políticas de incentivo à inovação*. Brasília: Ipea, 2008, p. 13-64. p. 31.

Os cursos de pós-graduação, por sua vez, foram fomentados somente a partir dos anos de 1970, quando surgiram políticas de bolsas para mestrados e doutorados no exterior, com o objetivo de formar pesquisadores. Conforme Salerno e Kubota,[879] o Brasil investiu tardiamente na ciência, com a criação da pós-graduação – com apoio do Conselho Nacional de Desenvolvimento Científico e Tecnológico (CNPq), da FINEP e da Coordenação de Aperfeiçoamento de Pessoal de Nível Superior (Capes) –, e, mais tarde, também em mecanismos de financiamento competitivo para pesquisas científicas realizadas nas universidades e nos institutos de pesquisa (CNPq, Finep, fundações de amparo à pesquisa). Não criou, contudo, simultaneamente, um sistema de financiamento consistente e capaz de induzir o desenvolvimento tecnológico e a inovação no país.

Além do mais, ainda segundo os autores, a base produtiva no Brasil é fortemente "multinacionalizada", decorrente de opções feitas na década de 1950. No mencionado período, empresas estrangeiras foram atraídas para que explorassem o mercado interno, e não para que se tornassem bases de exportação ou para que desenvolvessem novos produtos no país. Com isso, a pesquisa, o desenvolvimento e grande parte da engenharia estavam localizadas no exterior, e ainda continuam. Verifica-se, portanto, que estimular as inovações não era política pública no início da industrialização. Nas décadas de 1960 e 1970, as políticas adotadas fortaleceram o cenário com mercados fechados, altas taxas de importação, financiamento facilitado para a construção de fábricas, a fim de induzir a fabricação local, mas sem necessariamente incentivar o projeto local do produto.

A atual estrutura produtiva continua fundada nessas condições iniciais. Até o final dos anos 1980, conforme os autores, inibiu a competição internacional em um momento de transformação da base produtiva (com as tecnologias de informação e comunicação – TICs –, em especial com os computadores, os *softwares* e a microeletrônica, assim como com a internacionalização de empresas acirrando e induzindo a globalização). Nada obstante isso, havia poucas multinacionais de capital brasileiro atuando em setores tradicionais, como siderurgia de aços longos, têxtil, carnes, mineração etc. As que se diferenciavam

---

[879] SALERNO, Mario Sergio; KUBOTA, Luis Claudio. Estado e Inovação. *In:* DE NEGRI, João Alberto; KUBOTA, Luis Claudio. *Políticas de incentivo à inovação.* Brasília: Ipea, 2008, p. 13-64. p. 31.

quanto a isso, como é o caso da Embraer, são exceções que acabam confirmando a regra.[880]

Todos esses fatores acabaram ocasionando um cenário de baixa inovação na economia brasileira. No entanto, houve algumas tentativas de impulsionar o desenvolvimento tecnológico e a inovação no Brasil, elencadas por Salerno e Kubota.[881] No início da década de 1980, quando o mercado ainda era bastante fechado, foram promulgadas leis como a já mencionada Lei do Similar Nacional e a Lei de Informática, que reservou o mercado para a produção local de todos os bens de informática, as quais se mostraram infrutíferas.

No governo Collor, a Lei do Similar Nacional e diversas outras restrições à importação foram revogadas, e as tarifas de importação foram diminuídas drasticamente. Com os governos Itamar Franco e Fernando Henrique Cardoso, os incentivos à P&D acabaram aumentando substancialmente o investimento em engenharia, assim como em desenvolvimento do produto, de modo que o Brasil passou a ser um dos únicos centros de excelência em desenvolvimento de grande parte das principais montadoras.

Em decorrência da abertura dos mercados, a fim de que as empresas brasileiras conseguissem competir no mercado internacional, o governo Fernando Henrique instituiu o Programa Brasileiro de Qualidade e Produtividade (PBQP), focado na propagação das técnicas japonesas de gestão de qualidade na fabricação. Embora isso tenha ocasionado uma melhora na gestão das principais empresas no país, não levou à mudança de patamar da indústria nacional e ajudou não nos processos de inovação, mas sim nos de racionalização e de disputa por produtos padronizados.[882]

Ainda, cabe lembrar que os esforços dirigidos mais diretamente ao incentivo do desenvolvimento tecnológico (inovação), com exceção da Lei da Informática, foram instituídos no final da década de 1980, no governo Sarney. Nele, foram desenvolvidos instrumentos de incentivos fiscais à P&D, ocasionando no Programa de Desenvolvimento Tecnológico

---

[880] SALERNO, Mario Sergio; KUBOTA, Luis Claudio. Estado e Inovação. *In:* DE NEGRI, João Alberto; KUBOTA, Luis Claudio. *Políticas de incentivo à inovação*. Brasília: Ipea, 2008, p. 13-64. p. 31-32.

[881] SALERNO, Mario Sergio; KUBOTA, Luis Claudio. Estado e Inovação. *In:* DE NEGRI, João Alberto; KUBOTA, Luis Claudio. *Políticas de incentivo à inovação*. Brasília: Ipea, 2008, p. 13-64. p. 32-33.

[882] SALERNO, Mario Sergio; KUBOTA, Luis Claudio. Estado e Inovação. *In:* DE NEGRI, João Alberto; KUBOTA, Luis Claudio. *Políticas de incentivo à inovação*. Brasília: Ipea, 2008, p. 13-64. p. 33.

Industrial (PDTI) e no Programa de Desenvolvimento Tecnológico na Agricultura (PDTA), que posteriormente foram revogados pela Lei do Bem.[883]

Já no segundo governo Fernando Henrique, nos anos de 1990, foram criados fundos setoriais para financiamento da pesquisa. No entanto, sua eficácia foi minimizada em decorrência da baixa execução orçamentária da época, bem como pelas regulações, que impediam a aplicação em projetos empresariais, pulverizando recursos em razão da existência de diversos fundos. No governo Luís Inácio Lula da Silva ocorreu uma melhora, pois os recursos dos fundos setoriais foram dirigidos efetivamente para projetos. Além disso, a Lei de Inovação[884] e a mencionada Lei do Bem possibilitaram que o Estado financiasse P&D nas empresas de maneira direta.[885]

Conforme Freeman e Soete,[886] o crescimento dos países está relacionado ao desenvolvimento da ciência e da tecnologia e também à exploração efetiva de ambas. Uma vez que o mencionado desenvolvimento está relacionado às inovações, o ambiente do país pode ter uma influência relevante no sentido de estimular e facilitar as atividades inovadoras por parte das empresas. Os mencionados autores demonstraram que, por vezes, o suporte público obteve sucesso, ocasionando aumentos de eficiência e bem-estar, enquanto, em alguns casos, acabou resultando em comportamentos de desperdício e de *lobby* por parte de determinados grupos de interesse, o que demonstra que tais medidas devem ser adotadas com cautela pelo setor público.

Para Nelson e Winter,[887] há algumas regras que influenciam uma empresa quando ela investe em inovação. Tais regras podem

---

[883] BRASIL. *Lei Federal nº 11.196, de 21 de novembro de 2005*. Institui o Regime Especial de Tributação para a Plataforma de Exportação de Serviços de Tecnologia da Informação – REPES, o Regime Especial de Aquisição de Bens de Capital para Empresas Exportadoras – RECAP e o Programa de Inclusão Digital; dispõe sobre incentivos fiscais para a inovação tecnológica; (...) e dá outras providências. Brasília, 21 nov. 2005. Disponível em: http://www.planalto.gov.br/ccivil_03/_Ato2004-2006/2005/Lei/L11196.htm. Acesso em: 13 mar. 2019.

[884] BRASIL. *Lei Federal nº 10.973/04, de 02 de dezembro de 2004*. Dispõe sobre incentivos à inovação e à pesquisa científica e tecnológica no ambiente produtivo e dá outras providências. Brasília, 2 dez. 2004. Disponível em: http://www.planalto.gov.br/CCIVIL_03/_Ato2004-2006/2004/Lei/L10.973.htm. Acesso em: 13 mar. 2019.

[885] SALERNO, Mario Sergio; KUBOTA, Luis Claudio. Estado e Inovação. *In:* DE NEGRI, João Alberto; KUBOTA, Luis Claudio. *Políticas de incentivo à inovação*. Brasília: Ipea, 2008, p. 13-64. p. 33.

[886] FREEMAN, C.; SOETE, L. *A economia da inovação industrial*. Campinas: Editora Unicamp, 2008.

[887] NELSON, R.; WINTER, S. *Uma teoria evolucionária da mudança econômica*. Campinas: Editora Unicamp, 2005.

estar relacionadas a algumas variáveis, como o tamanho da empresa, sua lucratividade, a postura dos seus concorrentes, a percepção acerca dos retornos da P&D em geral, bem como as habilidades específicas e as experiências da empresa. Com isso, é esperado que as regras que influenciarão na decisão de investir em P&D estejam vinculadas não somente aos fatores que dizem respeito à demanda ou ao resultado das atividades de pesquisa e desenvolvimento, como também aos fatores relativos à oferta ou ao custo dessas atividades. Nelson e Winter,[888] ainda, demonstraram que o processo de mudança tecnológica depende, também, do aperfeiçoamento de aptidões tecnológicas, o que significa o aprendizado de tecnologias já existentes, e da criação de novas. Tanto o ritmo quanto a direção do aprendizado dependerão da formalização e do propósito dos esforços para inovar, assim como do modo de aprendizagem. De todos os esforços, as atividades de P&D são consideradas como o principal mecanismo de esforço inovativo apto a gerar conhecimento relacionado à tecnologia. Essa relação se dá pelo fato de tais atividades serem consideradas como o meio mais formal para o aprendizado e para a mudança técnica, ocorrendo na fronteira do conhecimento tecnológico.[889]

Além disso, observam Silva e Avellar[890] que há outros esforços que são mencionados na literatura acerca da capacidade tecnológica e que, em geral, são classificados como: *"learning-by-doing"*, que significa o aprendizado por meio da própria experiência no processo de produção; *"learning-by-using"*, que significa aprender com a comercialização e com o uso; e, por fim, *"learning-by-interacting"*, que corresponde ao aprendizado adquirido por meio da interação com fontes externas, tais como fornecedores, clientes, consultores, concorrentes, universidades, centros de pesquisa e governo. O *"learning-by-interacting"* vem recebendo um destaque cada vez maior relativamente à questão das redes de inovação e da cooperação em atividades de P&D, que pode ser realizada entre empresas do mesmo grupo, com empresas concorrentes e também com universidades e centros de pesquisa. Essa espécie de cooperação ocorre pelo fato de haver complexidade científica mais alta e convergência

---

888 NELSON, R.; WINTER, S. *Uma teoria evolucionária da mudança econômica*. Campinas: Editora Unicamp, 2005.

889 SILVA, Felipe Queiroz; AVELLAR, Ana Paula Macedo de. P&D, inovação e produtividade: evidências para empresas industriais brasileiras. *In:* ENCONTRO NACIONAL DE ECONOMIA, 43, 2016, Curitiba. Anais (...), Curitiba: Anpec, 2016. p. 4.

890 SILVA, Felipe Queiroz; AVELLAR, Ana Paula Macedo de. P&D, inovação e produtividade: evidências para empresas industriais brasileiras. *In:* ENCONTRO NACIONAL DE ECONOMIA, 43, 2016, Curitiba. Anais (...), Curitiba: Anpec, 2016. p. 5.

tecnológica, e também devido aos altos custos das atividades de pesquisa. Isso porque não são muitas as empresas que conseguem reunir internamente todas as competências de que necessitam para desenvolver novos produtos, o que acaba promovendo alianças estratégicas para complementar as competências, assim como dividir os custos e os riscos inerentes às inovações tecnológicas.[891] Desse modo, concluem os mencionados autores[892] que as características internas das empresas, que abrangem suas estratégias, suas capacidades, suas formas de conhecimento e aprendizagem, unem-se às suas características externas do ambiente de competição tal como uma estrutura de fatores que determinam o seu processo de inovação e o ganho de produtividade dele derivado.

No Brasil, políticas de apoio à inovação vêm sendo utilizadas, especialmente, com o objetivo de induzir as empresas a adotarem estratégias de inovação em produtos, processos, formas de uso, distribuição, comercialização etc., a fim de alcançarem, com isso, um patamar mais elevado de desenvolvimento e geração de renda. Nesse sentido foram a Política Industrial, Tecnológica e de Comércio Exterior (PITCE), de 2003, e o Plano de Desenvolvimento da Produção, de 2008, que elencaram a inovação como fator essencial para que a indústria do país pudesse dar um salto de qualidade de modo a poder transformar sua própria estrutura industrial.[893]

Atualmente, levando em consideração o fato de que o objetivo é a transformação da base produtiva em direção a maior valor agregado, inovação e diferenciação de produto, percebe-se que as instituições não estão devidamente preparadas para lidar com segmentos e aspectos não materiais, como *software*, marcas, internacionalização de ativos e influência na divisão internacional do trabalho das firmas estrangeiras. Nesse sentido, ao se analisar alguns países relevantes que adotam políticas de inovação, como Estados Unidos e Coreia do Sul, verifica-se, primeiramente, que eles tratam do assunto diretamente pelo gabinete do maior mandatário local (primeiro-ministro ou presidente), que tem

---

891 POWELL, W. W.; GRODAL, S. Networks of Innovators. *In:* FAGERBERG, J.; MOWERY, D. G.; NELSON R. R. *The Oxford Handbook of Innovation*. Oxford: Oxford University Press, 2005, p. 56-85.

892 SILVA, Felipe Queiroz; AVELLAR, Ana Paula Macedo de. P&D, inovação e produtividade: evidências para empresas industriais brasileiras. *In:* ENCONTRO NACIONAL DE ECONOMIA, 43, 2016, Curitiba. Anais (...), Curitiba: Anpec, 2016, p. 5.

893 SALERNO, Mario Sergio; KUBOTA, Luis Claudio. Estado e Inovação. *In:* DE NEGRI, João Alberto; KUBOTA, Luis Claudio. *Políticas de incentivo à inovação*. Brasília: Ipea, 2008, p. 13-64. p. 14.

uma posição hierárquica superior à de ministérios e agências. Trata-se de política de Estado que busca não somente conquistar crescimento econômico, como também manter ou aumentar a hegemonia desses países em segmentos estratégicos da economia mundial.[894]

O surgimento de tecnologias de informação e comunicação, vinculadas às inovações provenientes delas, possibilitaram uma aceleração da disseminação de informação e conhecimento nunca antes vista na história. Boa parte da economia mundial ocorre em torno de atividades baseadas em conteúdos altamente tecnológicos, fundadas no conhecimento. Isso levou à criação de expressões como "economia do conhecimento",[895] assim como "sociedade do conhecimento", com o intuito de caracterizar uma dinâmica fundada nas atividades intensivas de conhecimento, que é, de modo simultâneo, econômica, política e social. Seu aspecto econômico decorre da criação de riqueza com produtos de alta tecnologia (cerca de 60% do comércio internacional é composto por produtos de média e de alta tecnologia);[896] o social decorre do fato de que os produtos interferem na vida social (internet, transmissões de TV, rádio); e o político está ligado ao fato de os governos dos principais países no mundo, bem como daqueles que querem figurar dentre eles, desenvolverem instrumentos para apoiar o desenvolvimento de ciência, tecnologia e inovação pelas empresas.[897]

Nesse sentido, conforme a OCDE, as políticas de inovação consistem em uma fusão das políticas de ciência, tecnologia e indústria. Elas partem do princípio de que o conhecimento tem, em todas as formas, papel extremamente relevante no progresso econômico e de que a inovação é um fenômeno completo e sistêmico. Um de seus aspectos, qual seja, sua complexidade, decorre da circunstância de que

[894] SALERNO, Mario Sergio; KUBOTA, Luis Claudio. Estado e Inovação. *In:* DE NEGRI, João Alberto; KUBOTA, Luis Claudio. *Políticas de incentivo à inovação*. Brasília: Ipea, 2008, p. 13-64. p. 14.

[895] Segundo Mangabeira Unger, "a economia do conhecimento consiste na acumulação de capital, tecnologia, capacitações tecnológicas e ciência aplicados à condução das atividades produtivas". Para ele, "sua característica ideal é a inovação permanente em processos e métodos, assim como outra forma de produzir bens e serviços sob arranjos típicos de equipamentos e tecnologias, mas se propõe a ser um paradigma de produção que continuamente se reinventa". UNGER, Roberto Mangabeira. *Economia do conhecimento*. Tradução de Leonardo Castro. São Paulo: Autonomia Literária, 2018. p. 26.

[896] DE NEGRI, Fernanda. Padrões tecnológicos e de comércio exterior das firmas brasileiras. *In:* DE NEGRI, João Alberto; SALERNO, Mário Sérgio (Ed.). *Inovações, padrões tecnológicos e desempenho das firmas industriais brasileiras*. Brasília: Ipea, 2005. p. 75-118.

[897] SALERNO, Mario Sergio; KUBOTA, Luis Claudio. Estado e Inovação. *In:* DE NEGRI, João Alberto; KUBOTA, Luis Claudio. *Políticas de incentivo à inovação*. Brasília: Ipea, 2008, p. 13-64. p. 17.

de nada adianta ter uma boa ciência se não houver uma base produtiva capaz de utilizar os princípios científicos descobertos para a fabricação de um produto. Em outras palavras, significa que as políticas de inovação necessariamente compreendem a relação entre "a ciência e sua produção, a tecnologia e sua geração, assim como a inovação por parte das empresas".[898]

Para Schumpeter, o impulso fundamental que permite que a máquina capitalista inicie e mantenha-se em movimento decorre "dos novos bens de consumo, dos novos métodos de produção ou transporte, dos novos mercados, das novas formas de organização industrial que a empresa capitalista cria".[899]

Em estudo do Instituto de Pesquisa Econômica Aplicada (Ipea), realizado por Salerno e De Negri,[900] a estrutura da indústria brasileira foi analisada e classificada em três diferentes estratégias competitivas, quais sejam: i) empresas que inovam e diferenciam produtos, ou seja, aquelas que adotam uma estratégia competitiva fundada na inovação de produtos e na obtenção de preços-prêmio (venda de seus produtos por preços superiores aos da concorrência); ii) empresas especializadas em produtos padronizados, que concorrem por preço, obtendo produtividade semelhante à das empresas que inovam e diferenciam o produto; iii) empresas que não diferenciam produto e têm produtividade menor em comparação à das demais.

Verificou-se, assim, o efeito da inovação e da diferenciação de produtos para as empresas, os trabalhadores e a economia de maneira geral, chegando-se à conclusão de que as empresas que inovam e diferenciam produto representam apenas 1,7% do total de empresas, mas 25,9% do faturamento e 13,3% do emprego na indústria. Percebeu-se, portanto, que as empresas que inovam e diferenciam produto são maiores com relação ao faturamento e ao número de empregos, além de terem produtividade mais alta e eficiência de escala, contratando trabalhadores com nível de escolaridade mais alto, apresentando, ainda, mais estabilidade no emprego e pagando melhores salários. O salário pago pelas empresas que inovam é cerca de três vezes maior do que

---

[898] SALERNO, Mario Sergio; KUBOTA, Luis Claudio. Estado e Inovação. *In:* DE NEGRI, João Alberto; KUBOTA, Luis Claudio. *Políticas de incentivo à inovação*. Brasília: Ipea, 2008, p. 13-64. p. 17-18.

[899] SCHUMPETER, Joseph. *Capitalismo, socialismo e democracia*. Rio de Janeiro: Zahar, 1984. p. 112.

[900] SALERNO, Mario Sergio; DE NEGRI, João Alberto. Inovação, estratégias competitivas e inserção internacional das firmas da indústria brasileira. *Parcerias Estratégicas*. Brasília: Centro de Gestão e Estudos Estratégicos (CGEE), n. 20 – parte 4, p. 1309-1333, jun. 2005.

o pago pelas empresas que não diferenciam produtos e têm produtividade mais baixa e 66% maior em comparação com as empresas que têm produtos padronizados.[901]

No referido estudo, foi verificado que, se duas empresas fossem similares, uma delas inovando e diferenciando produtos e a outra não diferenciando e tendo produtividade mais baixa, a primeira tenderia a pagar salários 23% mais altos em comparação com a segunda e 11% mais altos em comparação com as empresas especializadas em produtos padronizados.[902] Isso demonstra que o aumento da produtividade pode possibilitar salários mais altos para os trabalhadores.

A pesquisa publicada pelo Ipea também demonstrou que as empresas que inovam têm 16% mais chance de exportar, havendo uma correlação muito forte entre inovação tecnológica e diferenciação de produto, o que significa que a inovação tecnológica é uma fonte essencial da diferenciação, assim como de obtenção de renda diferencial pelas empresas. As empresas que inovam e diferenciam seus produtos têm como consequência um maior crescimento. Além disso, as empresas brasileiras internacionalizadas que usam as suas unidades estabelecidas no exterior como fonte de informação para inovação apresentam, da mesma forma, desempenho superior, obtendo um maior crescimento no Brasil. Tais fatos enfraquecem a ideia de que a internacionalização de empresas brasileiras significa a geração de empregos no exterior em detrimento de empregos no país, pois, de modo contrário, a internacionalização de empresas brasileiras, segundo o Ipea, é extremamente benéfica para os aumentos de seus ganhos de escala, bem como para a ampliação de mercados e para "driblar" barreiras tarifárias e não tarifárias de diversos mercados. Ainda, verificou-se que a exposição das empresas brasileiras a mercados mais exigentes acaba por ampliar suas possibilidades de diferenciação dos produtos exportados.[903]

Conforme a OCDE, há países que estão se encaminhando para a terceira geração de políticas de inovação.[904] Segundo Salerno e Kubota,

---

901 SALERNO, Mario Sergio; DE NEGRI, João Alberto. Inovação, estratégias competitivas e inserção internacional das firmas da indústria brasileira. *Parcerias Estratégicas*. Brasília: Centro de Gestão e Estudos Estratégicos (CGEE), n. 20 – parte 4, p. 1309-1333, jun. 2005.

902 BAHIA, L. D.; ARBACHE, J. S. Diferenciação salarial segundo critérios de desempenho das firmas industriais brasileiras. *In:* DE NEGRI, João Alberto; SALERNO, Mario Sergio (Org.). *Inovações, padrões tecnológicos e desempenho das firmas industriais brasileiras*. Brasília: Ipea, 2005. p. 47-74.

903 SALERNO, Mario Sergio; KUBOTA, Luis Claudio. Estado e Inovação. *In:* DE NEGRI, João Alberto; KUBOTA, Luis Claudio. *Políticas de incentivo à inovação*. Brasília: Ipea, 2008, p. 13-64. p. 21.

904 OECD. *Governance of Innovation Systems*. Paris: OECD, 2005. v. 1.

a primeira geração ia da pesquisa básica para a pesquisa aplicada e, a partir daí, para a introdução, no mercado, de novos produtos e tecnologias. A segunda geração está relacionada ao Sistema Nacional de Inovação, que é caracterizado pelo planejamento realizado por cada país para seu crescimento, por meio da organização e da estruturação dos processos de inovação tecnológica. A terceira geração, por sua vez, "propõe uma ação mais integrada das políticas de inovação com outras políticas – como a ambiental, a de educação e a de saúde –, o que resulta na difícil tarefa de alinhar as necessidades de diferentes ministérios".[905] Os mencionados autores, então, realizaram uma breve análise acerca das ações de determinados países nesse sentido, que será exposta a seguir.

O primeiro dos países analisados foi o Japão, um dos símbolos do desenvolvimento tecnológico do fim do século XX. A política industrial tradicional no mencionado país – juntamente com muitos fatores geopolíticos, tais como a Guerra Fria, as guerras da Coreia e do Vietnã, entre outros –, que foi dirigida e controlada fortemente pelo Estado, acarretou uma indústria muito forte. Nesse contexto, determinados organismos, como o Ministério da Indústria e Comércio Internacional (MITI), tornaram-se símbolos do desenvolvimento japonês. No entanto, no final dos anos 1990, o país passou por um período de estagnação, com baixo crescimento, mesmo com juros reais proporcionalmente baixos. Com isso, novos concorrentes em produção de baixo custo, como a China, surgiram e despontaram nesse segmento, posto que antes era ocupado pelo Japão.

Entre as medidas recentes adotadas pelo Japão está a iniciativa de longo prazo denominada Innovation 25 Plan, que estipulava diretrizes e ações com objetivos para o ano de 2025. Com isso, buscava-se promover o crescimento econômico, em especial o crescimento da produtividade, por meio da inovação.

Verificou-se que o Japão optou por rever suas políticas industriais anteriores, que tiveram êxito, mas eram convencionais, semelhantes às políticas adotadas pelo Brasil nos anos de 1950 a 1970, e na Coreia nos anos de 1960 a 1980. Decidiu, portanto, definir um novo foco, qual seja, "a inovação tecnológica com liderança mundial, em vez de potência exportadora de quaisquer bens industriais com base na mecânica e na eletrônica".[906]

---

[905] SALERNO, Mario Sergio; KUBOTA, Luis Claudio. Estado e Inovação. *In:* DE NEGRI, João Alberto; KUBOTA, Luis Claudio. *Políticas de incentivo à inovação*. Brasília: Ipea, 2008, p. 13-64. p. 46.

[906] SALERNO, Mario Sergio; KUBOTA, Luis Claudio. Estado e Inovação. *In:* DE NEGRI, João Alberto; KUBOTA, Luis Claudio. *Políticas de incentivo à inovação*. Brasília: Ipea, 2008, p. 13-64. p. 47.

Conforme os mencionados autores,[907] o Japão, como todos os países que almejam entrar seriamente na disputa do conhecimento de ponta, criou uma institucionalidade. No referido país, a P&D é realizada basicamente por um pequeno grupo de cerca de dez empresas de grande porte, correspondendo o setor privado por cerca de 77% dos gastos com P&D. Todavia, segundo os autores, isso é um ponto fraco japonês, pois o sistema universitário no período pós-guerra era separado do setor empresarial, motivo pelo qual este acabou arcando com grande parte da pesquisa básica. Em pesquisa realizada no Japão para o projeto Mobilização Brasileira pela Inovação Tecnológica (Mobit), os autores observaram que a mudança institucional no país asiático envolveu uma série de fatores,[908] que serão brevemente a seguir expostos: i) criação de um ministério especial de inovação, ligado ao gabinete do primeiro-ministro; ii) revisão das instituições do país, entre as quais o Ministério da Indústria e Comércio Internacional (Miti), que se transformou no Ministério da Economia, Comércio e Indústria (Meti); iii) criação de um sistema competitivo de financiamento da pesquisa; iv) instituição de lei para as universidades, transformando-as em entidades de direito privado, com elevada autonomia não somente para gerenciamento financeiro (aptas a captar recursos externos, elaborar contratos diversos, alienar e incorporar patrimônio etc.), como também para gestão de recursos humanos (com poder para contratar, demitir, elaborar plano de cargos e salários etc.), buscando, com isso, reduzir os gastos do Estado e também atrair quadros de altíssimo nível, com o intuito de melhorar as universidades japonesas nas classificações internacionais; e, por fim, iv) instituição de lei criando a figura jurídica de institutos de administração independentes, com liberdade de contratação, estabelecimento de cargos e salários etc. O orçamento de ciência e tecnologia (C&T) passou a ser definido de acordo com prioridades estabelecidas pelo Conselho de C&T, que tem prerrogativas para hierarquizar os programas conforme as prioridades estabelecidas.

Salerno e Kubota[909] observam, no entanto, que há um paradigma na situação japonesa. Isso porque os fatores que levaram o país ao

---

[907] SALERNO, Mario Sergio; KUBOTA, Luis Claudio. Estado e Inovação. *In:* DE NEGRI, João Alberto; KUBOTA, Luis Claudio. *Políticas de incentivo à inovação*. Brasília: Ipea, 2008, p. 13-64. p. 47.

[908] SALERNO, Mario Sergio; KUBOTA, Luis Claudio. Estado e Inovação. *In:* DE NEGRI, João Alberto; KUBOTA, Luis Claudio. *Políticas de incentivo à inovação*. Brasília: Ipea, 2008, p. 13-64. p. 47-48.

[909] SALERNO, Mario Sergio; KUBOTA, Luis Claudio. Estado e Inovação. *In:* DE NEGRI, João Alberto; KUBOTA, Luis Claudio. *Políticas de incentivo à inovação*. Brasília: Ipea, 2008, p. 13-64. p. 48.

sucesso entre os anos de 1960 e 1990 deixaram de ser considerados os mais importantes para o desenvolvimento futuro. O sistema japonês, marcado pela organização e pela gestão, atualmente, é considerado inadequado para que as inovações ocorram, pois acaba por inibir o empreendedorismo, estimulando a acomodação das empresas, além de ser lento com relação à tomada de decisão. Por esses motivos, buscou uma nova institucionalidade, apta a dar mais dinamismo para a economia em direção à inovação, pois esta é considerada como essencial para que o país possa ter hegemonia econômica no mundo.

Outro país analisado foi a Coreia do Sul. O país, em cerca de trinta anos, transformou-se, de um país subdesenvolvido de baixa renda, em uma nação industrializada de renda média, especialmente em decorrência da política de C&T.[910]

Em 2004, foi instituída uma grande reforma na governança de ciência, tecnologia e inovação, a fim de estabelecer uma economia focada na inovação e uma sociedade baseada na C&T.[911]

Anteriormente, nos anos de 1960, a Coreia do Sul, utilizando-se de uma estratégia de substituição de importações e desenvolvimento de indústrias leves de exportação, impulsionou o seu processo de industrialização. O foco no mercado externo ocasionou pressão para que as indústrias no país adquirissem tecnologia estrangeira e a utilizassem para competir internacionalmente.[912]

Já na década de 1970, o foco da estratégia industrial foi o desenvolvimento de indústrias pesadas e químicas. Em razão de essas indústrias não possuírem capacidade para desenvolver sua própria P&D, foram criados dez institutos de pesquisa governamentais, nas áreas de maquinaria, eletrônica, química, construção naval, entre outras. Esses institutos tinham como prioridade o desenvolvimento e a propagação de tecnologia industrial.

Nos anos de 1980, houve tanto um ajuste estrutural como um desenvolvimento industrial tecnologicamente intensivo, com rápido

---

910 Vide LEE, W. Y. O papel da política científica e tecnológica no desenvolvimento industrial da Coréia do Sul. *In:* KIM, L.; NELSON, R. R. *Tecnologia, aprendizado e inovação*: as experiências das economias de industrialização recente. Campinas: Editora Unicamp, 2005.

911 Vide HONG, Y. S. Evolution of the Korean National Innovation System: Towards an Integrated Model. *In:* OECD. *Governance of Innovation Systems*. Paris: OECD, 2005. v. 2. p. 65-85.

912 SALERNO, Mario Sergio; KUBOTA, Luis Claudio. Estado e Inovação. *In:* DE NEGRI, João Alberto; KUBOTA, Luis Claudio. *Políticas de incentivo à inovação*. Brasília: Ipea, 2008, p. 13-64. p. 49.

crescimento dos salários reais, o que acabou forçando as empresas a focarem na inovação tecnológica. Com a abertura gradual dos mercados domésticos, as empresas sul-coreanas tiveram que melhorar suas capacidades tecnológicas, por meio de transferências externas e de desenvolvimento próprio. Observam Salerno e Kubota[913] que as políticas da época focavam na internalização de tecnologias-chave, no desenvolvimento de mão de obra qualificada, bem como na promoção de P&D no setor privado. Nesse sentido, o Programa Nacional de P&D, de 1982, objetivava estimular os institutos de pesquisa governamentais a complementarem pesquisa em áreas que não fossem pesquisadas pelo setor privado. Além disso, o governo buscou induzir o investimento direto estrangeiro, por meio de política de liberalização desses investimentos.

Em 2004, ocorreram grandes mudanças no Sistema Nacional de Inovação Sul-Coreano (SNI), a fim de assegurar a transição para uma economia fundada na inovação. Foram, então, estabelecidas duas diretrizes. A primeira era a instituição de um plano para reorganizar o SNI, assim como o Ministério da Ciência e Tecnologia e suas funções. A segunda consistia na promoção do ministro da Ciência e Tecnologia a vice-primeiro-ministro, passando a ser responsável não somente pelo planejamento, pela supervisão e pela coordenação das políticas de C&T, como também pela coordenação e pela alocação do orçamento governamental de P&D. Ainda em 2004, importantes leis e regulamentos foram revisados pelo governo, e também houve a criação do Escritório de Ciência, Tecnologia e Inovação. Com isso, o papel do Conselho Nacional de Ciência e Tecnologia foi fortalecido.

Conforme se verificou, grande parte dos problemas do Sistema Nacional sul-coreano foi resolvida em razão do fortalecimento do Ministério de Ciência e Tecnologia, que passou a ser um centro de tomada de decisão e responsável pela coordenação das principais políticas de C&T, eliminando diversas duplicidades e conflitos interministeriais, melhorando a coerência dos muitos programas de ciência, tecnologia e inovação (CT&I).

Outro país analisado foi a França. Nele, a inovação também foi considerada como uma política prioritária e estabelecida no gabinete do primeiro ministro. Há uma longa história e tradição no país em

---

[913] SALERNO, Mario Sergio; KUBOTA, Luis Claudio. Estado e Inovação. *In:* DE NEGRI, João Alberto; KUBOTA, Luis Claudio. *Políticas de incentivo à inovação*. Brasília: Ipea, 2008, p. 13-64. p. 49.

ciência, tecnologia, indústria e intervenção estatal, tendo sido executada, recentemente, uma grande reforma institucional. Considera-se, na França – unanimemente entre os partidos políticos – que a inovação é um caminho para que seja possível romper com o declínio relativo da sua indústria.[914]

Nesse sentido, conforme os autores, o Ministério das Finanças e Indústria – mais especificamente, a direção-geral das empresas – focou na promoção da inovação por meio da constituição de um fundo único interministerial para apoio a projetos que visem à inovação, ajudando a romper com atividades isoladas dos ministérios. Além do mais, o orçamento disponível para ser utilizado em CT&I é de muitos bilhões de euros. Como exemplo, o programa de "polos de competitividade" envolve, sozinho, 1,5 bilhão de euros, e o orçamento da Agência de Inovação Industrial, voltada para projetos de grandes empresas, é de 1,7 bilhão de euros.[915]

Ainda segundo os autores, as agências francesas têm autonomia administrativa, movimentando recursos públicos de maneira ágil e respondendo por seus atos. Durante o período de 2004 a 2006, foram instituídas a Agência de Inovação Industrial (AII), com foco nos grandes projetos, via subsídios (que consistem em recursos não reembolsáveis para pesquisa pré-competitiva) e também financiamento em condições favorecidas para que a pesquisa desenvolvida seja implementada; a Agência Nacional de Pesquisa (ANP), com foco no financiamento competitivo da pesquisa acadêmica e empresarial; e a Oseo-Anvar, que é uma agência resultante da fusão de diversos órgãos que visa apoiar a pequena e a média empresa.

Por fim, foi analisada pelos autores a Finlândia.[916] Verificou-se que o Estado, no mencionado país, deixou de ser voltado para a regulação e passou a ser voltado para políticas com ênfase em CT&I orientadas para o mercado. Com essas medidas, a Finlândia conseguiu chegar à liderança mundial em indicadores da economia do conhecimento. No entanto, essa estratégia acabou contribuindo para as dificuldades

---

[914] SALERNO, Mario Sergio; KUBOTA, Luis Claudio. Estado e Inovação. *In:* DE NEGRI, João Alberto; KUBOTA, Luis Claudio. *Políticas de incentivo à inovação*. Brasília: Ipea, 2008, p. 13-64. p. 51.

[915] SALERNO, Mario Sergio; KUBOTA, Luis Claudio. Estado e Inovação. *In:* DE NEGRI, João Alberto; KUBOTA, Luis Claudio. *Políticas de incentivo à inovação*. Brasília: Ipea, 2008, p. 13-64. p. 51.

[916] SALERNO, Mario Sergio; KUBOTA, Luis Claudio. Estado e Inovação. *In:* DE NEGRI, João Alberto; KUBOTA, Luis Claudio. *Políticas de incentivo à inovação*. Brasília: Ipea, 2008, p. 13-64. p. 53-54.

enfrentadas no país na horizontalização das políticas de inovação, em razão de sua grande dependência da maior empresa nacional, a Nokia.[917]

A Finlândia teve seu Estado do bem-estar social (*welfare state*) caracterizado por um forte intervencionismo estatal nas funções sociais, culturais e econômicas durante os anos de 1960 e 1980. Para possibilitar a implementação desse Estado, nos anos 1960 ocorreram reformas nos sistemas educacionais, de saúde e cuidado infantil, que passaram a ser gratuitos e custeados por recursos públicos. Tudo isso por meio de políticas fundadas no planejamento estatal, com ênfase no controle estatal e na regulação.[918]

Nada obstante tais fatos, segundo os autores, houve expansão do sistema científico e educacional entre os anos de 1960 e 1970. Nessa época, a elaboração de políticas públicas com o capital privado não era bem vista. Com efeito, foram criadas companhias estatais e foram concedidos subsídios diretamente à indústria. Ao final da década de 1960 já se consideravam de grande relevância as indústrias de exportação, bem como o intercâmbio tecnológico; contudo, a existência de um grande mercado soviético acabou evitando a proliferação dessas ideias.

No entanto, com o fim da União Soviética, o país passou a se alinhar aos programas da União Europeia e da OCDE. A ideologia do bem-estar social, no início da década de 1990, acabou sendo progressivamente abandonada pelo Estado, havendo uma ascensão do pensamento liberal, buscando que ocorressem privatizações e a competição de mercado, devido à preocupação com a concorrência no mercado internacional.

Nesse sentido, o governo iniciou uma onda de privatizações, e o capital foi utilizado para que a Finlândia se tornasse uma economia mais orientada para o conhecimento, na Europa. Observa-se, quanto a isso, que a média de gastos governamentais do país em P&D tem sido consideravelmente superior à da União Europeia. Ainda, o governo tem buscado o aumento da eficiência do sistema nacional de inovação, o que estimulou o crescimento da economia, do emprego e das atividades empresariais, priorizando a P&D de novas tecnologias, como as tecnologias de informação e comunicação, a biotecnologia e a tecnologia de materiais.[919]

---

917 Vide ALESTALO, J. H. *et al.* Changing Governance for Innovation Policy Integration in Finland. *In:* OECD. *Governance of Innovation Systems.* Paris: OCDE, 2005. v. 2.

918 SALERNO, Mario Sergio; KUBOTA, Luis Claudio. Estado e Inovação. *In:* DE NEGRI, João Alberto; KUBOTA, Luis Claudio. *Políticas de incentivo à inovação.* Brasília: Ipea, 2008, p. 13-64. p. 53.

919 SALERNO, Mario Sergio; KUBOTA, Luis Claudio. Estado e Inovação. *In:* DE NEGRI, João Alberto; KUBOTA, Luis Claudio. *Políticas de incentivo à inovação.* Brasília: Ipea, 2008, p. 13-64. p. 54.

Conforme observam Salerno e Kubota,[920] no período recente, as políticas econômica, de tecnologia, industrial e de competitividade passaram a englobar a ideia de uma economia do conhecimento. A política científica foca na obtenção de competitividade de mercado por meio de um sistema científico forte. Nas avaliações são utilizadas não somente a proficiência acadêmica, como também os impactos econômicos em potencial, dando importância, ainda, às relações entre a universidade e a indústria. Já a política universitária voltou-se mais intensamente para o mercado, adotando instrumentos regulatórios relativos à gerência e à comercialização de tecnologia. A política educacional, por sua vez, passou a considerar o conhecimento e as competências como integrantes de uma economia globalizada e competitiva.

Segundo os autores, a Finlândia definiu três premissas com o intuito de promover as novas tecnologias, quais sejam: "i) é papel do Estado enfrentar os desafios da globalização investindo em novas tecnologias; ii) o dinheiro do governo é capital intensivo; e iii) os mercados são abertos para todos os produtores de conhecimento".[921]

Por fim, ainda segundo os referidos autores, a Finlândia é conhecida como uma das principais "economias do conhecimento", tendo suas estratégias sido imitadas em outros países. No país, utiliza-se a política de disponibilizar subsídios disputados pelas empresas (dando ênfase, com isso, a essa mesma disputa), em vez de oferecer incentivos fiscais. Verificaram, ainda, que o país possui elevados índices de registro de patentes e de cooperação entre empresas, universidades e institutos públicos de pesquisa e investimento privado em P&D. Com relação às suas deficiências, é possível apontar a baixa atração de investimento direto, a baixa participação das pequenas e médias empresas, bem como a rigidez do mercado de trabalho, que acaba ocasionando uma grande limitação à presença de estrangeiros.

Em estudo realizado pela OCDE,[922] foram analisados diversos países,[923] entre os quais o Brasil, a fim de verificar os impactos das inovações tecnológicas na produtividade do trabalho. Notou-se que, na

---

920 SALERNO, Mario Sergio; KUBOTA, Luis Claudio. Estado e Inovação. *In:* DE NEGRI, João Alberto; KUBOTA, Luis Claudio. *Políticas de incentivo à inovação*. Brasília: Ipea, 2008, p. 13-64. p. 54.

921 SALERNO, Mario Sergio; KUBOTA, Luis Claudio. Estado e Inovação. *In:* DE NEGRI, João Alberto; KUBOTA, Luis Claudio. *Políticas de incentivo à inovação*. Brasília: Ipea, 2008, p. 13-64. p. 54.

922 OECD. *Innovation in Firms*: A Microeconomic Perspective. Paris: OCDE, 2009. p. 122.

923 Austrália, Áustria, Bélgica, Brasil, Canadá, Dinamarca, Finlândia, França, Alemanha, Luxemburgo, Holanda, Nova Zelândia, Noruega, Reino Unido.

Europa, a correlação entre as inovações nos produtos e a produtividade é maior para as grandes empresas. No Brasil, no Canadá e na Nova Zelândia, no entanto, a correlação é maior para as micro e pequenas empresas. Conforme verificado, na maioria dos países o efeito na produtividade decorrente das inovações nos produtos é maior no setor de manufaturas do que no setor de serviços. Na Austrália, na Dinamarca e na Finlândia, o aumento não é significante no setor de serviços. A Alemanha e a Nova Zelândia, no entanto, são exceções, pois o setor de serviços é o mais afetado positivamente.

Para Chudnovsky, López e Pupato,[924] a relevância do processo de inovação nas empresas que fazem negócios nos países em desenvolvimento nem sempre é devidamente reconhecida, pois, muitas vezes, os economistas tendem a assumir que a abertura e o fácil acesso a fontes de tecnologia estrangeiras é o que importa somente, motivo pelo qual haveria uma falta de estudos detalhados sobre o tema. Para suprir essa lacuna, analisaram o comportamento tecnológico e o desempenho de empresas industriais argentinas durante 10 anos (1992-2001). Nesse período, a Argentina teve um crescimento elevado do PIB entre 1991 e 1994 (que foi interrompido pela crise da tequila em 1994) e entre 1996 e 1998. No final de 1998, a economia entrou em um período de estagnação, que foi seguido por uma profunda queda do PIB em 2001 e 2002, em meio a uma enorme crise financeira e institucional.

Conforme os mencionados autores, após a adoção de um conselho monetário (o chamado Plano de Conversibilidade) e de um amplo programa de reformas estruturais no início dos anos de 1990, as empresas manufatureiras argentinas, nascidas principalmente durante a fase de industrialização de substituição de importações, tiveram que competir de modo acirrado contra o fluxo de bens importados no mercado interno em expansão. As grandes empresas foram as que tiveram melhor desempenho nas novas condições de mercado, ao mesmo tempo que muitas empresas domésticas foram à falência ou vendidas para investidores estrangeiros e outras acabaram abandonando total ou parcialmente suas atividades produtivas para se tornarem importadoras de bens estrangeiros.

Segundo eles, além da heterogeneidade em seu comportamento e no desempenho no cenário pós-reforma, poder-se-ia esperar que as empresas manufatureiras com melhor desempenho, especialmente

[924] CHUDNOVSKY, Daniel; LÓPEZ, Andrés; PUPATO, Germán. Innovation and Productivity in Developing Countries: A Study of Argentine Manufacturing Firms' Behavior (1992-2001). *Research Policy*, v. 35, p. 266-288, 2006.

as estrangeiras e/ou orientadas para exportações, aumentassem seus investimentos em modernização tecnológica para enfrentar os desafios decorrentes da liberalização da economia.

Foi o que, de fato, ocorreu.[925] Em um contexto de vendas e produtividade crescentes, os insumos de inovação, dentre os quais atividades de P&D e aquisição de bens de capital relacionados a atividades de inovação, bem como gastos com treinamento, consultoria, engenharia e *design*, aumentaram cerca de 69% entre 1992 e 1996.[926]

Conforme os mencionados autores, entre as empresas que aumentaram seus gastos com inovação o viés em favor das importações de tecnologia em relação aos gastos domésticos com inovação, que tradicionalmente caracterizaram a conduta das empresas manufatureiras argentinas no passado, foi, no mínimo, reforçado. Desse modo, apesar de um aumento nos gastos com P&D e inovação, durante o período de alto crescimento, os insumos do exterior, sobretudo na forma de importação de bens de capital e entradas de investimento direto estrangeiro, foram a principal fonte de modernização tecnológica para o setor manufatureiro.

Além de aumentarem seus gastos com inovação durante o período, as empresas manufatureiras também estavam muito ativas introduzindo novas tecnologias de produtos e processos.[927]

Por fim, os autores se questionam sobre o que teria acontecido quando o ciclo de crescimento acabou. Seria de se esperar que, devido às condições adversas que prevaleceram em 1998, houvesse uma redução severa nas atividades de inovação, em um contexto em que as empresas estavam tentando cortar gastos e adiar decisões de investimento para enfrentar a recessão. Conforme observado, essa suposição foi confirmada. Verificou-se que, em um contexto em que as vendas, a produtividade e o investimento caíram drasticamente, os gastos com inovação também sofreram uma forte redução, de 28,5% entre 1998 e 2001. Também seria de se esperar que houvesse menos empresas introduzindo novas tecnologias durante esse período. No entanto, inesperadamente os gastos internos com P&D aumentaram

[925] INDEC; SECYT. *Encuesta sobre la conducta tecnológica de las empresas industriales argentinas*. Buenos Aires: Indec, 1998. (Série Estudios, n. 31).

[926] CHUDNOVSKY, Daniel; LÓPEZ, Andrés; PUPATO, Germán. Innovation and Productivity in Developing Countries: A Study of Argentine Manufacturing Firms' Behavior (1992-2001). *Research Policy*, v. 35, p. 266-288, 2006. p. 267.

[927] CHUDNOVSKY, Daniel; LÓPEZ, Andrés; PUPATO, Germán. Innovation and Productivity in Developing Countries: A Study of Argentine Manufacturing Firms' Behavior (1992-2001). *Research Policy*, v. 35, p. 266-288, 2006. p. 267.

consideravelmente, em cerca de 21,5%,[928] apesar de terem permanecido em níveis modestos.[929]

Do estudo, analisando a situação da Argentina no período, os mencionados autores chegaram a algumas conclusões.[930] A primeira delas é que as grandes empresas são mais propensas a se engajarem em atividades de inovação e lançarem inovações no mercado, sendo indiferente o fato de ela ser de propriedade estrangeira ou não.

A segunda conclusão foi que a realização de atividades de inovação, tais como aquisição interna de P&D e de tecnologia, aumenta a probabilidade de se tornar um inovador, mas de maneiras heterogêneas. Embora a aquisição de tecnologia não afete a probabilidade relativa dos resultados do produto de inovação, a P&D aumenta as chances tanto de produtos como de processos inovadores.

A terceira conclusão foi que as empresas inovadoras tiveram um desempenho melhor do que as não inovadoras em termos de produtividade do trabalho durante o período de 1992 a 2001. Isso demonstra que a inovação, juntamente com as habilidades de mão de obra, parece ser o principal determinante da produtividade das empresas.

Além do mais, verificaram que, apesar dos baixos gastos em P&D da indústria manufatureira da Argentina, as empresas consideram as atividades de P&D como parte de suas rotinas e um bem valioso a ser preservado, mesmo em momentos difíceis. Isso porque, conforme verificado, a P&D contribui para que as empresas se tornem inovadoras e, portanto, atinjam níveis de produtividade mais altos do que os dos concorrentes que não inovam.

Ainda, foi verificado que os esforços contínuos em P&D têm um impacto consideravelmente maior sobre a probabilidade de ter produto ou processo inovadores, quando comparado a gastos descontínuos. Desse modo, interromper as atividades internas de P&D teria uma influência negativa nos resultados das atividades. Tal situação se deve ao fato de que as empresas aprendem a inovar e esse aprendizado deve ser um processo contínuo para ser efetivo.[931]

---

928 INDEC; SECYT; CEPAL. *Segunda Encuesta Nacional de Innovación y Conducta Tecnológica de las Empresas Argentinas*. Buenos Aires: Indec, 2003. (Serie Estudios, n. 38).

929 CHUDNOVSKY, Daniel; LÓPEZ, Andrés; PUPATO, Germán. Innovation and Productivity in Developing Countries: A Study of Argentine Manufacturing Firms' Behavior (1992-2001). *Research Policy*, v. 35, p. 266-288, 2006. p. 267-268.

930 CHUDNOVSKY, Daniel; LÓPEZ, Andrés; PUPATO, Germán. Innovation and Productivity in Developing Countries: A Study of Argentine Manufacturing Firms' Behavior (1992-2001). *Research Policy*, v. 35, p. 266-288, 2006. p. 282-283

931 CHUDNOVSKY, Daniel; LÓPEZ, Andrés; PUPATO, Germán. Innovation and Productivity in Developing Countries: A Study of Argentine Manufacturing Firms' Behavior (1992-2001). *Research Policy*, v. 35, p. 266-288, 2006. p. 283.

Finalmente, verificaram que, como os processos de conhecimento e inovação têm um forte caráter cumulativo, não surpreende que os resultados obtidos quando as empresas internalizam as atividades de P&D como parte de suas rotinas sejam melhores do que quando empreendem projetos de inovação isolados. Segundo os autores, embora essa descoberta não possa ser inesperada quando os países desenvolvidos são analisados, é interessante descobrir que ela também é válida para países em desenvolvimento. Assim, as políticas tecnológicas devem visar à promoção de empresas para manter departamentos permanentes de inovação, em vez de apenas subsidiar projetos específicos, como se verificou que ocorreu na Argentina no período analisado.[932]

Crespi e Zuniga[933] entendem que, para que os países em desenvolvimento alcancem níveis de renda *per capita* similares aos das economias mais ricas, a produtividade é essencial. Nesse sentido, entendem que melhorar a produtividade é o desafio mais importante para os países da América Latina e do Caribe, pois, como demonstrado em estudos realizados pelo Banco Interamericano de Desenvolvimento, o baixo crescimento da produtividade é a causa básica do fraco desempenho econômico da região nas últimas quatro décadas.[934] Conforme os autores, a inovação é essencial para aumentar a produtividade. Isso porque a evidência mostra que a aplicação de avanços tecnológicos leva a um uso mais eficiente dos recursos produtivos, e que a transformação de novas ideias em novas soluções econômicas é a base de vantagens competitivas sustentáveis para as empresas. Além disso, há estudos entre países que demonstram um círculo virtuoso no qual os gastos em P&D, inovação, produtividade e renda *per capita* se reforçam mutuamente e levam os países a taxas sustentadas de crescimento de longo prazo.[935] Já no nível da empresa, há evidências para os países industrializados que

---

932 CHUDNOVSKY, Daniel; LÓPEZ, Andrés; PUPATO, Germán. Innovation and Productivity in Developing Countries: A Study of Argentine Manufacturing Firms' Behavior (1992-2001). *Research Policy*, v. 35, p. 266-288, 2006. p. 383.

933 CRESPI, Gustavo; ZUNIGA, Pluvia. Innovation and Productivity: Evidence from Six Latin American Countries. *World Development*, v. 40, n. 2, p. 273-290, 2011.

934 BID. *Development in the Americas: The age of productivity: Transforming economies from the bottom up*. Washington, D.C.: Inter-American Development Bank; Palgrave McMillan, 2010; BID. *Science, Technology and Innovation in Latin America and the Caribbean*: A Statistical Compendium of Indicators. Washington, D.C.: Inter-American Development Bank, 2010.

935 Nesse sentido, HALL, R.; JONES, C. Why do Some Countries Produce So Much More Output Per Worker Than Others?. *The Quarterly Journal of Economics*, v. 114, n. 1, p. 83-116, 1999; ROUVINEN, P. R&D Productivity Dynamics: Causality, Lags, and Dry Holes. *Journal of Applied Economics*, v. 5, p. 123-156, 2002.

mostram os vínculos positivos entre P&D, inovação e produtividade.[936] Por entenderem que para as empresas latino-americanas essas relações não estariam tão bem estabelecidas, Crespi e Zuniga[937] examinaram as determinantes das inovações tecnológicas e seus impactos na produtividade do trabalho nas empresas do setor de transformação em seis países da América Latina.[938]

O mencionado estudo apresentou alguns resultados relevantes. Verificaram que há fortes evidências de relação positiva entre o conhecimento e a inovação e uma forte associação entre inovação e produtividade. Em todos os países analisados, as empresas que investem em conhecimento são mais capazes de introduzir novos avanços tecnológicos, e aquelas que inovam têm maior produtividade do trabalho do que as empresas que não inovam. Todavia, percebeu-se que os determinantes do investimento em atividades de inovação nos países latino-americanos estudados são muito mais heterogêneos do que nos países da OCDE. Por exemplo, a cooperação, a propriedade de empresas por estrangeiros e a exportação, segundo eles, aumentam a propensão a investir em inovação e incentivam o investimento em inovações em apenas metade dos países estudados.[939]

O estudo demonstrou também a importância da inovação para as empresas, bem como as dificuldades enfrentadas ao investirem em inovação, em especial a incapacidade delas de integrarem recursos científicos e tecnológicos em suas estratégias de inovação.[940]

Além disso, conforme observado pelos autores, ao interpretar os resultados deve-se levar em consideração diversos aspectos das pesquisas sobre inovação observados na América Latina e o modo como as

---

[936] Nesse sentido, GRIFFITH, R.; HUERGO, E.; MAIRESSE, J.; PETERS, B. Innovation and Productivity Across Four European Countries. *Oxford Review of Economic Policy*, v. 22, n. 4, p. 483-498, 2006; GRIFFITH, R.; REDDING, S.; VAN REENEN, J. *Mapping the Two Faces of R&D*: Productivity, R&D, Skills and Trade in an OECD Panel of Industries. Boston: Institute for Fiscal Studies, 2000; MAIRESSE, J.; MOHNEN, P. *Using innovation surveys for econometric analysis*. NBER Working Paper, Washington, D.C.: National Bureau of Economic Research, n. 15857, 2010; MAIRESSE, J.; MOHNEN, P.; KREMP, E. The Importance of R&D and Innovation for Productivity: A Reexamination in Light of the 2000 French Innovation Survey. *Annales d'Economie Statistique*, 2005; e OECD. *Innovation in Firms*: A Microeconomic Perspective. Paris: OCDE, 2009.

[937] CRESPI, Gustavo; ZUNIGA, Pluvia. Innovation and Productivity: Evidence from Six Latin American Countries. *World Development*, v. 40, n. 2, p. 273-290, 2011. p. 273.

[938] Argentina, Chile, Colômbia, Costa Rica, Panamá e Uruguai.

[939] CRESPI, Gustavo; ZUNIGA, Pluvia. Innovation and Productivity: Evidence from Six Latin American Countries. *World Development*, v. 40, n. 2, p. 273-290, 2011. p. 274.

[940] CRESPI, Gustavo; ZUNIGA, Pluvia. Innovation and Productivity: Evidence from Six Latin American Countries. *World Development*, v. 40, n. 2, p. 273-290, 2011. p. 274.

empresas percebem a inovação nesses países. Primeiramente, é preciso esclarecer que a inovação é um conceito mais amplo e as empresas consideram apenas mudanças menores em produtos e serviços como inovação. No entanto, diversas vezes inovação refere-se à adoção de tecnologia externa desenvolvida por outras empresas. Não por acaso, portanto, as taxas de inovação são muito mais altas do que as encontradas nos países da OCDE. O atraso das empresas latino-americanas é evidenciado nos indicadores referentes à natureza da inovação.[941] Verificou-se, também, que a inovação de processos é mais frequente do que a inovação de produtos, e isso parece estar relacionado à preponderância de bens de capital e maquinário no investimento total em inovação. Além do mais, as empresas latino-americanas parecem dedicar recursos substanciais à inovação, em relação ao faturamento, embora a parte dedicada à P&D seja significativamente baixa. No entanto, quando se analisa a natureza dos resultados da inovação, a inovação tecnológica está concentrada principalmente em inovações do tipo adaptativo e incremental. De fato, conforme observam os autores, para as empresas que estão longe da fronteira tecnológica, a imitação e a aquisição de tecnologia são consideradas os principais canais de aprendizado e recuperação. Essas necessidades, em conjunto com um frágil ambiente de negócios para inovação (tais como condições macro e microeconômicas instáveis, tamanho e crescimento limitados do mercado e estruturas regulatórias e políticas fracas), fazem com que as empresas percebam a inovação além de seus meios e objetivos e explicam em parte a falta de investimento em P&D nos países latino-americanos.[942]

Nada obstante isso, ressaltam os autores que, ao comparar os resultados entre os países, deve-se levar em consideração que os ambientes comercial, econômico e político na América Latina diferem entre os países da região e geralmente também dos países da OCDE. Nesse sentido, medidas políticas em prol da inovação, na última década, avançaram mais na Argentina, no Chile e no Uruguai do que em outros países vizinhos.

Crespi e Pianta[943] analisaram a diversidade de padrões de inovação nas empresas de fabricação e de serviços e nos seus resultados

---

941 Nesse sentido, BID. *Science, Technology and Innovation in Latin America and the Caribbean*: A Statistical Compendium of Indicators. Washington, D.C.: Inter-American Development Bank, 2010.

942 CRESPI, Gustavo; ZUNIGA, Pluvia. Innovation and Productivity: Evidence from Six Latin American Countries. *World Development*, v. 40, n. 2, p. 273-290, 2011. p. 277.

943 CRESPI, Francesco; PIANTA, Mario. Diversity in Innovation and Productivity in Europe. *Journal of Evolutionary Economics*, v. 18, p. 529-545, 2008.

em termos de produtividade do trabalho, considerando seis países europeus.[944] Notam os autores que, se por um lado o modelo de competitividade tecnológica enraizado nas inovações de produtos aumenta a produtividade principalmente por meio de uma expansão da produção associada a produtos de melhor qualidade, novos mercados e crescimento da demanda, por outro, um modelo de competitividade de preço depende de inovações de processo e aumenta a eficiência principalmente por meio de maior intensidade de capital, sistemas de produção mais flexíveis e redução de insumos de trabalho.

Do estudo, concluíram os autores[945] que ambos os mecanismos de crescimento de produtividade (competitividade tecnológica e competitividade de preço) estão normalmente presentes dentro de cada indústria e dentro de cada país. Tanto a inovação de produto como a de processo contribuem para o crescimento da produtividade. Tanto esforços para crescer em tecnologia e mercados quanto esforços para reduzir custos e aumentar a eficiência contribuem para uma maior produção por hora trabalhada.

É interessante notar que pouca diferença foi encontrada entre as indústrias de manufatura e de serviços nos determinantes do crescimento da produtividade. Além disso, a diversidade entre as indústrias mostrou que a inovação pode ser associada a duas estratégias contrastantes: buscar a competitividade tecnológica tanto por meio da geração de conhecimento, da inovação de produtos e da expansão de novos mercados como por meio de maior competitividade de custos, promovendo redução de mão de obra, flexibilidade e reestruturação. O estudo dos mencionados autores mostrou que essas estratégias contribuem para o aumento da produtividade de maneiras fundamentalmente diferentes.

Além disso, a diversidade entre os países mostrou que os sistemas nacionais de inovação tinham uma forte influência sobre a forma como os impulsos tecnológicos e os efeitos da demanda aumentam a produtividade. Nos países europeus, tanto a competitividade tecnológica como a competitividade de custos prevalecem como mecanismo-chave para o crescimento da produtividade. Esse resultado aponta, segundo os autores, a importância dos padrões de especialização nacional em inovação, juntamente com os padrões de exportação, produção e tecnologia, e abre um flanco adicional para a pesquisa abordando

---

944 Alemanha, França, Itália, Holanda, Portugal e Reino Unido.

945 CRESPI, Francesco; PIANTA, Mario. Diversity in Innovation and Productivity in Europe. *Journal of Evolutionary Economics*, v. 18, p. 529-545, 2008.

a especificidade das estratégias tecnológicas e suas ligações com a especialização e o desempenho. Nada obstante isso, a diversidade entre indústrias e países exige menos modelos gerais e abstratos e mais estudos específicos sobre as fontes de crescimento da produtividade, incluindo o papel da demanda.

Dessas análises, os autores puderam extrair algumas implicações políticas.[946] A primeira delas é que as políticas nacionais devem se basear na consciência da estrutura econômica, no perfil de inovação dos países e na compreensão dos pontos fortes e das limitações de sua estratégia tecnológica dominante. À medida que o crescimento da produtividade é empurrado e puxado pelas especificidades de tal modelo, os esforços políticos direcionados a diferentes elementos de atividades inovativas – por exemplo, inovação de produtos em detrimento de novas máquinas – provavelmente terão, no curto prazo, efeitos mais consistentes com a estratégia tecnológica que domina um determinado país ou indústria.

Salientam, ainda, que, em longo prazo, uma política separada, mas de suma importância, é a relativa aos esforços dos países para passar de um modelo baseado em competitividade de custos para outro em que prevaleça a competitividade tecnológica. Isso porque, em decorrência de uma crescente concorrência com novos países industrializados, devido a um mercado mundial cada vez mais aberto, essa questão se mostra essencial. Na visão dos autores, o esforço para mudar a especialização pode levar, no curto prazo, a dificuldades no crescimento da produtividade, visto que se faz necessária a adaptação das empresas e das instituições, na medida em que novos mecanismos são implantados. Mesmo assim, as evidências, segundo eles, demonstram que são possíveis elevados ganhos de produtividade quando os países desenvolvem um modelo de competitividade tecnológica. Nesse sentido, nos países analisados, a taxa média anual de crescimento da produtividade do trabalho no período de 1996 a 2001 foi de 2,1% para as indústrias baseadas na inovação de produtos e de somente 0,8% nos setores dominados pela inovação de processos.[947]

Além do mais, para que todos os potenciais benefícios dos efeitos de crescimento de inovação e demanda sejam possíveis, os autores exortam que as políticas de inovação devem ser direcionadas para os sistemas nacionais e setoriais de inovação. Devem visar, portanto, às

---

946 CRESPI, Francesco; PIANTA, Mario. Diversity in Innovation and Productivity in Europe. *Journal of Evolutionary Economics*, v. 18, p. 529-545, 2008. p. 541.

947 CRESPI, Francesco; PIANTA, Mario. Diversity in Innovation and Productivity in Europe. *Journal of Evolutionary Economics*, v. 18, p. 529-545, 2008. p. 541.

indústrias e às atividades com maior potencial de crescimento, emprego, aprendizado e com mais capacidade de criar novos produtos e mercados para as demandas não atendidas. Ademais, ferramentas políticas específicas, que operem tanto no lado da oferta como no lado da demanda, podem incluir: uma estratégia de longo prazo para reposicionar a economia na divisão internacional do trabalho; o fornecimento de infraestruturas e condições de enquadramento para novos setores, novos mercados e novos produtos; organização da demanda do setor privado e do setor público com incentivos e aquisições; bem como ação em matéria de regulamentação e concorrência, permitindo o acesso a novos produtores.[948]

Lee, ao analisar a Coreia do Sul,[949] concluiu que o avanço tecnológico em uma economia depende tanto das inovações provenientes de novas tecnologias quanto da imitação da tecnologia produzida em outras localidades. Especialmente no caso da economia sul-coreana, a adoção de tecnologia desempenhou um papel muito importante no crescimento da produtividade. No entanto, a adoção de tecnologia, por si só, não é capaz, segundo o autor, de garantir o crescimento sustentado da produtividade. Isso porque quanto maior a lacuna no nível de tecnologia em relação ao país mais avançado, mais rapidamente a economia tecnologicamente atrasada alcançará a fronteira tecnológica mundial, o que ficou conhecido como "a vantagem do atraso".[950] Assim, à medida que a lacuna tecnológica se torna menor, mais difícil é se aproximar das economias tecnologicamente avançadas. Nesse sentido, verificou-se que o ritmo de recuperação da produtividade da Coreia do Sul, nos últimos anos, após um longo período de aumento, desacelerou, o que parece indicar que a adoção tecnológica se tornou mais difícil, já que a diferença de produtividade diminuiu. Com isso, Lee defende que, para que possa ocorrer um crescimento sustentado da produtividade, no caso da Coreia, o país precisa promover a inovação de suas próprias tecnologias, além de se utilizar da imitação ou da adaptação das tecnologias existentes.[951]

---

[948] CRESPI, Francesco; PIANTA, Mario. Diversity in Innovation and Productivity in Europe. *Journal of Evolutionary Economics*, v. 18, p. 529-545, 2008. p. 542.

[949] LEE, Jong-Wha. Human Capital and Productivity for Korea's Sustained Economic Growth. *Journal of Asian Economics*, n. 16, p. 663-687, 2005.

[950] Vide GERSCHENKRON, A. *Economic Backwardness in Historical Perspective*. Cambridge: The Belknap Press, 1962.

[951] LEE, Jong-Wha. Human Capital and Productivity for Korea's Sustained Economic Growth. *Journal of Asian Economics*, n. 16, p. 663-687, 2005. p. 680.

Da análise realizada acerca da economia sul-coreana, Lee entende que ela agora enfrenta uma lacuna muito menor em capital físico e humano, bem como de eficiência técnica nos níveis de potencial de longo prazo do que nas décadas anteriores. Como consequência, espera-se que o processo de recuperação, por meio da acumulação de capital, bem como a adoção de tecnologias já inventadas, diminua com o tempo. Desse modo, para o autor, a Coreia, inevitavelmente, enfrentará um caminho de crescimento mais baixo do que teve nas décadas anteriores. Com isso, a menos que ela acelere o crescimento de sua produtividade, é improvável que a economia volte a ter as elevadas taxas que teve anteriormente. Verifica-se que a Coreia, atualmente, procura mudar de um antigo tipo de acumulação para uma economia impulsionada pela tecnologia. Todavia, o progresso tecnológico desse país ainda depende, sobretudo, da mera imitação ou adaptação de tecnologias já inventadas. Por isso, observa o autor que aumentar os investimentos em P&D e melhorar a qualidade da educação são cruciais para as inovações tecnológicas.[952]

Do exposto, verifica-se que as inovações tecnológicas estão diretamente relacionadas com o aumento da produtividade. Não por acaso, contaram com um capítulo específico na Constituição brasileira.

Por esse motivo, cabe ao Estado proporcionar um ambiente favorável que estimule e facilite as inovações por parte das empresas. Nada obstante isso, o Estado deverá estimular a cooperação entre empresas e a importação de novas tecnologias, bem como o desenvolvimento de novas tecnologias nacionais. Com isso, será possível a transformação da base produtiva em direção à maior produtividade, combinada a produtos de maior valor agregado e diferenciados.

5.5.5 Agricultura

O Brasil tem como um dos seus principais setores o agrícola, que é responsável por uma parcela considerável do PIB nacional. Não por acaso, foi objeto de grande destaque na Constituição brasileira, que concedeu um capítulo próprio para a política agrícola e fundiária, bem como para a reforma agrária. Entre as vedações à desapropriação para fins de reforma agrária encontra-se a propriedade produtiva, conforme artigo 185, II, da Constituição. O artigo 187, por sua vez, estabelece que

---

[952] LEE, Jong-Wha. Human Capital and Productivity for Korea's Sustained Economic Growth. *Journal of Asian Economics*, n. 16, p. 663-687, 2005. p. 684.

a política agrícola será planejada e executada na forma da lei, com a participação efetiva do setor da produção, envolvendo produtores e trabalhadores, assim como dos setores de comercialização, de armazenamento e de transportes, levando em consideração, entre outros aspectos, o incentivo à pesquisa e tecnologia, nos termos do inciso III. Como será demonstrado a seguir, os investimentos no setor agrícola, em especial os relativos a P&D, estão diretamente relacionados com o aumento da produtividade no setor.

Conforme demonstra Andersen,[953] os investimentos em P&D no setor agrícola atualmente também são questão essencial para o futuro da humanidade. Observou que há uma forte relação entre os investimentos públicos em P&D no setor agrícola e os ganhos de produtividade. Nos anos de 1960, diversos autores, em um pensamento similar ao de Malthus, demonstraram preocupação com a perspectiva de escassez global de alimento e fome em massa. Paul Ehrlich,[954] nos anos 1970, previu que "o mundo passará por fomes – centenas de milhões de pessoas morrerão de fome apesar de qualquer programa buscando evitar isso. Nessa data tardia, nada pode impedir um aumento substancial da taxa de mortalidade no mundo (...)". Meadows *et al.*[955] declararam que, se fossem mantidas as tendências de crescimento na população mundial, industrialização, poluição, produção de alimentos e esgotamento de recursos, "os limites ao crescimento neste planeta será alcançado em algum momento dentro dos próximos cem anos". No mesmo sentido era a previsão de William Paddock e Paul Paddock,[956] que chegaram a afirmar que deveria ser feita uma triagem para a ajuda externa, devendo haver um grupo "não pode ser salvo", ou seja, que não deveria receber ajuda, incluindo a Índia e as Filipinas, que, desde então, tiveram anos de excedente de alimentos em suas próprias colheitas.[957]

Todavia, essas previsões pessimistas acabaram sendo refutadas pelo crescimento da oferta de alimentos superior ao crescimento da

---

953 ANDERSEN, Matthew A. Public Investment in U.S. Agricultural R&D and the Economic Benefits. *Food Policy*, v. 51, p. 38-43, 2015. p. 38.

954 EHRLICH, P. R. *The Population Bomb*. New York: Ballantine Books, 1968. p. xi. Tradução livre.

955 MEADOWS, D. H.; MEADOWS, D. L.; RANDERS, J.; BEHRENS III, W.E. *The Limits to Growth*: A Report for the Club of Rome's Project on the Predicament of Mankind. New York: Universe Books, 1972. p. 23. Tradução livre.

956 PADDOCK, W.; PADDOCK, P. *Famine 1975! America's Decision*: Who Will Survive?. Boston: Little, Brown, 1967.

957 PARDEY, P. G.; ALSTON, J. M.; CHAN-KANG, C. *Agricultural Production, Productivity and R&D over the Past Half Century: an Emerging New World Order*. *In*: INTERNATIONAL ASSOCIATION OF AGRICULTURAL ECONOMISTS TRIENNIAL CONFERENCE, 2012, Foz do Iguaçu. *Anais* (...). Foz do Iguaçu: IAAE, 2012. p. 1.

população e da renda *per capita* durante meio século desde 1960, o que contribuiu para declínios substanciais na participação de pessoas pobres e famintas em todo o mundo.[958] Conforme demonstrado por Chen e Ravallion,[959] cerca de 26% da população dos países em desenvolvimento estava subnutrida em 1969-1971, contra 13% em 2006-2008 – tudo isso levando em conta o fato de que a população mundial aumentou em 3,9 bilhões de pessoas entre 1960 e 2010.

Com efeito, parece haver cada vez mais uma dependência da segurança alimentar de ganhos na produtividade agrícola, uma vez que não é esperado que aumentos na produção provenham de aumentos substanciais nos insumos tradicionais, como as terras aráveis.[960] Nos Estados Unidos, por exemplo, na metade do século XX, o crescimento da produtividade na agricultura estava em média na faixa de 1,5% a 2% ao ano. No entanto, há estudos que sustentam que vem ocorrendo uma desaceleração no crescimento da produtividade agrícola nos Estados Unidos nas últimas décadas.[961]

A agricultura é um setor passível de ser expandido. Ramankautty *et al.*[962] estimaram que os 15 milhões de quilômetros quadrados de terra ocuparam cerca de 12% da massa total de terra livre de gelo em 2000. No entanto, embora todos os países do mundo estejam engajados na agricultura de alguma forma, não há uma equivalência entre o engajamento de cada um. Em 2008-2010, apenas dez países correspondiam a cerca de 56,4% das terras cultiváveis do mundo, sendo que a Índia, os Estados Unidos, a Rússia, a China e o Brasil eram responsáveis por 42,6% do total. Ao mesmo tempo, os cem países com as menores participações foram responsáveis por somente 1,05% da área cultivada no mundo. A

---

958 PARDEY, P. G.; ALSTON, J. M.; CHAN-KANG, C. Public Agricultural R&D over the Past Half Century: an Emerging New World Order. Agriculture Economy, v. 44, n. 1, p. 103-113, 2013.

959 CHEN, S.; RAVALLION, M. *More Relatively-Poor People in a Less Absolutely-Poor World. Policy Research Working Paper*, Washington, D.C.: World Bank, n. 6114, 2012.

960 PARDEY, P. G.; ALSTON, J. M.; CHAN-KANG, C. Public Agricultural R&D over the Past Half Century: an Emerging New World Order. Agriculture Economy, v. 44, n. 1, p. 103-113, 2013.

961 ALSTON, J. M.; ANDERSEN, M. A.; JAMES, J. S.; PARDEY, P. G. *Persistence Pays*: U.S. Agricultural Productivity Growth and the Benefits from Public R&D Spending. Nova York: Springer, 2010; JAMES, J. S.; ALSTON, J. M. PARDEY, P. G.; ANDERSEN, M. A. Structural Changes in U.S. Agricultural Production and Productivity. *Choices*, v. 24, n. 4, p. 1-5, 2010; BALL, E.; SCHIMMELPFENNIG, D.; WANG, S. L. Is US Agricultural Productivity Growth Slowing?. *Applied Economic Perspectes and Policy*, v. 35, n. 3, p. 435-450, 2013.

962 RAMANKUTTY, N.; EVAN, A. T.; MONFREDA, C.; FOLEY, J. A. Farming the Planet: 1. Geographic Distribution of Global Agricultural Lands in the Year 2000. *Global Biogeochemical Cycles*, v. 22, p. 1-19, 2008.

produção, por sua vez, é ainda mais concentrada espacialmente, com mais da metade da produção agrícola mundial sendo proveniente de apenas cinco países e quase três quartos da produção total produzida por apenas vinte países, sendo que a China, com 8,1% das terras agrícolas do mundo, produziu sozinha quase 23% da produção agrícola mundial em 2008-2010.[963]

Ainda, trata-se a agricultura de um processo inerentemente espacial, cujos rendimentos são muito influenciados por fatores locais, tais como clima, solos e pressões de pragas. Por isso, a produção agrícola e a produtividade são especialmente sensíveis às variações espaciais e intertemporais dos fatores naturais de produção. A agricultura também está continuamente em movimento, tendo essas mudanças espaciais implicações profundas sobre o modo como as medidas de produtividade podem e devem ser interpretadas. Como exemplo, observa-se que a produção mundial de trigo mudou notavelmente, desde o início dos anos de 1960. Durante o período de três anos (1961-1963), a Rússia respondeu por 15% da produção mundial de trigo (35,4 milhões de toneladas) e ficou em primeiro lugar entre os produtores de trigo do mundo. Em 2008-2010, a Rússia caiu para o quarto produtor de trigo do mundo, respondendo por 8,3% (55,7 milhões de toneladas) da produção mundial. Isso se deve especialmente ao fato de que ocorreram grandes aumentos na produção da Índia e da China, aumentando a participação desses países na produção mundial de trigo de 11,8% para 28,8% no mesmo período.[964]

Como observado por Pardey, Alston e Kang,[965] ao longo do último meio século, a preponderância de mudanças técnicas que afetam o crescimento da produtividade em alimentos e agricultura em todo o mundo surgiu de investimentos públicos e privados em P&D. Conforme estudo, evidências indicam que a participação privada nessa P&D é de cerca de 35% a 41%, pelo menos nos países de alta renda, sendo que a

---

963 PARDEY, P. G.; ALSTON, J. M.; CHAN-KANG, C. *Agricultural Production, Productivity and R&D over the Past Half Century: an Emerging New World Order*. *In:* INTERNATIONAL ASSOCIATION OF AGRICULTURAL ECONOMISTS TRIENNIAL CONFERENCE, 2012, Foz do Iguaçu. *Anais* (...). Foz do Iguaçu: IAAE, 2012. p. 4-5.

964 PARDEY, P. G.; ALSTON, J. M.; CHAN-KANG, C. *Agricultural Production, Productivity and R&D over the Past Half Century: an Emerging New World Order*. *In:* INTERNATIONAL ASSOCIATION OF AGRICULTURAL ECONOMISTS TRIENNIAL CONFERENCE, 2012, Foz do Iguaçu. *Anais* (...). Foz do Iguaçu: IAAE, 2012. p. 5.

965 PARDEY, P. G.; ALSTON, J. M.; CHAN-KANG, C. *Agricultural Production, Productivity and R&D over the Past Half Century: an Emerging New World Order*. *In:* INTERNATIONAL ASSOCIATION OF AGRICULTURAL ECONOMISTS TRIENNIAL CONFERENCE, 2012, Foz do Iguaçu. *Anais* (...). Foz do Iguaçu: IAAE, 2012. p. 18.

maior parte das pesquisas realizadas estavam preocupadas em produzir inovações fora da fazenda (*off-farm*), em especial o processamento de alimentos.[966] No entanto, para a maior parte do mundo, quase toda a P&D na agricultura que impulsionará o crescimento da produtividade agrícola nas próximas décadas tem sido de domínio público.

No referido período, especialmente a partir dos anos 2000, o padrão global de gastos públicos em P&D agrícola passou por uma mudança considerável. Em 1960, somente 5,5 bilhões de dólares foram gastos em P&D no setor agrícola mundial. Em 2009, no entanto, esse total subiu para 33,5 bilhões de dólares, o que significa uma taxa média de crescimento (ajustada pela inflação) de 3,31% ao ano. Houve, também, grandes e aceleradas mudanças geográficas no local de atuação dessa P&D. Em 1960, por exemplo, os países de alta renda (de acordo com a renda *per capita*) foram responsáveis por 58% do total mundial desses investimentos. Quase cinquenta anos depois, em 2009, essa participação caiu para 48%. Os Estados Unidos perderam uma considerável participação no mercado global, visto que, em 1960, respondiam por 21% do total e, em 2009, por apenas 13%. Caso essa tendência se mantenha, os Estados Unidos continuarão a ter uma participação cada vez menor nos investimentos globais em P&D no setor agrícola.[967] Conforme observado por Pardey, Alston e Kang,[968] o crescimento de gastos reais no setor agrícola do setor público dos Estados Unidos fez a transição de período de desaceleração para um de nenhum crescimento ou de crescimento negativo.

Conforme os mesmos autores, a África Subsaariana também perdeu participação de mercado, caindo de 9% do total mundial em 1960 para 6% em 2009. O mesmo ocorreu com a região da América Latina e do Caribe, embora a participação do Brasil tenha aumentado de 3% para 5%, enquanto o restante da região perdeu espaço em relação ao resto do mundo. A grande expansão na participação de mercado ocorreu na região da Ásia e do Pacífico. Nessas localidades, a participação

---

[966] PARDEY, P. G.; PINGALI, P. L. *Reassessing International Research for Food and Agriculture*. Rome: Global Forum for Agricultural Research, 2010. Report prepared for the Global Conference of Agricultural Research for Development, Montpellier, France.

[967] PARDEY, P. G.; ALSTON, J. M.; CHAN-KANG, C. *Agricultural Production, Productivity and R&D over the Past Half Century: an Emerging New World Order*. *In:* INTERNATIONAL ASSOCIATION OF AGRICULTURAL ECONOMISTS TRIENNIAL CONFERENCE, 2012, Foz do Iguaçu. *Anais* (...). Foz do Iguaçu: IAAE, 2012. p. 19.

[968] PARDEY, P. G.; PINGALI, P. L. *Reassessing International Research for Food and Agriculture*. Rome: Global Forum for Agricultural Research, 2010. Report prepared for the Global Conference of Agricultural Research for Development, Montpellier, France.

da China aumentou de 13%, em 1960, para 19%, em 2009, enquanto a participação da Índia cresceu de 2% para 6%. Em 2009, cerca de 31% da pesquisa e desenvolvimento agrícola pública do mundo ocorreu na região da Ásia e do Pacífico, em comparação com apenas 20% em 1960.[969]

Especificamente no caso brasileiro, o país, entre o período de 1975 a 2005, sofreu um conjunto considerável de transformações setoriais e macroeconômicas. A agricultura, nesse período, passou por fases de expansão e de consolidação, tendo sido criada no país a empresa mais importante de pesquisa agropecuária tropical do mundo, a Embrapa, que, em conjunto com institutos estaduais de pesquisa, universidades e agências privadas, tem liderado o trabalho de pesquisa no Brasil em sua área de atuação.[970]

Gasques, Bastos e Bacchi[971] analisaram a agricultura brasileira durante o período de 1975 a 2005. No referido período, o índice de produto cresceu 208%, devido, especialmente, ao crescimento do uso de insumos (mão de obra, terra e capital) e da PTF. Verificou-se que o índice de insumos passou de 100, em 1975, para 155, em 2005, aumentando, portanto, 55%. O índice de produtividade total, por sua vez, aumentou 99% no mencionado período. No período analisado, o crescimento de 2,51% da PTF ocasionou um crescimento de 3,5% do produto e 0,96% dos insumos.

Conforme os mencionados autores, o fato de o crescimento do produto agropecuário do Brasil ter sido motivado também pelo crescimento da quantidade de insumos é uma característica que distingue a agricultura brasileira da dos Estados Unidos, visto que na norte-americana o produto cresce mesmo com a redução da quantidade de insumos.

No caso brasileiro, o referido aumento de insumos tem ocorrido, sobretudo, em decorrência do aumento do uso de capital sob a forma de máquinas automotrizes, assim como em virtude do crescente uso

---

969 PARDEY, P. G.; ALSTON, J. M.; CHAN-KANG, C. *Agricultural Production, Productivity and R&D over the Past Half Century: an Emerging New World Order*. *In:* INTERNATIONAL ASSOCIATION OF AGRICULTURAL ECONOMISTS TRIENNIAL CONFERENCE, 2012, Foz do Iguaçu. *Anais* (...). Foz do Iguaçu: IAAE, 2012. p. 19.

970 GASQUES, José Garcia; BASTOS, Eliana Teles; BACCHI, Mirian R. Piedade. Produtividade e fontes de crescimento da agricultura brasileira. *In:* DE NEGRI, João Alberto; KUBOTA, Luis Claudio (Ed.). *Políticas de incentivo à inovação tecnológica*. Brasilia: Ipea, 2008. p. 435-459. p. 435.

971 GASQUES, José Garcia; BASTOS, Eliana Teles; BACCHI, Mirian R. Piedade. Produtividade e fontes de crescimento da agricultura brasileira. *In:* DE NEGRI, João Alberto; KUBOTA, Luis Claudio (Ed.). *Políticas de incentivo à inovação tecnológica*. Brasilia: Ipea, 2008. p. 435-459. p. 444.

de fertilizantes. A utilização de mão de obra vem demonstrando uma tendência decrescente durante o período em análise. O índice utilizado para estimar a quantidade de mão de obra passou de 100, em 1975, para 98, em 2005. O índice de quantidade de terra, por sua vez, passou de 100 para 143; e o índice relativo à quantidade de capital passou de 100 para 171, o que demonstra uma tendência crescente do uso de capital e de terra na agricultura.[972]

Com isso, a primeira conclusão proveniente desses resultados é que o crescimento da agricultura vem ocorrendo por meio de expressivo aumento de produtividade, assim como pela expansão na utilização de insumos.

Ainda segundo os autores,[973] o crescimento do produto e da PTF ocorreu de maneira mais consistente a partir de 1996, quando esses índices mantiveram uma tendência estável de crescimento sem interrupção. Somente em 1986 é que a PTF apresentou abrupta queda, em decorrência de forte seca que atingiu as principais regiões produtoras do país nesse ano.

As estimativas dos índices de PTF, durante o período de 1975 a 2005, demonstraram que os maiores aumentos de produtividade ocorreram com a mão de obra e a terra. Relativamente à mão de obra, o índice de produtividade passou de 100, em 1975, para 313, em 2005. Já com relação à variável da terra, o crescimento da produtividade foi de 100 para 216 no mesmo período. Levando em consideração os anos externos (1975 e 2005), percebe-se que, dentre os fatores objeto de análise, o capital foi o que teve o menor crescimento, passando de 100 para 180.[974]

Segundo Gasques, Bastos e Bacchi,[975] o crescimento do produto proveniente da agricultura brasileira deu-se, durante todo o período,

---

972 GASQUES, José Garcia; BASTOS, Eliana Teles; BACCHI, Mirian R. Piedade. Produtividade e fontes de crescimento da agricultura brasileira. *In:* DE NEGRI, João Alberto; KUBOTA, Luis Claudio (Ed.). *Políticas de incentivo à inovação tecnológica.* Brasilia: Ipea, 2008. p. 435-459. p. 444.

973 GASQUES, José Garcia; BASTOS, Eliana Teles; BACCHI, Mirian R. Piedade. Produtividade e fontes de crescimento da agricultura brasileira. *In:* DE NEGRI, João Alberto; KUBOTA, Luis Claudio (Ed.). *Políticas de incentivo à inovação tecnológica.* Brasilia: Ipea, 2008. p. 435-459. p. 444.

974 GASQUES, José Garcia; BASTOS, Eliana Teles; BACCHI, Mirian R. Piedade. Produtividade e fontes de crescimento da agricultura brasileira. *In:* DE NEGRI, João Alberto; KUBOTA, Luis Claudio (Ed.). *Políticas de incentivo à inovação tecnológica.* Brasilia: Ipea, 2008. p. 435-459. p. 444-445.

975 GASQUES, José Garcia; BASTOS, Eliana Teles; BACCHI, Mirian R. Piedade. Produtividade e fontes de crescimento da agricultura brasileira. *In:* DE NEGRI, João Alberto; KUBOTA, Luis Claudio (Ed.). *Políticas de incentivo à inovação tecnológica.* Brasilia: Ipea, 2008. p. 435-459. p. 445.

pela expansão do uso de insumos e pelo aumento da PTF. Entre 1975 e 2005, 71,7% do produto foi decorrente de acréscimos da PTF e 27,4%, do aumento da quantidade de insumos, sendo que em todos os anos objeto de análise a taxa de crescimento da produtividade foi superior à do crescimento da quantidade de insumos.

Além do mais, verificou-se que a PTF do setor agrícola se manteve crescente a partir da década de 1980, passando de 1,86% ao ano, na mencionada década, para 2,65%, na década de 1990, e para 3,87%, entre os anos 2000 e 2005. Nada obstante isso, da análise percebeu-se que a produtividade do trabalho, a do capital e a da terra têm crescido a taxas elevadas, especialmente a produtividade do trabalho.[976]

Ainda segundo os autores, o que mais chama a atenção é o crescimento da produtividade no período de 2000 a 2005, quando a PTF cresceu a uma taxa de 3,87% ao ano. A produtividade do trabalho, por sua vez, cresceu 5,81% ao ano; a do capital, 4,67%; e a da terra, 3,26%. Durante o mencionado período, a contribuição da PTF para o aumento do produto foi de 64,6%. Já o aumento do produto da atividade agrícola devido aos insumos foi de 34,0%.

Por fim, um fato relevante é que o aumento da produtividade da agricultura está diretamente relacionado à qualificação.[977] Nesse sentido, há diversos estudos que demonstram que a mão de obra na agricultura vem passando por melhorias na qualificação. É o que se verificou nos estudos de De Negri *et al.*,[978] os quais afirmaram que, apesar do nível mais baixo de qualificação dos trabalhadores ocupados, houve um aumento na escolaridade média. Baldasi[979] verificou que, nos últimos anos, houve uma melhora no nível educacional dos empregados na agricultura brasileira. O mencionado autor constatou, também, que ocorreu um aumento da participação dos empregados alfabetizados, bem como dos empregados com oito ou mais anos de

---

[976] GASQUES, José Garcia; BASTOS, Eliana Teles; BACCHI, Mirian R. Piedade. Produtividade e fontes de crescimento da agricultura brasileira. *In:* DE NEGRI, João Alberto; KUBOTA, Luis Claudio (Ed.). *Políticas de incentivo à inovação tecnológica*. Brasilia: Ipea, 2008. p. 435-459. p. 445.

[977] GASQUES, José Garcia; BASTOS, Eliana Teles; BACCHI, Mirian R. Piedade. Produtividade e fontes de crescimento da agricultura brasileira. *In:* DE NEGRI, João Alberto; KUBOTA, Luis Claudio (Ed.). *Políticas de incentivo à inovação tecnológica*. Brasilia: Ipea, 2008. p. 435-459. p. 446.

[978] DE NEGRI, F. *et al.* Tecnologia, exportação e emprego. *In:* DE NEGRI, J. A.; DE NEGRI, F.; COELHO, D. (Org.). *Tecnologia, exportação e emprego*. Brasília: Ipea, 2006. p. 17-50. p. 34.

[979] BALSADI, O. V. *O mercado de trabalho assalariado na agricultura brasileira no período 1992-2004 e suas diferenciações regionais*. 2006. Tese (Doutorado) – Instituto de Economia, Universidade de Campinas, Campinas, 2006. p. 175-176.

estudo, em todas as categorias. Del Grossi e Graziano da Silva,[980] por sua vez, observaram mudanças recentes na agricultura que acabaram conduzindo a aumentos da produtividade do trabalho.

Conforme exposto por Del Grossi e Graziano da Silva,[981] um fato marcante no Brasil é a emergência de uma nova ruralidade nas últimas décadas, especialmente verificada no crescimento de populações com residência rural e ocupados em atividades não agrícolas. As populações com atividades agrícolas, por outro lado, vêm apresentando trajetória descendente, devido ao contínuo progresso técnico, que vem simplificando as tarefas agrícolas, especialmente levando à terceirização de operações mecanizadas. Desse modo, os estabelecimentos que antes necessitavam de famílias numerosas para conseguirem desempenhar as tarefas diárias da agricultura precisam de cada vez menos trabalhadores. Sob outro ponto de vista, no entanto, estão surgindo diversas novas atividades no meio rural, inclusive com ocupações não agrícolas, as quais acabam por absorver parte da mão de obra excedente em decorrência da agricultura mais moderna. Não por acaso, observou-se que, no Brasil, mesmo tendo o emprego agrícola experimentado uma significativa redução nos anos 1990, o crescimento de atividades não agrícolas acabou compensando a mencionada redução, mantendo estáveis os índices que indicam a população economicamente ativa rural, diferentemente do que ocorria nas décadas anteriores.

Conforme Gasques, Bastos e Bacchi,[982] há diversas possíveis explicações para o crescimento do uso de insumos e os aumentos de produtividade na agricultura, sobretudo três: a composição do produto da agropecuária, a expansão do crédito rural e a pesquisa agropecuária.

Analisando as mudanças na composição do produto, verifica-se uma evolução, no período de 1975 a 2005, do valor das lavouras permanentes, das lavouras temporárias, da produção animal e da pecuária. Com relação ao período mais recente, percebe-se que o valor nominal total da agropecuária passou de 69,52 bilhões de reais, em 2000, para

---

[980] DEL GROSSI, M.; GRAZIANO DA SILVA, J. Mudanças recentes no mercado de trabalho rural. *Parcerias Estratégicas*, Brasília: Centro de Gestão e Estudos Estratégicos, v. 11, n. 22, p. 201-216, jun. 2006.

[981] DEL GROSSI, M.; GRAZIANO DA SILVA, J. Mudanças recentes no mercado de trabalho rural. *Parcerias Estratégicas*, Brasília: Centro de Gestão e Estudos Estratégicos, v. 11, n. 22, p. 201-216, jun. 2006. p. 201-202.

[982] GASQUES, José Garcia; BASTOS, Eliana Teles; BACCHI, Mirian R. Piedade. Produtividade e fontes de crescimento da agricultura brasileira. *In:* DE NEGRI, João Alberto; KUBOTA, Luis Claudio (Ed.). *Políticas de incentivo à inovação tecnológica*. Brasilia: Ipea, 2008. p. 435-459. p. 447.

152,78 bilhões de reais em 2005. Salvo a pecuária (bovinos, suínos e aves), as demais atividades contribuíram em proporção semelhante para o aumento do valor agregado da atividade agropecuária. Entre todas as atividades, a pecuária teve um aumento do valor agregado superior ao das demais, pois seu valor nominal passou de 16,5 bilhões de reais para 41,7 bilhões de reais em 2005. Isso se deve, especialmente, ao crescimento das exportações de carnes de bovinos, suínos e aves.[983]

Nada obstante isso, os aumentos da produtividade são característicos dessas atividades, o que acaba refletindo nos resultados da PTF. De tal maneira, não somente as lavouras permanentes e as temporárias, como também a produção animal e a pecuária tiveram ganhos de produtividade que contribuíram para o aumento da produtividade total e para o consequente aumento do produto agropecuário, o que demonstra que a agricultura brasileira vem se desenvolvendo nos últimos anos por meio de um sistema diversificado e de alta produtividade.[984]

Segundo os autores, o aumento dos recursos para financiamento das atividades agropecuárias foi outro fator que afetou positivamente o crescimento. Esse efeito do crédito rural sobre a PTF ocorre por várias razões. Uma delas é a possibilidades de ser obtida melhor combinação de fatores por meio do aumento da escala de produção. Ainda, mudanças tecnológicas foram possibilitadas pelas economias de escala, deslocando a função da produção de maneira a permitir a obtenção, com a mesma quantidade de fatores, de níveis mais elevados de produto. Além disso, o crédito rural possibilita o acesso a inovações que contribuem para o aumento da produtividade.[985]

Durante o período de 2000 a 2006, houve um considerável aumento do montante de crédito rural. Especificamente, o crédito rural para produtores e cooperativas, em valores nominais, foi de 14,7 bilhões de reais, em 2000, para 43,42 bilhões reais, em 2006. Não obstante o aumento dos recursos do crédito rural oficial, tem ocorrido a expansão do

---

983 GASQUES, José Garcia; BASTOS, Eliana Teles; BACCHI, Mirian R. Piedade. Produtividade e fontes de crescimento da agricultura brasileira. *In:* DE NEGRI, João Alberto; KUBOTA, Luis Claudio (Ed.). *Políticas de incentivo à inovação tecnológica*. Brasilia: Ipea, 2008. p. 435-459. p. 447.

984 GASQUES, José Garcia; BASTOS, Eliana Teles; BACCHI, Mirian R. Piedade. Produtividade e fontes de crescimento da agricultura brasileira. *In:* DE NEGRI, João Alberto; KUBOTA, Luis Claudio (Ed.). *Políticas de incentivo à inovação tecnológica*. Brasilia: Ipea, 2008. p. 435-459. p. 447.

985 GASQUES, José Garcia; BASTOS, Eliana Teles; BACCHI, Mirian R. Piedade. Produtividade e fontes de crescimento da agricultura brasileira. *In:* DE NEGRI, João Alberto; KUBOTA, Luis Claudio (Ed.). *Políticas de incentivo à inovação tecnológica*. Brasilia: Ipea, 2008. p. 435-459. p. 447.

crédito fornecido pela indústria nas operações de compra de produtos e venda de insumos, englobando operações de custeio e investimentos.[986]

Por fim, conforme já observado, os investimentos em P&D também propiciam aumentos consideráveis para a produtividade agrícola. Segundo Gasques, Villa Verde e Oliveira, o aumento de 1% nos gastos em P&D ocasionará um impacto positivo de 0,17% na PTF. No mesmo sentido, foi demonstrado que, para os Estados Unidos, o Brasil e a Índia, a pesquisa no setor público foi a principal responsável pelo crescimento da PTF na agricultura.[987] Especificamente no caso brasileiro, a pesquisa realizada pelo setor público foi responsável por mais de 50% do crescimento da pecuária, além de 30% do crescimento agregado das lavouras.[988] Com resultados no mesmo sentido foram os estudos de Ávila e Evenson[989] acerca dos impactos da P&D sobre a PTF na agricultura brasileira. Ahearn *et al.*[990] relacionaram diversos fatores ao aumento da PTF, dentre eles a P&D.

No caso brasileiro, o país conta, conforme mencionado, desde a década de 1970, com a Embrapa. Há diversos estudos que comprovaram sua eficácia.[991] Nos moldes do observado por Gasques, Bastos e Bacchi,[992]

---

986 Vide, sobre o tema, GASQUES, J. G.; VILLA VERDE, C. M.; OLIVEIRA, J. A. F. G. *Crédito rural e estruturas de financiamento*. Brasília: Ipea, 2004.

987 FAO. *The State of Food and Agriculture*: Lessons from the Past 50 Years. Rome: FAO, 2000. p. 267.

988 GASQUES, José Garcia; BASTOS, Eliana Teles; BACCHI, Mirian R. Piedade. Produtividade e fontes de crescimento da agricultura brasileira. *In:* DE NEGRI, João Alberto; KUBOTA, Luis Claudio (Ed.). *Políticas de incentivo à inovação tecnológica*. Brasilia: Ipea, 2008. p. 435-459. p. 450.

989 AVILA, A. F. D.; EVENSON, R. E. Total Factor Productivity Growth in the Brazilian Agriculture and the Role of Agricultural Research. *In:* CONGRESSO DA SOCIEDADE BRASILEIRA DE ECONOMIA E SOCIOLOGIA E RURAL, 33, 1995, Curitiba. *Anais* (...). Curitiba: Sober, 1995. p. 1097-1103.

990 AHEARN, M. et. al. *Agricultural Productivity in the United States*. Washington: Economic Research Service, 1998.

991 AVILA, A. F. D.; IRIAS, L. J. M.; PAIVA, R. M. *The Socio-Economic Impact of Investment in Research by EMBRAPA*: Results Obtained, Profitability and Future Prospects. Brasília: Embrapa, 1985; BARBOSA, M. M. T. L.; AVILA, A. F. D.; CRUZ, E. R. da. Benefícios sociais e econômicos da pesquisa da Embrapa: uma reavaliação. *In:* YEGANIANTZ, L. (Org.). *Pesquisa agropecuária*: questionamentos, consolidação e perspectivas. Brasília: Embrapa, 1988. 58 p. (EMBRAPA-DEP, Documentos 17). p. 339-52; CRUZ, E. R. da; PALMA, V.; AVILA, A. F. D. *Rates of Return on EMBRAPA's Investments*: total investments and physical capital. Brasília: Embrapa, 1982. p. 48; EVENSON, R. E. Observations of Brazilian agricultural research and productivity. Revista de Economia Sociológica e Rural, v. 20, n. 3, p. 367-401,1982; e SILVA, G.L.S.P. da. *Produtividade agrícola, pesquisa de extensão rural*. São Paulo: USP-Fipe, 1984.

992 GASQUES, José Garcia; BASTOS, Eliana Teles; BACCHI, Mirian R. Piedade. Produtividade e fontes de crescimento da agricultura brasileira. *In:* DE NEGRI, João Alberto; KUBOTA, Luis Claudio (Ed.). *Políticas de incentivo à inovação tecnológica*. Brasilia: Ipea, 2008. p. 435-459. p. 447.

a contribuição mais evidente e decisiva da pesquisa para a expansão do agronegócio no Brasil foi o aumento da produção agrícola e pecuária nos últimos anos, garantindo uma oferta crescente de produtos e de matérias-primas. Com efeito, a produção de grãos tem crescido a taxas elevadas no território nacional, em decorrência, quase exclusivamente, do aumento de produtividade, visto que a área cultivada não sofreu grandes alterações.

Além disso, segundo Bonelli,[993] áreas de expansão recentes, em várias regiões do país, são o resultado de uma revolução invisível ocasionada sobretudo pela pesquisa. Essas áreas, especializadas na produção de grãos e frutas para serem exportadas, demonstraram taxas de crescimento do PIB do setor primário várias vezes superiores não somente às do PIB dos respectivos estados como também às de outros setores. Isso demonstra a relevância da pesquisa, em razão de seu potencial para o crescimento da produção e da produtividade agrícola brasileira. Em estudo da Companhia Nacional de Abastecimento (Conab),[994] a produção de grãos no país, pela tecnologia disponível, poderá atingir 292,5 milhões de toneladas, o que equivale a mais do que o dobro da produção brasileira em 2008/2009, que foi de 134,49 milhões de toneladas de grãos, a segunda maior da história.

Segundo relatório da International Food Policy Institute (IFPRI), em parceria com a Universidade da Califórnia,[995] a Embrapa, quando atuou isoladamente ou em conjunto com outras instituições de pesquisas, públicas e privadas, desempenhou papel decisivo no progresso do qual a agropecuária brasileira vem se beneficiando. Deve-se salientar, contudo, que a Embrapa, apesar de ser a maior empresa de pesquisa agropecuária no Brasil, não é a única, pois há também um amplo investimento em pesquisas realizado pelas agências dos governos estaduais e pelas universidades. Estima-se que a Embrapa seja responsável por 52% da P&D em agricultura, os governos estaduais, por 20% e as universidades, por 21%.[996] A Embrapa realiza suas pesquisas não somente em

---

993 BONELLI, Regis. Impactos econômicos e sociais de longo prazo da expansão agropecuária no Brasil: revolução invisível e inclusão social. *In:* SEMINÁRIO SOBRE OS IMPACTOS DA MUDANÇA TECNOLÓGICA DO SETOR AGROPECUÁRIO NA ECONOMIA BRASILEIRA, I, 2001, Brasília. *Anais* (...). Brasília: Embrapa, 2002.

994 CONAB. *Intenção de plantio safra 2006/07*: primeiro levantamento. Brasília: Conab, 2006.

995 ALSTON, J. M. *et al. The value of Embrapa Varietal Improvement Research.* A report prepared for Embrapa by The International Food Policy Research Institute (IFPRI), in collaboration with the University of California. Davis, May 2001.

996 ALSTON, J. M. *et al. The value of Embrapa Varietal Improvement Research.* A report prepared for Embrapa by The International Food Policy Research Institute (IFPRI), in collaboration with the University of California. Davis, May 2001.

parceria com organizações estaduais de pesquisa agropecuária (Oepas) e com universidades e empresas do setor privado, como também, cada vez mais, fora do Brasil.[997]

Kageyama[998] realizou estudo acerca dos efeitos do Programa Nacional de Fortalecimento da Agricultura Familiar (Pronaf) na produtividade e na renda da agricultura familiar. Nesse estudo, foram analisados cerca de 2.299 estabelecimentos agropecuários em 21 municípios de oito Estados brasileiros (Alagoas, Bahia, Ceará, Maranhão, Espírito Santo, Minas Gerais, Santa Catarina e Rio Grande do Sul). Nele, compararam produtores com e sem cadastro no Pronaf. Com isso buscaram-se possíveis associações entre a presença do Pronaf e variáveis econômicas (renda, produtividade, tecnologia), sociais (nível de vida) e ambientais (uso de agrotóxicos, ações de conservação). Concluiu a autora que todos os itens tecnológicos básicos da "agricultura moderna" mostram associações positivas e significativas com a presença de crédito do Pronaf, sendo que o referido programa vem cumprindo o papel do tradicional sistema de crédito rural. Todavia, se por um lado o Pronaf tem contribuído para viabilizar a adoção de técnicas agrícolas produtivas, de outro pode contribuir para piorar a qualidade do meio ambiente. Por esse motivo, entende a autora que seria interessante que o programa reforçasse ações voltadas para as consequências desse padrão tecnológico sobre o meio ambiente. Além do mais, foi verificado que apenas duas das variáveis testadas não apresentaram diferenças significativas de média entre os dois grupos de produtores, quais sejam: a taxa de ocupação da família e a renda *per capita*. Tal conclusão era inesperada, pois os objetivos do Pronaf são a elevação da renda e do emprego nas famílias agrícolas. Todas as demais variáveis, como produtividade, rendas não agrícolas, escolaridade e área explorada, tiveram médias significantemente maiores no grupo dos produtores com cadastro no Pronaf. Ainda cumpre ressaltar do referido estudo que influenciaram negativamente a produtividade da terra as variáveis relativas a atividades não agrícolas (pluriatividade, rendas de outras fontes e de inativos), a área explorada e a proporção entre financiamentos e

---

[997] GASQUES, José Garcia; BASTOS, Eliana Teles; BACCHI, Mirian R. Piedade. Produtividade e fontes de crescimento da agricultura brasileira. *In:* DE NEGRI, João Alberto; KUBOTA, Luis Claudio (Ed.). *Políticas de incentivo à inovação tecnológica*. Brasilia: Ipea, 2008. p. 435-459. p. 453.

[998] KAGEYAMA, Angela. Produtividade e renda na agricultura familiar: efeitos do PRONAF-crédito. *Revista Agricultura em São Paulo*, São Paulo, v. 50, n. 2, p. 1-13, 2003.

valores da produção agropecuária do estabelecimento. Já com efeitos positivos e significativos sobre a produtividade aparecem o Pronaf, a escolaridade da família e, sobretudo, as variáveis tecnológicas, exceto o controle de pragas e doenças. A presença de pluriatividade está associada a uma média de produtividade da terra 23,2% inferior à das famílias não pluriativas. Já a presença do Pronaf tende a aumentar a média da produtividade em cerca de 28%.[999] A variável tecnológica que mais teve impacto sobre a produtividade foi o uso de adubos, elevando a produtividade da terra em 64%, em comparação com os estabelecimentos que não utilizam adubações. Entre as variáveis tecnológicas, verificou-se a não significância do uso de defensivo, bem como que o uso de adubos possui um efeito muito maior do que a mecanização (68%, 37% e 12,75%, respectivamente) no aumento da produtividade do trabalho. Já a presença do Pronaf eleva em 38,4% a produtividade do trabalho, se comparado com a do grupo que não participa do Pronaf.[1000]

Em estudo, Guanziroli, Buainain e Di Sabbato[1001] analisaram a evolução da agricultura familiar no Brasil no período de 1996 até 2006. Verificou-se, de início, a relevância da agricultura familiar, que está muito mais consistente do ponto de vista econômico e social do que a que era apresentada pela visão dominante que tratava da "pequena produção de subsistência". Parte desses agricultores possui tamanho suficiente para desenvolver uma agricultura moderna, empresarial, com escala de produção, podendo se apropriar dos ganhos gerados pelas principais cadeias do agronegócio.

Com relação à produtividade da agricultura familiar em comparação com a agricultura "patronal", analisando o ano de 2006, ao somar o valor de todos os itens que são produzidos em uma determinada área (Valor Bruto da Produção Agropecuária por área – VBP/área), obtém-se na agricultura familiar 554 reais por hectare, o que equivale, em média, a 17% mais produto do que os não familiares (patronais), que geravam um VBP de 461 reais por hectare. Em 1996, a título de comparação, essa

---

[999] KAGEYAMA, Angela. Produtividade e renda na agricultura familiar: efeitos do PRONAF-crédito. *Revista Agricultura em São Paulo*, São Paulo, v. 50, n. 2, p. 1-13, 2003. p. 9.

[1000] KAGEYAMA, Angela. Produtividade e renda na agricultura familiar: efeitos do PRONAF-crédito. *Revista Agricultura em São Paulo*, São Paulo, v. 50, n. 2, p. 1-13, 2003. p. 12.

[1001] GUANZIROLI, Carlos Enrique; BUAINAIN, Antonio Marcio; DI SABBATO, Alberto. Dez anos de evolução da agricultura familiar no Brasil: (1996 e 2006). *Revista de Economia e Sociologia Rural*, Brasília, v. 50, n. 2, p. 351-370, jun. 2012. Disponível em: http://www.scielo.br/scielo.php?script=sci_arttext&pid=S0103-20032012000200009&lng=en&nrm=iso. Acesso em: 18 jun. 2018.

diferença de superioridade era de 39%, o que demonstra que houve uma diminuição considerável.[1002]

Segundo o mencionado estudo, os agricultores familiares fazem uso mais intensivo do fator terra, em razão de este ser o seu fator mais escasso, e, por esse motivo, devem explorar ao máximo a pouca terra que possuem. Os não familiares (patronais), por sua vez, possuem como fator escasso a mão de obra e, por tal motivo, utilizam-na de modo mais intensivo.[1003]

Além do mais, verifica-se que o VBP/área extraído dos trabalhadores ocupados não familiares são cerca de cinco a seis vezes maiores do que os dos familiares. Isso porque, via de regra, os agricultores familiares utilizam a mão de obra familiar de maneira extensiva, com baixa produtividade por pessoa, pois seu objetivo é que todos os membros da família se mantenham ocupados, mesmo com salários ou rendas baixos. Já os agricultores não familiares, por não disporem de membros da família abundantemente, para que consigam ser capazes de produzir em grandes áreas, acabam tendo que contratar empregados, os quais são mais eficientes em média.

Segundo o mesmo estudo, percebe-se que os agricultores familiares são mais produtivos em comparação com a quantidade de capital recebido por meio de financiamentos. Eles, com menos financiamento em relação ao total (29%), produzem 36,11% do total do VBP, o que significa um melhor aproveitamento do crédito e maior produção por unidade de capital aplicado.

Ainda com relação à agricultura brasileira, Alvim[1004] constatou que as mudanças estruturais ocorridas na economia brasileira, especialmente após a década de 1990, contribuíram para que houvesse a formação de um novo ambiente competitivo, o que acabou repercutindo, de maneira intensa, no sistema agroindustrial brasileiro. Esse

---

1002 GUANZIROLI, Carlos Enrique; BUAINAIN, Antonio Marcio; DI SABBATO, Alberto. Dez anos de evolução da agricultura familiar no Brasil: (1996 e 2006). *Revista de Economia e Sociologia Rural*, Brasília, v. 50, n. 2, p. 351-370, jun. 2012. Disponível em: http://www.scielo.br/scielo.php?script=sci_arttext&pid=S0103-20032012000200009&lng=en&nrm=iso. Acesso em: 18 jun. 2018.

1003 Vide também GRIFFIN, K. *et al.* Poverty and the Distribution of Land. *Journal of Agrarian Change*, v. 2, n. 3, p. 279-330, 2002; LUND, P. J.; HILL, P. G. Farm Size, Efficiency and Economies of Size. *Journal of Agricultural Economics*, v. 30, n. 2, p. 241-249, 1979; e BINSWANGER, H. Agricultural and Rural Development: Painful Lessons. *Agricultural Economics Research, Policy and Practice in Southern Africa*, v. 33, 1994.

1004 ALVIM, M. I. S. A. *Competitividade da produção de soja nos sistemas de plantio direto e plantio convencional em Mato Grosso do Sul*. 2003. 148 p. Tese (Doutorado em Economia Aplicada) – Universidade Federal de Viçosa, Viçosa, 2003.

sistema passou a adotar novas maneiras de organização e utilizar novos mecanismos impulsionadores de novas bases de competitividade e rentabilidade, assim como passou a obter mais altos ganhos de produtividade ao aumentar a eficiência na coordenação dos recursos produtivos.

Um fato relevante para o Brasil é o observado por Almeida, Perobelli e Ferreira:[1005] a importância da agricultura para o crescimento econômico tende a ser desigual para as diferentes regiões. Segundo eles, é essencial analisar o comportamento da agricultura, pois o setor participa de maneira significativa tanto das exportações quanto do mercado de trabalho. Um dos modos de se realizar isso é acompanhar o comportamento da produtividade agrícola ao longo do tempo e nas diferentes regiões, possibilitando que se avalie se sua evolução mostra convergência.[1006]

Segundo Lopes,[1007] há três razões pelas quais é possível verificar a convergência da produtividade no setor agrícola, quais sejam: i) a ocorrência de mudanças estruturais no processo produtivo (especialmente vinculadas a inovações tecnológicas e/ou objeto de incentivo por políticas públicas, como a abertura econômica); ii) a difusão tecnológica de novas sementes, novos sistemas de plantio, novos implementos agrícolas etc.; iii) a eliminação de obstáculos que impeçam o crescimento da produção, como restrições ambientais, falta de logística adequada e deficiências de financiamento.

O trabalho de Almeida, Perobelli e Ferreira[1008] buscou analisar o período de 1991 a 2003, pois esse intervalo de tempo foi promissor

---

1005 ALMEIDA, Eduardo Simões de; PEROBELLI, Fernando Salgueiro; FERREIRA, Pedro Guilherme Costa. Existe convergência espacial da produtividade agrícola no Brasil? *Revista de Economia e Sociologia Rural*, Brasília, v. 46, nº1, p. 31-52, jan./mar. 2008. Disponível em: http://www.scielo.br/scielo.php?pid=S0103-20032008000100002&script=sci_arttext#tx01. Acesso em: 12 jun. 2018.

1006 Em outras palavras, convergência significa "um processo em que uma mesma variável (por exemplo, a renda per capita ou produtividade da terra) apresenta diferentes valores entre países, regiões ou estados, mas essa diferença se reduz ao longo do tempo, indicando que a desigualdade diminui", conforme LOPES, J. L. *Avaliação do processo de convergência da produtividade da terra na agricultura brasileira no período de 1960 a 2001*. 2004. Tese (Doutorado) – Escola Superior de Agricultura Luiz de Queiroz, Universidade de São Paulo, 2004.

1007 LOPES, J. L. *Avaliação do processo de convergência da produtividade da terra na agricultura brasileira no período de 1960 a 2001*. 2004. Tese (Doutorado) – Escola Superior de Agricultura Luiz de Queiroz, Universidade de São Paulo, 2004.

1008 ALMEIDA, Eduardo Simões de; PEROBELLI, Fernando Salgueiro; FERREIRA, Pedro Guilherme Costa. Existe convergência espacial da produtividade agrícola no Brasil? *Revista de Economia e Sociologia Rural*, Brasília, v. 46, nº1, p. 31-52, jan./mar. 2008. Disponível em: http://www.scielo.br/scielo.php?pid=S0103-20032008000100002&script=sci_arttext#tx01. Acesso em: 12 jun. 2018.

para a agricultura brasileira em termos de expansão da produção e obtenção de ganhos de produtividade, consolidando o país como um dos mais relevantes e competitivos na produção agrícola mundial. Além disso, durante esse período, diversas mudanças estruturais afetaram o desenvolvimento agrícola no Brasil, como a abertura econômica e a estabilização dos preços. Para a referida análise, dividiram a estimativa de convergência em subperíodos que abrangeram as mencionadas medidas macroeconômicas.

A primeira estimativa realizada foi do período de 1991 a 1994, com o objetivo de verificar se existiu uma convergência da produtividade média agrícola. Esse intervalo foi do início da abertura econômica brasileira até a adoção do Plano Real, época em que havia desvalorização da moeda em relação ao dólar e um processo de superinflação crônica.

A segunda estimativa refere-se ao período de 1995 até 1999, posterior à implantação do Plano Real, quando houve um controle mais rigoroso da inflação e também apreciação do câmbio, que acabou se transformando na âncora cambial da economia. Esse foi, conforme observado pelos referidos autores, um período de altos e baixos da economia brasileira, visto que no ano de 1995 o país estava inserido em um cenário de estabilidade com crescimento econômico, o que fez com que o nível de atividade acelerasse e o desemprego diminuísse. Todavia, esse cenário foi interrompido por sucessivas crises internacionais, as quais provocaram a fuga de capitais do Brasil, levando o governo a promover aumentos sucessivos na taxa de juros, o que repercutiu, segundo os autores, de maneira negativa na economia brasileira.

A terceira estimativa analisou o período de 2000 a 2003, buscando verificar o impacto da moeda desvalorizada sobre a produtividade média da agricultura em relação ao insumo terra. A quarta e última estimativa englobou o período de 1991 a 2003, quando ocorreram mudanças econômicas profundas na economia brasileira.

O que se pode verificar, primeiramente, foi que os ganhos de produtividade foram o principal impulso do processo de crescimento do setor agrícola brasileiro durante a década de 1990.[1009] Especificamente com relação aos subperíodos analisados, concluíram os autores que, entre os anos de 1991 a 2003, a taxa de convergência apresentou melhora a um passo lento. O subperíodo entre os anos de 1991 a 1994 foi o que mais contribuiu para a convergência da produtividade agrícola no país.

[1009] CONSIDERA, C. M.; SOUSA, E. L. L.; BRACALE, G. *Âncora verde*: o papel da agricultura no ajuste econômico. Brasília: SEAE, 2002.

Em outras palavras, verificaram os autores que o período posterior à abertura econômica foi o que mais contribuiu para diminuir as desigualdades de produtividade agrícola no Brasil. Por fim, concluem que, durante o período de 1991 a 2003, há evidências favoráveis à existência de convergência absoluta da produtividade agrícola no Brasil por meio das microrregiões, o que sugere que a produtividade agrícola brasileira está convergindo para a média – todavia, a uma taxa muito baixa. Isso acaba contribuindo para a manutenção das disparidades regionais.[1010]

Para compreender a heterogeneidade estrutural na produção agropecuária brasileira e o modo como isso influencia em sua produtividade, bem como analisar o desenvolvimento inclusivo do país, Fornazier e Vieira Filho,[1011] em acordo de cooperação técnica entre o Ipea e a Cepal, compararam a produtividade total, no setor, dos fatores no Brasil e nos Estados Unidos.

Conforme observado pelos mencionados autores, a agricultura brasileira sofreu fortes transformações nas últimas décadas, o que gerou modernização e ocasionou a incorporação de tecnologia, aumentando a produtividade. No entanto, existem produtores que ainda estão distantes dos padrões modernos do desenvolvimento.

A produtividade do trabalho, segundo eles, que é calculada por meio da fração entre o valor adicionado e a população ocupada de cada estabelecimento produtivo, é a variável referência nos estudos da Cepal para dimensionar a heterogeneidade estrutural.[1012] Pode-se medir a heterogeneidade pela variabilidade da produtividade do trabalho entre países, tratada no mencionado trabalho, como brecha produtiva internacional, entre diferentes setores (indústria, serviços e agricultura) e também na própria agricultura, por meio da comparação de agentes produtivos com cultivos específicos.[1013] Essa heterogeneidade estrutural

[1010] ALMEIDA, Eduardo Simões de; PEROBELLI, Fernando Salgueiro; FERREIRA, Pedro Guilherme Costa. Existe convergência espacial da produtividade agrícola no Brasil? *Revista de Economia e Sociologia Rural*, Brasília, v. 46, nº1, p. 31-52, jan./mar. 2008. Disponível em: http://www.scielo.br/scielo.php?pid=S0103-20032008000100002&script=sci_arttext#tx01. Acesso em: 12 jun. 2018.

[1011] FORNAZIER, Armando; VIEIRA FILHO, José Eustáquio Ribeiro. Heterogeneidade estrutural na produção agropecuária: Uma comparação da produtividade total dos fatores no Brasil e nos Estados Unidos. *Texto para Discussão*, Brasília: Ipea, n. 1819, 2013.

[1012] Conforme NOHLEN, D.; STURM, R. La heterogeneidad estructural como concepto básico en la teoría de desarrollo. *Revista de Estudios Políticos*, n. 28, p. 45-74, 1982; SUNKEL, O.; INFANTE, R. (Org.). *Hacia un desarollo inclusivo*: el caso de Chile. Santiago: Cepal, 2009. p. 279; e CEPAL. *Heterogeneidad estructural y brechas de productividad*: de la fragmentación a la convergencia. Santiago (Chile): Cepal, 2010. p. 91-129.

[1013] FORNAZIER, Armando; VIEIRA FILHO, José Eustáquio Ribeiro. Heterogeneidade estrutural na produção agropecuária: Uma comparação da produtividade total dos fatores no Brasil e nos Estados Unidos. *Texto para Discussão*, Brasília: Ipea, n. 1819, 2013. p. 7.

é um fenômeno perceptível nos países em desenvolvimento, em especial na América Latina.[1014]

Segundo Fornazier e Vieira Filho,[1015] há, no caso brasileiro, uma enorme heterogeneidade produtiva na produção agropecuária.[1016] Isso porque, enquanto alguns produtores buscam adotar modernas técnicas de produção a fim de obter um aumento de produtividade, outros somente conseguem adotar técnicas com menor intensidade tecnológica, em razão das dificuldades de acesso às tecnologias de ponta ou mesmo por dificuldades relacionadas à adaptação a essas técnicas.

Com efeito, a combinação de fatores de produção aumenta conforme a agricultura se moderniza, visto que os produtores têm a opção de realizar trocas entre tecnologias capazes de poupar alguns recursos, como terra ou trabalho, substituindo-os por uma quantidade mais elevada de capital, por exemplo. Com o intuito de alterar a produção, políticas agrícolas como as de crédito – que, por vezes, é subsidiado – foram realizadas a fim de capitalizar mais a agricultura, de modo a promover ligações entre elas e outros setores, como o de insumos ("antes da porteira") e o constituído por agroindústrias, *tradings*, supermercados ("depois da porteira").[1017]

Ressaltam que o nível de desenvolvimento entre países e regiões, e mesmo entre um setor ou uma atividade, não é homogêneo. Isso porque, no processo de desenvolvimento, diferenças são criadas no ambiente econômico, social, político, tecnológico e cultural. O debate teórico acerca dessas diferenças no nível de desenvolvimento entre os países teve início na década de 1950, com a Cepal, a qual abordou, sobretudo, as diferenças entre os centros desenvolvidos e as periferias subdesenvolvidas, conforme já exposto no primeiro capítulo.

As diferenças entre setores ou dentro de uma mesma atividade econômica surgem em decorrência de questões atinentes ao acesso

---

[1014] Vide PINTO, A. Natureza e implicações da "heterogeneidade estrutural" da América Latina. *In:* BIELSCHOWSKY, R. (Org.). *Cinquenta anos de pensamento da Cepal*. Rio de Janeiro: Record, 2000, p. 567-588.

[1015] FORNAZIER, Armando; VIEIRA FILHO, José Eustáquio Ribeiro. Heterogeneidade estrutural na produção agropecuária: Uma comparação da produtividade total dos fatores no Brasil e nos Estados Unidos. *Texto para Discussão*, Brasília: Ipea, n. 1819, 2013. p. 7.

[1016] Nesse sentido, VIEIRA FILHO, J. E. R.; SANTOS, G. R. Heterogeneidade no setor agropecuário brasileiro: contraste tecnológico. *Boletim Radar*, Brasília: Ipea, n. 14, p. 7-37, 2011; e FORNAZIER, A.; VIEIRA FILHO, J. E. R. *Heterogeneidade estrutural no setor agropecuário brasileiro*: evidências a partir do Censo Agropecuário de 2006. Brasília: Ipea, 2012.

[1017] FORNAZIER, Armando; VIEIRA FILHO, José Eustáquio Ribeiro. Heterogeneidade estrutural na produção agropecuária: Uma comparação da produtividade total dos fatores no Brasil e nos Estados Unidos. *Texto para Discussão*, Brasília: Ipea, n. 1819, 2013. p. 8.

aos recursos financeiros para a modernização, bem como pelo nível de conhecimento dos atores sociais (capital social), que acaba influenciando na capacidade de promover mudanças. Outros fatores, como os regionais ou os climáticos, podem alterar também a produção local, ocasionando o aumento da disparidade entre as regiões.[1018]

As diferenças entre setores e dentro de um mesmo setor foram presença constante na história brasileira. Conforme Vieira Filho e Santos[1019] e Fornazier e Vieira Filho,[1020] essa heterogeneidade aparece tanto relativamente à produção como à região. A coexistência de uma agricultura mais moderna, com foco na exportação, e outra voltada, sobretudo, para a subsistência das famílias do campo e para o abastecimento de pequenos mercados locais também é uma característica histórica. No Brasil, a agricultura com produtividade mais alta é comparável à agricultura de fronteira tecnológica dos países mais desenvolvidos.[1021]

Conforme a Cepal,[1022] para que haja uma convergência produtiva, faz-se necessário "fechar brechas de produtividade em relação a países mais competitivos, mas também reduzir a heterogeneidade estrutural interna". E continuam, afirmando que "essas brechas de produtividade e sociais têm seus mapas, ou seja, se plasmam na segmentação territorial e simultaneamente se nutrem dela".

Fornazier e Vieira Filho,[1023] considerando os Estados Unidos como referência de fronteira tecnológica, comparou esse país com o Brasil, buscando verificar as lacunas produtivas entre esses dois países ao longo do tempo, em especial quanto à produtividade total dos fatores no setor agrícola. Com isso, verificaram que ainda há uma considerável heterogeneidade produtiva no setor agrícola brasileiro, apesar de haver convergência da produtividade agrícola do Brasil com a dos Estados Unidos nas últimas três décadas. Percebe-se, de um lado, uma

---

[1018] FORNAZIER, Armando; VIEIRA FILHO, José Eustáquio Ribeiro. Heterogeneidade estrutural na produção agropecuária: Uma comparação da produtividade total dos fatores no Brasil e nos Estados Unidos. *Texto para Discussão*, Brasília: Ipea, n. 1819, 2013. p. 8.

[1019] VIEIRA FILHO, J. E. R.; SANTOS, G. R. Heterogeneidade no setor agropecuário brasileiro: contraste tecnológico. *Boletim Radar*, Brasília: Ipea, n. 14, p. 7-37, 2011.

[1020] FORNAZIER, A.; VIEIRA FILHO, J. E. R. *Heterogeneidade estrutural no setor agropecuário brasileiro*: evidências a partir do Censo Agropecuário de 2006. Brasília: Ipea, 2012.

[1021] FORNAZIER, Armando; VIEIRA FILHO, José Eustáquio Ribeiro. Heterogeneidade estrutural na produção agropecuária: Uma comparação da produtividade total dos fatores no Brasil e nos Estados Unidos. *Texto para Discussão*, Brasília: Ipea, n. 1819, 2013. p. 8.

[1022] CEPAL. *Heterogeneidad estructural y brechas de productividad*: de la fragmentación a la convergencia. Santiago (Chile): Cepal, 2010. p. 114. Tradução livre.

[1023] FORNAZIER, Armando; VIEIRA FILHO, José Eustáquio Ribeiro. Heterogeneidade estrutural na produção agropecuária: Uma comparação da produtividade total dos fatores no Brasil e nos Estados Unidos. *Texto para Discussão*, Brasília: Ipea, n. 1819, 2013. p. 9.

convergência da PTF entre os dois países, mas, de outro, uma heterogeneidade intrarregional no setor agropecuário brasileiro.

Conforme Paiva,[1024] o setor agropecuário brasileiro, embora contribua de modo significativo para o PIB e para as exportações do país, gerando empregos e produzindo alimentos e energia, é heterogêneo desde sua modernização. Percebe-se que algumas regiões, mais desenvolvidas economicamente, têm uma porcentagem muito maior de agricultores modernos em comparação com as menos desenvolvidas. Há, ainda, regiões que estão em processo de desenvolvimento, contando com um grau de modernização variado, bem como diferenças relativas ao nível de modernização entre produtos de uma mesma região.

Com a modernização, assim entendida como "o processo de transformação na base técnica da produção agropecuária no pós-guerra a partir da importação de tratores e fertilizantes num esforço para aumentar a produtividade",[1025] as relações na produção são alteradas, ocorrendo o aumento do capital e da ligação do setor agrícola com outro setores, tais como a indústria de transformação ou a agroindústria.

Políticas públicas, em especial as já mencionadas políticas de crédito, possibilitaram a diversos produtores a oportunidade de utilizar recursos mais modernos na agricultura. No entanto, conforme observam Fornazier e Vieira Filho,[1026] nem todos tiveram acesso a esses recursos. O crédito, em decorrência da mudança na base técnica, passa a ser imprescindível para o acesso às tecnologias mais modernas.

Conforme ressaltado por Cipriandi e Fert Neto,[1027] no Brasil as políticas públicas de fomento à modernização acabaram beneficiando, sobretudo, as grandes e as médias propriedades. Além disso, outros fatores, como a abertura comercial, acabaram motivando diversos produtores a melhorar suas técnicas de produção, a fim de que pudessem competir com os produtos importados.

Nesse sentido, Coura, Figueiredo e Santos[1028] demonstraram que a eficiência técnica fez com que uma parte dos produtos cultivados –

[1024] PAIVA, R. M. Modernização e dualismo tecnológico na agricultura. *Pesquisa e Planejamento Econômico*, v. 1, n. 2, p. 171-234, dez. 1971.

[1025] SILVA, J. F. Graziano da. *A nova dinâmica da agricultura brasileira*. Campinas: Unicamp-IE, 1996.

[1026] FORNAZIER, Armando; VIEIRA FILHO, José Eustáquio Ribeiro. Heterogeneidade estrutural na produção agropecuária: Uma comparação da produtividade total dos fatores no Brasil e nos Estados Unidos. *Texto para Discussão*, Brasília: Ipea, n. 1819, 2013. p. 10.

[1027] CIPRANDI, O.; FERT NETO, J. As perspectivas da pequena produção familiar na agricultura. *Ciência Rural*, v. 26, n. 1, p. 135-141, 1996.

[1028] COURA, R. M.; FIGUEIREDO, A. M.; SANTOS, M. L. Eficiência e tecnologia na agricultura paulista entre 1985 e 2001. *Organizações Rurais & Agroindustriais*, v. 8, n. 2, p. 216-226, 2006.

por exemplo, algodão, arroz, feijão, milho e soja – tivesse uma variação positiva para o período após a abertura econômica, especialmente depois da implementação do Plano Real, em 1994.

Além disso, a maior demanda por alimentos, em parte decorrente do crescimento de vários países em desenvolvimento, terminou por propiciar uma maior produção de alimentos e matérias-primas, sendo, portanto, uma oportunidade para que os produtores buscassem mais eficiência e obtivessem ganhos em tais mercados emergentes. A demanda nesses países tem acarretado novo fôlego ao ciclo de vida das grandes *commodities*.[1029] Nada obstante isso, especialmente nos últimos anos, o setor financeiro tem se envolvido mais no agronegócio. No setor de grãos e oleaginosas, por exemplo, têm sido elaborados novos papéis, com o objetivo de viabilizar o mercado futuro e garantir o financiamento antecipado, além de haver um maior envolvimento de grandes *traders* no financiamento da safra.[1030]

Há, no país, culturas agrícolas com padrões de produtividade similares aos dos países mais produtivos. A produtividade total dos fatores, que, conforme exposto, consiste na relação entre o agregado de todos os produtos e o agregado de todos os insumos, vem aumentando a taxas cada vez mais elevadas na agricultura do Brasil.[1031] Nos últimos trinta anos, a média de crescimento da PTF do setor foi de 2,51% ao ano, superior à dos Estados Unidos[1032] – isso mesmo levando em consideração que os Estados Unidos apresentam uma agropecuária altamente produtiva, sendo um dos maiores produtores agrícolas do mundo, utilizam tecnologias de ponta e grandes áreas de produção e são, em razão de sua alta produtividade, referência para muitos países. No entanto, a utilização de modernas tecnologias, nos Estados Unidos, é produto de investimentos feitos em períodos anteriores ao ocorrido no território brasileiro, especialmente no que se refere a tecnologias capazes de poupar mão de obra, devido à escassez desse insumo nos Estados

---

[1029] WILKINSON, J. Transformações e perspectivas dos agronegócios brasileiros. *Revista Brasileira de Zootecnia*, v. 39, p. 26-34, 2010.

[1030] FORNAZIER, Armando; VIEIRA FILHO, José Eustáquio Ribeiro. Heterogeneidade estrutural na produção agropecuária: Uma comparação da produtividade total dos fatores no Brasil e nos Estados Unidos. *Texto para Discussão*, Brasília: Ipea, n. 1819, 2013. p. 11.

[1031] GASQUES, José Garcia; BASTOS, Eliana Teles; BACCHI, Mirian R. Piedade. Produtividade e fontes de crescimento da agricultura brasileira. *In:* DE NEGRI, João Alberto; KUBOTA, Luis Claudio (Ed.). *Políticas de incentivo à inovação tecnológica*. Brasilia: Ipea, 2008. p. 435-459.

[1032] BALL, E. Productivity and Output Growth in U.S. Agriculture. *In:* WIEBE, K.; GOLLEHON, N. (Ed.). *Agricultural Resources and Environmental Indicators*. Nova York: USDA July 2006. p. 91-96. caps. 3-4.

Unidos.[1033] O Japão, por sua vez, buscou implementar a utilização de tecnologias poupadoras de terra, por se tratar de um recurso escasso.[1034]

Nos Estados Unidos, durante as décadas de 1950, 1960 e 1970, o trabalho na agropecuária teve uma rápida diminuição em decorrência do aumento de insumos, como novas máquinas agrícolas e insumos químicos aprimorados. Essa diminuição se deu especialmente também em razão dos altos custos do trabalho agrícola, o que serviu de incentivo para que os agricultores adotassem novas tecnologias.[1035]

Segundo Fornazier e Vieira Filho,[1036] as inovações, em especial nas indústrias de máquinas agrícolas, foram de extrema relevância para a expansão da agricultura no oeste dos Estados Unidos no século XIX, sobretudo por intermédio de tecnologias que visavam poupar mão de obra. Além das inovações na produção, inovações relativas às configurações produtivas já na década de 1950 alteravam a produção agropecuária do país, como no caso da integração da agropecuária com os responsáveis pela fabricação de insumos e com a agroindústria.[1037] Segundo observado pelos mesmos autores e por Alves,[1038] mesmo as tecnologias de natureza químico-biológicas, como os insumos capazes de aumentar a produtividade da terra, acabam aumentando também a produtividade do trabalho, ou seja, aumenta-se o produto por trabalhador, de modo que esse aumento depende tanto da tecnologia ligada à bioquímica como da ligada à mecânica.

Segundo Dimitri, Effland e Conklin,[1039] a evolução tecnológica no setor agrícola norte-americano começou após a Segunda Guerra

---

[1033] Sobre o tema, vide HAYAMI, Y.; RUTTAN, V. *Desenvolvimento agrícola*: teoria e experiências internacionais. Brasília: Embrapa, 1988.

[1034] FORNAZIER, Armando; VIEIRA FILHO, José Eustáquio Ribeiro. Heterogeneidade estrutural na produção agropecuária: Uma comparação da produtividade total dos fatores no Brasil e nos Estados Unidos. *Texto para Discussão*, Brasília: Ipea, n. 1819, 2013. p. 12.

[1035] Sobre o tema, vide FUGLIE, K. O.; MACDONALD, J. M.; BALL, E. Productivity Growth in U.S. Agriculture. *Economic Brief*, [*S. l.*]: ERS/USDA, n. 9, 2007.

[1036] FORNAZIER, Armando; VIEIRA FILHO, José Eustáquio Ribeiro. Heterogeneidade estrutural na produção agropecuária: Uma comparação da produtividade total dos fatores no Brasil e nos Estados Unidos. *Texto para Discussão*, Brasília: Ipea, n. 1819, 2013. p. 12.

[1037] Vide SUNDING, D.; ZILBERMAN, D. *The Agricultural Innovation Process:* Research and Technology Adoption in a Changing Agricultural Sector. Jan. 2000. Disponível em: http://are.berkeley.edu/~zilber11/innovationchptr.pdf. Acesso em: 18 jun. 2018.

[1038] ALVES, E. O que significam as medidas de produtividade da agricultura? *Revista de Economia e Agronegócio*, v. 8, n. 3, p. 349-370, 2010.

[1039] DIMITRI, C.; EFFLAND, A.; CONKLIN, N. The 20th Century Transformation of U.S. Agriculture and Farm Policy. *Economic Information Bulletin*, n. 3, 2005. Disponível em: https://www.ers.usda.gov/publications/pub-details/?pubid=44198. Acesso em: 12 mar. 2019.

Mundial, com a utilização de fertilizantes químicos e pesticidas de baixo custo, ao mesmo tempo que ocorriam melhoramentos genéticos de plantas e animais, bem como a adoção da mecanização, aumentando a produtividade da agricultura. No fim dos anos de 1960, a colheita mecânica de culturas como beterraba, algodão e tomate passou a ser utilizada, e, em 1970, tratores substituíram a força animal.

Fornazier e Vieira Filho[1040] verificaram, por meio da análise acerca da evolução da produtividade entre o Brasil e os Estados Unidos, que existem diferenças entre esses países, a começar pelo estágio inicial de comparação, pois o processo de modernização de cada um teve início em momentos diversos. Não por acaso a própria teoria da Cepal já demonstrava que muitas das tecnologias que são desenvolvidas e adotadas nos países mais desenvolvidos, de centro, posteriormente acabam sendo difundidas nos países menos desenvolvidos, periféricos.[1041]

Nessa comparação entre os dois países, percebe-se que a agricultura brasileira tem crescido a taxas semelhantes às dos Estados Unidos, fazendo com que a lacuna entre os dois países diminua. Todavia, a composição dos fatores neles não é a mesma, por se encontrarem em estágios diversos de evolução na agricultura. Apesar disso, nota-se que, após 1975, a PTF no setor agrícola no Brasil teve um crescimento maior do que a norte-americana, diminuindo a lacuna de produtividade entre eles.[1042]

Analisando mais detalhadamente o período após 1975, é possível perceber que no ano de 2008 (último utilizado no referido estudo) o índice de crescimento da PTF utilizado no setor agrícola para o Brasil era de 3,49, enquanto para os Estados Unidos era de 1,75. Em outras palavras, no mesmo período em que a PTF do Brasil cresceu 249%, a dos Estados Unidos cresceu apenas 75%, o que evidencia que nesses anos da análise (1975-2008), especialmente após a década de 1990 e, mais ainda após os anos 2000, a taxa de crescimento da PTF brasileira passou a superar muito a dos Estados Unidos. Isso provavelmente ocorreu porque as mudanças na agricultura norte-americana que acarretaram um forte aumento de produtividade se deram entre 1950 e 1970. No

---

1040 FORNAZIER, Armando; VIEIRA FILHO, José Eustáquio Ribeiro. Heterogeneidade estrutural na produção agropecuária: Uma comparação da produtividade total dos fatores no Brasil e nos Estados Unidos. *Texto para Discussão,* Brasília: Ipea, n. 1819, 2013. p. 13.

1041 Sobre o tema, vide RODRIGUEZ, O. Sobre la concepción del sistema centro-periferia. *Revista de la CEPAL*, n. 3, p. 203-247, 1977.

1042 FORNAZIER, Armando; VIEIRA FILHO, José Eustáquio Ribeiro. Heterogeneidade estrutural na produção agropecuária: Uma comparação da produtividade total dos fatores no Brasil e nos Estados Unidos. *Texto para Discussão,* Brasília: Ipea, n. 1819, 2013. p. 22-23.

Brasil, na década de 1950 teve início o processo de modernização, por meio da importação de máquinas agrícolas. Todavia, somente a partir da década de 1970 é que a produtividade brasileira passou a aumentar significativamente, especialmente em decorrência do planejamento da pesquisa agropecuária. Nada obstante isso, as expansões de área na fronteira agrícola brasileira ocorreram após a década de 1970, distintamente do que se verificou nos Estados Unidos.[1043]

Em sentido similar é o estudo realizado pela OCDE[1044] acerca das taxas de crescimento de PTF no setor agrícola em diferentes localidades no mundo. Nele, foi constatado que nas economias desenvolvidas essa taxa é decrescente, com uma média de 1,48% ao ano no período de 1961 a 2007 e de 0,86% ao ano no período de 2000 a 2007. Já os países em desenvolvimento apresentaram uma taxa de crescimento da PTF crescente, com uma média que passou de 1,35% ao ano, no período de 1961 a 2007, para 1,98% ao ano, no período de 2000 a 2007.

Segundo Fornazier e Vieira Filho,[1045] percebe-se, tanto nos Estados Unidos como no Brasil, que a evolução da produção se dá muito mais em razão do aumento da eficiência dos insumos, ou seja, da tecnologia, do que do incremento de insumos. Em outras palavras, produz-se mais com menos recursos.

Além do mais, ao comparar os Estados Unidos e o Brasil quanto à utilização de trabalho, terra e capital na produção, verifica-se que nos Estados Unidos, no período entre 1975 e 1981, houve crescimento do uso de capital. No entanto, quando se analisa o período total do estudo, que foi de 1975 a 2009, percebe-se uma redução do uso de trabalho, terra e capital, ocorrendo uma queda do capital a partir de 1981 a qual indica que houve avanços tecnológicos, pois, no mesmo período, o índice de produto foi crescente. No Brasil, por sua vez, houve forte expansão do fator capital durante todo o período, bem como a incorporação de novas fronteiras agrícolas até o final dos anos de 1980, estabilização relativa do uso de terras a partir da década de 1990 e queda expressiva no fator trabalho também a partir da década de 1990. Nessa década, o crescimento do capital com queda do trabalho coincide com a abertura comercial e com investimentos privados mais altos na agricultura.

1043 FORNAZIER, Armando; VIEIRA FILHO, José Eustáquio Ribeiro. Heterogeneidade estrutural na produção agropecuária: Uma comparação da produtividade total dos fatores no Brasil e nos Estados Unidos. *Texto para Discussão*, Brasília: Ipea, n. 1819, 2013. p. 23-24.

1044 OECD. *Fostering productivity and competitiveness in agriculture*. [*S. l.*]: OECD, 2011.

1045 FORNAZIER, Armando; VIEIRA FILHO, José Eustáquio Ribeiro. Heterogeneidade estrutural na produção agropecuária: Uma comparação da produtividade total dos fatores no Brasil e nos Estados Unidos. *Texto para Discussão*, Brasília: Ipea, n. 1819, 2013. p. 24.

Esse aumento do índice de capital também está associado à criação de programas de financiamento e de investimento na agricultura no país a partir da segunda metade da década de 1990, com o surgimento do já abordado Pronaf e, posteriormente, com a instituição do Programa de Modernização da Frota de Tratores Agrícolas e Implementos Associados e Colheitadeiras (Moderfrota), programas de fundamental importância para a modernização e o avanço tecnológico do capital na agricultura brasileira.[1046]

Por fim, verifica-se que os Estados Unidos, durante as décadas de 1950 e 1970, por meio do aumento de insumos modernos e máquinas agrícolas, reduziu a intensidade do uso de trabalho. Desse modo, percebe-se que o aumento da produtividade na agricultura desse país se deu, sobretudo, em decorrência da adoção de tecnologias que possibilitavam poupar trabalho, o que acarretou uma transformação por meio de otimização dos insumos, uso de máquinas configuradas para a produção e utilização de produtos químicos mais eficientes.[1047]

No caso brasileiro, a produtividade do setor agrícola é resultado especialmente do aumento dos gastos em pesquisa, em especial com a Embrapa, bem como das incorporações de novas áreas, mais produtivas. Além disso, o aumento decorreu das inovações introduzidas nos processos produtivos, como a pesquisa agropecuária, o sistema de plantio direto, a inoculação com bactérias, o manejo integrado de pragas, assim como a criação de variedades e espécies com maleabilidade suficiente para se adaptarem às variadas condições climáticas e ambientais do país.[1048]

Ainda, com relação à convergência da produtividade do setor agrícola do Brasil com a dos Estados Unidos, percebe-se, conforme exposto, que a lacuna entre eles tem diminuído, em virtude de a agricultura brasileira crescer de modo intenso, tornando-se mais produtiva, menos intensiva, no que diz respeito a trabalho, e com quantidade estável de terra utilizada.[1049]

[1046] FORNAZIER, Armando; VIEIRA FILHO, José Eustáquio Ribeiro. Heterogeneidade estrutural na produção agropecuária: Uma comparação da produtividade total dos fatores no Brasil e nos Estados Unidos. *Texto para Discussão*, Brasília: Ipea, n. 1819, 2013. p. 26.

[1047] FUGLIE, K. O.; MACDONALD, J. M.; BALL, E. Productivity Growth in U.S. Agriculture. *Economic Brief*, [*S. l.*]: ERS/USDA, n. 9, 2007.

[1048] FORNAZIER, Armando; VIEIRA FILHO, José Eustáquio Ribeiro. Heterogeneidade estrutural na produção agropecuária: Uma comparação da produtividade total dos fatores no Brasil e nos Estados Unidos. *Texto para Discussão*, Brasília: Ipea, n. 1819, 2013. p. 28.

[1049] FORNAZIER, Armando; VIEIRA FILHO, José Eustáquio Ribeiro. Heterogeneidade estrutural na produção agropecuária: Uma comparação da produtividade total dos fatores no Brasil e nos Estados Unidos. *Texto para Discussão*, Brasília: Ipea, n. 1819, 2013. p. 28.

Todavia, segundo Vieira Filho, Santos e Fornazier, mesmo com os resultados da PTF apresentando convergência, em razão do elevado grau de heterogeneidade regional no Brasil é possível afirmar que não é todo o setor agropecuário brasileiro que realiza o *catching up* tecnológico, o que, em outras palavras, significa que somente uma parte do setor produtivo se apropria dos efeitos da modernização.[1050]

Do exposto, verifica-se que a Constituição demonstrou grande preocupação com o aumento da produtividade na agricultura.

Cabe salientar que a agricultura é uma área na qual o Estado brasileiro tem obtido sucesso no fomento à produtividade, sendo um exemplo de que os investimentos e os fomentos adequados podem ocasionar a diminuição das diferenças de produtividade entre o Brasil e os países na fronteira tecnológica. Nada obstante isso, o Estado deve continuar e aumentar os incentivos para a melhora contínua da produtividade, seja diretamente, por meio de financiamentos e pesquisas, seja incentivando o setor privado.

Um aspecto importante observado também é que o aumento da produtividade da agricultura está diretamente relacionado à educação, motivo pelo qual o Estado deve se preocupar com a qualificação dos trabalhadores do campo, bem como dos empregadores no setor. Além do mais, um grande problema do Brasil que precisa ser enfrentado é o da heterogeneidade presente nas diferentes regiões do país, devendo, portanto, o Estado, agir para mitigar essa disparidade que prejudica o desenvolvimento nacional.

5.5.6 Igualdade

A Constituição brasileira, já em seu preâmbulo, elencou a igualdade como um dos valores supremos da sociedade. Em seu artigo 3º, III, estabeleceu que reduzir as desigualdades sociais e regionais é um dos objetivos fundamentais da República. Em seu artigo 5º, *caput*, no capítulo que versa sobre os direitos e os deveres individuais e coletivos, determina que todos são iguais perante a lei, sendo garantido aos brasileiros e estrangeiros residentes no país, dentre outros direitos, a inviolabilidade do direito à igualdade. O artigo 170, VII, por sua vez, estabelece que a ordem econômica deverá observar alguns princípios,

---

[1050] Sobre o tema, vide VIEIRA FILHO, J. E. R.; SANTOS, G. R.; FORNAZIER, A. *Distribuição produtiva e tecnológica da agricultura brasileira e sua heterogeneidade estrutural*. Brasília: Ipea, 2012.

dentre os quais a redução das desigualdades regionais e sociais. Quando trata da educação, a Constituição, no artigo 206, I, determina que o ensino será ministrado com base em princípios – em especial, a igualdade de condições para o acesso e a permanência na escola.

Como será demonstrado, embora se possa, em uma análise inicial, desconsiderar o papel da igualdade relativamente à produtividade, aquela tem uma forte relação positiva com esta, pois sociedades desiguais tendem a ser menos produtivas, ou seja, a desigualdade acarreta ineficiência.

Na metade do século XX, passou-se a acreditar que o crescimento econômico acarretaria o aumento da riqueza e do padrão de vida de toda a sociedade. Naquele tempo, havia fortes evidências nesse sentido, pois nos países industrializados, nas décadas de 1950 e 1960, todos os grupos da sociedade estavam avançando, e aqueles com renda inferior estavam subindo mais rapidamente.[1051]

Nos trinta anos posteriores à Segunda Guerra Mundial, nos Estados Unidos, o país cresceu junto, e em todos os setores, mas aqueles que estavam na parte baixa da pirâmide cresceram mais rapidamente do que aqueles no topo. A luta pela sobrevivência trouxe um novo senso de unidade, levando a políticas que ajudaram a unir o país ainda mais.

Nesse contexto, o debate econômico e político que tratava do "crescimento em conjunto da sociedade" evoluiu para uma ideia muito mais específica, a de que políticas em benefício das classes mais ricas acabariam beneficiando toda a sociedade; recursos dados aos ricos invariavelmente alavancariam todos os demais.

No entanto, nos últimos trinta anos a tendência à maior igualdade de renda que caracterizou o período pós-guerra se reverteu. A desigualdade passou a aumentar rapidamente. Os Estados Unidos, por exemplo, tornaram-se uma nação dividida, onde não somente o topo da pirâmide cresceu mais rapidamente, mas também os membros da base da pirâmide regrediram.

Segundo Stiglitz,[1052] a última vez que a desigualdade se aproximou de níveis tão alarmantes como os atuais foi alguns anos antes da Grande Depressão. Por esse motivo, entende que tanto a teoria de que todo o país se beneficiaria necessariamente do ganho das classes mais altas quanto a teoria da produtividade marginal, que pressupõe que

[1051] Vide STIGLITZ, Joseph E. *The Price of Inequality*. New York: W.W. Norton & Company, 2013. p. 5 e ss.

[1052] STIGLITZ, Joseph E. *The Price of Inequality*. New York: W.W. Norton & Company, 2013. p. 5-6.

a renda do trabalhador é proporcional à sua produtividade, precisam ser revistas, por diversos motivos.

Analisando o cenário dos Estados Unidos e as razões que levaram às mudanças socioeconômicas, Stiglitz verificou que esses fatos podem ser explicados da seguinte maneira. Primeiramente, a redução da desigualdade ocorrida no período entre 1950 e 1970 deu-se, em parte, devido ao desenvolvimento do mercado, mas ainda mais em decorrência de políticas de governo, como a que facilitou o acesso à educação superior e, também, ao sistema tributário altamente progressivo instaurado durante a Segunda Guerra Mundial. Durante o período Reagan, quando ocorreu uma "revolução", a divisão nas rendas da população aumentou e, ironicamente, ao mesmo tempo as iniciativas do governo para mitigar as desigualdades foram desmanteladas, a tributação das classes mais altas foi reduzida e os programas assistenciais foram cortados.[1053]

O autor observa que certamente as forças de mercado tiveram algum papel na desigualdade. No entanto, essas forças estão também sempre atuando em outros países industrializados. Mesmo antes do elevado aumento na desigualdade ocorrido na primeira década do século XXI, os Estados Unidos já eram mais desiguais e tinham menos mobilidade de renda do que todos os países da Europa, a Austrália e o Canadá.

Stiglitz ressalta que esse quadro pode ser revertido. Cita como exemplo o Brasil, que tinha um dos níveis de desigualdade mais elevados do mundo, mas que no início dos anos 1990 percebeu os malefícios disso na divisão política e social e também no crescimento econômico de longo prazo. Essa constatação levou, no período governado por Fernando Henrique Cardoso, ao grande aumento nos gastos com educação. No governo de Luiz Inácio Lula da Silva, também ocorreram gastos sociais com vistas à redução da pobreza e da fome. Conforme o autor, essas medidas ajudaram a diminuir a desigualdade e aumentar o crescimento econômico, tornando a sociedade mais estável. Observa que o Brasil ainda tem uma maior desigualdade do que os Estados Unidos; no entanto, enquanto se esforça, com considerável sucesso, para melhorar as condições dos pobres e reduzir as diferenças de renda entre ricos e pobres, os Estados Unidos permitiram que a desigualdade crescesse e a pobreza aumentasse.[1054]

[1053] STIGLITZ, Joseph E. *The Price of Inequality*. New York: W.W. Norton & Company, 2013. p. 6.

[1054] STIGLITZ, Joseph E. *The Price of Inequality*. New York: W.W. Norton & Company, 2013. p. 6-7.

Alguns defensores do atual nível de desigualdade, segundo Stiglitz,[1055] alegam que, embora isso não seja inevitável, adotar medidas para combater a desigualdade seria custoso demais. Eles entendem que, para que o capitalismo possa funcionar, a alta desigualdade será inevitável e até mesmo uma característica desejável, pois, afinal, aqueles que se esforçam devem ser recompensados. É claro que os esforços e os investimentos devem ser recompensados. Todavia, conforme observa o autor, a desigualdade prejudica o crescimento e a eficiência da economia.[1056]

Outro fato observado nos Estados Unidos foi a polarização da força de trabalho. O referido país sempre se considerou como o país da classe média. Ninguém gosta de pensar em si mesmo como um privilegiado nem de pensar na sua família como integrante da classe pobre. No entanto, nos últimos anos, a classe média norte-americana viu os "bons" empregos de classe média, que exigem um nível moderado de habilidades, desaparecerem em relação àqueles considerados "piores", que exigem poucas habilidades, e também àqueles no "topo", que exigem níveis mais altos de habilidades.[1057]

Esse colapso dos bons empregos ocorreu durante o último quarto de século e, ao mesmo tempo, os salários pagos nesses empregos caíram e as disparidades entre os salários no topo e aqueles no meio aumentaram. Isso significa que, enquanto mais dinheiro está indo para o topo, mais pessoas estão indo para o fundo.

Quanto aos argumentos frequentemente utilizados pelos defensores da necessidade de desigualdade para o crescimento econômico, o autor menciona que estes, por vezes, defendem que aqueles que estão no topo da pirâmide são os criadores de empregos, de modo que dar mais dinheiro para eles impulsionará aumento na criação de empregos. No entanto, observa Stiglitz que o que cria os empregos é a demanda: quando há demanda, as empresas criam empregos para satisfazê-la, especialmente se o sistema financeiro funcionar da maneira correta, provendo créditos para as pequenas e as médias empresas.[1058]

[1055] STIGLITZ, Joseph E. *The Price of Inequality*. New York: W.W. Norton & Company, 2013. p. 7.

[1056] Vide BOWLES, Samuel; DURLAUF, Steven N.; HOFF, Karla. *Poverty Traps*. Princeton: Princeton University Press, 2011; CURRIE, Janet. Inequality at Birth: Some Causes and Consequences. *American Economic Review*, v. 101, n. 3, p. 1-22, 2011; GALBRAITH, James K. *Inequality and Instability*: A Study of the World Economy Just Before the Great Crisis. Oxford: Oxford University Press, 2012; e KUZNETS, S. Economic Growth and Income Inequality. *The American Economic Review*, v. 45, n. 1, p. 1-28, 1955.

[1057] STIGLITZ, Joseph E. *The Price of Inequality*. New York: W.W. Norton & Company, 2013. p. 11.

[1058] STIGLITZ, Joseph E. *The Price of Inequality*. New York: W.W. Norton & Company, 2013. p. 107

Conforme estudo do Fundo Monetário Internacional (FMI),[1059] foi constatado que o crescimento econômico tende a ser menor quando a desigualdade social é alta. Isso porque, segundo Stiglitz,[1060] há vários canais pelos quais a desigualdade prejudica a economia.

Primeiramente, desigualdade leva à perda de demanda agregada. O motivo é simples de compreender: aqueles na base da pirâmide gastam uma fração muito maior de sua renda do que aqueles no topo.

Em segundo lugar, a desigualdade de resultados está associada à desigualdade de oportunidades. Quando aqueles na base da pirâmide da distribuição de renda estão em grande risco de não viverem o seu pleno potencial, a economia acaba sendo negativamente afetada não somente em razão de uma menor demanda, mas também de um menor crescimento no futuro.

Em terceiro lugar, sociedades com uma grande desigualdade são menos propensas a realizar investimentos que aumentem a produtividade, tais como transporte público, infraestrutura, tecnologia e educação.

Além dos custos da instabilidade a que ela dá origem, há várias outras razões pelas quais a alta desigualdade contribui para uma economia menos eficiente e produtiva.

É de senso comum considerar o papel do setor privado como engrenagem do crescimento econômico, pois, quando se fala em inovação, por exemplo, imaginam-se empresas como Apple, Facebook, Google, bem como outras companhias que impactaram o mundo. No entanto, nos bastidores está o setor público. Há muitos empreendedores criativos em todo o mundo; contudo, o que determina se eles conseguirão comercializar suas ideias é o governo.[1061]

Isso porque o governo estabelece as regras básicas a serem seguidas. Ele oferece a infraestrutura que permite que a sociedade e a economia funcionem. Caso o governo não providencie estradas, portos, educação, ou pesquisa básica – aspectos que já foram abordados detalhadamente – ou não determine que outro realize, ou nem ao menos forneça as condições para que outro realize, então os negócios ordinários não poderão prosperar.

Uma sociedade moderna, ressalta Stiglitz,[1062] requer que o país aja em conjunto para que esses investimentos ocorram. Os amplos

---

[1059] BERG, Andrew G.; OSTRY, Jonathan D. *Inequality and Unsustainable Growth*: Two Sides of the Same Coin? Washington: IMF, 2011.

[1060] STIGLITZ, Joseph E. *The Price of Inequality*. New York: W.W. Norton & Company, 2013. p. 107 e ss.

[1061] STIGLITZ, Joseph E. *The Price of Inequality*. New York: W.W. Norton & Company, 2013. p. 115.

[1062] STIGLITZ, Joseph E. *The Price of Inequality*. New York: W.W. Norton & Company, 2013. p. 116.

benefícios sociais que dele decorrem não podem ser capturados por qualquer investimento privado, e é por isso que deixá-lo à mercê do mercado resultará em subinvestimento.

A humanidade se beneficiou enormemente das pesquisas realizadas pelo governo, conforme já demonstrado neste trabalho. As pesquisas realizadas em parceria entre o governo, as universidades e as empresas de pesquisa na área de agricultura levaram a elevados ganhos de produtividade. Do mesmo modo, os grandes avanços no âmbito da tecnologia da informação e os avanços na área de biotecnologia têm sido promovidos pelos governos ao redor do mundo.

Conforme Stiglitz,[1063] as críticas aos investimentos públicos não deveriam ser uma surpresa, pois são o resultado da riqueza desequilibrada na sociedade. Quando mais dividida uma sociedade se torna em termos de riqueza, mais relutantes os indivíduos do topo se tornam a gastar seu dinheiro em bens comuns. Eles não necessitam do governo para parques, educação ou cuidados médicos, pois podem comprar todas essas coisas por conta própria, e isso os distancia das pessoas comuns.

Os subinvestimentos nos bens comuns, inclusive na educação, contribuem para diminuir a mobilidade econômica, tendo consequências negativas relevantes para o crescimento e para a produtividade econômica, pois acabam impossibilitando que os indivíduos sejam tão produtivos quanto possível.

Há outro fator que prejudica a mobilidade econômica e, no longo prazo, diminui a produtividade nacional. Há estudos que demonstram a importância do ambiente familiar. Na medida em que os pais dos indivíduos na base e no meio da pirâmide têm que trabalhar mais tempo para ganharem a vida, acabam passando menos tempo com os filhos e supervisionando menos as tarefas de casa. As famílias acabam tendo que fazer concessões e, entre elas, investem menos em seus filhos.[1064]

Além disso, um fator que aumenta a desigualdade e prejudica o crescimento econômico é o *rent seeking*. Frequentemente *rent seeking* envolve uma perda real de recursos que diminuem a produtividade dos países e o bem-estar, pois ocorre distorção na alocação de recursos e enfraquecimento da economia, como é o caso dos monopólios e do tratamento tributário especial recebido por determinados grupos de interesse.[1065]

[1063] STIGLITZ, Joseph E. *The Price of Inequality*. New York: W.W. Norton & Company, 2013. p. 117.

[1064] STIGLITZ, Joseph E. *The Price of Inequality*. New York: W.W. Norton & Company, 2013. p. 119.

[1065] Sobre o tema, vide TULLOCK, Gordon. The Welfare Costs of Tafiffs, Monopolies, and Theft. *Economy Inquiry*, v. 5, n. 3, p. 224-232, 1967; e KRUEGER, Ann. The Political Economy of the Rent-Seeking Society. *American Economic Review*, v. 64, n. 3, p. 291-303, 1974.

Uma das razões pelas quais a alta desigualdade torna a economia menos eficiente e produtiva é o fato de que os seres humanos se diferem das máquinas, porquanto têm que estar motivados para trabalharem produtivamente. Se eles sentem que estão sendo tratados de maneira injusta, pode ser difícil manterem a motivação para trabalhar em alto nível. Esse é um dos princípios centrais da teoria do trabalho moderna, encapsulada na teoria da eficiência do trabalho, que argumenta que a maneira como as empresas tratam seus funcionários, incluindo como eles são remunerados, afeta sua produtividade.[1066]

Essa teoria é uma continuação do trabalho do economista Alfred Marshall, que, em 1895, escreveu que "o trabalho altamente remunerado é geralmente eficiente, mas não desejado".[1067] Recentemente, verificou-se que os funcionários mal nutridos são menos produtivos, além do fato de a fome e a nutrição inadequada impedirem o aprendizado.[1068]

Nada obstante isso, em razão da limitação dos recursos cognitivos dos indivíduos, o estresse decorrente da falta de dinheiro suficiente para suprir suas necessidades básicas pode prejudicar a capacidade de tomada de decisões, levando-os a decisões irracionais.[1069] Nesse sentido, o estresse também pode prejudicar a capacidade de aquisição de novos conhecimentos e habilidades, ocasionando uma produtividade mais baixa e prejudicando o crescimento econômico no longo prazo.[1070]

Do mesmo modo, igualmente importante na motivação dos trabalhadores é o seu senso de que estão sendo tratados de maneira justa. Na Rússia, durante o período do comunismo, por exemplo, o sentimento difundido entre os trabalhadores de que eles não estavam sendo pagos adequadamente teve um papel fundamental no colapso econômico. No mesmo sentido, em experimento realizado, constatou-se que o aumento salarial de trabalhadores que sentiam que estavam sendo tratados injustamente teve um efeito positivo substancial na produtividade.[1071]

[1066] STIGLITZ, Joseph E. *The Price of Inequality*. New York: W.W. Norton & Company, 2013. p. 127-128.

[1067] MARSHALL, Alfred. *Principles of Economics*. London: Macmillan, 1961. p. 555. Tradução livre.

[1068] Vide LEIBENSTEIN, H. *Economic Backwardness and Economic Growth*. New York: Wiley, 1957; GLEWWE, Paul; JACOBY, Hanan G.; KING, Elizabeth M. Early Childhood Nutrition and Academic Achievement: a Longitudinal Analysis. *Journal of Public Economics*, v. 81, n. 3, p. 345-368, 2001.

[1069] Sobre o tema, vide capítulos 1 e 2 de TOMKOWSKI, Fábio Goulart. *Direito tributário e heurísticas*. São Paulo: Almedina, 2017.

[1070] STIGLITZ, Joseph E. *The Price of Inequality*. New York: W.W. Norton & Company, 2013. p. 129.

[1071] Vide COHN, Alain; FEHR, Ernst; GOETTE, Lorenz. *Fairness and Effort*: Evidence from a Field Experiment. Oct. 2008. Working paper; e COHN, Alain; FEHR, Ernst; HERRMANN,

A alta desigualdade ocasiona também os fenômenos da "renda relativa" e da "privação relativa". O que importa para o bem-estar do indivíduo não é somente a renda absoluta individual, mas a sua renda em relação à dos demais. Os indivíduos se preocupam com o seu consumo em comparação com o dos outros, o que explica o fato de muitas pessoas viverem além de suas condições financeiras e também de muitas pessoas trabalharem tanto.[1072]

Por milhares de anos as pessoas tiveram que despender a maior parte do seu tempo trabalhando apenas para sobreviver (por comida, roupas e moradia). Então, com o início da Revolução Industrial, ocorreu um aumento sem precedentes na produtividade, o que significou que cada vez mais indivíduos puderam se libertar da cadeia de trabalho para subsistência. Para uma considerável parcela da população, apenas algumas horas de seu tempo eram necessárias para que pudessem obter os meios para suas necessidades básicas.[1073]

Com o tempo restante, os indivíduos poderiam usufruir de mais lazer ou de mais bens. Poder-se-ia imaginar que eles dividiriam parte de seu tempo para mais lazer e parte para mais bens. Muito embora na Europa isso tenha, de fato, ocorrido, foi diferente nos Estados Unidos, por exemplo. Nesse país, a população optou por menos lazer e cada vez mais bens.[1074]

A explicação de Stiglitz para isso, e que talvez se aplique à realidade brasileira, pode estar relacionada à desigualdade. Pode ser que os indivíduos estejam trabalhando para manter o seu consumo em nível semelhante ao dos demais e que isso tenha desencadeado uma "corrida dos ratos". "Os indivíduos dizem que estão trabalhando mais pela família, mas, como eles trabalham tanto, há cada vez menos tempo para a família, e a família acaba se deteriorando".[1075]

Benedikt; SCHNEIDER, Frederic. Social Comparison in the Workplace: Evidence from a Field Experiment. *IZA Working Paper*, n. 5550, Mar. 2011.

1072 STIGLITZ, Joseph E. *The Price of Inequality*. New York: W.W. Norton & Company, 2013. p. 131-132.

1073 Vide SENIK, Claudia; CLARK, Andrew E. *Will GDP Growth Increase Happiness in Developing Countries?. Paris School of Economics Working Papers*, n. 2010-43, 2011.

1074 Vide KEYNES, John Maynard. *Economic Possibilities for Our Grandchildren*: Essays in Persuasion. New York: Norton, 1963. p. 358-373; e STIGLITZ, Joseph. Toward a General Theory of Consumering: Reflections on Keynes': Economic Possibilities for Our Grandchildren. *In:* PIGA, G; PECCHI, L. (Ed.). *Revisiting Keynes:* Economic Possibilities for Our Grandchildren. Cambridge: MIT Press, 2008.

1075 STIGLITZ, Joseph E. *The Price of Inequality*. New York: W.W. Norton & Company, 2013. p. 132. Tradução livre.

A falta de riqueza restringe as oportunidades das famílias de serem produtivas de diversas maneiras. Reduz suas possibilidades de investirem nos filhos, de terem casa própria, entre diversos outros investimentos. A principal consequência de um mundo onde muitas famílias possuem pouca ou nenhuma riqueza e onde apenas oportunidades educacionais extremamente limitadas são oferecidas pelo governo é o subinvestimento em capital humano.[1076]

O resultado disso é que, especialmente sem uma educação pública de boa qualidade, a riqueza das famílias se torna um determinante básico da vida dos filhos. Aumentando a igualdade de renda e de oportunidades, ao mesmo tempo a produtividade nacional será aumentada.

Especialmente com relação aos países da América Latina, a Cepal realizou estudo intitulado *A ineficiência da desigualdade.*[1077] A comissão, em suas sete décadas de história institucional, propôs horizontes estratégicos para o desenvolvimento, e a partir de 2010 passou a constar também em seus principais documentos uma especial ênfase na igualdade, como um valor fundamental para o desenvolvimento. Nesse sentido, entendem que a igualdade está no centro do desenvolvimento por se tratar de uma condição para que se possa avançar rumo a um modelo de desenvolvimento que tenha como foco a inovação e a aprendizagem, que possuem efeitos positivos sobre a produtividade, dentre outros campos.[1078]

Essa igualdade, para a Cepal, diz respeito à igualdade de meios, oportunidades e reconhecimento. Já a ideia de igualdade em matéria de acesso a capacidades se refere a habilidades, conhecimentos e destrezas adquiridas pelos indivíduos. O mencionado documento analisa a igualdade como força impulsionadora da eficiência econômica, entendida esta como a velocidade com que se poderá "inovar, absorver inovações geradas em outras partes do mundo e reduzir a lacuna tecnológica, difundir as inovações no tecido produtivo e, por meio delas, elevar a produtividade e abrir novos espaços de investimento de maneira sustentável".[1079] Em outras palavras, busca a Cepal aumentar o produto e a produtividade, por meio do "pleno aproveitamento dos recursos e do máximo potencial de aprendizado tecnológico, que ao mesmo

[1076] STIGLITZ, Joseph E. *The Price of Inequality*. New York: W.W. Norton & Company, 2013. p. 135.

[1077] CEPAL. *A ineficiência da desigualdade*: síntese (LC/SES.37/4), Santiago: Nações Unidas, 2018.

[1078] CEPAL. *A ineficiência da desigualdade*: síntese (LC/SES.37/4), Santiago: Nações Unidas, 2018. p. 5.

[1079] CEPAL. *A ineficiência da desigualdade*: síntese (LC/SES.37/4), Santiago: Nações Unidas, 2018. p. 5-6.

tempo preservam o meio ambiente".[1080] Nesse sentido, entendem que a desigualdade acarreta grandes custos de eficiência, não sendo somente um resultado, mas também uma importante determinante do funcionamento da economia, por atuar de modo a condicionar o acesso dos agentes econômicos a capacidades e oportunidades e também por modelar as regras do jogo e os incentivos. Com efeito, para a comissão, faz-se necessário adotar políticas a favor da igualdade não somente por produzirem efeitos positivos em termos de bem-estar social, mas porque "contribuem para gerar um sistema econômico mais favorável para a aprendizagem, a inovação e o aumento da produtividade".[1081]

Observou-se que as desigualdades de acesso à educação e à saúde, por reduzirem as capacidades e oportunidades, acabam comprometendo a inovação e os aumentos de produtividade. Nesse sentido, ao abandonar seus estudos antes de concluir a educação primária e secundária, o indivíduo ficará com seu potencial produtivo prejudicado pelo resto de sua vida. Receberá salário menor em comparação com o salário dos trabalhadores com mais anos de educação formal, o que é um indício de que houve perda de produtividade e bem-estar em razão desse abandono. Ao longo do tempo essa perda será muito grande. Isso porque os danos que a sociedade sofrerá não se limitam à perda de renda futura por parte da pessoa que abandona os estudos; há externalidades positivas decorrentes da interação entre pessoas com nível de educação elevado, porquanto o benefício social do investimento em educação não se limita ao benefício no âmbito privado. Do mesmo modo, quando a desigualdade impede o acesso à educação, mesmo que os efeitos disso não sejam perceptíveis, eles acabam afetando todo o sistema econômico.[1082]

Observa-se que em sociedades muito desiguais, a opção por abandonar os estudos acaba não refletindo apenas diferenças de talento ou esforço, mas também menos oportunidades de acesso à educação, tais como a falta de financiamento, a escassa oferta de centros de ensino de boa qualidade no bairro ou na região onde o indivíduo reside ou mesmo a necessidade de ingressar mais cedo no mercado de trabalho para ajudar no sustento familiar. Há também uma correlação entre

[1080] CEPAL. *A ineficiência da desigualdade*: síntese (LC/SES.37/4), Santiago: Nações Unidas, 2018. p. 6.

[1081] CEPAL. *A ineficiência da desigualdade*: síntese (LC/SES.37/4), Santiago: Nações Unidas, 2018. p. 6.

[1082] CEPAL. *A ineficiência da desigualdade*: síntese (LC/SES.37/4), Santiago: Nações Unidas, 2018. p. 23.

o nível educacional alcançado pelos pais com relação ao alcançado pelos filhos por muitas gerações, sendo esse fato muito mais comum em economias desiguais, como no caso da América Latina, do que nos países mais igualitários.[1083]

Além disso, os aspectos estruturais e de vulnerabilidade tendem a ser agravados com a revolução tecnológica. Isso porque, à medida que sua distância com relação à fronteira tecnológica aumentar e a difusão de novos setores e conhecimentos se atrasar, a dificuldade da América Latina de se inserir nos mercados mundiais mais dinâmicos e de aumentar sua taxa de crescimento será cada vez maior. A diminuição concomitante da demanda de trabalho tornará cada vez mais difícil a solução de problemas de desemprego ocasionados pelo aumento da automatização e da digitalização dos processos produtivos.[1084]

Há, também, outras dimensões das desigualdades relacionadas às já expostas. Entre elas, encontra-se a desigualdade nas diferentes regiões, dado que a pobreza e os baixos níveis de desenvolvimento estão concentrados em determinadas áreas. Na maior parte das vezes, as cidades concentram o desenvolvimento, gerando polarizações não somente dentro da própria cidade, mas também com relação à zona rural. Existem ainda desigualdades relacionadas à deterioração ambiental, sendo os setores com menos recursos os que sofrem mais com as consequências negativas da poluição em zonas urbanas e os agricultores pobres os que trabalham em ambientes mais degradados. A infraestrutura existente, bem como os padrões de investimento nelas acabam consolidando e reproduzindo as desigualdades territoriais e ambientais.[1085]

Conforme Muñoz e Perez,[1086] as disparidades regionais na América Latina se consolidam em razão dos padrões predominantes de investimento em infraestrutura. Isso porque a infraestrutura da região, em regra, mantém sua marca de origem como modelo de enclave, tendo surgido para levar a produção mineral e agrícola para os portos, para fins de exportação. Os sistemas de infraestrutura continuam articulados

---

[1083] Vide DAUDE, C.; ROBANO, V. On Intergenerational (Im)Mobility in Latin America. *Latin American Economic Review*, v. 24, n. 9, p. 1-29, 2015.

[1084] CEPAL. *A ineficiência da desigualdade*: síntese (LC/SES.37/4), Santiago: Nações Unidas, 2018. p. 19.

[1085] CEPAL. *A ineficiência da desigualdade*: síntese (LC/SES.37/4), Santiago: Nações Unidas, 2018. p. 29.

[1086] MUÑOZ, C.; PÉREZ, G. Reflexiones sobre el rol de la logística en la explotación sostenible de los recursos naturales en América Latina y el Caribe. *Boletín FAL*, Santiago: Cepal, n. 357, p. 1-13, 2017.

com a exploração e a exportação dos recursos naturais extrativos. Mesmo tendo ocorrido a atualização, em termos de capacidade e qualidade, da malha de transportes, a conectividade dos territórios em cada país ou região ainda é insuficiente.

A distribuição modal, da maneira como está, acarreta grandes perdas de eficiência energética, bem como um alto consumo de energia não renovável com emissões de carbono elevadas. Desse modo, as vantagens regionais acabam sendo subutilizadas em termos de capacidade, complementaridade e utilização de energia dos meios de transporte fluvial e ferroviário. As políticas de investimento público na região não aproveitaram o espaço para a infraestrutura que havia, o que acabou acarretando uma conectividade terrestre insuficiente, desigualdade no acesso aos serviços básicos e avançados de infraestrutura e insustentabilidade ambiental.[1087]

Nada obstante isso, frequentemente a interação centro-periferia termina se refletindo em uma dinâmica assimétrica campo-cidade, em problemas relativos à concentração de pobreza em determinadas áreas urbanas cumulada à ausência, nessas áreas, dos bens e dos serviços que deveriam ser prestados pelo Estado, tais como lacunas no acesso à infraestrutura básica de água potável e saneamento.[1088]

Há lacunas também relativas à qualidade. Nesse sentido, alguns domicílios de baixa renda têm acesso a água ou saneamento básico mediante soluções tecnológicas que não asseguram uma qualidade equivalente à dos domicílios de mais alta renda.[1089]

Essas lacunas não se limitam aos serviços básicos; também incluem os mais avançados, como o acesso às tecnologias digitais. Mesmo tendo ocorrido um aumento no acesso à internet em todos os níveis sociais nos últimos anos, ainda existem consideráveis diferenças entre o topo da pirâmide e a base no que diz respeito ao número de domicílios com acesso a ela, o que dificulta o acesso *on-line* a serviços de saúde, educação e governo e afeta de modo negativo o comércio eletrônico entre os países da América Latina, que poderia se transformar em uma ferramenta de integração regional, especialmente em matéria de bens e serviços digitais.

1087 CEPAL. *A ineficiência da desigualdade*: síntese (LC/SES.37/4), Santiago: Nações Unidas, 2018. p. 33.

1088 CEPAL. *A ineficiência da desigualdade*: síntese (LC/SES.37/4), Santiago: Nações Unidas, 2018. p. 34.

1089 CEPAL. *A ineficiência da desigualdade*: síntese (LC/SES.37/4), Santiago: Nações Unidas, 2018. p. 35.

Conforme a Cepal,[1090] a situação da mobilidade urbana combina problemas relativos a desigualdades, ineficiência produtiva e energética e deterioração ambiental. Isso ocorre porque, embora cerca de 60% da população que reside nas regiões metropolitanas se locomova a pé, em bicicleta ou por meios de transporte público, a sociedade gasta, em média, três vezes mais em veículos privados do que em sistemas de transportes coletivos. O tempo de duração de um percurso em ônibus, por sua vez, é cerca de 50% a 200% mais longo do que uma viagem em automóvel no mesmo percurso, em decorrência da segregação espacial e de sistemas públicos de mobilidade que terminam por favorecer os setores de renda mais elevada.[1091]

Devido à segregação espacial, ao congestionamento e ao atraso na implementação de sistemas públicos adequados, ocorre uma fuga de usuários desses serviços, tal como há fuga dos serviços públicos para os privados em matéria de educação, saúde, segurança e água potável.[1092]

Além do mais, a desigualdade entre gerações implica um custo de produtividade futura, porquanto diminuem os serviços produtivos do ecossistema. Ao mesmo tempo, a desigualdade nas atuais gerações também afeta a produtividade e o meio ambiente. Como exemplo, tem-se a emissão de poluentes nas cidades conforme o meio de transporte utilizado, que acarreta acentuados efeitos danosos à saúde.[1093]

Ademais, o problema da desertificação também é uma consequência da atividade agropecuária insustentável, que gera problemas na produtividade. Nesse sentido, estima-se que na América Latina existam em torno de 60% de terras áridas; mais de 300 milhões de hectares de terras agrícolas desertificadas, o que corresponde a cerca de 20% do território aproveitável.[1094] Calcula-se que 50% das terras produtivas estarão desertificadas até 2050.[1095]

Ao mesmo tempo que ocorre a degradação do solo, verifica-se um grande aumento na utilização de fertilizantes com o intuito de compensar

---

[1090] CEPAL. *Panorama multidimensional del desarrollo urbano en América Latina y el Caribe*. Documentos de Proyectos (LC/TS.2017/67). Santiago, 2017.

[1091] CAF (Banco de Desenvolvimento da América Latina). *Observatorio de Movilidad Urbana*. 2016. Disponível em: http://www.caf.com/es/temas/o/observatorio-de-movilidad-urbana/bases-de-datos. Acesso em: 17 set. 2018.

[1092] CEPAL. *A ineficiência da desigualdade*: síntese (LC/SES.37/4), Santiago: Nações Unidas, 2018. p. 38.

[1093] CEPAL. *A ineficiência da desigualdade*: síntese (LC/SES.37/4), Santiago: Nações Unidas, 2018. p. 40.

[1094] PNUD. *Chile*: instrumentos y estrategias para combatir la desertificación. Santiago: PNUD, 2015.

[1095] FIDA. *Desertification*. Roma: FIDA, 2010.

a perda de recursos naturais. Utilizam-se cada vez mais pesticidas, tais como fungicidas, herbicidas e inseticidas, o que representa uma ameaça para a saúde dos indivíduos e para o meio ambiente. Segundo relatório sobre a produtividade da terra, há indícios de que já ocorreu uma queda na produtividade do solo em aproximadamente 20% da superfície terrestre mundial com vegetação, sendo a América do Sul a região mais afetada.[1096]

Com relação à redução nas emissões de CO_2, enquanto nas economias europeias ocorreu uma queda, nas economias asiáticas elas aumentaram e na América Latina e no Caribe permaneceram constantes. Caso se busque reduzir as emissões necessárias, é indispensável que ocorra uma transformação tecnológica de grande alcance, ainda não realizada na região.[1097]

Outras consequências da desigualdade são a ausência ou a baixa qualidade da provisão de bens públicos e as externalidades relacionadas a segurança, educação, saúde e meio ambiente, bem como as deficiências de sistemas de regras que assegurem a igualdade de oportunidades.[1098]

Nesse sentido, uma característica que distingue os países desenvolvidos dos países em desenvolvimento diz respeito à diversidade e ao grau de divulgação alcançados no tecido social pelas redes e pelas organizações, tanto públicas quanto privadas, que fornecem bens públicos e geram externalidades. Os bens públicos têm um custo e geram um impacto distributivo. Conforme a Cepal, ainda que a provisão de bens públicos leve a uma nova configuração da economia, com níveis mais elevados de eficiência e bem-estar, a mudança para o novo equilíbrio pressupõe um processo de conflito que tem como correlata uma redistribuição de renda e poder entre os indivíduos. Por esse motivo, ao ampliar as oportunidades de acesso aos mercados, potencializando a inovação e as mudanças nos setores produtivos, a provisão de bens públicos acaba abrindo as portas para a concorrência de novos atores sociais e empresariais, capazes de ameaçar os lucros já estabelecidos.[1099]

[1096] UNCCD (Convenção das Nações Unidas de Combate à Desertificação nos Países Afetados por Seca Grave ou Desertificação, particularmente na África). *Perspectiva global de la Tierra*. Bonn: UNCCD, 2017.

[1097] CEPAL. *A ineficiência da desigualdade*: síntese (LC/SES.37/4), Santiago: Nações Unidas, 2018. p. 42.

[1098] CEPAL. *A ineficiência da desigualdade*: síntese (LC/SES.37/4), Santiago: Nações Unidas, 2018. p. 45.

[1099] CEPAL. *A ineficiência da desigualdade*: síntese (LC/SES.37/4), Santiago: Nações Unidas, 2018. p. 46-47.

Com efeito, um Estado que seja eficaz na produção de bens públicos é acompanhado por uma sociedade civil com um alto grau de organização e diversificação, bem como de um mercado em que a cooperação é complementada pela inovação e pela concorrência.[1100]

Verifica-se que há uma relação persistente entre a desigualdade e as instituições. Há uma transmissão intergeracional da pobreza, o que reflete e reforça a transmissão intergeracional de instituições excludentes. Isso porque a persistência dessa desigualdade é incorporada à cultura da sociedade, que passa a perceber como natural que determinados grupos desfrutem de privilégios e outros não. Institui-se uma cultura do privilégio, que se torna implicitamente aceita não só pelos grupos privilegiados como pelos excluídos também.[1101]

Em outras palavras, significa dizer que é somado ao efeito da desigualdade sobre a aprendizagem e as capacidades um efeito menos visível, mas muito importante, que é o enfraquecimento das capacidades do Estado e da eficácia das políticas públicas. A economia política da desigualdade e sua íntima relação com as instituições e a cultura que dominam as relações sociais atuam como um obstáculo ao aumento da produtividade e ao crescimento, uma vez que limitam a oferta de bens públicos essenciais para que mercados competitivos e agentes inovadores possam existir. É por isso que imaginar a luta contra a desigualdade e a pobreza como sendo um sacrifício em termos de eficiência é desconhecer que elas são fatores determinantes dos altos níveis de ineficiência incorporados nas relações sociais e nas estruturas produtivas das economias desiguais. Em uma sociedade democrática, os bens públicos são uma forma de materialização da igualdade e do sentido de pertencimento,[1102] pois são não somente um sinal visível de solidariedade, como também um compromisso conjunto de disponibilizar os avanços coletivos para todos os cidadãos.[1103]

A cultura do privilégio, sob a perspectiva do desenvolvimento com igualdade, é relevante porque termina por naturalizar a relação entre o lugar que se ocupa na escala social e a qualidade do acesso a

---

[1100] Vide CEPAL. *Pactos para la igualdad*: hacia un futuro sostenible (LC/G.2586 (SES.35/3). Santiago, 2014.

[1101] CEPAL. *A ineficiência da desigualdade*: síntese (LC/SES.37/4), Santiago: Nações Unidas, 2018. p. 47.

[1102] Vide KALLHOFF, A. Why Societies Need Public Goods. *Critical Review of International Social and Political Philosophy*, v. 17, n. 6, p. 635-651, 2014.

[1103] CEPAL. *A ineficiência da desigualdade*: síntese (LC/SES.37/4), Santiago: Nações Unidas, 2018. p. 48.

educação, saúde, trabalho, segurança e habitação. Ela se dissemina em diversos âmbitos nos quais os fatores estruturais e institucionais concorrem para a perpetuação ou a recriação de uma ordem de desiguais.[1104]

Verifica-se, portanto, que a igualdade está intimamente relacionada com a produtividade. Sociedades desiguais tendem a ser menos produtivas, pelas razões expostas. Não por acaso a igualdade, em múltiplas dimensões, foi objeto de preocupação por parte do constituinte.

Desse modo, é dever do Estado adotar medidas e fomentar condutas com vistas à mitigação das desigualdades, sejam elas econômicas, sejam sociais, educacionais, de gênero, raça ou regionais. Isso porque, conforme demonstrado, a desigualdade atua como um obstáculo ao aumento da produtividade, sendo fator determinante dos altos níveis de ineficiência presentes nas sociedades desiguais.

[1104] CEPAL. *A ineficiência da desigualdade*: síntese (LC/SES.37/4), Santiago: Nações Unidas, 2018. p. 50.

Afinal, a busca pelo aumento da produtividade é uma norma que pode ser construída como decorrência da ordem constitucional da forma preconizada pela Constituição brasileira de 1988? Em caso positivo: i) quais são as implicações provenientes dessa constatação?; ii) como se deu a incorporação da busca pelo aumento da produtividade pelo direito brasileiro?; iii) a previsão da busca pelo aumento da produtividade na Constituição brasileira consiste em um caso isolado ou há exemplos de constituições que também demonstraram essa preocupação?; iv) a busca pelo aumento da produtividade já era uma preocupação do legislador constitucional na Assembleia Constituinte de 1987?; v) em quais dispositivos a busca pelo aumento da produtividade está prevista e com quais outros dispositivos ou aspectos previstos na Constituição ela se relaciona? Esses foram alguns dos problemas que orientaram o desenvolvimento do presente trabalho e que, durante o percurso traçado para solucionar esses questionamentos, possibilitaram que se chegasse a algumas conclusões, as quais se pretende abordar a seguir.

Primeiramente, em capítulo introdutório, verificou-se que o aumento da produtividade, que levou à geração de mais excedente e, consequentemente, mais riqueza disponível, foi um dos fatores que possibilitaram a transição do feudalismo para o capitalismo. Isso porque, na época, em virtude da grande concentração populacional nas cidades, os cidadãos que lá habitavam necessitavam da agricultura para o fornecimento de alimentos e matérias-primas que seriam utilizadas. Esse fato ocasionou um forte estímulo às especializações urbanas e rurais, assim como ao comércio entre o campo e a cidade. Essa demanda levou os camponeses a comercializarem o seu excedente e, assim, receberem dinheiro por ele, o qual serviria para pagar taxas ao senhor feudal sem que fosse preciso realizar trabalho forçado. Os camponeses, portanto, passaram a figurar como pequenos negociantes independentes, arrendando terras do senhor feudal, o que, como consequência, acarretou o rompimento gradual dos laços feudais, que foram substituídos pelo mercado e pela busca do lucro como os princípios organizadores da produção.

Já no mercantilismo, foi possível perceber que a questão da produtividade, embora no início possa ter sido deixada de lado – em razão do fato de que o lucro, na época, não era obtido por meio do processo produtivo, mas decorria, sobretudo, da inflação e da grande variação de preços das mercadorias entre uma região e outra –, passou a receber considerável importância. Não obstante o fato de os doutrinadores do período, especialmente na Inglaterra, terem dado atenção à questão da produtividade, essa preocupação, por parte dos governos mercantilistas, foi crescendo à medida que as políticas mercantilistas deixavam de ser suficientes para as necessidades do capitalismo e de grande parte dos capitalistas do período. Isso porque, em razão da crescente concorrência e do comércio, as diferenças de preços entre um lugar e outro começaram a desaparecer, reduzindo os lucros consideravelmente. Ademais, à medida que os lucros auferidos em decorrência das diferenças de preços foram diminuindo, passou-se a ter uma crescente integração do controle capitalista, não apenas no processo de produção, mas também no comércio, contribuindo para que a preocupação com a produtividade aumentasse.

Isso tudo demonstrou o papel relevante que a produtividade teve na transição para o capitalismo.

Não por acaso, verificou-se que a produtividade teve papel relevante no pensamento de muitos economistas de diferentes correntes de pensamento econômico. O mesmo ocorreu quando se verificou o papel da produtividade para algumas das principais instituições internacionais. Com base nas obras dos economistas e das instituições analisadas, foi possível atestar que a preocupação com o aumento da produtividade parece ter sido relacionada, sobretudo, à possibilidade de geração de mais excedente, e, consequentemente, mais riqueza disponível.

Atestou-se, também, que apesar de haver diversos modos para mensurar a produtividade, ela pode ser compreendida, de maneira geral, como a quantidade de produto gerada com uma quantidade de determinado fator. Esse fator pode ser, por exemplo, mas não taxativamente, trabalho, capital, insumos em geral, área de terra, dentre outros.

Especialmente para as instituições internacionais Cepal, OCDE e Banco Mundial, o aumento da produtividade se mostra essencial para que o desenvolvimento sustentável possa ocorrer, principalmente nos países da América Latina.

Da análise de mais de duzentas constituições em vigor atualmente no mundo, verificou-se que diversas delas buscaram prever meios de aumentar a produtividade. Com isso, foi possível concluir que a previsão da busca pelo aumento da produtividade pela Constituição brasileira não se trata de um caso isolado no mundo, havendo constituições de países influenciados pelas mais variadas correntes de pensamento econômico que também procuraram garantir constitucionalmente que a produtividade fosse aumentada.

Já se aproximando da abordagem acerca do modo como ocorreu a incorporação da busca pelo aumento da produtividade no direito brasileiro, foi analisado primeiramente o que pensam os economistas brasileiros a respeito da produtividade, pois, como se sabe, por vezes o pensamento dominante acaba influenciando o direito e sendo por ele incorporado. Dessa verificação, foi possível concluir que economistas influenciados por linhas de pensamento completamente diversas convergem quanto à importância de se buscar o aumento da produtividade nacional. Assim, a partir do momento em que se verifica certa convergência sobre a importância do aumento da produtividade para que o desenvolvimento nacional possa ocorrer, por parte de economistas de vertentes até mesmo conflitantes, há um forte argumento para que esse entendimento, caso não tenha sido incorporado pelas normas jurídicas, passe a ser.

Após, abordou-se a relação entre a produtividade e o direito econômico. Foi exposto, com base em Comparato, que o direito econômico busca atingir as estruturas do sistema econômico, almejando seu aperfeiçoamento ou sua transformação, superando o subdesenvolvimento. Pode o direito econômico, portanto, conforme o pensamento de Norbert Reich, ser utilizado como instrumento do Estado para influenciar, manipular e transformar a economia, de modo a atingir objetivos sociais ou coletivos, encapsulando os conflitos entre a política e a economia.

Esse direito econômico pode ser objeto de tutela no âmbito constitucional, como ocorre com a Constituição brasileira de 1988, que foi estruturada com o objetivo de exercer a função de planejar as transformações sociais e do Estado, prevendo, em seu texto, as bases para um projeto nacional de desenvolvimento, estabelecendo as tarefas e os fins do Estado na sociedade.

A Constituição brasileira de 1988, portanto, previu dispositivos que consistem em cláusulas transformadoras, na acepção utilizada por Verdú, tais como o artigo 3º, as quais expõem o contraste entre a realidade social injusta e a necessidade de eliminá-la. Com efeito, a Constituição consiste na defesa da mudança da realidade pelo direito, como entende Canotilho. Ela não permite, por consequência, que se deixe de realizar o que ainda não foi realizado, sendo dever do Estado promover a transformação da estrutura econômico-social. Servem esses dispositivos, portanto, de instrumentos normativos que permitem transformar fins sociais e econômicos em jurídicos, conforme expõe

Bercovici, devendo servir como linha de desenvolvimento e de interpretação teleológica para todo o ordenamento jurídico.

Não são tais dispositivos meras normas programáticas, denominação comumente utilizada para justificar a não vinculatividade e a não concretização de dispositivos constitucionais; eles têm caráter conformador, que assinalam os fins, os objetivos a serem perseguidos por todos os meios legais existentes para edificar uma sociedade distinta da existente no momento da elaboração do texto constitucional, ocasionando um "salto" de uma estrutura social para outra, juntamente com o aumento do nível econômico e cultural-intelectual da sociedade, tal como recomenda Eros Grau.

Da mesma maneira, a busca pelo aumento da produtividade, que está intimamente relacionada com o objetivo constitucional do desenvolvimento nacional, pois se trata de um dos fundamentos para que ele possa ocorrer de modo sustentável, tem o descrito caráter transformador.

Esse caráter transformador da busca pelo aumento da produtividade pode ser verificado por dois diferentes prismas.

No primeiro, ele ocorre em razão das medidas que devem ser adotadas para que esse aumento possa se concretizar. Em outras palavras, significa dizer que, para que ele seja possível, faz-se necessário investir, fomentar melhorias e realizar planejamentos em determinados âmbitos extremamente importantes para o desenvolvimento da sociedade – por exemplo, em educação, infraestrutura, P&D, inovações tecnológicas, agricultura –, bem como buscar a mitigação das desigualdades, que é um dos principais impedimentos aos altos índices de produtividade em uma nação.

O segundo prisma sob o qual se pode verificar o caráter transformador da busca pelo aumento da produtividade é o da relação entre o aumento da produtividade e a geração de mais riqueza com a mesma quantidade de determinado fator. A existência de mais riqueza disponível possibilita crescimento dos salários e diminuição de custo para os trabalhadores (os quais passam a ter maior poder de compra e um melhor padrão de vida), mais lucros para as empresas (de modo a possibilitar mais investimentos) e maior arrecadação para o Estado (possibilitando que os direitos garantidos constitucionalmente sejam concretizados).

É bem por isso que a busca pelo aumento da produtividade é um dever do Estado, que deverá almejar alcançar esse objetivo por meio tanto de incentivos diretos a medidas que o fomentem como também pelo estímulo a atividades por parte da iniciativa privada que contribuam para isso. Do mesmo modo, é vedada ao Estado a instituição de normas que sejam contrárias a esse fim, sob pena de inconstitucionalidade.

Por esse motivo é que se torna possível verificar, da análise da legislação, tanto infraconstitucional como constitucional, que houve um amadurecimento constante na busca pelo aumento da produtividade no Brasil.

Nesse sentido, percebe-se que já em 1967 foi instituído o Fundepro, relacionado ao BNDE, o qual tinha como foco pesquisas que permitissem o aumento da produtividade industrial.

Um fato relevante observado foi que pouco tempo após a criação do Fundepro, uma Constituição brasileira, pela primeira vez na história, passou a demonstrar preocupação com o aumento da produtividade, com a Emenda Constitucional nº 1, de 1969, que alterou a redação da Constituição de 1967. Com a referida alteração, o desenvolvimento econômico, que na Constituição de 1967, em sua redação original, constava como um dos princípios que fundamentavam a ordem econômica (art. 157 da CF/1967), foi modificado substancialmente. Com a modificação, o desenvolvimento, que antes constava em um inciso do referido artigo, passou para o *caput*, ficando estabelecido que a ordem econômica e social teria por fim realizar o desenvolvimento nacional. Deixou, portanto, o desenvolvimento, que antes era tratado como desenvolvimento econômico, de ser apenas um princípio que fundamentava a ordem econômica para se tornar o fim a ser realizado por essa ordem (juntamente com a justiça social).

Além do mais, um aspecto que também merece relevo é que, a partir do momento em que o desenvolvimento passou a ser um fim a ser realizado pela ordem econômica, foi inserido um novo inciso no mencionado artigo, prevendo que esse fim (desenvolvimento e justiça social) será baseado em determinados princípios, dentre os quais o da "expansão das oportunidades de emprego produtivo". Ou seja, a Constituição brasileira estabeleceu que a ordem econômica deverá realizar o desenvolvimento nacional baseada, também, na expansão não meramente do emprego, mas do emprego produtivo. Esse fato demonstra que essa preocupação com a produtividade, que pode ser verificada anteriormente, quando da instituição do Fundepro, acabou por ser incorporada à Constituição em 1969.

Posteriormente, outras leis foram criadas nas quais se pode perceber a preocupação com a busca pelo aumento da produtividade.

Um exemplo é o do Decreto-Lei nº 288, de 1967, com a redação dada pela Lei nº 8.287/1991, que regula a Zona Franca de Manaus. Ele, em seu artigo 7º, §§1º e 7º, II, "d", previu que, para poder se utilizar da redução da alíquota no Imposto de Importação, os produtos da Zona Franca de Manaus deveriam respeitar alguns requisitos, entre os quais os de que esses produtos tivessem como objetivo níveis crescentes de produtividade.

Outro exemplo é o da Lei nº 11.196/2005, que prevê alguns incentivos fiscais para a inovação tecnológica, definindo esta, em seu artigo 17, como "a concepção de novo produto ou processo (...) que implique melhorias incrementais e efetivo ganho de qualidade ou produtividade, resultando maior competitividade no mercado".

Mais recentemente, em outubro de 2018, foi instituído, por meio do Decreto nº 9.547, o Programa Brasil Mais Produtivo, que, nos termos de seu artigo 1º, se destina "a elevar os níveis de produtividade e de eficiência na indústria brasileira por meio de ações de extensionismo industrial".

Com isso, foi possível concluir que a preocupação com a busca pelo aumento da produtividade no Brasil sofreu um processo de amadurecimento ao longo do tempo e permanece até os dias atuais, deixando de ser uma questão apenas econômica para receber o *status* de norma jurídica.

Uma das explicações encontradas para esse amadurecimento foi o fato de que ele ocorreu gradualmente, na medida em que os índices de produtividade do Brasil passaram a indicar que o país estava ficando cada vez mais distante em comparação com os países mais avançados.

Ao se analisar especificamente a Constituição brasileira de 1988, verificou-se, preliminarmente, que houve uma grande preocupação por parte dos constituintes, na maior parte das comissões e das subcomissões, com a busca pelo aumento da produtividade, tendo sido propostas diversas medidas para que esse objetivo fosse alcançado.

Nada obstante isso, demonstrou-se que o aumento da produtividade é um dos fundamentos para que o desenvolvimento possa ocorrer de maneira sustentável.

Isso porque, para além dos argumentos já expostos sobre a contribuição, para o desenvolvimento, da busca pelo aumento da produtividade, em razão de seu caráter transformador, existem outros que corroboram a tese. Um deles é que há fortes indícios, conforme amplamente demonstrado no presente trabalho, de que a geração de riqueza será cada vez mais dependente do aumento da produtividade, de modo que ou ocorre uma melhora constante nos índices de produtividade, ou não haverá riqueza suficiente para ser transformada em salários mais altos, mais lucros e maior arrecadação por parte do Estado, dificultando a concretização dos direitos fundamentais previstos pela Constituição.

Assim, embora não se possa afirmar que o aumento da produtividade seja sempre essencial para o desenvolvimento, pode ser um dos principais instrumentos para isso, consistindo, desse modo, em um dos pilares para o desenvolvimento sustentável. Sabe-se que o desenvolvimento é muito mais do que mero crescimento econômico. Além do mais, a busca pelo aumento da produtividade, quando considerada um fim em si mesma, coloca em risco muitos direitos da mais alta importância garantidos pela Constituição. No entanto, da análise dos diversos estudos abordados no presente trabalho, tudo indica que um dos principais fatores que prejudicaram a promoção do desenvolvimento nacional foi a estagnação da produtividade. Isso porque a baixa produtividade pode significar que o potencial produtivo do país não está sendo plenamente utilizado, o que ocasiona um desperdício na geração de riqueza e acaba dificultando a concretização dos direitos constitucionalmente assegurados.

Como se não bastasse, o aumento da produtividade, que acarreta geração de mais riqueza com a mesma quantidade de um determinado fator, é também uma via para compensar um gargalo cuja tendência é agravar-se cada vez mais e que prejudica a economia, qual seja, a queda constante no bônus demográfico. Isso significa que, segundo estimativas para o futuro, a população em idade ativa, da qual se extrai a força de trabalho, deixará de crescer (provavelmente em 2048 ou 2049), de tal maneira que o crescimento do PIB será cada vez mais dependente do aumento da produtividade.

Com isso, pode-se concluir que a busca pelo aumento da produtividade está prevista na Constituição brasileira quando esta elenca o desenvolvimento como objetivo fundamental da República, por ser esse aumento um dos fundamentos sem os quais o desenvolvimento dificilmente ocorrerá de maneira sustentável.

Uma vez estabelecida essa premissa, e uma vez que o desenvolvimento, na Constituição, é um objetivo fundamental que visa à transformação da sociedade, é possível chegar a algumas conclusões. A primeira é que a busca pelo aumento da produtividade, por consistir em um dos pilares sobre os quais o desenvolvimento fundamenta-se, é uma norma constitucional transformadora.

Com efeito, considerar a busca pelo aumento da produtividade como uma norma constitucional transformadora acarreta uma série de implicações relativas à sua eficácia. Antes, no entanto, fez-se necessário tecer algumas observações, a fim de esclarecer o que a busca pelo aumento da produtividade não é.

A referida norma, em uma primeira análise, poderia vir a ser categorizada por parte da doutrina como sendo uma norma programática. Todavia, essa classificação se mostra problemática, motivo pelo qual merece ser superada.

Isso porque essa doutrina da (in)eficácia das normas constitucionais acabou impedindo importantes avanços sociais, de modo a servir para manter o estado das coisas inconstitucional, assim como um certo estado de exceção permanente, o que acarreta a vulnerabilidade da própria constituição, tal como entende André Ramos Tavares.

Assim, entender que tais normas dependem de uma legislação infraconstitucional para ter eficácia ocasiona graves problemas, pois, quando determinada norma constitucional tem sua aplicabilidade condicionada, passa a ocorrer uma vulnerabilização da hierarquia constitucional, de maneira permanente, concedendo um poder constituinte exacerbado ao Poder Legislativo e violando a interdependência do Poder Judiciário. Esse pensamento acaba, por consequência, esquecendo uma premissa fundamental: a de que a norma constitucional opera sobre a lei, e não para a lei.

Na verdade, as normas constitucionais impõem uma vinculação direta e orgânica perante os Poderes instituídos, pois, caso contrário, essas conquistas não teriam eficácia nem estariam qualificando valorativamente o Estado como social de direito.

Esse posicionamento que defende a (in)eficácia de algumas normas constitucionais alinha-se, implicitamente, à concepção de primazia do Poder Legislativo e de impotência do Poder Judiciário. Isso significa, levado às últimas consequências, a não aceitação da possibilidade de concretização de certos comandos constitucionais por parte do Judiciário, razão pela qual os defensores desse pensamento entendem que determinadas normas na Constituição estariam fora da esfera do manejo judicial, significando, assim, que não seriam judicializáveis. Adotar esse entendimento significaria dizer que essas normas teriam sua concretização à mercê da vontade exclusiva e arbitrária do legislador.

Por tais motivos, tem-se que a norma constitucional da busca pelo aumento da produtividade, um dos fundamentos do desenvolvimento sustentável, em razão de seu caráter transformador, não pode, de maneira alguma, ser alçada à categoria de mera norma com eficácia limitada à boa vontade do legislador infraconstitucional. Tal norma, deve, na verdade, ter reconhecida sua eficácia imediata, não sendo permitido, portanto, que o Estado se escuse de suas obrigações de adotar medidas diretas voltadas para o aumento da produtividade nacional, assim como medidas indiretas, como o fomento de condutas por parte dos agentes privados para que estes contribuam para esse mesmo fim.

Do mesmo modo, não pode o Estado, agindo contra a norma da busca pelo aumento da produtividade, editar normas que sejam contrárias a esse fim, sob pena de inconstitucionalidade.

Com relação ao Poder Judiciário, é importante salientar que ele não poderá se omitir diante da mencionada determinação constitucional, devendo buscar dar pleno cumprimento à norma, sob pena de desobediência à Constituição.

Ainda, é possível estabelecer alguns efeitos decorrentes do reconhecimento da busca pelo aumento da produtividade como uma norma constitucional transformadora.

De início, de modo similar aos efeitos descritos por Luís Roberto Barroso quando se refere às normas denominadas de "programáticas", a referida norma tem efeitos imediatos de: i) revogar todos os atos normativos que contenham disposição com ela conflitante; ii) conduzir à inconstitucionalidade de todos os atos normativos que venham a ser editados, caso sejam com ela incompatíveis. Além disso, no âmbito subjetivo, concedem, também de imediato, às pessoas (físicas ou jurídicas), o direito a: i) opor-se judicialmente ao cumprimento de regras ou à sujeição de atos que as afete, caso eles sejam contrários ao sentido dessa regra; ii) obter, nas prestações jurisdicionais, interpretação e decisão que sejam direcionadas no mesmo sentido determinado pela referida norma, sempre que o interesse constitucional por ela previsto esteja em pauta.

Todavia, por não se tratar de mera norma programática, mas ter o caráter de norma constitucional transformadora, impõe uma vinculação direta ao Estado para que este adote meios de concretizá-la. Esses meios podem ser diretos, com a instituição de leis e programas com esse fim, proporcionando as condições necessárias para que isso ocorra, ou indiretos, fomentando condutas por parte dos agentes privados as quais contribuam para esse objetivo.

Por fim, analisando a Constituição, verificou-se que diversos aspectos consagrados por ela estão diretamente relacionados com o aumento da produtividade, de tal maneira que é possível afirmar que há uma internormatividade entre a norma constitucional transformadora da busca pelo aumento da produtividade e esses dispositivos. Como exemplo dessa internormatividade, é possível citar o caso da educação, considerada um direito social (art. 6º) e um direito de todos e dever do Estado e da família (art. 205). A educação é um dos principais meios para que a busca pelo aumento da produtividade possa ser concretizado. Ao mesmo tempo, aumentar a produtividade pode acarretar, como anteriormente exposto, diversas consequências positivas – em especial, maior arrecadação para os cofres públicos. Com uma maior quantidade de recursos disponíveis, o Estado poderá investir e adotar medidas que melhorem a educação. Em outras palavras, significa dizer que tudo isso acaba contribuindo para o desenvolvimento sustentável, permitindo que uma espécie de círculo virtuoso seja criado, no qual a melhora de um fator acarreta a melhora de outro. É o que ocorre também na relação entre a norma da busca pelo aumento da produtividade e a infraestrutura, a pesquisa e desenvolvimento, as inovações tecnológicas, a agricultura e a igualdade. Tudo isso corrobora o argumento de que a busca pelo aumento da produtividade é um dos pilares para que o desenvolvimento possa ocorrer e ser mantido ao longo do tempo.

REFERÊNCIAS

ABOWD, John M.; *et al. The Relation among Human Capital, Productivity, and Market Value*: Building Up from Micro Evidence. *In*: CORRADO, Carol; HALTIWANGER, John; SICHEL, Dan (Ed.). *Measuring Capital in the New Economy*. Chicago: University of Chicago Press, 2005.

ACEMOGLU, Daron; RESTREPO, Pascual. Artificial Intelligence, Automation and Work. *National Bureau of Economic Research Working Paper*, n. 24196, jan. 2018.

ACEMOGLU, Daron; RESTREPO, Pascual. Robots and Jobs: Evidence from US Labor Markets. *National Bureau of Economic Research Working Paper*, n. 23.285, Mar. 2017.

AEDO, Cristian; HENTSCHEL, Jesko; MORENO, Martin; LUQUE, Javier. From Occupations to Embedded Skills: A Cross-Country Comparison. *World Bank Policy Research Working Paper*, Washington, D.C, n. 6560, 2013.

AGÉNOR, P. R. A theory of infrastructure-led development. *Journal of Economic Dynamics & Control*, v. 34, p. 932-950, 2010

AHEARN, M. et. al. *Agricultural Productivity in the United States*. Washington: Economic Research Service, 1998.

ALESTALO, J. H. et al. Changing Governance for Innovation Policy Integration in Finland. In: OECD. *Governance of Innovation Systems*. Paris: OCDE, 2005. v. 2.

ALMEIDA, Eduardo Simões de; PEROBELLI, Fernando Salgueiro; FERREIRA, Pedro Guilherme Costa. Existe convergência espacial da produtividade agrícola no Brasil? *Revista de Economia e Sociologia Rural*, Brasília, v. 46, n.1, p. 31-52, jan./mar. 2008. Disponível em: http://www.scielo.br/scielo.php?pid=S0103-20032008000100002&script=sci_arttext#tx01. Acesso em: 12 jun. 2018.

ALSTON, J. M. et al. *The value of Embrapa Varietal Improvement Research*. A report prepared for Embrapa by The International Food Policy Research Institute (IFPRI), in collaboration with the University of California. Davis, May 2001.

ALSTON, J. M.; *et al. Persistence Pays*: U.S. Agricultural Productivity Growth and the Benefits from Public R&D Spending. Nova York: Springer, 2010.

ALVES, E. O que significam as medidas de produtividade da agricultura? *Revista de Economia e Agronegócio*, v. 8, n. 3, p. 349-370, 2010.

ALVIM, M. I. S. A. *Competitividade da produção de soja nos sistemas de plantio direto e plantio convencional em Mato Grosso do Sul*. 2003. 148 p. Tese (Doutorado em Economia Aplicada) – Universidade Federal de Viçosa, Viçosa, 2003.

AMSDEN, Alice. *Asia's next giant*: South Korea and Late Industrialization. Oxford: Oxford University Press, 1989.

ANDERSEN, Matthew A. Public Investment in U.S. Agricultural R&D and the Economic Benefits. *Food Policy*, v. 51, p. 38-43, 2015.

ANDRADE, José Maria Arruda de. Hermenêutica da ordem econômica constitucional e o aspecto constitutivo da concretização constitucional. *Revista Fórum de Direito Financeiro e Econômico*, ano 1, n. 1, p. 249-268, mar./ago. 2012.

ARAÚJO JR., I. T.; RAMOS, F. Investimento em infraestrutura e crescimento econômico no Brasil. *Revista Economia e Desenvolvimento*, Recife, v. 5, n. 2, p. 161-188, 2006.

ARGENTINA. Constituição (1853). Disponível em: https://www.constituteproject.org/constitution/Argentina_1994?lang=en. Acesso em: 17 set. 2018.

ASCHAUER, D. Is public expenditure productive? *Journal of Monetary Economics*, v. 23, p. 177-200,1989.

AUTOR, David H.; LEVY, Frank; MURNANE, Richard J. The Skill Content of Recent Technological Change: An Empirical Exploration. *National Bureau of Economic Research*, n. w8337, p. 1279-1333, 2001.

AUTOR, David H.; PRICE, Brendan M. *The Changing Task Composition of the US Labor Market*: an Update of Autor, Levy and Murnane. MIT, 2013. Mimeograph.

AVILA, A. F. D.; EVENSON, R. E. Total Factor Productivity Growth in the Brazilian Agriculture and the Role of Agricultural Research. *In*: CONGRESSO DA SOCIEDADE BRASILEIRA DE ECONOMIA E SOCIOLOGIA E RURAL, 33, 1995, Curitiba. *Anais* (...). Curitiba: Sober, 1995. p. 1097-1103.

AVILA, A. F. D.; IRIAS, L. J. M.; PAIVA, R. M. *The Socio-Economic Impact of Investment in Research by EMBRAPA*: Results Obtained, Profitability and Future Prospects. Brasília: Embrapa, 1985.

AZAGRA CARO, Joaquín; GRABLOWITZ, Alexander. Data on Business R&D: Comparing BERD and the Scoreboard. *JCR Scientific and Technical Reports*, Luxembourg: European Commission, 2007. Disponível em: http://publications.jrc.ec.europa.eu/repository/bitstream/JRC44585/jrc44585.pdf. Acesso em: 12 mar. 2019.

BACCHIOCCHI, E.; MONTOBBIO, F. International Knowledge Diffusion and Home-bias Effect: Do USPTO and EPO Patent Citations Tell the Same Story? *Scandinavian Journal of Economics*, v. 112, p. 441-470, 2010.

BAHIA, L. D.; ARBACHE, J. S. Diferenciação salarial segundo critérios de desempenho das firmas industriais brasileiras. *In*: DE NEGRI, João Alberto; SALERNO, Mario Sergio (Org.). *Inovações, padrões tecnológicos e desempenho das firmas industriais brasileiras*. Brasília: Ipea, 2005. p. 47-74.

BALL, E. Productivity and Output Growth in U.S. Agriculture. *In*: WIEBE, K.; GOLLEHON, N. (Ed.). *Agricultural Resources and Environmental Indicators*. Nova York: USDA July 2006. p. 91-96.

BALL, E.; SCHIMMELPFENNIG, D.; WANG, S. L. Is US Agricultural Productivity Growth Slowing?. *Applied Economic Perspectes and Policy*, v. 35, n. 3, p. 435-450, 2013.

BALSADI, O. V. *O mercado de trabalho assalariado na agricultura brasileira no período 1992-2004 e suas diferenciações regionais*. 2006. Tese (Doutorado) – Instituto de Economia, Universidade de Campinas, Campinas, 2006.

BANCO MUNDIAL. *Emprego e crescimento*: a agenda da produtividade. Washington D.C.: Banco Mundial, 2018.

BANCO MUNDIAL. Retomando o caminho para a inclusão, o crescimento e a sustentabilidade. Maio 2016. Disponível em: http://documents.worldbank.org/curated/pt/686871468197371171/pdf/101431-REVISED-PORTUGUESE-v2-SCD-Sumario-Executivo.pdf. Acesso em: 14 mar. 2019.

BANISTER, D. Transport and Economic Development: Reviewing the Evidence. *Transport Reviews*, v. 32, n. 1, p. 1-2, 2012.

BANISTER, D.; BERECHMAN, Y. Transport Investment and the Promotion of Economic Growth. *Journal of Transport Geography*, v. 9, issue 3, p. 209-218, Sep. 2001.

BANISTER, D.; THURSTAIN-GOODWIN, M. Quantification of the Non-Transport Benefits Resulting from Rail Investment. *Journal of Transport Geography*, v. 19, p. 297-318, 2011.

BARBOSA FILHO, Fernando de Holanda. A crise econômica de 2014/2017. *Estudos Avançados*, v. 31, n. 89, p. 51-60, 2017.

BARBOSA FILHO, Nelson Henrique. *Discurso do Ministro Nelson Barbosa por ocasião da solenidade de transmissão de cargo*. Brasília: Ministério da Fazenda, 21 dez. 2015. Disponível em: http://www.fazenda.gov.br/noticias/2015/dezembro/presidenta-dilma-rousseff-da-posse-aos-novos-ministros-do-planejamento-e-da-fazenda/2015.12.21DiscursodoMinistroBarbosanasolenidadedetransmissodecargo.pdf. Acesso em: 9 ago. 2018.

BARBOSA, M. M. T. L.; AVILA, A. F. D.; CRUZ, E. R. da. Benefícios sociais e econômicos da pesquisa da Embrapa: uma reavaliação. *In*: YEGANIANTZ, L. (Org.). *Pesquisa agropecuária*: questionamentos, consolidação e perspectivas. Brasília: Embrapa, 1988. 58 p. (EMBRAPA-DEP, Documentos 17).

BARRO, R. Economic Growth in a Cross Section of Countries. *The Quartely Journal of Economics*, v. 106, n. 2, p. 407-444, May 1991.

BARRO, R. Government Spending in a Simple Model of Endogenous Growth. *Journal of Political Economy*, v. 98, p. 103-125, 1990.

BARRO, R.; LEE, J. W. Sources of Economic Growth. *Carnegie-Rochester Conference Series on Public Policy*, v. 40, p.1-46, 1994.

BARROS, R.; RAPOSO, I. Dotação de infraestrutura como limitante para redução de disparidades regionais no Brasil. *In*: ENCONTRO DA ASSOCIAÇÃO BRASILEIRA DE ESTUDOS REGIONAIS, II, 2002, São Paulo, *Anais* (...). São Paulo: Aber, 2002.

BARROSO, Luís Roberto. *O direito constitucional e a efetividade de suas normas*: limites e possibilidades da Constituição brasileira. São Paulo: Renovar, 2006.

BECKER, G. S. *Human Capital*: A Theoretical and Empirical Analysis with Special Reference to Education. 3rd ed. Chicago: The University of Chicago Press, 1993.

BEITSCHER, Jane K.; HUNT, E. K. Insights into the Dissolution of the Feudal Mode of Production. *Science and Society*, v. 40, n. 1, p. 57-71, 1976.

BENNATHAN, E.; CANNING, D. The Social Rate of Return on Infrastruture Investments. *World Bank Policy Resarch Discussion Paper*, n. 2390, 2002.

BERCOVICI, Gilberto. A problemática da Constituição dirigente: algumas considerações sobre o caso brasileiro. *Revista de Informação Legislativa*, v. 142, ano 36, p. 35-51, abr./jun. 1999.

BERCOVICI, Gilberto. *Constituição e Estado de exceção permanente:* atualidade de Weimar. Rio de Janeiro: Azougue, 2004.

BERCOVICI, Gilberto. *Constituição econômica e desenvolvimento*: uma leitura a partir da Constituição de 1988. São Paulo: Malheiros, 2005.

BERCOVICI, Gilberto. *Política econômica e direito econômico*. Fortaleza: Pensar, v. 16, n. 2, p. 562-588, jul./dez. 2011.

BERG, Andrew G.; OSTRY, Jonathan D. *Inequality and Unsustainable Growth*: Two Sides of the Same Coin? Washington: IMF, 2011.

BERTUSSI, G.; ELLERY JUNIOR, R. Infraestrutura de transporte e crescimento econômico no Brasil. *Journal of Transport Literature*, v. 6, n. 4, p. 101-132, 2012.

BHATTA, S. D.; DRENNAN, M. P. The Economic Benefits of Public Investment in Transportation: A Review of Recent Literature. *Journal of Planning Education and Research*, v. 22, p. 288-296, 2003.

BID. *Development in the Americas:* the age of productivity: transforming economies from the bottom up. Washington, D.C.: Inter-American Development Bank; Palgrave McMillan, 2010.

BID. *Science, Technology and Innovation in Latin America and the Caribbean*: A Statistical Compendium of Indicators. Washington, D.C.: Inter-American Development Bank, 2010.

BINSWANGER, H. Agricultural and Rural Development: Painful Lessons. *Agricultural Economics Research, Policy and Practice in Southern Africa*, v. 33, 1994.

BLAUG, Mark. The Economics of Education in English Classical Political Economy. *In*: SKINNER, A. S.; WILSON, T. (Ed.). *Essays on Adam Smith*. Oxford: Claredon Press, 1975. p. 568-599.

BLOCH, Marc. *A sociedade feudal*. Tradução de Liz Silva. São Paulo; Lisboa: Edições 70, 2014.

BLOOM, N.; SADUN, R.; VAN REENEN, J. *It Ain't What You Do, It's the Way That You Do I.T.* Testing Explanations of Productivity Growth Using US Affiliates. London: London School of Economics-Centre for Economic Performance, 2005.

BLOOM, N.; VAN REENEN, J. Why Do Management Practices Differ across Firms and Countries?. *Journal of Economic Perspectives*, v. 24, p. 203-224, 2010.

BÖHM-BAWERK, Eugen von. *The Positive Theory of Capital*. New York: Strechert, 1923.

BONELLI, R. Sobre o enigma do lento crescimento brasileiro. *In*: BONELLI, R.; VELOSO, F. (Org.). *A crise de crescimento do Brasil*. Rio de Janeiro: Elsevier; FGV-IBRE, 2016. p. 61-86.

BONELLI, Regis. Impactos econômicos e sociais de longo prazo da expansão agropecuária no Brasil: revolução invisível e inclusão social. *In*: SEMINÁRIO SOBRE OS IMPACTOS DA MUDANÇA TECNOLÓGICA DO SETOR AGROPECUÁRIO NA ECONOMIA BRASILEIRA, I, 2001, Brasília. *Anais* (...). Brasília: Embrapa, 2002.

BONELLI, Regis. Produtividade e armadilha do lento crescimento. In: DE NEGRI, Fernanda; CAVALCANTE, Luiz Ricardo. *Produtividade no Brasil*: desempenho e determinantes. Brasília: IPEA, 2014. v. 1.

BOSS, Helen. Division of Labour and Unproductive Labour in a System of Natural Liberty: Adam Smith's Dilemma. *Historical Reflections*, v. 15, n. 2, p.417-442, summer 1988.

BOSS, Helen. Unproductiveness Fallacy and Materialist Fallacy in the Economics of Das Kapital. *Department of Economics working paper*. Montreal: Université du Québec à Montréal, 1984.

BOWLES, Samuel; DURLAUF, Steven N.; HOFF, Karla. *Poverty Traps*. Princeton: Princeton University Press, 2011.

BRANSTETTER, L.; SAKAKIBARA, M. Japanese Research Consortia: A Microeconometric Analysis of Industrial Policy. *Journal of Industrial Economics*, v. 46, n. 2, p. 207-233, jun. 1998.

BRASIL. Assembleia Nacional Constituinte. Comissão da Ordem Econômica. *Diário da Assembleia Nacional Constituinte*. Brasília: Centro Gráfico do Senado Federal, 1987.

BRASIL. Assembleia Nacional Constituinte. Comissão da Ordem Social. *Diário da Assembleia Nacional Constituinte*. Brasília: Centro Gráfico do Senado Federal, 1987.

BRASIL. Assembleia Nacional Constituinte. Comissão dos Direitos dos Trabalhadores. *Diário da Assembleia Nacional Constituinte*. Brasília: Centro Gráfico do Senado Federal, 1987.

BRASIL. Assembleia Nacional Constituinte. Subcomissão da Ciência e Tecnologia. *Diário da Assembleia Nacional Constituinte*. Brasília: Centro Gráfico do Senado Federal, 1987.

BRASIL. Assembleia Nacional Constituinte. Subcomissão da Família, do Menor e do Idoso. *Diário da Assembleia Nacional Constituinte*. Brasília: Centro Gráfico do Senado Federal, 1987.

BRASIL. Assembleia Nacional Constituinte. Subcomissão da Nacionalidade, da Soberania e das Relações Internacionais. *Diário da Assembleia Nacional Constituinte*. Brasília: Centro Gráfico do Senado Federal, 1987.

BRASIL. Assembleia Nacional Constituinte. Subcomissão da Saúde, Seguridade e Meio Ambiente. *Diário da Assembleia Nacional Constituinte*. Brasília: Centro Gráfico do Senado Federal, 1987.

BRASIL. Assembleia Nacional Constituinte. Subcomissão de Princípios Gerais, Intervenção do Estado, Regime da Propriedade do Subsolo e da Atividade Econômica. *Diário da Assembleia Nacional Constituinte*. Brasília: Centro Gráfico do Senado Federal, 1987.

BRASIL. Constituição (1967). *Constituição da República Federativa do Brasil*. Brasília, DF; Senado Federal: Centro Gráfico, 1967.

BRASIL. Constituição (1967). *Emenda Constitucional nº 1, de 1969*. Brasília, DF; Senado Federal: Centro Gráfico, 1969.

BRASIL. Decreto nº 67.323, de 2 de outubro de 1970. Cria o Fundo de Modernização e Reorganização Industrial (FMRI) e dá outras providências. *Coleção de Leis do Brasil*, 1970. v. 8.

BRASIL. *Lei Federal nº 10.973/04, de 02 de dezembro de 2004*. Dispõe sobre incentivos à inovação e à pesquisa científica e tecnológica no ambiente produtivo e dá outras providências. Brasília, 2 dez. 2004. Disponível em: http://www.planalto.gov.br/CCIVIL_03/_Ato2004-2006/2004/Lei/L10.973.htm. Acesso em: 13 mar. 2019.

BRASIL. *Lei Federal nº 11.196, de 21 de novembro de 2005*. Institui o Regime Especial de Tributação para a Plataforma de Exportação de Serviços de Tecnologia da Informação – REPES, o Regime Especial de Aquisição de Bens de Capital para Empresas Exportadoras – RECAP e o Programa de Inclusão Digital; dispõe sobre incentivos fiscais para a inovação tecnológica; (...) e dá outras providências. Brasília, 21 nov. 2005. Disponível em: http://www.planalto.gov.br/ccivil_03/_Ato2004-2006/2005/Lei/L11196.htm. Acesso em: 13 mar. 2019.

BRASIL. Supremo Tribunal Federal. AgI no RE 271.286. Ministro Relator Celso de Mello. DJ de 24 nov. 2000.

BRESSER-PEREIRA, Luiz Carlos. *Desenvolvimento econômico, sofisticação produtiva e valor-trabalho*. São Paulo: FGV-EESP, 2017.

BRESSER-PEREIRA, Luiz Carlos. Desenvolvimento, progresso e crescimento econômico. *Lua Nova*, São Paulo, n. 93, p. 33-60, set./dez. 2014.

BRESSER-PEREIRA, Luiz Carlos. Incompatibilidade distributiva e desenvolvimento auto-sustentado. *In*: BIELSCHOWSKY, Ricardo; MUSSI, Carlos (Org.). *Políticas para a retomada do crescimento*: reflexões de economistas brasileiros. Brasília: IPEA; CEPAL, 2002. p. 117-148.

BRESSER-PEREIRA, Luiz Carlos. *Lucro, acumulação e crise*. São Paulo: Brasiliense, 1986.

BROADBERRY, S.; O'MAHONY, M. Britain's Productivity Gap with the United States and Europe: A Historical Perspective. *National Institute Economic Review*, v. 189, p. 72-85, 2004.

CAF (Banco de Desenvolvimento da América Latina). *Observatorio de Movilidad Urbana*. 2016. Disponível em: http://www.caf.com/es/temas/o/observatorio-de-movilidad-urbana/bases-de-datos. Acesso em: 17 set. 2018.

CALDERÓN, C.; SERVÉN, L. The Output Cost of Latin America's Infrastructure Gap. *In*: EASTERLY, William. *The limits of Stabilization*: Infrastructure, Public Deficits and growth in Latin America. Palo Alto: Stanford University Press, 2003. p. 95-118.

CAMERON, G.; PROUDMAN, J.; REDDING, S. Productivity convergence and international openness. *In*: PROUDMAN, J.; REEDING, S. (Ed.). *Openness and Growth*. London: Bank of England, 1998. p. 775-807.

CAMPOS, S.; SIMÕES, R. Infraestrutura de transportes e determinantes do desenvolvimento no Brasil. *In*: ENCONTRO NACIONAL DE ECONOMIA, 39, 2011, Foz do Iguaçu. *Anais* (...). Foz do Iguaçu: Anpec, 2011.

CANOTILHO, José Joaquim Gomes. *Constituição dirigente e vinculação do legislador*: contributo para a compreensão das normas constitucionais programáticas. Coimbra: Coimbra, 2001.

CANOTILHO, José Joaquim Gomes. *Direito constitucional*. Coimbra: Livraria Almedina, 1987.

CANOTILHO, José Joaquim Gomes; MOREIRA, Vital. *Constituição da República Portuguesa Anotada*. Coimbra: Coimbra, 1993.

CASTELLANI, Davide; PIVA, Mariacristina; SCHUBERT, Torben; VIVARELLI, Marco. The Productivity Impact of R&D Investment: A Comparison between the EU and the US. *IZA DP*, n. 9937, May 2016.

CENTRO INTERNACIONAL CELSO FURTADO DE POLÍTICAS PARA O DESENVOLVIMENTO. *O BNDE nos anos do "milagre" brasileiro*: memórias do desenvolvimento. set. 2010. v. 4.

CEPAL. *A ineficiência da desigualdade*: síntese (LC/SES.37/4), Santiago: Nações Unidas, 2018.

CEPAL. *Heterogeneidad estructural y brechas de productividad*: de la fragmentación a la convergencia. Santiago (Chile): Cepal, 2010.

CEPAL. *Mudança estrutural para a igualdade*: uma visão integrada do desenvolvimento. Santiago (Chile): Nações Unidas, 2012.

CEPAL. *Pactos para la igualdad*: hacia un futuro sostenible (LC/G.2586 (SES.35/3). Santiago, 2014.

CEPAL. *Panorama multidimensional del desarrollo urbano en América Latina y el Caribe*. Documentos de Proyectos (LC/TS.2017/67). Santiago, 2017

CEPAL. *Progreso técnico y cambio estructural en América Latina*: documentos de proyecto, No 136 (LG/W. 136), Santiago (Chile): Cepal, 2007.

CHAPAN, J. M.; POWERS, Eleen E. (Ed.) *The Agrarian Life of the Middle Ages*. 2nd ed. London: Cambridge University Press, 1966. (The Cambridge Economic History of Europe, v. 1).

CHATMAN, D. G.; NOLAND, R. B. Do Public Transport Improvements Increase Agglomeration Economies? A Review of Literature and an Agenda for Research. *Transport Reviews*, v. 31, n. 6, p. 725-742, 2011.

CHEN, S.; RAVALLION, M. *More Relatively-Poor People in a Less Absolutely-Poor World. Policy Research Working Paper*, Washington, D.C.: World Bank, n. 6114, 2012.

CHINA. *Constituição (1982)*. Disponível em: https://www.constituteproject.org/constitution/China_2004?lang=en. Acesso em: 17 set. 2018.

CHOMITZ, K. M.; GRAY, D. P. Roads, Land Markets, and Deforestation: A Spatial Model of Land Use in Belize. *The World Bank Economic Review*, Washington, D.C., v. 10, p. 487-512, 1996.

CHUDNOVSKY, Daniel; LÓPEZ, Andrés; PUPATO, Germán. Innovation and Productivity in Developing Countries: A Study of Argentine Manufacturing Firms' Behavior (1992-2001). *Research Policy*, v. 35, p. 266-288, 2006.

CIMOLI, M.; ROVIRA, S. Elites and Structural Inertia in Latin America: An Introductory Note on the Political Economy of Development. *Journal of Economic Issues*, v. 42, n. 2, p. 327-347, 2008.

CIPRANDI, O.; FERT NETO, J. As perspectivas da pequena produção familiar na agricultura. *Ciência Rural*, v. 26, n. 1, p. 135-141, 1996.

CIRERA, Xavier; MALONEY, William F. *The Inovation Paradox*: Developing-Country Capabilities and the Unrealized Promise of Technological Catch-Up. Washington: World Bank Group, 2017.

CLARK, John Bates. *The Distribution of Wealth*. New York: Augustus M. Kelley, 1963.

COE, D.; HELPMAN, E. International R&D Spillovers. *European Economic Review*, v. 39, p. 859-887, 1995.

COHEN, W.; LEVINTHAL, D. Innovation and Learning: the Two Faces of R&D. *Economic Journal*, v. 99, p. 569-596, 1989.

COHN, Alain; FEHR, Ernst; GOETTE, Lorenz. *Fairness and Effort*: Evidence from a Field Experiment. Oct. 2008. Working paper.

COHN, Alain; FEHR, Ernst; HERRMANN, Benedikt; SCHNEIDER, Frederic. Social Comparison in the Workplace: Evidence from a Field Experiment. *IZA Working Paper*, n. 5550, Mar. 2011.

COLLINS, Randall. Functional and Conflict Theories of Educational Stratification. *American Sociological Review*, v. 36, n. 6, p. 1002-1019, Dec. 1971.

COLOMBIA. Constituição (1991). Disponível em: https://www.constituteproject.org/constitution/Colombia_2015?lang=en. Acesso em 17 set. 2018.

COMPARATO, Fábio Konder. Ensaio sobre o juízo de constitucionalidade de políticas públicas. Revista de Informação Legislativa, Brasília, ano 35, n. 138, p. 39-48, abr./jun. 1998.

COMPARATO, Fábio Konder. O indispensável direito econômico. *Revista dos Tribunais*, São Paulo, n. 353, p. 14-26, mar. 1965.

COMPARATO, Fábio Konder. *Para viver a democracia*. São Paulo: Brasiliense, 1989.

CONAB. *Intenção de plantio safra 2006/07*: primeiro levantamento. Brasília: Conab, 2006.

CONFEDERAÇÃO NACIONAL DO TRANSPORTE. *Pesquisa CNT de Rodovias 2010*: Relatório Gerencial. Brasília: CNT; SEST; SENAT, 2010.

CONSIDERA, C. M.; SOUSA, E. L. L.; BRACALE, G. **Âncora verde**: o papel da agricultura no ajuste econômico. Brasília: SEAE, 2002.

COREIA DO NORTE. *Constituição (1972)*. Disponível em: https://constituteproject.org/constitution/Peoples_Republic_of_Korea_1998?lang=en. Acesso em: 17 set. 2018.

CORTE FISCAL FEDERAL (Bundesfinanzhof), Decisão de 6 set. 2006. BFH, 06/09/2006, XI R 26/04. Disponível em: https://www.steuernetz.de/urteile/bfh/2006-09-06-xi-r-26_04. Acesso em: 5 mar. 2019

COURA, R. M.; FIGUEIREDO, A. M.; SANTOS, M. L. Eficiência e tecnologia na agricultura paulista entre 1985 e 2001. *Organizações Rurais & Agroindustriais*, v. 8, n. 2, p. 216-226, 2006.

CRESPI, Francesco; PIANTA, Mario. Diversity in Innovation and Productivity in Europe. *Journal of Evolutionary Economics*, v. 18, p. 529-545, 2008.

CRESPI, Gustavo; ZUNIGA, Pluvia. Innovation and Productivity: Evidence from Six Latin American Countries. *World Development*, v. 40, n. 2, p. 273-290, 2011.

CROPPER, M.; PURI, J.; GRIFFITHS, C. Predicting the Location of Deforestation: the Role of Roads and Protected Areas in North Thailand. *Land Economics*, Madison, v. 77, n. 2, p. 172-186, 2001.

CRUZ, E. R. da; PALMA, V.; AVILA, A. F. D. *Rates of Return on EMBRAPA's Investments*: total investments and physical capital. Brasília: Embrapa, 1982.

CUNEO, P.; MAIRESSE, J. Productivity and R&D at the Firm Level in French Manufacturing. *NBER Working Paper*, n. 1068, 1983.

CURRERI, Giuseppe. The Debate on Machinery: Why Ricardo Misunderstood Malthus. *History of Economic Ideas*, v. 14, n. 2, p. 33-52, 2006.

CURRIE, Janet. Inequality at Birth: Some Causes and Consequences. *American Economic Review*, v. 101, n. 3, p. 1-22, 2011.

DAUDE, C.; ROBANO, V. On Intergenerational (Im)Mobility in Latin America. *Latin American Economic Review*, v. 24, n. 9, p. 1-29, 2015.

DAVERI, F. The New Economy in Europe, 1992-2001. *Oxford Review of Economic Policy*, v. 18, p. 345-362, 2002.

DE NEGRI, F. *et al*. Tecnologia, exportação e emprego. *In*: DE NEGRI, J. A.; DE NEGRI, F.; COELHO, D. (Org.). *Tecnologia, exportação e emprego*. Brasília: Ipea, 2006. p. 17-50.

DE NEGRI, F.; CAVALCANTE, Luiz Ricardo. Os dilemas e os desafios da produtividade no Brasil. *In*: DE NEGRI, Fernanda; CAVALCANTE, Luiz Ricardo (Org.). *Produtividade no Brasil*: desempenho e determinantes. Brasília: ABDI; Ipea, 2014.

DE NEGRI, Fernanda. Padrões tecnológicos e de comércio exterior das firmas brasileiras. *In:* DE NEGRI, João Alberto; SALERNO, Mário Sérgio (Ed.). *Inovações, padrões tecnológicos e desempenho das firmas industriais brasileiras*. Brasília: Ipea, 2005. p. 75-118.

DEFOE, Daniel. *The Complete English Tradesman, etc*. Edinburgh: William and Robert Chambers, 1839. v. 2.

DEL GROSSI, M.; GRAZIANO DA SILVA, J. Mudanças recentes no mercado de trabalho rural. *Parcerias Estratégicas*, Brasília: Centro de Gestão e Estudos Estratégicos, v. 11, n. 22, p. 201-216, jun. 2006.

DENG, Taotao. Impacts of Transport Infrastructure on Productivity and Economic Growth: Recent Advances and Research Challenges. *Transport Reviews*: A Transnational Transdisciplinary Journal, v. 33, n. 6, p. 686-699, 2013.

DEVARAJAN, S.; SWAROOP, V.; ZOU, H. F. The Composition of Public Expenditure and Economic Growth. *Journal of Monetary Economics*, v. 37, n. 2, p. 177-200, 1996.

DILLARD, Dudley. *Economic Development of the North Atlantic Community*. Englewood Cliffs, N.J.: Prentice-Hall, 1967.

DILLARD, Dudley. Ricardo in Retrospect. *The Journal of Economic History*, v. 13, n. 1, p. 94-101, winter 1953.

DIMAND, Robert W. Ricardo and International Trade Theory. *History of Economic Ideas*, v. 8, n. 3, p. 7-24, 2000.

DIMITRI, C.; EFFLAND, A.; CONKLIN, N. The 20th Century Transformation of U.S. Agriculture and Farm Policy. *Economic Information Bulletin*, n. 3, 2005. Disponível em: https://www.ers.usda.gov/publications/pub-details/?pubid=44198. Acesso em: 12 mar. 2019.

DOBB, Maurice. *Studies in the Development of Capitalism*. London: Routledge & Kegan Paul, 1946.

DOSI, G. *Mudança técnica e transformação industrial*: a teoria e uma aplicação à indústria dos semicondutores. Campinas: Editora Unicamp, 2006.

DUGGAL, V.; SALTZMAN C.; KLEIN L. Infrastructure and Productivity: a Non Linear Approach. *Journal of Econometrics*, v. 92, p. 47-74, 1999.

DUTZ, Mark; ALMEIDA, Rita; PACKARD, Truman. *The Jobs of Tomorrow:* Technology, Productivity and Prosperity in Latin America and the Caribbean. Directions in Development. Washington, D.C.: World Bank, 2018.

DWORKIN, Ronald. *Taking Rights Seriously*. London: Duckworth, 1987.

EHRLICH, P. R. *The Population Bomb*. New York: Ballantine Books, 1968.

EL SALVADOR. *Constituição (1983)*. Disponível em: https://www.constituteproject.org/constitution/El_Salvador_2014?lang=en. Acesso em: 17 set. 2018.

ELLERY JR., Roberto. Produtividade total dos fatores no Brasil no período pós-reformas: comportamento e possíveis explicações. *Economia Aplicada*, v. 21, n. 4, 2017, p. 617-633.

EMIRADOS ÁRABES UNIDOS. *Constituição (1971)*. Disponível em: https://www.constituteproject.org/constitution/United_Arab_Emirates_2009?lang=en.Acesso em: 17 set. 2018.

ENGELS, Friedrich. *The Condition of the Working Class in England in 1844*. New York: Macmilan, 1958.

EQUADOR. *Constituição (2008)*. Disponível em: https://www.constituteproject.org/constitution/Ecuador_2015?lang=en. Acesso em: 17 set. 2018.

ERKEN, H.; VAN ES, F. Disentangling the R&D Shortfall of the EU vis-à-vis the US. *Jena Economic Research Papers*, n. 2007-107, Aug. 2007.

ESPANHA. *Constituição (1978)*. Disponível em: https://www.constituteproject.org/constitution/Spain_2011?lang=en. Acesso em: 17 set. 2018.

EUROPEAN COMMISSION. *Communication from the Commission to the European Parliament, the Council, the European Economic and Social Committee and the Committee of the Regions*: An Integrated Industrial Policy for the Globalisation Era Putting Competitiveness and Sustainability at Centre Stage.

EVENSON, R. E. Observations of Brazilian agricultural research and productivity. Revista de Economia Sociológica e Rural, v. 20, n. 3, p. 367-401,1982.

FAO. *The State of Food and Agriculture*: Lessons from the Past 50 Years. Rome: FAO, 2000

FERNALD, G. Roads to Prosperity? Assessing the Link Between Public Capital and Productivity. *American Economic Review*, v. 89, p. 619-638, 1999.

FERREIRA, P. C. Cavalcanti; MALLIAGROS, Thomas Georges. Impactos produtivos da infra-estrutura no Brasil: 1950-95. *Pesquisa e Planejamento Econômico*, v. 28, n. 2, p. 315-228, ago. 1998.

FERREIRA, P. C. Investimento em infra-estrutura no Brasil: fatos estilizados e relações de longo prazo. *Pesquisa e Planejamento Econômico*, Rio de Janeiro: Ipea, v. 26, n. 2, p. 231-252, ago. 1996.

FERREIRA, P. C.; ISSLER, J. V. *Growth, Increasing Returns, and Public Infrastructure*: Times Series Evidence. Rio de Janeiro: FGV, 1995. (Ensaios Econômicos EPGE, 258).

FIDA. *Desertification*. Roma: FIDA, 2010.

FORNAZIER, A.; VIEIRA FILHO, J. E. R. *Heterogeneidade estrutural no setor agropecuário brasileiro*: evidências a partir do Censo Agropecuário de 2006. Brasília: Ipea, 2012.

FORNAZIER, Armando; VIEIRA FILHO, José Eustáquio Ribeiro. Heterogeneidade estrutural na produção agropecuária: Uma comparação da produtividade total dos fatores no Brasil e nos Estados Unidos. *Texto para Discussão*, Brasília: Ipea, n. 1819, 2013.

FORTUNATO, W.; SILVA, G.; OREIRO, J. L. *Gasto público com infraestrutura, acumulação privada de capital e crescimento de longo prazo*: uma avaliação teórica e empírica para o Brasil (1985-2003). Prêmio SOF de monografias, 2007.

FRANCO, Gustavo H. B. *O desafio brasileiro*: ensaios sobre desenvolvimento, globalização e moeda. São Paulo: 34, 1999.

FREEMAN, C. *The Economics of Industrial Innovation*. London: Routledge, 1982.

FREEMAN, C.; SOETE, L. *A economia da inovação industrial*. Campinas: Editora Unicamp, 2008.

FRIGOTTO, G. *A produtividade da escola improdutiva*. São Paulo: Cortez, 1984.

FRISCHTAK, Cláudio R. O investimento em infra-estrutura no brasil: histórico recente e perspectivas. *Pesquisa e Planejamento Econômico*, v. 38, n. 2, p. 307-348, ago. 2008.

FRISCHTAK, Cláudio; BELLUZZO, Luiz Gonzaga. Produção de commodities e desenvolvimento econômico: uma introdução. *In*: BELLUZO, Luiz G.; FRISCHTAK, Cláudio R.; LAPLANE, Mariano. *Produção de commodities e desenvolvimento econômico*. Campinas: Unicamp-IE, 2014. p. 9-20.

FUGLIE, K. O.; MACDONALD, J. M.; BALL, E. Productivity Growth in U.S. Agriculture. *Economic Brief*, [*S. l.*]: ERS/USDA, n. 9, 2007.

FURNISS, Edgar S. *The Position of the Laborer in a System of Nationalism*. New York: Augustus M. Kelly, 1965.

FURTADO, Celso. *A operação nordeste*. Rio de Janeiro: MEC-Ideb, 1959.

FURTADO, Celso. *A pré-revolução brasileira*. Rio de Janeiro: Fundo de Cultura, 1962.

FURTADO, Celso. *Análise do modelo brasileiro*. Rio de Janeiro: Civilização Brasileira, 1972.

FURTADO, Celso. *Brasil, a construção interrompida*. São Paulo; Rio de Janeiro: Paz e Terra, 1992.

FURTADO, Celso. *Desenvolvimento e subdesenvolvimento*. Rio de Janeiro: Fundo de Cultura, 1961.

FURTADO, Celso. *Formação econômica do Brasil*. São Paulo: Companhia das Letras, 2009.

FURTADO, Celso. *Introdução ao desenvolvimento*. São Paulo: Paz e Terra, 2000.

FURTADO, Celso. *O mito do desenvolvimento econômico*. Rio de Janeiro: Paz e Terra, 1974.

FURTADO, Celso. *Teoria e política do desenvolvimento econômico*. 10. ed. Rio de Janeiro: Paz e Terra, 2000.

GADELHA, Carlos Augusto Grabois. Política industrial, desenvolvimento e os grandes desafios nacionais. *In*: LASTRES, Helena M. M.; CASSIOLATO, José Eduardo; LAPLANE, Gabriela; SARTI, Fernando (Org.). *O futuro do desenvolvimento*: ensaios em homenagem a Luciano Coutinho. Campinas: Editora Unicamp, 2016. p. 231-270.

GALBRAITH, James K. *Inequality and Instability*: A Study of the World Economy Just Before the Great Crisis. Oxford: Oxford University Press, 2012.

GALVÃO, Olímpio J. de Arroxelas. Desenvolvimento dos transportes e integração regional no Brasil: uma perspectiva histórica. *Planejamento e Políticas Públicas*, Brasília: Ipea, n. 13, p. 183-214, jun. 1996.

GAMA, Marina Faraco Lacerda; NOBILE, A. Além do "legislador negativo" ou "positivo": um caminho para a efetividade da Constituição. *In*: TAVARES, André Ramos; GAMA, Marina Faraco Lacerda (Org.). *Omissão inconstitucional*. São Paulo: Max Limonad, 2018. p. 176-189.

GANA. *Constituição (1992)*. Disponível em: https://www.constituteproject.org/constitution/Ghana_1996?lang=en. Acesso em: 17 set. 2018.

GARCIA, F.; SANTANA, J. R.; SOUZA, R. C. *O custo social do subdesenvolvimento da infraestrutura*. São Paulo: Sinicesp; FGV, 2004. Relatório de pesquisa.

GAREMO, Nicklas; HJERPE, Martin; MISCHKE, Jan. The Infraestructure Conundrum: Improving Produtivity. *Rethinking Infrastructure*: Voices from the Global Infraestructure Initiative, v. 2, p. 63-70, maio 2015.

GASQUES, J. G.; VILLA VERDE, C. M.; OLIVEIRA, J. A. F. G. *Crédito rural e estruturas de financiamento*. Brasília: Ipea, 2004

GASQUES, José Garcia; BASTOS, Eliana Teles; BACCHI, Mirian R. Piedade. Produtividade e fontes de crescimento da agricultura brasileira. *In*: DE NEGRI, João Alberto; KUBOTA, Luis Claudio (Ed.). *Políticas de incentivo à inovação tecnológica*. Brasilia: Ipea, 2008. p. 435-459.

GEMMELL, N. Evaluating the Impacts of Human Capital Stocks and Accumulation on Economic Growth: Some New Evidence. *Oxford Bulletin of Economics and Statistics*, v. 58, p. 9-28, 1996.

GEROSKI, P. A. Do Spillovers Undermine the Incentive to Innovate?. *In*: DOWRICK, S. (Ed.). *Economic Approaches to Innovation*. Aldershot, UK: Edward Elgar, 1995. p. 76-97.

GERSCHENKRON, A. *Economic Backwardness in Historical Perspective*. Cambridge: The Belknap Press, 1962.

GLEWWE, Paul; JACOBY, Hanan G.; KING, Elizabeth M. Early Childhood Nutrition and Academic Achievement: a Longitudinal Analysis. *Journal of Public Economics*, v. 81, n. 3, p. 345-368, 2001.

GOLDIN, C. D.; KATZ, L. F. *The Race Between Education and Technology*. Cambridge, MA: Harvard University Press, 2009.

GOMES, V.; PESSÔA, S.; VELOSO, F. Evolução da produtividade total dos fatores na economia brasileira: uma análise comparativa. *Pesquisa e Planejamento Econômico*, v. 33, p. 389-434, 2003.

GOMEZ-SALVADOR, R.; MUSSO, A.; STOCKER, M.; TURUNEN, J. Labour Productivity Developments in the Euro Area. *European Central Bank Occasional Paper*, n. 53, 2006.

GONÇALVES, Oksandro Osdival. Os incentivos tributários na Zona Franca de Manaus e o desequilíbrio concorrencial no setor de refrigerantes. *Economic Analysis of Law Review*, v. 3, n. 1, p. 72-94, jan./jun. 2012.

GRAMPP, William D. *Economic Liberalism*. New York: Random House, 1965. v. 1.

GRAMPP, William D. The Liberal Elements in English Mercantilism. *The Quarterly Journal of Economics*, Oxford: Oxford University Press, v. 66, n. 4, p. 465-501, nov. 1952.

GRAS, N. S. B. *A History of Agriculture in Europe and America*. New York: Appleton, 1940.

GRAU, Eros Roberto. *Por que tenho medo dos juízes*. São Paulo: Malheiros, 2014.

GRAU, Eros. *A ordem econômica na Constituição de 1988*: interpretação e crítica. São Paulo: Malheiros, 2015.

GRIFFIN, K. *et al*. Poverty and the Distribution of Land. *Journal of Agrarian Change*, v. 2, n. 3, p. 279-330, 2002.

GRIFFITH, R.; HUERGO, E.; MAIRESSE, J.; PETERS, B. Innovation and Productivity Across Four European Countries. *Oxford Review of Economic Policy*, v. 22, n. 4, p. 483-498, 2006.

GRIFFITH, R.; REDDING, S.; VAN REENEN, J. *Mapping the Two Faces of R&D*: Productivity, R&D, Skills and Trade in an OECD Panel of Industries. Boston: Institute for Fiscal Studies, 2000.

GRILICHES, Z. Productivity, R&D, and the Data Constraint. *The American Economic Review*, v. 84, p. 1-23, 1994.

GRILICHES, Z.; MAIRESSE, J. Comparing Productivity Growth: An Exploration of French and US Industrial and Firm Data. *NBER Working Paper*, n. 961, 1982.

GRIMALDA, G. Can Labour Market Rigidity Foster Economic Efficiency? A Model with Non-general Purpose Technical Change. *Eurasian Business Review*, v. 6, p. 79-89, 2016.

GRIMM, Dieter. *Die Zukunft der Vervassung*. Berlin: Suhrkamp, 1991.

GU, W.; KACI, M.; MAYNARD, J.-P.; SILLAMAA, M. A. The Changing Composition of the Canadian Workforce and Its Impact on Productivity Growth. *In*: BALDWIN, J. R.; HARCHAOUI, T. M. (Ed.). *Productivity Growth in Canada*. Ottawa: Statistics Canada, 2002. p. 69-75.

GUANZIROLI, Carlos Enrique; BUAINAIN, Antonio Marcio; DI SABBATO, Alberto. Dez anos de evolução da agricultura familiar no Brasil: (1996 e 2006). *Revista de Economia e Sociologia Rural*, Brasília, v. 50, n. 2, p. 351-370, jun. 2012. Disponível em: http://www.scielo.br/scielo.php?script=sci_arttext&pid=S0103-20032012000200009&lng=en&nrm=iso. Acesso em: 18 jun. 2018.

GUELLEC, D.; LA POTTERIE, B. van Pottelsberghe de. The Internacionalisation of Technology Analysed with Patent Data. *Research Policy*, p. 1353-1266, 2001

GUELLEC, Dominique; LA POTTERIE, Bruno van Pottelsberghe de. R&D and productivity growth: panel data analysis of 16 OECD Countries. *OEDC Economic Studies*, 2001.

GUIANA. *Constituição (1980)*. Disponível em: https://www.constituteproject.org/constitution/Guyana_2016?lang=en. Acesso em 17 set. 2018. Tradução livre.

GUINÉ-BISSAU. *Constituição (1984)*. Disponível em: https://www.constituteproject.org/constitution/Guinea_Bissau_1996?lang=en. Acesso em: 17 set. 2018.

HAITI. *Constituição (1987)*. Disponível em: https://www.constituteproject.org/constitution/Haiti_2012?lang=en. Acesso em: 17 set. 2018.

HALES, John. *A Discourse of the Common Weal of This Realm of England*. Cambridge: Elizabeth Lamond, 1893.

HALL, R.; JONES, C. Why do Some Countries Produce So Much More Output Per Worker Than Others?. *The Quarterly Journal of Economics*, v. 114, n. 1, p. 83-116, 1999.

HANUSHEK, Eric A.; WOESSMANN, Ludger. *The Knowledge Capital of Nations*: Education and the Economics of Growth. Boston: MIT Press, 2015.

HATZICHRONOGLOU, T. *Revision of the High-Technology Sector and Product Classification*. Paris: OECD, 1997.

HAYAMI, Y.; RUTTAN, V. *Desenvolvimento agrícola*: teoria e experiências internacionais. Brasília: Embrapa, 1988.

HECKMAN, James J.; LA FONTAINE, Paul A. The Declining American High School Graduation Rate: Evidence, Sources and Consequences. *NBER Reporter*: Research Summary, n. 1, 2008.

HECKMAN, James. Skill Formation and the Economics of Investing in Disadvantaged Children. *Science*, v. 312, p. 1900-1902, July 2006.

HECKMAN, James. *The Economics of Inequality*: The Value of Early Childhood Education. *American Educator*, spring 2011.

HEGEL, Georg Wilhelm Friedrich. *Princípios da filosofia do direito*. Tradução de Orlando Vitorino. Lisboa: Guimarães Editores, 1959.

HICKS, John. *Capital and Growth*. Oxford: Oxford University Press, 1965.

HICKS, John. Sraffa and Ricardo: a Critical View. *In*: CARAVALE, G. (Ed.). *The Legacy of Ricardo*. Oxford: Blackwell, 1985, p. 305-319.

HIRSCHMAN, Albert O. *Latin America Issues*: Essays and Comments. New York: Twentieth Century Fund, 1961.

HIRSCHMAN, Albert. *A estratégia de desenvolvimento econômico*. Rio de Janeiro: Fundo de Cultura, 1961.

HIRSCHMANN, Nancy T. Mill, Political Economy, and Women's Work. *The American Political Science Review*, v. 102, n. 2, p. 199-203, May 2008.

HOBSBAWN, E. J. *Industry and Empire*: An Economic History of Britain since 1750. London: Weidenfeld & Nicolson, 1968.

HOLLANDER, Samuel. *John Stuart Mill on Economic Theory and Method*: Collected Essays III. London: Routlege, 2003.

HONDURAS. *Constituição (1982)*. Disponível em: https://www.constituteproject.org/constitution/Honduras_2013?lang=en. Acesso em: 17 set. 2018.

HONG, Y. S. Evolution of the Korean National Innovation System: Towards an Integrated Model. *In*: OECD. *Governance of Innovation Systems*. Paris: OECD, 2005. v. 2. p. 65-85.

HUGON, Paul. *História das doutrinas econômicas*. São Paulo: Atlas, 1970.

HULTEN, Charles R. *Optimal Growth with Infrastructure Capital*: Theory and Implications for Empirical Modeling. 1994. Working paper, University of Maryland.

HUNT, E. K. *História do pensamento econômico*: uma perspectiva crítica. 2. ed. Rio de Janeiro: Elsevier, 2005.

INDEC; SECYT. *Encuesta sobre la conducta tecnológica de las empresas industriales argentinas*. Buenos Aires: Indec, 1998. (Série Estudios, n. 31).

INDEC; SECYT; CEPAL. *Segunda Encuesta Nacional de Innovación y Conducta Tecnológica de las Empresas Argentinas*. Buenos Aires: Indec, 2003. (Serie Estudios, n. 38).

IRLANDA. *Constituição (1937)*. Disponível em: https://www.constituteproject.org/constitution/Ireland_2015?lang=en. Acesso em: 17 set. 2018.

JACQUES, Paulino. *A constituição explicada*. Rio de Janeiro: Forense, 1970.

JAMES, J. S.; ALSTON, J. M. PARDEY, P. G.; ANDERSEN, M. A. Structural Changes in U.S. Agricultural Production and Productivity. *Choices*, v. 24, n. 4, p. 1-5, 2010.

JORGENSON, Dale; HO, Mun; SAMUELS, Jon. Education, Participation, and the Revival of U.S. Economic Growth. *NBER Working Paper Series*, Cambridge, MA: National Bureau of Economic Research, n. 22453, 2016.

KAGEYAMA, Angela. Produtividade e renda na agricultura familiar: efeitos do PRONAF-crédito. *Revista Agricultura em São Paulo*, São Paulo, v. 50, n. 2, p. 1-13, 2003.

KALDOR, Nicholas. A Model of Economic Growth. *The Economic Journal*, v. 67, n. 268, p. 591-624, 1957.

KALLHOFF, A. Why Societies Need Public Goods. *Critical Review of International Social and Political Philosophy*, v. 17, n. 6, p. 635-651, 2014.

KEYNES, John Maynard. *Economic Possibilities for Our Grandchildren*: Essays in Persuasion. New York: Norton, 1963.

KEYNES, John Maynard. *The General Theory of Employment, Interest, and Money*. New York: Harcourt, Brace & World, 1936.

KRUEGER, Ann. The Political Economy of the Rent-Seeking Society. *American Economic Review*, v. 64, n. 3, p. 291-303, 1974.

KUZNETS, S. Economic Growth and Income Inequality. *The American Economic Review*, v. 45, n. 1, p. 1-28, 1955.

LA POTTERIE, B. van Pottelsberghe de ; LITCHENBERG, F. Does Foreign Direct Investment Transfer Technology Across Borders?. *Review of Economics and Statistics*, v. 83, n. 3, p. 490-497, 2001.

LACERDA, Antonio Corrêa. Políticas macroeconômicas para o desenvolvimento brasileiro. *In*: LASTRES, Helena M. M.; CASSIOLATO, José Eduardo; LAPLANE, Gabriela; SARTI, Fernando (Org.). *O futuro do desenvolvimento*: ensaios em homenagem a Luciano Coutinho. Campinas: Unicamp, 2016. p. 89-112.

LACERDA, S. M. Investimentos nos portos brasileiros: oportunidades da concessão da infraestrutura portuária. *BNDES Setorial*, Rio de Janeiro, n. 22, p. 297-315, set. 2005.

LAKSHMANAN, T. R. The Broader Economic Consequences of Transport Infrastructure Investments. *Journal of Transport Geography*, v. 19, p. 1-12, 2011.

LEAL, Rogério Gesta. *Perspectivas hermenêuticas dos direitos humanos e fundamentais no Brasil*. Porto Alegre: Livraria do Advogado, 2000

LEE, Jong-Wha. Human Capital and Productivity for Korea's Sustained Economic Growth. *Journal of Asian Economics*, n. 16, p. 663-687, 2005.

LEE, W. Y. O papel da política científica e tecnológica no desenvolvimento industrial da Coréia do Sul. *In*: KIM, L.; NELSON, R. R. *Tecnologia, aprendizado e inovação*: as experiências das economias de industrialização recente. Campinas: Editora Unicamp, 2005.

LEIBENSTEIN, H. *Economic Backwardness and Economic Growth*. New York: Wiley, 1957.

LESOTO. *Constituição (1993)*. Disponível em: https://www.constituteproject.org/constitution/Lesotho_2011?lang=en. Acesso em: 17 set. 2018.

LIMA, Marcos Jorge de. *Discurso na Confederação Nacional da Indústria por ocasião da cerimônia para assinatura do Decreto nº 9.547/18*. Brasília, 30 out. 2018.

LINK, A. N. An Analysis of the Composition of R&D Spending. *Southern Economic Journal*, v. 49, p. 342-349, 1982.

LINS, Leonardo Melo. Educação, qualificação, produtividade e crescimento econômico: harmonia colocada em questão. *In*: CIRCULO DE DEBATES ACADÊMICOS, 1, 2011, Brasília. *Anais* (...). Brasília: Ipea, 2011.

LISBOA, Marcos de Barros. Instituições e crescimento econômico. *Revista de Economia e Relações Internacionais*, v. 9, n. 18, p. 67-83, jan. 2011.

LOPES, J. L. *Avaliação do processo de convergência da produtividade da terra na agricultura brasileira no período de 1960 a 2001*. 2004. Tese (Doutorado) – Escola Superior de Agricultura Luiz de Queiroz, Universidade de São Paulo, 2004.

LORA, E.; PAGÉS, C. Face-to-Face with Productivity. *Finance & Development*, v. 48, n. 1, p. 16-19, mar. 2011.

LOS, B.; VERSPAGEN, B. R&D Spillovers and Productivity: Evidence from US Manufacturing Microdata. *Empirical Economics*, v. 25, p. 127-148, 2000.

LUCAS JR., R. E. On the Mecanics of Economic Development. *Journal of Monetary Economics*, Amsterdam, v. 22, p. 3-42, 1988.

LUND, P. J.; HILL, P. G. Farm Size, Efficiency and Economies of Size. *Journal of Agricultural Economics*, v. 30, n. 2, p. 241-249, 1979.

MAGNUSSON, Lars. *Mercantilism*: The Shaping of an Economic Language. London: Routledge, 1994.

MAIRESSE, J.; MOHNEN, P. *Using innovation surveys for econometric analysis*. NBER Working Paper, Washington, D.C.: National Bureau of Economic Research, n. 15857, 2010.

MAIRESSE, J.; MOHNEN, P.; KREMP, E. The Importance of R&D and Innovation for Productivity: A Reexamination in Light of the 2000 French Innovation Survey. *Annales d'Economie Statistique*, 2005.

MALAN, Pedro Sampaio. O Brasil na primeira década do séxulo XXI: perspectivas do desenvolvimento com estabilidade. *In*: BIELSCHOWSKY, Ricardo; MUSSI, Carlos (Org.). *Políticas para a retomada do crescimento*: reflexões de economistas brasileiros. Brasília: Ipea; Cepal, 2002. p. 185-207.

MALERBA, F. *Sectoral Systems of Innovation*. Cambridge: Cambridge University Press, 2004.

MALTHUS, T. R. *An Essay on the Principle of Population and a Sumarry View of the Principles of Population*. Baltimore: Penguin, 1970.

MALTHUS, T. R. *Principles of Political Economy*. New York: Augustus M. Kelley, 1964.

MALTHUS, Thomas. Principles of Political Economy (1820). *In*: WRIGLEY, E. A.; SOUDEN, David. *The Works of Thomas Robert Malthus*. London: Willian Pickering, 1986. v. 5.

MANESCHI, Andrea. How Would David Ricardo Have Taught the Principle of Comparative Advantage?. *Southern Economic Journal*, v. 74, n. 4, p. 1167-1176, Apr. 2008.

MANSFIELD, E. Basic Research and Productivity Increase in Manufacturing. *The American Economic Review*, v. 70, p. 863-873, 1980.

MANSFIELD, E. Contribution of R&D to Economic Growth in the United States. *Science*, v. 175, 1972.

MANSFIELD, E. Imitation Costs and Patents: an Empirical Study. *Economic Journal*, v. 91, p. 907-918, 1981.

MANTOUX, Paul. *The Industrial Revolution in the Eighteenth Century*. New York: Harcourt Brace Jovanovich, 1927.

MARSHALL, Alfred. *Principles of Economics*. London: Macmillan, 1961.

MARTINS, Ives Gandra da Silva. *Temas atuais de direito tributário*. São Paulo: Elevação Jurídica, 2001.

MARX, Karl. *Grundrisse*. New York: Vintage Books, 1973.

MARX, Karl. *O Capital*. Moscou: Editora de Línguas Estrangeiras, 1961. v. 1.

MASON, Edward. The Doctrine of Comparative Cost. *The Quarterly Journal of Economics*, v. 41, n. 1, p. 63-93, nov. 1926.

MATHIEU, A.; LA POTTERIE, Bruno van Pottelsberghe de. A Note on The Drivers of R&D Intensity. *CEPR Discussion Paper*, n. 6684, 2008.

MATSUSHITA, Thiago Lopes. Perfilamento histórico da ordem econômica do Brasil (1989/-) retirada nas cartas constitucionais. *História e Cultura*, Franca, v. 5, n. 1, p. 304-328, mar. 2016.

MATTEO, M. *Heterogeneidade regional*. Brasília: Cepal; Ipea, 2013.

MCGOWAN, Muge Adalet; ANDREWS, Dan. Labour Market Mismatch and Labour Productivity Evidence from PIAAC Data. *OECD Economics Department Working Paper*, n. 1209. Paris: OECD, 2015.

MCMILLAN, M,; RODRIK, D. *Globalizations, Structural Chenge, and Productivity Growth*. NBER Working Paper, [*S. l.*]:National Buereau of Economic Research, n. 17143, 2011

MCMILLAN, M.; RODRIK, D. *Globalization, Structural Change and Productivity Growth*. International Labour Organization; World Trade Organization, 2011.

MEADOWS, D. H.; MEADOWS, D. L.; RANDERS, J.; BEHRENS III, W.E. *The Limits to Growth*: A Report for the Club of Rome's Project on the Predicament of Mankind. New York: Universe Books, 1972.

MEEK, Ronald L. *Studies in the Labour Theory of Value*. Revised edition. New York: Monthly Review, 1976.

MEEK, Ronald. *The Economics of Physiocracy*: Essays and Translations. London: Routledge, 2003.

MENEZES FILHO, Naercio; CAMPOS, Gabriela; KOMATSU, Bruno. A evolução da produtividade no Brasil. *Policy Paper*, São Paulo: Insper, n. 12, ago. 2014.

MÉXICO. *Constituição (1917)*. Disponível em: https://www.constituteproject.org/constitution/Mexico_2015?lang=en. Acesso em; 13 mar. 2019.

MILL, John Stuart. Essays on Some Unsettled Questions of Political Economy. *In*: ROBSON, John M. (Ed.). *Collected Works of John Stuart Mill*. London: Routledge & Kegan Paul, 1967. v. 4. p. 229-340.

MILL, John Stuart. *Principles of Political Economy*. New York: Augustus M. Kelley, 1965.

MILL, John Stuart. The Principles of Political Economy: Part I. In: ROBSON, John M. (Ed.). *Collected Works of John Stuart Mill*. London: Routledge & Kegan Paul, 1965. v. 2. p. 3-1024.

MILL, John Stuart. *Utilitarism, Liberty, and Representative Government*. New York: Dutton, 1951.

MINCER, Jacob. Investment in Human Capital and Personal Income Distribution. *Journal of Political Economy*, v. 66, n. 4, p. 281-302, 1958.

MIRABEAU, Honoré Gabriel Riqueti de. *Correspondance générale de J.-J. Rousseau*. Paris: Armand Colin, 1924. v. 17.

MIRANDA, Francisco Cavalcanti Pontes de. *Comentários à Constituição de 1967*: com a Emenda n. 1 de 1969. São Paulo: Revista dos Tribunais, 1970. tomo 6.

MISKIMIN, Harry A. *The Economy of Early Renaissance Europe, 1300-1460*. Englewood Cliffs, N.J.: Prentice-Hall, 1969.

MISSELDEN, Edward. *Free Trade, or the Meanes to Make Trade Florish*. London: Legatt for S. Waterson, 1622.

MUNNEL, A. H. How does Public Infrastructure Affect Regional Economic Performance. *New England Economic Review*, v. 34, p. 69-112, 1990.

MUÑOZ, C.; PÉREZ, G. Reflexiones sobre el rol de la logística en la explotación sostenible de los recursos naturales en América Latina y el Caribe. *Boletín FAL*, Santiago: Cepal, n. 357, p. 1-13, 2017.

MUSSOLINI, Cesar; TELES, Vladimir Kühl. Infraestrutura e produtividade no Brasil. *Revista de Economia Política*, São Paulo, v. 30, n. 4, p. 645-662, dez. 2010. Disponível em: http://www.scielo.br/scielo.php?script=sci_arttext&pid=S0101-31572010000400006&lng=en&nrm=iso. Acesso em: 30 maio 2018.

MYINT, HLA. *Theories of Welfare Economics*. Cambridge: Cambridge University Press, 1948.

NELSON, R.; WINTER, S. *Uma teoria evolucionária da mudança econômica*. Campinas: Editora Unicamp, 2005.

NOHLEN, D.; STURM, R. La heterogeneidad estructural como concepto básico en la teoría de desarrollo. *Revista de Estudios Políticos*, n. 28, p. 45-74, 1982.

NORTH, Douglas. *Institutions, Institutional Change and Economic Performance*. Cambridge: Cambridge University Press, 1990.

NORTH, Sir Dudley *et al*. *A Select Collection of Early English Tracts on Commerce*. London: Political Economic Club, 1856.

OECD. *A New Economy?* The Changing Role of Innovation and Information Technology in Growth. Paris: OCDE, 2000.

OECD. *Fomentando o crescimento inclusivo da produtividade na América Latina*. [S. l.]: OECD, 2014. (Série Melhores Políticas).

OECD. *Fostering productivity and competitiveness in agriculture*. [*S. l.*]: OECD, 2011.

OECD. *Governance of Innovation Systems*. Paris: OECD, 2005. v. 1.

OECD. *Innovating Education and Educating for Innovation*: The Power of Digital Technologies and Skills. Paris: OECD, 2016.

OECD. *Innovation in Firms*: A Microeconomic Perspective. Paris: OCDE, 2009.

OECD. *OECD Productivity Database*. 2015. Disponível em: http://stats.oecd.org/. Acesso em: 5 jun. 2018.

OECD. *OECD Skills Outlook 2013*: First Result from the Survey of Adult Skills. Paris: OECD, 2013.

OECD. *Promoting Productivity and Equality: A Twin Challenge*. Paris: OCDE Economic Outlook, 2016.

OECD. *Science Technology and Industry Outlook*. Paris: OECD, 2014.

OECD. *Technology and Industrial Performance*. Paris: OECD, 1997.

OECD. *The Productivity-Inclusiveness Nexus*. Paris: OECD, 2016.

OLINER, S. D.; SICHEL, D. E. The Resurgence of Growth in the Late 1990s: Is Information Technology the Story? *Journal of Economic Perspectives*, v. 14, p. 3-22, 2000.

ORTEGA-ARGILÉS, R.; BRANDSMA, A. EU-US Differences in the Size of R&D Intensive Firms: Do They Explain the Overall R&D Intensity Gap? *Science and Public Policy*, v. 37, p. 429-441, 2010.

ORTEGA-ARGILÉS, R.; PIVA, M.; Potters, L.; VIVARELLI, M. Is Corporate R&D Investment in Hightech Sectors More Effective? *Contemporary Economic Policy*, v. 28, p. 2-23, 2010.

PADDOCK, W.; PADDOCK, P. *Famine 1975! America's Decision*: Who Will Survive?. Boston: Little, Brown, 1967.

PAIVA, R. M. Modernização e dualismo tecnológico na agricultura. *Pesquisa e Planejamento Econômico*, v. 1, n. 2, p. 171-234, dez. 1971.

PANAMÁ. *Constituição (1972)*. Disponível em: https://www.constituteproject.org/constitution/Panama_2004?lang=en. Acesso em; 17 set. 2018.

PARDEY, P. G.; ALSTON, J. M.; CHAN-KANG, C. *Agricultural Production, Productivity and R&D over the Past Half Century: an Emerging New World Order*. *In*: INTERNATIONAL ASSOCIATION OF AGRICULTURAL ECONOMISTS TRIENNIAL CONFERENCE, 2012, Foz do Iguaçu. *Anais* (...). Foz do Iguaçu: IAAE, 2012.

PARDEY, P. G.; ALSTON, J. M.; CHAN-KANG, C. Public Agricultural R&D over the Past Half Century: an Emerging New World Order. Agriculture Economy, v. 44, n. 1, p. 103-113, 2013.

PARDEY, P. G.; PINGALI, P. L. *Reassessing International Research for Food and Agriculture*. Rome: Global Forum for Agricultural Research, 2010. Report prepared for the Global Conference of Agricultural Research for Development, Montpellier, France.

PESSÔA, Samuel de Abreu. *Perspectivas de crescimento no longo prazo para o Brasil*: questões em aberto. Rio de Janeiro: FGV-EPGE, 2006.

PETTY, William (Sir). *Economic Writings*. Cambridge: Charles Henry Hull, 1899. v. 1.

PINA, Rolando E. Cláusulas constitucionales operativas y programáticas. Buenos Aires: Depalma, 1973

PINTO JÚNIOR, Helder Queiroz (Coord.). *Perspectivas do investimento no Brasil*. Campinas: Unicamp-IE, 2010. v. 1.

PINTO, A. Natureza e implicações da "heterogeneidade estrutural" da América Latina. *In*: BIELSCHOWSKY, R. (Org.). *Cinquenta anos de pensamento da Cepal*. Rio de Janeiro: Record, 2000, p. 567-588.

PNUD. *Chile*: instrumentos y estrategias para combatir la desertificación. Santiago: PNUD, 2015.

POLÔNIA. *Constituição (1997)*. Disponível em: https://www.constituteproject.org/constitution/Poland_2009?lang=en. Acesso em: 17 set. 2018.

PORTUGAL. *Constituição (1976)*. Disponível em: https://www.constituteproject.org/constitution/Portugal_2005?lang=en. Acesso em: 17 set. 2018.

POWELL, W. W.; GRODAL, S. Networks of Innovators. *In*: FAGERBERG, J.; MOWERY, D. G.; NELSON R. R. *The Oxford Handbook of Innovation*. Oxford: Oxford University Press, 2005, p. 56-85.

PRITCHETT, Lant. Where Has All the Education Gone? *The World Bank Economic Review*, v.15, n. 3, p. 367-391, 2001.

QUESNAY, François. *Tableau economique*. Londres: H. Higgs, 1894.

RAMANKUTTY, N.; EVAN, A. T.; MONFREDA, C.; FOLEY, J. A. Farming the Planet: 1. Geographic Distribution of Global Agricultural Lands in the Year 2000. *Global Biogeochemical Cycles*, v. 22, p. 1-19, 2008.

RAMOS, L. *Educação, desigualdade de renda e ciclo econômico no Brasil*. Rio de Janeiro: Ipea, 1991.

REICH, Norbet. *Markt und Recht*: Theorie und Praxis des Wirtschaftsrechts in der Bundesrepublik Deutschland. Neuwied; Darmstadt: Luchterhand, 1977.

REPÚBLICA DOMINICANA. *Constituição (2015)*. Disponível em: https://www.constituteproject.org/constitution/Dominican_Republic_2015?lang=en. Acesso em: 17 set. 2018.

RICARDO, David. *Notes on Malthus (1820)*. Indianapolis: Liberty Fund, 2005.

RICARDO, David. *Phamplets and Papers 1815-1823* (1815). Indianapolis: Liberty Fund, 2005.

RICARDO, David. *Principles of Political Economy and Taxation*. Indianapolis: Liberty Fund, 2005.

RICARDO, David. *The Principles of Political Economy and Taxation*. London: Dent, 1962.

RICARDO, David. *The Principles of Political Economy and Taxation*. Homewood, IL: Richard D. Irwin, Inc, 1963.

RICARDO, David. *The Works and Correspondence of David Ricardo*. Indianapolis: Liberty Fund, 2005.

RIVAS, Juan José González. *La Constitución española de 1978*: estudio sistemático y jurisprudencial. Madrid: Civitas, 2003.

ROCHA, F.; GIUBERTI, A. Composição do gasto público e crescimento econômico: uma avaliação macroeconômica da qualidade dos gastos dos Estados brasileiros. *Economia Aplicada*, v. 11, n. 4, p. 463-485, 2007.

RODRIGUES, N. *Estado, educação e desenvolvimento econômico*. 2. ed. São Paulo: Cortez, 1987.

RODRIGUEZ, O. Sobre la concepción del sistema centro-periferia. *Revista de la CEPAL*, n. 3, p. 203-247, 1977.

ROGERS, M. R&D and Productivity: Using UK Firm-Level Data to Inform Policy. *Empirica*, v. 37, p. 2069-2086, 2010.

ROMER, Paul. Endogenous technological change. The Journal of Political Economy, v. 98, n. 5, Part 2: The Problem of Development: A Conference of the Institute for the Study of Free Enterprise System, p. 71-102, Oct. 1990.

ROUVINEN, P. R&D Productivity Dynamics: Causality, Lags, and Dry Holes. *Journal of Applied Economics*, v. 5, p. 123-156, 2002.

SAES, Flávio Azevedo Marques de. Subdesenvolvimento e desenvolvimento na obra de Celso Furtado. *In*: CORSI, Francisco; CAMARGO, José Marangoni (Org.). *Celso Furtado*: os desafios do desenvolvimento. São Paulo: Cultura Acadêmica, 2010. p. 81-102.

SALERNO, Mario Sergio; DE NEGRI, João Alberto. Inovação, estratégias competitivas e inserção internacional das firmas da indústria brasileira. *Parcerias Estratégicas*. Brasília: Centro de Gestão e Estudos Estratégicos (CGEE), n. 20 – parte 4, p. 1309-1333, jun. 2005

SALERNO, Mario Sergio; KUBOTA, Luis Claudio. Estado e Inovação. *In*: DE NEGRI, João Alberto; KUBOTA, Luis Claudio. *Políticas de incentivo à inovação*. Brasília: Ipea, 2008, p. 13-64.

SARLET, Ingo Wolfgang. *A eficácia dos direitos fundamentais*: uma teoria geral dos direitos fundamentais na perspectiva constitucional. Porto Alegre: Livraria do Advogado, 2012.

SCAFF, Fernando Facury. Incentivos fiscais na federação brasileira. In: MACHADO, Hugo de Brito. *Regime jurídico dos incentivos fiscais*. São Paulo: Malheiros, 2015.

SCAFF, Fernando Facury. Reserva do possível, mínimo existencial e direitos humanos. *Interesse Público*, v. 32, p. 79-104, 2005.

SCAFF, Fernando Facury. Sentenças aditivas, direitos sociais e reserva do possível. *Revista Dialética de Direito Processual*, v. 51, p. 79-99, 2007.

SCHOUERI, Luís Eduardo. Tributação e indução econômica: os efeitos econômicos de um tributo como critério para sua constitucionalidade. *In*: FERRAZ, Roberto Catalano Botelho (Coord.). *Princípios e limites da tributação 2*: os princípios da ordem econômica e a tributação. São Paulo: Quartier Latin, 2009. p. 141-164.

SCHULTZ, T. W. Investment in Human Capital. *The American Economic Review*, v. 51, p. 1-17, mar. 1961.

SCHULTZ, T. W. *O valor econômico da educação*. Rio de Janeiro: Zahar, 1964.

SCHUMPETER, J. A. *The Theory of Economic Development*: An Inquiry into Profits, Capital, Credit, Interest, and the Business Cycle. Boston: Harvard, 1934.

SCHUMPETER, Joseph. *Capitalismo, socialismo e democracia*. Rio de Janeiro: Zahar, 1984.

SCHUMPETER, Joseph. *Economic Doctrine and Method*: An Historical Sketch. New York: Oxford University Press, 1954.

SEGADO, Francisco Fernandéz. Una constitución integradora, transformadora y viva. *In*: SEGADO, Francisco Fernandéz (Ed.). *The Spanish Constitution in the European Constitutional Context*. Madrid: Dykinson, 2003.

SEN, Asok. The Transition from Feudalism to Capitalism. *Economic and Political Weekly*, v. 19, n. 30, p. 50-66, 28 jul. 1984.

SENIK, Claudia; CLARK, Andrew E. *Will GDP Growth Increase Happiness in Developing Countries?*. *Paris School of Economics Working Papers*, n. 2010-43, 2011.

SENNA, José Júlio. Inovação e produtividade: a controvérsia recente. *In*: VELOSO, Fernando; BONELLI, Regis; CASTELAR, Armando. *Anatomia da produtividade*. São Paulo: Elsevier, 2017, p. 3-34.

SIANESI, Barbara; VAN REENEN, John. The Returns to Education: Macroeconomics. *Journal of Economics Surveys*, v. 17, n. 2, p. 157-200, 2003.

SILVA, Felipe Queiroz; AVELLAR, Ana Paula Macedo de. P&D, inovação e produtividade: evidências para empresas industriais brasileiras. *In*: ENCONTRO NACIONAL DE ECONOMIA, 43, 2016, Curitiba. Anais (...), Curitiba: Anpec, 2016.

SILVA, G.L.S.P. da. *Produtividade agrícola, pesquisa de extensão rural*. São Paulo: USP-Fipe, 1984.

SILVA, Guilherme Jonas Costa da; MARTINS, Humberto Eduardo de Paula; NEDER, Henrique Dantas. Investimentos em infraestrutura de transportes e desigualdades regionais no Brasil: uma análise dos impactos do Programa de Aceleração do Crescimento (PAC). *Revista de Economia Política*, v. 36, n. 4, p. 840-863, out./dez. 2016.

SILVA, J. F. Graziano da. *A nova dinâmica da agricultura brasileira*. Campinas: Unicamp-IE, 1996.

SILVA, José Afonso da. *Aplicabilidade das normas constitucionais*. 3. ed. São Paulo: Malheiros, 1999.

SILVA, José Afonso da. *Curso de direito constitucional positivo*. 32. ed. São Paulo: Malheiros, 2009.

SMITH, Adam. *A riqueza das nações*: investigações sobre sua natureza e suas causas. São Paulo: Nova Cultural, 1985.

SMITH, Adam. *An Inquiry into the Nature and Causes of the Wealth of Nations*. New York: Modern Library, 2000.

SQUEFF, G.; NOGUEIRA, M. *A heterogeneidade estrutural no Brasil*. Brasília: Cepal; Ipea, 2013.

SRAFFA, Piero; EINAUDI, L. An Alleged Correction of Ricardo. *The Quarterly Journal of Economics*, v. 44, n. 3, p. 539-545, May 1930.

STIGLITZ, Joseph E. *The Price of Inequality*. New York: W.W. Norton & Company, 2013.

STIGLITZ, Joseph. Toward a General Theory of Consumering: Reflections on Keynes': Economic Possibilities for Our Grandchildren. In: PIGA, G; PECCHI, L. (Ed.). *Revisiting Keynes:* Economic Possibilities for Our Grandchildren. Cambridge: MIT Press, 2008.

SUN, Xiaohua; WANG, Yun; LI, Mingshan. The Influences of Different R&D Types on Productivity Growth in OECD Countries. *Technology Analysis & Strategic Management*, 2016.

SUNDING, D.; ZILBERMAN, D. *The Agricultural Innovation Process:* Research and Technology Adoption in a Changing Agricultural Sector. Jan. 2000. Disponível em: http://are.berkeley.edu/~zilber11/innovationchptr.pdf. Acesso em: 18 jun. 2018.

SUNKEL, O.; INFANTE, R. (Org.). *Hacia un desarollo inclusivo*: el caso de Chile. Santiago: Cepal, 2009.

SUZIGAN, Wilson. Celso Furtado e o processo histórico de industrialização na América Latina. *In*: CORSI, Francisco; CAMARGO, José Marangoni (Org.). *Celso Furtado*: os desafios do desenvolvimento. São Paulo: Cultura Acadêmica, 2010. p. 103-120.

TANZANIA. *Constituição (1977)*. Disponível em: https://www.constituteproject.org/constitution/Tanzania_2005?lang=en. Acesso em: 17 set. 2018.

TAVARES, André Ramos. *Curso de direito constitucional*. 16. ed. São Paulo: Saraivajur, 2018.

TAVARES, André Ramos. *Direito constitucional econômico*. São Paulo: Saraiva

TAVARES, Maria da Conceição; BELLUZZO, Luiz Gonzaga de Mello. Desenvolvimento no Brasil: relembrando um velho tema. *In*: BIELSCHOWSKY, Ricardo; MUSSI, Carlos (Org.). *Políticas para a retomada do crescimento*: reflexões de economistas brasileiros. Brasília: Ipea; Cepal, 2002, p. 149-184.

TIGAR, Michael E.; LEVY, Madeleine R. *O direito e a ascenção do capitalismo*. Tradução de Ruy Jungmann. Rio de Janeiro: Zahar, 1977.

TOMKOWSKI, Fábio Goulart. *Direito tributário e heurísticas*. São Paulo: Almedina, 2017.

TSOULFIDIS, Lefteris. Keynes on the Marginal Efficiency of Capital and the Great Depression. *History of Economic Ideas*, v. 16, n. 3, p. 65-78, 2008.

TULLOCK, Gordon. The Welfare Costs of Tafiffs, Monopolies, and Theft. *Economy Inquiry*, v. 5, n. 3, p. 224-232, 1967.

TURQUIA. *Constituição (1982)*. Disponível em: https://www.constituteproject.org/constitution/Turkey_2017?lang=en. Acesso em: 17 set. 2018.

UNCCD (Convenção das Nações Unidas de Combate à Desertificação nos Países Afetados por Seca Grave ou Desertificação, particularmente na África). *Perspectiva global de la Tierra*. Bonn: UNCCD, 2017.

UNGER, Roberto Mangabeira. *Economia do conhecimento*. Tradução de Leonardo Castro. São Paulo: Autonomia Literária, 2018.

UNIÃO EUROPEIA. *Constituição (2004)*. Disponível em: https://europa.eu/european-union/sites/europaeu/files/docs/body/treaty_establishing_a_constitution_for_europe_en.pdf. Acesso em: 17 set. 2018.

VAN ARK, B.; O'MAHONY, M.; TIMMER, M. P. The Productivity Gap between Europe and the United States: Trends and Causes. *Journal of Economic Perspectives*, v. 22, p. 25-44, 2008.

VENEZUELA. *Constituição (1999)*. Disponível em: https://www.constituteproject.org/constitution/Venezuela_2009?lang=en. Acesso em: 17 set. 2018.

VERDÚ, Pablo Lucas. *Estimativa y política constitucionales*: los valores y los princípios rectores del ordenamiento constitucional español. Madrid: Universidad Complutense de Madrid, 1984.

VERDÚ, Pablo Lucas. *Teoría de la constitucíon como ciencia cultural*. 2. ed. Madrid: Dykinson, 1998.

VIANA, Giomar; LIMA, Jandir Ferrera de. Capital humano e crescimento econômico. *Interações*, v. 11, n. 2, p. 137-148, 2010.

VICKERMAN, R. Transit Investment and Economic Development. *Research in Transportation Economics*, v. 23, p. 107-115, 2008.

VIEIRA FILHO, J. E. R.; SANTOS, G. R. Heterogeneidade no setor agropecuário brasileiro: contraste tecnológico. *Boletim Radar*, Brasília: Ipea, n. 14, p. 7-37, 2011.

VIEIRA FILHO, J. E. R.; SANTOS, G. R.; FORNAZIER, A. *Distribuição produtiva e tecnológica da agricultura brasileira e sua heterogeneidade estrutural*. Brasília: Ipea, 2012.

WALLERSTEIN, Immanuel. *The Modern World-System II*: Mercantilism and the Consolidation of the European World-Economy, 1600-1750. Berkeley: University of California Press, 2014. v. 2.

WHITE JR. Lynn. *Medieval Technology and Social Change*. Oxford: Claredon, 1962.

WILKINSON, J. Transformações e perspectivas dos agronegócios brasileiros. *Revista Brasileira de Zootecnia*, v. 39, p. 26-34, 2010.

WILSON, D. J. IT and Beyond: The Contribution of Heterogeneous Capital to Productivity. *Journal of Business and Economic Statistics*, v. 27, p. 52-70, 2009.

WINTER, S. G. Schumpeterian Competition in Alternative Technological Regimes. *Journal of Economic Behaviour and Organisation*, v. 5, p. 287-320, 1984.

WINTHROP, Rebecca; McGIVNEY, Eileen. *Education's Impact on Economic Growth and Productivity*. Washington, D.C.: Brookings Institution, 2016.

WINTHROP, Rebecca; McGIVNEY, Eileen. *Skills for a Changing World*: Advancing Quality Education for Vibrant Societies. Washington, D.C.: Brookings Institution, 2016.

ZACHARIADIS, M. R&D-induced Growth in the OECD? *Review of Development Economics*, v. 8, p. 423-439, 2004.

ZIMBÁBUE. *Constituição (2013)*. Disponível em: https://www.constituteproject.org/constitution/Zimbabwe_2017?lang=en. Acesso em: 17 set. 2018.

ZUCOLOTO, Graziela Ferrero. Lei do Bem: impactos nas atividades de P&D no Brasil. *Radar*: Tecnologia, Produção e Comércio Exterior, n. 6, p. 14-20, fev. 2010.

Esta obra foi composta em fonte Palatino Linotype, corpo 10
e impressa em papel Offset 75g (miolo) e Supremo 250g (capa)
pela Gráfica Laser Plus.